Georgi Arbatow

# Das System

## Ein Leben im Zentrum der Sowjetpolitik

Deutsch von
Regine Laudann

S. Fischer

Die russische Originalausgabe erschien 1991 in anderer Form
beim Verlag Meschdunarodnije otnoschenija, Moskau
© 1991 by Georgi Arbatow
Deutsche Ausgabe
© 1993 S. Fischer Verlag GmbH, Frankfurt am Main
Umschlaggestaltung: Buchholz/Hinsch/Walch
Satz: Fotosatz Froitzheim, Bonn
Druck und Bindung: Friedrich Pustet, Regensburg
Printed in Germany 1993
ISBN 3-10-000903-7

*Gedruckt auf chlor- und säurefreiem Papier*

# Inhalt

# Einleitung von Strobe Talbott

Nun, da die Union der Sozialistischen Sowjetrepubliken nicht mehr existiert, bleibt eine hartnäckige Frage: Was war das wirklich, dieses außerordentliche politische Gebilde, das sich über elf Zeitzonen erstreckte, ein Sechstel der Erdoberfläche bedeckte, das zehn Millionen seiner eigenen Bürger verschlang oder aushungerte, trotzdem aber den ersten Menschen in den Weltraum brachte, sich einen Ruf als Supermacht erwarb und über mehr als vierzig Jahre die Sorge der Vereinigten Staaten und eines großen Teils der restlichen Welt auf sich zog?

Rückblickend hat es den Anschein, daß die UdSSR niemals wirklich ein lebensfähiges Land war. Ihre 280 Millionen Menschen zerfielen in zu viele Sprachen, bargen zu viele Ressentiments gegeneinander und wehrten sich zu sehr gegen die Fesseln, die sie an die »Allunions«- Hauptstadt Moskau banden. Auch konnte die UdSSR nicht wirklich als ein Reich gelten, obwohl sie oft so genannt wurde – im berühmtesten Fall von Ronald Reagan. Ihr angeblicher Kern, Rußland, erwies sich lediglich als ein weiterer mürrischer Häftling im Gefängnis der Nationen, ein nach Unabhängigkeit dürstender Staat, der ebenso ins Freie wollte wie die anderen, als die Tore sich schließlich öffneten.

Wenn die Sowjetunion also weder ein Land noch ein Reich war, was war sie dann? Das beste Wort ist, glaube ich, jenes, das Georgi Arbatow zum Titel dieses Buches gemacht hat: die UdSSR war ein System. Mein Wörterbuch definiert das als »eine komplexe Einheit, die von vielen, oft unterschiedlichen Teilen gebildet wird, die einem gemeinsamen Plan unterworfen sind oder einem gemeinsamen Ziel dienen«.

In dem seltsamen Fall der UdSSR war der Plan in all seinen Dimensionen – Fünfjahrespläne, Gosplan und so weiter – untauglich. Er erwies sich als monströs ineffizient, nicht in der Lage, die materiellen Bedürfnisse der Menschen zu befriedigen. Er zerstörte die individuelle Initiative und das Selbstvertrauen, menschliche Faktoren, die für die Funktionsfähigkeit von Gesellschaft und Staat notwendig sind.

Wir alle wußten das. Dennoch irrten die meisten unter uns, die versuchten, die UdSSR zu verstehen, in einer kritischen Hinsicht gründlich. Wir glaubten, daß das System, so schlecht es in vielen Bereichen arbeitete, in einem gut wäre: in der Selbsterhaltung. Das war das gemeinsame Ziel, dem die unterschiedlichen Teile des Systems dienten. Deshalb würde das System, meinten wir, sicher sehr lange überleben.

Dann brach das ganze Ding am zweiten Weihnachtstag 1991 endgültig zusammen. Letztlich erwies sich das System, entgegen all unseren Annahmen, nicht einmal der Aufgabe gewachsen, das eigene Überleben zu sichern. Zum Teil weil einige seiner Hüter über die Jahre leise, aber anhaltend die Grundannahmen ausgehöhlt hatten, auf denen die »Sowjetmacht« ruhte. In Myriaden kleinster Entscheidungen programmierten sie die Software um, bis die Hardware schließlich im Jahre 1991 spektakulär implodierte.

Darin liegt die Bedeutung von Georgi Arbatows Erinnerungen. Er war Mitglied der Akademie der Wissenschaften, des Zentralkomitees der Kommunistischen Partei und des Obersten Sowjet der UdSSR; er diente sechs aufeinanderfolgenden Führern des Landes als Berater, von Nikita Chruschtschow bis Boris Jelzin. Dabei zeigt seine Karriere, daß dieses System nie so monolithisch war, wie es von außen erschien. Hinter der einförmigen Fassade gab es unterschiedliche Denkrichtungen, konkurrierende Meinungen und das, was er »Oasen des freien Denkens« nennt.

Arbatow schildert seine Karriere als eine Reise von einer solchen Oase zur nächsten, mit langen, oft schwierigen Wüstenstrecken dazwischen. Die erste Oase war ein *think tank*, in dem er in den späten fünfziger Jahren für den Politbüroideologen Otto Kuusinen arbeitete. Arbatow stellte fest, daß man unter ihm sogar das marxistisch-leninistische Dogma und seine reale Anwendbarkeit in Frage stellen konnte. Während seiner Arbeit für Kuusinen hatte Arbatow mehr Zugang zu Informationen über die Welt draußen als je zuvor. Zu der Zeit »wahrscheinlich begriff ich«, schreibt er, »wie rückständig wir alle waren«.

Mitte der sechziger Jahre fand er einen weiteren Mentor in Juri Andropow, der zu der Zeit die ZK-Abteilung leitete, die das Politbüro außenpolitisch beriet. Arbatows Bericht über ihre Zusammenarbeit ist besonders faszinierend, da Andropow, der später das KGB leitete und dann Leonid Breschnew als Generalsekretär der Partei nachfolgte, eine Schlüsselrolle beim Aufstieg Michail Gorbatschows spielte.

Arbatow beschwört die Atmosphäre jener Jahre lebensvoll herauf, der sogenannten Ära der Stagnation. Das Porträt, das er von Breschnew zeichnet, entspricht aber nicht ganz dem Bild des aufgedunsenen Tölpels mit hängendem Unterkiefer, das wir von dem Mann im Kopf haben. Breschnew, sagt Arbatow, beeindruckte seine Untergebenen zunächst als ein recht begabter Politverwalter, der weniger zu Grobheit oder nackter Grausamkeit neigte als sein Vorgänger Chruschtschow. Er besaß, so Arbatow, »einen gesunden Menschenverstand« und hütete sich vor extremen oder übereilten Entscheidungen.

Aber als Breschnews Gesundheit nachließ – neben den üblichen Alterserscheinungen war er von Schlaftabletten abhängig und zeigte deren Wirkung oft bei der Arbeit –, geriet er zunehmend unter den Einfluß derer, die eine harte Linie vertraten und besonders gegen die »Abweichungen« in der Tschechoslowakei wüteten. Sie siegten in dem, was Arbatow »den Kampf um die Seele von Leonid Breschnew« nennt, und die Folge war die Unterdrückung des Prager Frühlings im Jahre 1968. Arbatow erinnert sich, daß er angesichts der Invasion »brennende Scham« empfand, aber er benennt auch die Grenzen, bis zu denen er und andere in der Partei zu gehen gewillt waren: »Selbst die Mutigsten unter uns hatten nicht die Kraft, den Gedanken vollständiger Entscheidungsfreiheit für die ›Satelliten‹ zur Diskussion zu stellen.«

Seit der Zeit kurz nach der Oktoberrevolution 1917 hatten sich die Experten der Akademie auf den Gebieten von Ökonomie und Politik immer auf schwankendem Boden bewegt. Schließlich war der Marxismus die einzige anerkannte Methode in der Politik und der Wirtschaftswissenschaft. Die Akademie der Wissenschaften trug im Laufe der Jahre ihr Teil zur Durchsetzung der Orthodoxie und Unterdrückung des freien Denkens bei. Ihre Mitglieder waren in den schlechtesten Zeiten nicht immun gegen Verfolgung und auch in den besten nicht frei von subtiler Druckausübung. Mehr oder minder waren sie alle zu Anpassungen und Kompromissen gezwungen.

1968 baute Arbatow sich eine eigene »Oase« auf: das Institut für USA- und Kanadastudien. Es stand unter der Schirmherrschaft der Akademie der Wissenschaften, deren Mitglieder mehr Freiräume genossen als die meisten ihrer Mitbürger, einfach weil ihr Fachwissen als dem Staate nützlich eingeschätzt wurde. Arbatow beschreibt in seinem Buch, wie er und einige andere diesen Freiraum nutzten, um vor-

sichtige Kritik zu üben und die Führung der UdSSR unmerklich zu
einer konstruktiveren Politik zu bringen.

Unter den anderen, die sich ähnliche Nischen schufen und eine ähnliche Rolle spielten, waren Oleg Bogomolow, Direktor des Instituts
zum Studium der Ökonomie des Sozialistischen Weltsystems; Alexander Jakowlew, von 1983 bis 1985 Direktor des Instituts für Weltwirtschaft und Internationale Beziehungen; und Nikolai Petrakow, ein
Ökonom am Zentralinstitut für Wirtschaft und Mathematik. Daneben
gab es »harte«, ideologisch nicht festgelegte Naturwissenschaftler wie
Roald Sagdejew, Direktor des Raumforschungsinstituts, und Jewgeni
Welichow, Physiker und Vizepräsident der Akademie der Wissenschaften.

Bogomolow ermutigte kommunistische Reformen in Osteuropa,
zum Teil in der Hoffnung, daß diese dann auf die UdSSR selbst aus-
strahlen könnten. Jakowlew stritt für eine Politik größerer Offenheit,
die dann als »Glasnost« bekannt wurde. Petrakow bemühte sich um
eine Einstellung der zentralisierten Kommandowirtschaft. Sagdejew
und Welichow stellten einige der zweifelhaften und gefährlichen
Grundannahmen der sowjetischen Militärstrategie in Frage.

Was Arbatows Rolle angeht, so berichtet er, wie er und seine Verbündeten sich konservativer Gegner zu erwehren hatten, die sie der
»Nachgiebigkeit gegen den Imperialismus« und des »bürgerlichen Pazifismus« bezichtigten. Cyrus Vance und andere amerikanische Politiker,
die im Laufe der Jahre mit Arbatow zu tun hatten, bescheinigen ihm,
daß er entscheidend dazu beitrug, der Ost-West-Entspannung den Boden zu bereiten. Insbesondere half er, die Kontrollvereinbarungen über
strategische Nuklearwaffen zwischen der Sowjetunion und den Vereinigten Staaten voranzubringen.

»Ich weiß aus eigener Erfahrung«, sagt Vance, »daß Dr. Arbatow
einer der Männer war, die im tiefsten Kalten Krieg nach Möglichkeiten
suchten, die Gefahr einer militärischen Konfrontation zu verringern.«

In anderen Streitfragen der Siebziger und frühen Achtziger verlor
Arbatow, wie er berichtet, zahlreiche Kämpfe innerhalb der eigenen
Mauern. Er erinnert sich zum Beispiel, wie er sich vergeblich mühte,
Breschnew davon zu überzeugen, daß die UdSSR sich nicht in den post-
kolonialen Bürgerkrieg in Angola hineinziehen lassen dürfe. Dieser
Stellvertreterkrieg wurde zu einem Brennpunkt des Konflikts zwischen
den USA und der UdSSR. Er beschleunigte das Ende der Entspannung

in den siebziger Jahren und fachte die Unterstützung für Reagans Aufrüstung in den Achtzigern an.

Während der Breschnew-Jahre schien es an der Oberfläche oft so, als gäbe es in der UdSSR nicht die geringste Veränderung. Aber Arbatow argumentiert, daß die Reformpartei unter den Mitgliedern der Akademie in diesen Jahren den Weg für die spätere Wandlung ebnete: »Das Niveau, auf dem in diesen ›Oasen‹ gearbeitet und gedacht wurde, belebte und modernisierte die intellektuelle Atmosphäre unserer Gesellschaft und legte vor allem die Keime, die sich viele Jahre später entwickelten« – in der Form von Glasnost, Perestroika, Demokratisierung und einem neuen politischen Denken.

Kein Wunder also, daß Gorbatschow, als er 1985 den Gipfel der Macht erstiegen hatte, Jakowlew ins Politbüro holte; Bogomolow, Petrakow, Sagdejew und Welichow wurden wichtige Berater des Kreml.

Das wurde auch Arbatow. Er begleitete Gorbatschow zu seinem ersten Treffen mit Reagan 1985 in Genf. Während des nächsten Gipfeltreffens in Reykjavik auf Island im Oktober 1986 war Arbatow Mitglied der sowjetischen Rüstungskontroll-Delegation. Beim Washingtoner Gipfel im Dezember 1987 war er für die Darstellung der sowjetischen Politik gegenüber der Presse verantwortlich, er war das, was die Amerikaner einen *spin doctor* nennen. Ein Jahr später begleitete er Gorbatschow, als dieser seine entscheidende Rede vor den Vereinten Nationen hielt. Und er war im Dezember 1989 dabei, als Gorbatschow George Bush auf einem Schiff vor Malta traf. Für jedes dieser Treffen bereitete Arbatow Gorbatschow vor.

Aber selbst, als er zum ersten Mal als Berater Gorbatschows auftrat, war er bereits eine dem Westen vertraute Gestalt. Von den späten Sechzigern bis Mitte der Achtziger war Arbatow der Insider, den viele von uns Outsidern am besten kannten. Er reiste häufig in den Westen und stellte eine Art Durchgangsstation für Leute aus dem Westen dar, die Moskau besuchten. Das Hauptquartier seines Instituts in einem umgebauten Adelshaus auf der Chlebni Pereulok (der »Brotgasse«) hinter dem Kalinin-Prospekt war für viele von uns eine Heimat fern der Heimat. Es war unsere erste Anlaufstelle nach der Ankunft auf Moskaus Scheremetjewo-Flughafen. Dort saßen wir in dunklen Büro- und Konferenzräumen, tranken Tee aus den traditionellen russischen Teegläsern, knabberten an Keksen und suchten nach Hinweisen auf das, was in der sowjetischen Gesellschaft und ihrer Regierung vor sich ging.

Ich taufte unsere Gastgeber die *institutschiki*. Mein Freund und Kollege Michael Mandelbaum, Direktor der East-West-Studies für den Council on Foreign Relations, nannte sie »die Jungs von der Brotgasse«. Wie diese Spitznamen andeuten, versanken wir keineswegs vor Ehrfurcht in den Boden, wenn Arbatow und seine Kollegen auftauchten, und es war auch nicht unbedingt das reinste Vergnügen, mit ihnen zusammenzusein. Sie waren im großen und ganzen umgänglich und hilfsbereit, aber sie waren auch so etwas wie Sparringspartner in oft recht langweiligen und frustrierenden Diskussionen.

Amerikaner, die das Institut besuchten, insbesondere solche, die dazu neigten, ihre Regierung in Washington zu kritisieren, versuchten ab und zu, mit ausgewogenen kleinen Reden über den grauenvollen Zustand der sowjetisch-amerikanischen Beziehungen das Eis zu brechen. Schuld daran trügen beide Seiten. Die Sowjets antworteten dann manchmal in umschreibender Form, manchmal auch sehr direkt: »Sie haben zur Hälfte recht; Ihre Seite hat die ganze Schuld.«

Einmal, es war 1983 – als die Reagan-Administration und die Führung des Kreml, damals unter Arbatows langjährigem Mentor Juri Andropow, fast buchstäblich nicht miteinander sprachen –, ging meine Ungeduld über diese öde Routine mit mir durch, und ich warf ihnen den Fehdehandschuh hin: »Also gut, wir wollen mal sehen, ob Sie auch nur eine Sache benennen können, die Ihre Seite in den letzten sieben Jahren falsch gemacht haben könnte und die zum Problem beigetragen hat.«

Es folgte eine lange, verlegene Pause. Schließlich machte einer der *institutschiki* den Mund auf: »Um es offen zu sagen, unsere Seite hat wahrscheinlich einen Fehler gemacht, als sie die Fähigkeit der Vereinigten Staaten unterschätzt hat, ihren Kurs unberechenbar zu verändern und in Perioden der Hysterie zu verfallen. Oder, um es anders auszudrücken, wir haben die Stabilität und Kontinuität des amerikanischen Politsystems überschätzt.«

Ich erinnere mich an diesen Austausch, weil er einen Aspekt im Umgang des Instituts mit seinen Gästen so gut einfängt – die Mischung aus Zugänglichkeit und totalem Mauern.

Arbatow selbst schien diese Gegensätze in seiner Rolle als Sprachrohr der sowjetischen Perspektive oft zu verkörpern. Er genoß es, sich in altmodische Polemiken zu werfen und in Debatten Punkte gegen die amerikanischen Administrationen jener Zeit zu sammeln. Seine Streitlust, kombiniert mit seiner Beherrschung des Englischen, brachte Leben in politische Fernsehsendungen, und so wurde er fast zu einer Institution in den Nachrichtensendungen und Talk-Shows amerikanischer Sender. Vor allem in der ersten Amtsperiode Reagans betrachtete ihn das Weiße Haus als die schlimmste Sorte von Apologeten für das Reich des Bösen und damit als eine öffentliche Gefahr auf Fernsehwellen.

1981, bei einem seiner vielen Besuche in den USA, schränkte das Außenministerium seine Aufenthaltserlaubnis ein, um zu verhindern, daß er von Bill Moyers in dessen Show interviewt wurde. Im darauffolgenden Frühjahr erlaubte man ihm eine Rückkehr in die Vereinigten Staaten nur unter der Bedingung, daß er versprach, keine »Repräsentanten der Massenmedien« zu treffen.

In dieser ganzen Periode – den schlechten alten Tagen der amerikanisch-sowjetischen Beziehungen – gab Arbatows Institut, sowohl indem es westlichen Besuchern seine Tore öffnete, als auch indem es seine fliegenden Boten nach Übersee schickte, amerikanischen Experten viel mehr Einblick in die Logik (wenn man das so nennen konnte) der Kreml-Politik, als sonst je möglich gewesen wäre. Ihrerseits hatten Arbatow und die anderen Jungs von der Brotgasse eine Chance, die Positionen ihrer Regierung an skeptischen Ausländern zu erproben, und Gelegenheit, etwas über die Politik der USA aus dem Munde von Amerikanern zu hören.

Und das war gut so. Ich hatte immer das Gefühl, daß unsere Gastgeber im Institut auch dann sehr genau zuhörten, wenn sie sich während der Debatten eng an die offizielle Linie hielten. Dadurch absorbierten sie eine ganze Menge über westliche Institutionen und westliche Werte, Informationen, die sie später, als die Perestroika begann, gut gebrauchen konnten. Überdies mußten wir, die Besucher, immer im Kopf behalten, daß die *institutschiki* echte Risiken eingingen, wenn sie auch nur sorgfältig eingeschränkte und streng vertrauliche Abweichungen von ihrer Regierungspolitik andeuteten. Mehr als einmal wurde Arbatow in den Kreml zitiert, weil er Amerikanern Dinge erzählt hatte, die dann ihren Weg zurück zum KGB oder zum Zentralkomitee fanden.

Während der Jahre, in denen ich das Haus in der Brotgasse regelmäßig aufsuchte, hörte ich zahlreiche Geschichten von Fällen, in denen Arbatow Kollegen vor dem Zorn des Systems geschützt hatte. 1966 weigerte sich der Anwalt Boris Nikiforow, in der Marionettenjury zu sitzen, von der erwartet wurde, daß sie einen Schuldspruch für die verfolgten Schriftsteller Andrej Sinjawski und Juli Daniel ablieferte. Das KGB und die Justiz setzten eine Kampagne gegen Nikiforow in Gang, man versuchte ihn mit gefälschten Dokumenten zu diskreditieren. Arbatow rettete ihn, holte ihn aus seinen Schwierigkeiten heraus, indem er ihn als Experten für amerikanische Justiz zum Mitarbeiter seines Institutes machte.

Wladimir Lukin war 1968 ein junger Journalist in Prag, als sowjetische Panzer die Reformregierung niederwalzten. Lukin protestierte gegen die Invasion und hätte dafür wahrscheinlich mit seiner Karriere, vielleicht mit seiner Freiheit bezahlt, wenn Arbatow ihn nicht in sein Institut geholt hätte. Auch bei verschiedenen anderen Anlässen schützte Arbatow ihn.

1982 schrieb Igor Kokorew, der in der Forschungsabteilung des Instituts arbeitete, ein Theaterstück für die Schule seines Sohnes, das den bilderstürmerischen Dichter und Volkssänger Wladimir Wyssozki feierte. Einer der Zuschauer denunzierte ihn. Arbatow griff ein und verhinderte, daß Kokorew aus der Partei ausgeschlossen wurde und seinen Arbeitsplatz im Institut verlor.

Als die Konservativen in der Partei und im KGB im August 1991 ihren Putsch gegen Gorbatschow unternahmen, war Arbatow nicht im Lande, aber er nahm über Telefon sofort engen Kontakt mit seinen Kollegen auf. Sie waren unter den ersten Angehörigen des Moskauer Establishments, die zu Jelzins verbarrikadiertem Hauptquartier im Russischen Parlament eilten. Arbatow arbeitete unterdessen daran, im Ausland Widerstand gegen den Coup zu mobilisieren.

Seit damals sind eine ganze Reihe von ehemaligen Mitarbeitern des Arbatow-Instituts in der postsowjetischen Politik hervorgetreten. Zu ihnen zählt Georgi Mamedow, stellvertretender russischer Außenminister, der für die USA und Kanada zuständig ist. Juri Matjuchin ist Chef der Russischen Zentralbank. Andere haben ihre eigenen Oasen aufgebaut oder besetzen einflußreiche Positionen in bestehenden Instituten. 1987 gründete Arbatows langjähriger Stellvertreter Witali Schurkin das Institut für Europastudien. Boris Milner wurde Vizedirektor des Wirtschaftsinstituts und Alexander Kislow Vizedirektor des Institutes für Weltwirtschaft und Internationale Beziehungen.

Wladimir Lukin war inzwischen zu einem der wichtigsten Planer im sowjetischen Außenministerium aufgestiegen, wurde dann Mitglied des russischen Parlaments und enger Berater von Boris Jelzin. Im Frühjahr 1992 ernannte Jelzin ihn zum russischen Botschafter in Washington. Ich traf Lukin in Moskau am 7. Februar 1992, kurz bevor er abreiste, um seinen neuen Posten anzutreten. Er nannte seine politische und diplomatische Karriere »eine zeitweilige Verirrung« und sagte, er gehöre »grundsätzlich noch immer zum (Arbatow-)Institut«.

Das Institut leistete über all diese Jahre drei wichtige Dienste: Es lieferte der politischen Führung Analysen und Ratschläge, die oft besser waren als jene aus dem Parteiapparat und den Ministerien; es hielt eine Verbindung zum Westen offen, die besonders dann nützlich wurde, wenn die Beziehungen zwischen den Regierungen angespannt waren; und es bot einer Anzahl von Intellektuellen Asyl, die sich bei den Behörden unbeliebt gemacht hatten und die später, zum Teil dank Arbatows Protektion, als konstruktive Gestalten in der Reformbewegung der achtziger Jahre hervortreten konnten.

Aus diesen Gründen stimmte ich zu, eine Einführung für diese politischen Memoiren zu schreiben. Ich wollte aber meine Eindrücke und Urteile an jemandem überprüfen, der Arbatow noch länger kannte als ich. Deshalb rief ich Marshall Shulman an, der aufgrund seiner wissenschaftlichen Arbeiten über die UdSSR einen großen Ruf genießt und bei verschiedenen Gelegenheiten Außenminister der USA, darunter Cyrus Vance, beraten hat.

»Arbatow«, sagte Shulman, »ist ein glänzendes Beispiel für die Leute, die ich systemimmanente Reformer nenne. Sie machten die Zweite Russische Revolution erst möglich. In jeder Untersuchung, die sich mit all diesen außergewöhnlichen Wandlungen befaßt, müssen wir der Rolle von Leuten große Aufmerksamkeit schenken, die auf verschiedene Art und in unterschiedlichem Grade auf eine bessere politische Kultur hinarbeiteten, während sie ihre eigentliche Aufgabe versahen. Einige wurden zu Dissidenten und litten entsprechend. Andere, wie Georgi Arbatow, arbeiteten von innen heraus. Das soll den Heroismus jener, die wie Andrej Sacharow den mutigeren Weg gingen, nicht herabsetzen. Aber es gab eine osmotische Beziehung zwischen den beiden Gruppen – zwischen jenen, die offen mit dem System brachen, und jenen, die wie Arbatow für eine rationalere Politik und eine aufgeklärtere Gesellschaft eintraten, auch als das nicht populär war.«

Shulmans Einschätzung findet ein Echo in dem, was Arbatow über die Zweite Russische Revolution schreibt: »Ich zolle dem Mut und der

Furchtlosigkeit jener höchsten Tribut, die wie Andrej Sacharow das Risiko einer kompromißlosen Haltung auf sich nahmen. Diese Menschen waren Helden, sogar Märtyrer. Und wenn sie nicht getan hätten, was sie taten, wären die Veränderungen in unserem Lande, glaube ich, nicht so schnell eingetreten. Aber wenn es nicht die Hunderte und Tausende gegeben hätte, die in ihrer täglichen Arbeit im Inneren des Systems, in Routinekämpfen sozusagen, versuchten, den Druck des konservativen Stalinismus zu stoppen, und die die Ideen der Demokratie und friedlicher ökonomischer Reform förderten, dann wäre der Prozeß der Wiederbelebung überhaupt nicht möglich gewesen.«

Das soll nicht heißen, daß Arbatow oder irgend jemand unter den Jungs von der Brotgasse vorhersah, wohin die kleinen Veränderungen, für die sie persönlich verantwortlich waren, führen würden. Auch soll es nicht heißen, daß sie die Absicht hatten, in welcher Form auch immer, zum Auseinanderfallen der Sowjetunion beizutragen. Ganz im Gegenteil: Wie er wiederholt in diesem Buch feststellt, wollte Arbatow der Sowjetunion helfen, als ein starkes, wohlhabendes Land und mit einer »zivilen Gesellschaft« in das 21. Jahrhundert einzutreten.

Genau in dieser Hinsicht ist Arbatows Biographie denen der Männer sehr nahe, die die großen Veränderungen von 1985 bis 1991 hervorbrachten: Jelzin, Eduard Schewardnadse und Gorbatschow selbst. Sie waren alle drei, wie Arbatow, Produkte, Funktionäre und Begünstigte des Systems. Man sollte nicht vergessen, daß Jelzin Chef der Kommunisten zuerst von Swerdlowsk und später von Moskau war. Erst im Juli 1990, im Alter von 59 Jahren, trat er aus der Partei aus. Schewardnadse, lange Prokonsul des Kreml in Georgien, blieb bis zum Juli 1991 in der Partei – zu der Zeit war er 63. Gorbatschow wird mit dem Glauben ins Grab gehen, daß seine Version des Sozialismus und der Sowjetunion gute Ideen seien.

Keiner dieser drei hatte den Ehrgeiz, als Befreier Osteuropas in die Geschichte einzugehen, von den baltischen Republiken und gewiß von der Ukraine ganz zu schweigen. Noch sehr spät in diesem Spiel (und in Gorbatschows Fall sogar noch, als das Spiel vorüber war) war es ihre Absicht, die Sowjetunion zu verbessern und damit zu retten, nicht sie zu begraben.

Dennoch brachten sie Kräfte in Bewegung, die das System stürzten. Jelzin ließ sich von diesen Kräften wieder an die Macht tragen, wobei er

Gorbatschow beiseite schob. Aber sie waren im wesentlichen auf derselben Seite.

Arbatow war einer der Ihren, ein Verbündeter im System. Er versucht nicht, sich selbst als verkappten Kapitalisten oder Perspektivagenten der westlichen Demokratie darzustellen. Auch behauptet er nicht, ein Saulus-Paulus-Erlebnis gehabt zu haben, das ihn von einem Anhänger des sowjetischen Systems zu einem Vertreter des westlichen gemacht hätte. Im Gegenteil: Wie er in mehreren Passagen deutlich macht, insbesondere im Nachwort, tut es ihm leid, daß das System nicht reformierbar war und zusammenbrach. Er wünschte, daß das, was er als die positiven Züge des Systems ansah, und Teile seiner Grundstruktur erhalten geblieben wären, wenn auch in radikal veränderter und verbesserter Form. Ich habe den Verdacht, daß sich Arbatow selbst nicht sicher ist, ob es eine solche Möglichkeit je gegeben hat.

Nichsdestoweniger spiegeln die folgenden Seiten eine echte intellektuelle Odyssee wider, die Evolution eines Mitglieds der Nomenklatura oder herrschenden Klasse, die »lange Zeit hindurch . . . der monströsen Absurdität« des Systems wenig Aufmerksamkeit schenkte, die aber schließlich viele seiner Makel anerkannte und versuchte, Verbesserungen durchzusetzen. »Es war kein Zufall«, schreibt Arbatow, »daß Gorbatschow und seine Mitstreiter, die mit der Entstalinisierung begannen und die Perestroika einleiteten, aus dem System kamen – nicht von außen. Dies waren auch Leute, auf denen die Sünden der Vergangenheit lasteten, und sie hatten Grenzen, die ihnen eben dieses System auferlegt hatte.«

Es ist deutlich, daß Arbatow hier nicht nur von Gorbatschow, sondern auch von sich selbst spricht. Seine Geschichte ist ein wichtiger Teil der Geschichte unserer Zeit.

# Warum ich dieses Buch schreibe

Mein Leben als Politiker, Journalist und Wissenschaftler ist mit entscheidenden und faszinierenden, aber auch sehr schwierigen Jahren in der Geschichte meines Landes zusammengefallen. Es gab beträchtliche Gefahren für alle, die an den stürmischen politischen Ereignissen dieser Zeit teilhatten. Alles, was der Sowjetunion in diesen fünfzig oder sechzig Jahren widerfuhr, hat auf die eine oder andere Weise meine Generation betroffen – jene Generation von Menschen, die Anfang der zwanziger Jahre geboren wurden und die jetzt etwa siebzig sind.

Wir, diese Generation, erinnern uns an die dreißiger Jahre – Jahre der oft wiederholten Hymnen über den Aufbau einer neuen Zukunft. Meine Altersgenossen und ich kannten all die »Triumphe« aus Zeitungen und Büchern, aus Filmen und offiziellen Reden – und zwangsläufig auch von Augenzeugen, darunter den eigenen Verwandten und ihren Freunden. Wir erinnern uns auch an die dunkle Seite der dreißiger Jahre, eines der grimmigsten Jahrzehnte in der Geschichte unserer leidgeprüften Nation: die Liquidation der Kulaken, die Vernichtung der zahlenmäßig stärksten Klasse des Landes, der Bauern, durch Kollektivierung und die darauffolgende Hungersnot. Und natürlich erinnern wir uns an die Massenverfolgung von Dutzenden Millionen Menschen. Die meisten meiner Altersgenossen haben all das gesehen und durchgemacht, und sie werden es nie vergessen. Ich kann es aus meiner eigenen Erfahrung beurteilen – die Verfolgungen waren keinesfalls etwas Abstraktes oder Fernes. Die Eltern meiner Freunde fielen ihnen zum Opfer, die Freunde meiner Eltern ebenfalls, und schließlich auch mein Vater. Aber gemessen an der damaligen Zeit ist mein Vater gut dabei weggekommen. Er saß »nur« ein Jahr, angeklagt nach dem berüchtigten Artikel 58 des Strafgesetzbuches, in dem es um Sabotage und Konterrevolution geht, und wurde dann – wegen »fehlenden Straftatbestandes«, wie es im Urteil hieß – entlassen. Trotzdem galt mein Vater, und – in gewissem Maße – auch ich noch bis zu Stalins Tod immer wieder als politisch unzuverlässig.

Dann, als ein neues Jahrzehnt anbrach, erfaßte der Zweite Weltkrieg meine Generation im Sturm. Am 21. Juni 1941 zog ich die Uniform an, buchstäblich am Vorabend des deutschen Überfalls auf die Sowjetunion. Ich war damals achtzehn, und schon bald befehligte ich eine Batterie von »Katjuschas«, aber der Krieg endete für mich im Jahr 1944. Da war ich bereits Hauptmann und Invalide des Großen Vaterländischen Krieges der Kategorie II. Wegen einer schweren Lungentuberkulose, die in jenen Tagen fast immer tödlich ausging, war ich beurlaubt worden. Allerdings war ich unter den wenigen Glücklichen, denen durch die Techniken der damaligen Medizin und einen chirurgischen Eingriff geholfen werden konnte.

Zunächst als Student, dann als Redakteur und Journalist, durchlebte ich darauf die ideologischen Pogrome der Nachkriegszeit und die erneuten Ausbrüche politischer Verfolgung. Zu der Zeit durchschaute ich bereits vieles von dem, was sich ereignete: die Lügen, die Dummheiten und Perversionen des staatlichen Systems, das angeblich zu unserem Wohl agierte.

Schließlich ein Erwachsener, der von seiner Vergangenheit geprägt war, arbeitete ich als Redakteur und Journalist für das Zentralkomitee der KPdSU, dann als Mitglied der Elitemannschaft des ZK-Apparats und schließlich als Direktor eines Akademie-Instituts für Politische Wissenschaften. In jenen Jahren beobachtete und erlebte ich aus nächster Nähe die »Genesung« vom Stalinismus. Es waren Jahre der Hoffnung auf eine bessere Zukunft, eine Zeit, in der die Partei völlig unangefochten schien. Während der schwierigen, kontroversen und oft qualvollen Periode der »Entstalinisierung« bewegte sich die Nation auf das zu, was ein normales Leben unter normalen Bedingungen werden sollte.

Es ist immer noch schwierig, über all das in der Vergangenheitsform zu schreiben. Vor allem jetzt, da das Land erneut von Umwälzungen erfaßt ist, fühle ich die gesellschaftliche Herausforderung, den Druck der Verantwortung. Ich habe diese Empfindung, nicht nur wegen meiner offiziellen Posten, sondern vor allem, weil ich ein Mensch bin, mit bestimmten persönlichen Eigenschaften und Überzeugungen, und ein Kind meiner Zeit, ein Vertreter einer vielgeprüften Generation.

Die Tatsache, daß ich wichtige politische Ereignisse oft aus nächster Nähe erleben konnte und mit vielen wichtigen politischen und gesellschaftlichen Personen zusammengearbeitet habe – u. a. mit Juri Andropow, Leonid Breschnew, Michail Gorbatschow und Boris Jelzin, aber auch mit vielen prominenten ausländischen Staatsmännern –, hat mich bewogen, meine Beobachtungen und Erinnerungen zu Papier zu bringen. Mit Anbruch der Perestroika konnte ich dieser langgehegten Absicht nicht mehr widerstehen, jetzt, da endlich die Verbote fielen und viele von uns die Möglichkeit hatten, die Wahrheit, wie wir sie sahen, offen zu beschreiben – und sei sie noch so bitter – und Themen aufzugreifen, die bis dahin tabuisiert waren. Das Schreiben fiel mir jedoch schwerer, als ich erwartet hatte, und das nicht nur, weil es mir eigentlich immer an Zeit mangelt. Die gesellschaftliche Veränderung hat sich in kurzer Zeit so sehr beschleunigt und verdichtet, daß wir gezwungen wurden, die Vergangenheit und die Gegenwart neuzubewerten. Unsere Vorstellungen dessen, was wir für richtig halten, unsere Werte und Urteile – all das hat die Anforderungen an uns und an das, was wir schreiben, steigen lassen. Angesichts dieser ständigen Umwälzungen sah ich mich gezwungen, immer wieder Ergänzungen und Korrekturen vorzunehmen.

Die ersten Entwürfe zu diesem Buch entstanden 1987, aber jedesmal, wenn ich mich wieder daransetzte, mußte ich praktisch alles umschreiben. Wenn man ein Gefangener von gewohnten Sichtweisen, Meinungen und Konventionen ist, bedeutet dies einen langwierigen, quälenden und komplizierten Prozeß. Und natürlich stand ich, wie alle Memoirenschreiber, zwei Versuchungen gegenüber: alte Rechnungen zu begleichen und mich im nachhinein klüger und ehrlicher und mutiger darzustellen, als ich es in Wirklichkeit gewesen war. Ich hoffe, ich habe im Interesse der Wahrheit diesen Versuchungen so selten wie möglich nachgegeben. Und so kam schließlich eines Tages der Moment, an dem ich den Mut fand, das letzte i-Tüpfelchen zu setzen.

Das heißt aber nicht, daß ich nun alles verstanden hätte. Das bezweifele ich. Aber ich halte es für sehr wichtig, daß Menschen wie ich – Menschen meiner Generation, die ähnliche Erfahrungen gemacht haben – zu schreiben anfangen, damit allmählich ein umfassendes und detailliertes Bild der Geschichte der nachstalinistischen Ära zusammengesetzt werden kann.

Nicht, daß die Themen des Stalinismus oder der Person Jossif Stalins sich erschöpft hätten. Das ist sicherlich nicht der Fall. Wir vergessen allerdings manchmal, daß Stalin dreißig Jahre an der Macht war. Und daß seit seinem Tod vierzig Jahre vergangen sind. Ich bin überzeugt, daß unsere wichtigste historische Aufgabe in den vergangenen Jahrzehnten darin lag, unsere Gesellschaft von den grauenvollen Entstellungen zu befreien, die eine totalitäre Diktatur unweigerlich verursacht, angefangen bei den Fundamenten der Gesellschaft – den wirtschaftlichen, politischen, intellektuellen und moralischen.

Die Genesung vollzog sich bis zur dramatischen Periode der Perestroika langsam. Aber das ist nicht unbedingt überraschend.

Die Geschichte zeigt, daß totalitäre und despotische Diktaturen oft verbrannte Erde zurücklassen. Es gibt viele Beispiele von langen Übergangsstadien oder sogar Verfallsprozessen von Staat und Gesellschaft, die auf solche Diktaturen folgten. Und tatsächlich waren womöglich nicht die sogenannten osteuropäischen Satellitenstaaten, sondern unser eigenes Land das schlimmste Opfer des Stalinismus.

Die Jahrzehnte nach Stalin gaben uns die Erfahrung, auf der wir die Perestroika errichten konnten, wobei wir eine statische Gesellschaft gänzlich neu organisierten. Bisher gibt es allerdings kläglich wenige Versuche zu beschreiben, was sich in diesen vierzig Jahren ereignete – ganz zu schweigen von dem Versuch, es zu analysieren: höchstens ein paar Veröffentlichungen in Zeitschriften und Zeitungen, die von nur wenigen Lesern wahrgenommen wurden. Vielleicht sind die *Erinnerungen* Nikita Chruschtschows und die seines Sohnes die einzigen Ausnahmen.

Natürlich unterscheiden sich die Veröffentlichungen zur nachstalinistischen Ära in ihrer Glaubwürdigkeit, gedanklichen Tiefe und literarischen Qualität. Ich möchte an dieser Stelle keine Urteile abgeben – es geht vielmehr darum, daß es von diesen Veröffentlichungen, ungeachtet ihrer Verdienste oder Mängel, viel zu wenige gibt. Dies trifft vor allem für das Vierteljahrhundert nach Chruschtschows Sturz im Jahr 1964 zu. Berichte über Gerichtsverfahren und die politische Einschüchterung von Dissidenten – die hauptsächlich im Ausland zu lesen waren – sind interessant, aber sie ersetzen nicht eine vollständigere Art der Geschichtsschreibung. Es gibt auf diesem Gebiet noch ungeheuer viel zu tun.

Ich weiß nicht, weshalb Veröffentlichungen zu dieser jüngsten Periode der Geschichte unseres Landes noch so selten sind. Aber ich hoffe, daß es schon bald mehr sein werden. Meine Sorge ist, daß wir, wenn die Archive geöffnet werden, feststellen, daß es gar nicht so viele Dokumente gibt. Soweit wir wissen, wurden während der vergangenen Jahrzehnte keine detaillierten Protokolle der Debatten und Diskussionen im Politbüro angefertigt. Manche der wichtigsten Entscheidungen – so auch die zur Entsendung von Truppen nach Afghanistan im Jahr 1979 – wurden anscheinend nicht einmal in Anwesenheit des vollständigen Politbüros getroffen, sondern bei informellen Treffen einiger führender Politiker.

Und was öffentlich gesagt oder geschrieben wurde, hatte oft wenig mit der Wahrheit zu tun. Während und auch noch nach der finsteren Stalin-Ära kamen die wenigen Briefe und Tagebücher, die existierten – in der Vergangenheit historische Quellen von unschätzbarem Wert –, nie ans Tageslicht. Aus Angst hielt man möglichst wenig schriftlich fest, aber auch das stürmische Tempo der Zeit, die hektische Lebens- und Denkweise ließen niemals eine Atmosphäre aufkommen, in der man sich zu langen Briefen und Tagebucheintragungen niederließ. In meinem Land ist in mancher Hinsicht die Gewohnheit abhanden gekommen, genaue Erinnerungen an die eigene Lebensgeschichte festzuhalten.

Aus diesem Grund meine ich, daß die noch lebenden Zeugen dieser Umbruchsperiode, vor allem jene, die selbst an ihr mitgewirkt haben, sich zu Wort melden sollten, so bescheiden ihre Rolle auch gewesen sein mag. Ich habe mir diese Argumente oft selbst vorgehalten, nicht nur um eine natürliche Trägheit zu überwinden, sondern auch eine innere psychologische Barriere, die im Laufe eines von Behutsamkeit bestimmten Lebens unwillkürlich entsteht. Ich möchte gleich hinzufügen, daß meine Ansprüche nicht sehr hoch sind. Dieses Buch ist in erster Linie mein persönlicher Bericht über einige wichtige Episoden jenes qualvollen Weges zur Befreiung des politischen Lebens, den unser Land nach Stalins Tod einschlug. Seinen Anfang markiert vor allem der XX. Parteitag im Jahre 1956, als Stalin offiziell verurteilt wurde. Aber dies ist bei weitem nicht die ganze Geschichte.

Der kirgisische Schriftsteller Tschingis Aitmatow hat die (vielleicht von ihm erdachte) Legende von dem Volk der Mankurten erzählt. Schon in frühester Kindheit wurden ihnen die Schädel mit Streifen von ungegerbtem Leder so eng zusammengepreßt, daß sich die Fähigkeit des Denkens nicht entwickeln konnte. Sie wurden zu stillen, gehor-

samen Sklaven. Eine der gefährlichsten Manifestationen des Stalinismus war der beharrliche Versuch, die Menschen mit gnadenloser
Verfolgung und allgegenwärtiger Propaganda geistig und seelisch zu
verstümmeln und sie zu gehirnlosen Rädchen der totalitären Staats-
maschinerie zu machen.

Es erwies sich als unmöglich, diesen Plan vollständig durchzuführen.
Andernfalls hätten weder der XX. Parteitag noch die Perestroika stattfinden können. Aber Stalin und seine Leute haben viel in den Jahren
ihrer Herrschaft anrichten können, und das hatte schwerwiegende
Folgen – nicht nur für die Kultur, für die Gesellschafts- und Naturwissenschaften, sondern, bis auf den heutigen Tag, auch für die ganze
Mentalität und das politische Verhalten in unserem Land.

Wenn es noch eines symbolischen Beweises für Stalins Einfluß be-
durfte, so lieferte ihn der Tod des »Großen Führers« im März 1953. Die
meisten Menschen unseres Landes fühlten sich wie gelähmt von einer
alles erfassenden Trauer – die sich allerdings bald als zutiefst falsch
erwies – und gepackt von einer ganz irrationalen Zukunftsangst. Selbst
einige unserer besten Schriftsteller waren so überwältigt von diesem
Gefühl, daß sie es als ihre wichtigste Aufgabe ansahen, die Herrlichkeit
des dahingeschiedenen Führers in Dichtung zu fassen, so daß sie noch
viele Jahrhunderte in den Köpfen und Herzen der Menschen lebendig
bleiben würde.

Während der Tage, als Stalin in Moskau öffentlich aufgebahrt lag,
kam es zu grauenvollen Szenen der Massenhysterie. (Ich will nicht ver-
hehlen, daß ich es damals gar nicht so empfunden habe. Ich trauerte
wie alle um mich herum – es gab da nur wenige Ausnahmen.) Die Ge-
fühlsaufwallung mündete in eine wahre Blutorgie, als Hunderte, wenn
nicht Tausende von der rasenden Menge zu Tode getrampelt wurden,
die zum Moskauer Säulensaal drängte, um von dem einbalsamierten
Leichnam des Diktators Abschied zu nehmen.

Aber die Gesellschaft war in Wirklichkeit in einem viel schlimmeren
geistigen und seelischen Zustand, als jedes Symbol ahnen ließ. Ihre innere Armut und die gefährliche Aushöhlung des intellektuellen
Potentials offenbarte sich unübersehbar im Verfall des gesellschaftspolitischen Denkens. Mit einem Wort: Die Leistungsbilanz der theoretischen Kreativität während der siebzig nachrevolutionären Jahre war
miserabel, selbst wenn man den Marxismus als Maßstab nimmt, der
auf die leeren Dogmen des Stalinismus reduziert worden war.

Was das nichtmarxistische gesellschaftspolitische Denken angeht, das vor allem vom Westen in unser Land eingeführt worden war, so brach es mit dem Sieg der Bolschewiki im Jahr 1918 abrupt ab. Fortan wurde alles, was außerhalb der UdSSR geschrieben wurde, als Teil einer Konspiration gegen den Marxismus-Leninismus dargestellt. Ganze Schulen der Philosophie, politischen Theorie und Ökonomie nahmen wir lediglich aufgrund der gegen sie erhobenen Kritik zur Kenntnis. Ausländische Veröffentlichungen verschwanden für immer in den »Spezialabteilungen« der Bibliotheken, wo sie als »geheim« gekennzeichnet wurden. (Der Zensor stempelte sie mit einem Sechseck, in das er eine fortlaufende Nummer eintrug; umgangssprachlich hieß diese Kennzeichnung »Schraubenmutter« oder »Doppelschraubenmutter«, wenn es sich um »streng geheime« Materialien handelte.) Selbst für Fachleute war es schwierig, an diese Literatur heranzukommen. Der Rest der Bevölkerung lernte ausländisches Gedankengut nur in den Werken unserer Kritiker kennen. In der Regel hatten die Bücherregale außer Denunziationen, wütenden Epitheta und glatten Erfindungen wenig zu bieten.

Sowjetische Spezialisten, Wissenschaftler und Studenten verpaßten auf diese Weise ganze Jahrzehnte internationaler theoretischer Entwicklungen. Die Folgen dieser Lücke werden meines Erachtens noch lange spürbar sein, wenn nicht schnell Maßnahmen ergriffen werden, zum Beispiel die Veröffentlichung von führenden westlichen Philosophen, Ökonomen, Soziologen, Psychologen und Politologen des zwanzigsten Jahrhunderts. Die Menschen dieses Landes müssen auf all diesen Gebieten sehr viel nachholen. In den Jahren seit Marx' Tod fand eine Revolution in Rußland statt (eigentlich zwei); das österreich-ungarische Reich und die Hohenzollern-Monarchie brachen zusammen. Die Weimarer Republik und das Dritte Reich kamen und vergingen. Der verheerende Sturm des Zweiten Weltkrieges tobte durch Europa und Asien. Revolutionen triumphierten in China und einer Reihe anderer Länder. Der Kolonialismus ging zugrunde. Nuklearwaffen wurden erfunden. Mindestens zwei wissenschaftlich-technologische Revolutionen haben sich ereignet. Sämtliche gesellschaftlichen Strukturen haben sich gewandelt, so wie auch die politische Weltkarte und die Lebensweisen der Menschen. Und noch in diesem Augenblick setzt sich die Entwicklung mit großer Geschwindigkeit fort.

Aber im Lauf der letzten sieben Dekaden hatte keines dieser Ereignisse einen spürbaren Einfluß auf unser gesellschaftspolitisches Denken – ein Umstand, der katastrophale Folgen nach sich zieht. Wir können nicht umhin zu fragen, wie das geschehen konnte.

Ich glaube, es wäre falsch, die Schuld dem Marxismus zu geben. Immerhin erwies sich der Marxismus vor der Oktoberrevolution über viele Jahre hin als eine für Veränderungen offene, flexible Theorie, die sich nicht scheute, alte Ideen aufzugeben und neue zu integrieren. (Liest man die Werke der »Gründungsväter« erneut, so ist man eher geneigt, an ihnen eine übermäßige Faszination für das Neue als ihren Dogmatismus zu kritisieren.) Es war Jossif Stalin, der den Marxismus zunächst zu einem Dogma und dann zu einer Religion machte. Und obendrein nahm er den Gläubigen erst das Alte und dann das Neue Testament. Damit meine ich den wirklichen Sinn der Werke von Marx und Engels und später der Werke Lenins. Uns blieb lediglich ein einziges Gebetbuch: Stalins *Geschichte der Kommunistischen Partei der Sowjetunion (Bolschewiki). Kurzer Lehrgang* sowie eine Sammlung von Artikeln und Reden des »Großen Führers«.

Wir haben in der Tat eine große Tragödie durchlebt, eine der größten in der Geschichte. In diesem Buch möchte ich über die ersten Versuche der sowjetischen Gesellschaft berichten, die Folgen dieser Tragödie zu überwinden und sich selbst geistig und moralisch zu befreien. Ich möchte das System beschreiben, das unsere Gesellschaft und unser Denken geformt hat. Das ist meine Verantwortung mir selbst und der Zukunft Rußlands gegenüber. Beginnen möchte ich jedoch mit den frühen Jahren meines Lebens, damit der Leser besser verstehen kann, wer ich bin und wie meine Familie, meine Kindheit und meine Jugend, einschließlich der Kriegsjahre, aussahen.

# Meine Familie, meine Jugend und mein Krieg

Über meine Großeltern hinaus weiß ich nichts von meiner Abstammung. Genealogie ist im allgemeinen ein Privileg der Adeligen und der Reichen. Ich stamme von sehr einfachen Leuten ab, und die zeigen gewöhnlich wenig Interesse an ihren fernen Ahnen. Außerdem wäre es schwierig gewesen, sie in dem Tumult der ständigen Veränderung und der Bewegung aufzuspüren, die für mein Land im Laufe des letzten Jahrhunderts so typisch gewesen sind. Und auch nicht immer ungefährlich. Wer weiß schon, wen man unter seinen Vorfahren findet? Vielleicht einen Konterrevolutionär oder einen Priester oder irgend jemand anderen, der, nach stalinistischen Begriffen, für die Karriere schädlich sein, vielleicht sogar lebensgefährlich werden konnte?

Ich werde mit einer Beschreibung meiner Familie beginnen. Mein Vater starb 1954, ein paar Tage vor seinem 54. Geburtstag. Ich war bereits ein erwachsener Mann von dreißig Jahren, aber zu der Zeit verstand ich nicht, wie jung mein Vater war und was für ein volles und schwieriges Leben er gelebt hatte. Das habe ich erst sehr viel später begriffen, als ich begann, ihn an Alter zu überholen. Aber von der Zeit seines Todes an und noch eine Weile später konnte ich ein Gefühl tiefen Bedauerns, selbst der Schuld, nicht überwinden, weil ich nicht alles mit ihm besprochen hatte.

Dieses Gefühl ist wahrscheinlich jedem geläufig, der jemanden verloren hat, den er liebte. Erst nach einem solchen Tod begreifen wir plötzlich, wie wichtig diese Person war und bereuen jeden Moment, den wir nicht in ihrer Gesellschaft verbracht haben.

Mein Vater wurde 1900 in eine arme jüdische Familie hineingeboren. Sie lebte in einem abgelegenen Landbezirk des damaligen Jekaterinoslawer Gouvernements (heute Dnepropetrowsker Gebiet). Es war eine etwas ungewöhnliche Familie jüdischer Kleinbauern; sie waren ländliche Leute und, soweit ich das feststellen kann, keine sehr erfolgreichen Bauern. Sie waren so arm, daß sie ganz erleichtert waren, als

sie es schafften, meinen Vater in einer Berufsschule in Odessa unter-
zubringen, wo er schon im Alter von sieben Jahren zu einem sehr unabhängigen Leben gezwungen war. Diese Schule war auch seine »Universität«. Er sprach später wenig über seine Jahre dort. Nach dem
Schulabschluß arbeitete mein Vater als Metallarbeiter in einer Gieße-
rei in Odessa. Im Februar 1918, als er siebzehn war, schloß er sich der
Kommunistischen Partei an (wie viele in diesen turbulenten Zeiten
begann er seine politische Aktivität in einem sehr jungen Alter).
Dann nahm er am Bürgerkrieg teil. Als der vorüber war, lebte er das
gewöhnliche Leben eines Kommunisten in jenen Jahren: Zuerst
wurde er für Parteiarbeit eingesetzt, dann ging er in die Verwaltung,
dann wieder in die Parteiarbeit zurück. Einige Zeit arbeitete er in
einem Dorf; dann sandte ihn das Schicksal nach Cherson, wo er heira-
tete und wo ich im Mai 1923 geboren wurde. Ein paar Jahre später
machte man meinen Vater zum Direktor einer Konservenfabrik in
Odessa, und 1930 wurde er einer damaligen Praxis entsprechend aufgrund der Empfehlung einer Rekrutierungskommission, die von Moskau angereist war, ausgewählt, bei der sowjetischen Handelsmission
in Deutschland zu arbeiten.

1935 kehrte unsere Familie nach Moskau zurück, und mein Vater begann, im Volkskommissariat (so wurden die Ministerien damals genannt) für Auswärtige Angelegenheiten zu arbeiten. 1938 wurde er zusammen mit den meisten jener Kommunisten, die sich der Partei in den
Vor-Stalin-Jahren angeschlossen hatten und noch nicht festgenommen
waren, entlassen (davon berichtete er mir viel später). Er schaffte es,
eine Arbeit bei der Lenin-Bibliothek zu finden, der größten Bibliothek
des Landes. Er wurde dort Stellvertretender Direktor in der Verwaltung. Dann geriet er in die Mühlen jener Zeit – in einer der stalinistischen Säuberungen wurde er festgenommen, »konterrevolutionärer
Sabotage« bezichtigt und für ein Jahr ins Gefängnis geworfen. Nach
seiner Entlassung aus dem Gefängnis und bis kurz vor seinem Tod arbeitete er in bescheidenen Verwaltungsstellen (die letzte war die eines
Direktors einer kleinen Baufirma beim Forstministerium der RSFSR).

Die Tatsache, daß mein Vater und ich niemals die Möglichkeiten hatten, über alles zu reden, hatte in keiner Weise etwas mit einer Entfrem-
dung zwischen uns zu tun. Überhaupt nicht. Wir waren uns in unserem Denken sehr nahe, und wir verbrachten so viel Zeit zusammen wie
möglich. Ich achtete ihn sehr, suchte seinen Rat und legte großen Wert

auf seine Meinung. Damals wie heute hatte ich das Gefühl, daß mein Vater trotz seines Mangels an formaler Bildung ein Mann von großem Wissen, ungewöhnlichem Intellekt und beneidenswertem Talent war. Ich erinnere mich aus meiner Kindheit, wie er zu meiner Überraschung in wenigen Monaten Deutsch lernte und später mit gleicher Geschwindigkeit das Französische (1935 lebten wir vier Monate in Paris). Er konnte auch Englisch lesen und beschäftigte sich mit der Übersetzung der Korrespondenz von Friedrich Engels.

Nichtsdestoweniger gab es viele Themen, die mein Vater mit mir absolut nicht besprechen wollte. Eines dieser Themen war natürlich Stalin. Andere waren die innerparteilichen Kämpfe der zwanziger und dreißiger Jahre, die Massenunterdrückung, die Kollektivierung. Er bemerkte durchaus, daß er sicher sei, daß dieser oder jener seiner Freunde oder Bekannten, die festgenommen worden waren, unschuldig sei, oder daß dieser oder jener sich als Denunziant erwiesen und seinen Freund verraten habe. Aber er weigerte sich, zu verallgemeinern oder irgend etwas über seine eigene Festnahme zu sagen. Worüber er allerdings sprach, waren Details über das Alltagsleben im Gefängnis. Vor allem aber hörte ich von ihm niemals einen Kommentar über die sowjetischen Führer. Später habe ich oft über die Gründe für diese Zurückhaltung nachgedacht. Man konnte seine Umsicht verstehen, solange ich noch ein Kind war. Er sprach nicht mit mir über diese Dinge, damit ich meinen Freunden gegenüber nicht aus Versehen etwas erwähnte, was sie dann weitergeben konnten. Aber als ich erwachsen war und aus dem Krieg zurückkehrte, nahm ich an, daß er mir nun trauen würde. Ich bin auch im Grunde sicher, daß er dies tat. Trotzdem schwieg er noch lange über diese Themen.

Erst nach dem Tod Stalins und nachdem Berija festgenommen worden war, begannen wir unsere ausführlichen, offenen Gespräche, obwohl das unglücklicherweise nicht lange anhielt – er starb ein paar Monate später. Ich habe ihn einmal gefragt, warum er nicht vorher schon so mit mir reden konnte. Er antwortete mir, daß es ihm angesichts seiner langen und harten politischen Erfahrung außerordentlich schwergefallen sei, sich seine politische und moralische Integrität zu erhalten. »Ich wußte zuviel, und ich hatte zuviel gesehen«, sagte er mir. Er wollte diese Last in solch schwierigen und gefährlichen Zeiten nicht auf meinen Schultern wissen. Es wurde immer schwieriger, das, was man wußte und verstand, mit dem Glauben an ein Ideal zu vereinbaren.

»Ich fürchtete für dich«, sagte mein Vater zu mir, »und natürlich für die ganze Familie. Wenn du irgendwo einen Fehler gemacht hättest, hätte das für uns alle eine Katastrophe bedeuten können.« Deshalb schwieg er lieber. Oder, wie meine Mutter zu sagen pflegte, »drehte Kügelchen«. (Mein Vater hatte die Gewohnheit, alles, was er in der Hand hielt, Papierstücke, Brotkrümel und so weiter, zu kleinen Kugeln zu drehen.)

In gewissem Maße hat die Intuition uns beide gerettet. Er sprach über bestimmte Themen nicht, und ich, ohne mir über den Grund meiner Zurückhaltung Rechenschaft abzulegen, stellte keine unbequemen oder gefährlichen Fragen. Man entwickelte eine Art politischen sechsten Sinn. Wenn man den nicht hatte, war man verloren. Schon mit vierzehn oder fünfzehn war mir klar, daß die Behörden vollkommen unschuldige Menschen, die ihrem Land treu ergeben waren, verhafteten und zerstörten. Ich kannte viele von ihnen, sie waren die Eltern meiner Kameraden, die Freunde meines Vaters. Und mir schien es durchaus vorstellbar, daß sie auch meinen Vater festnehmen würden. In den Jahren 1937 und 1938 ging ich jeden Abend mit Angst im Herzen zu Bett. Ich murmelte sogar eine Art weltlichen Gebetes vor mich hin: »Laß sie bitte nicht meinen Vater festnehmen!« Wir wohnten zu der Zeit in einem Mietshaus für Angestellte der Volkskommissariate für Auswärtige Angelegenheiten und Außenhandel, und beinahe täglich wurden einige Leute »abgeholt«. Die Eltern fast der Hälfte meiner Klassenkameraden in der Schule waren festgenommen worden, und die Kinder mußten das widerliche und demütigende Ritual durchlaufen, sich von ihren Vätern oder Müttern loszusagen. Zwei oder drei meiner Freunde und Schulkameraden wurden auch verhaftet und verurteilt, obwohl sie noch minderjährig waren. Ein paar andere waren, wie ich später herausfand, als Spitzel angeworben worden.

Als die ständig drohende Gefahr nach Stalins Tod ein wenig zurückwich und angesichts der ersten Zeichen eines Wandels – der Rehabilitierung der »Mörderärzte«, der Verhaftung Berijas und der ersten Erwähnung des damals noch namenlosen »Personenkults« in den Zeitungen –, begann mein Vater zum ersten Mal, offen mit mir zu sprechen. Er redete von den Jahren, die tiefe Spuren in seinem Leben hinterlassen hatten – und durch ihn auch in meinem. Ich erfuhr von ihm nichts, was über das hinausging, was heute jedem bekannt ist. Wahrscheinlich gab es viele Dinge, von denen er damals auch nichts wußte. Die Menschen hatten sich ganz abgewöhnt, über verbotene Themen zu reden, einige hatten sich vielleicht auch abgewöhnt, über sie nachzudenken. Vielleicht war das der Instinkt der Selbsterhaltung. Aber man kann seine Gedanken nicht immer verbergen. Wenn man jemanden ständig professionell beobachten läßt, wird er sich früher oder später in irgendeiner Form verraten. Ich glaube, daß George Orwell in dieser Hinsicht recht hatte.

Mein Vater teilte seine Zeitgenossen – Parteimitglieder, Leute, die an der Revolution und an dem, was aus ihr folgte, teilgenommen hatten – in vier streng unterschiedliche Kategorien. Die ersten waren die Fanatiker. Solche Leute, sagte er immer wieder, könnten wahrscheinlich jeder Bewegung angehören, jeder Idee anhängen. Das war nicht so sehr eine Frage der Überzeugung, sondern eher eine der Mentalität. Solche Menschen werden immer Gläubige sein, egal, an was sie glauben. Zu dieser Kategorie zählte mein Vater einige seiner Freunde, und ich bin dem einen oder anderen in unserem Haus begegnet. Mein Vater erzählte mir, daß er einmal einen von ihnen, einen Offiziellen aus dem Schiffahrtsministerium, Pjotr G. Kulikow, einen Kameraden seit den Bürgerkriegstagen, fragte, was hier eigentlich vor sich gehe. Wie kam es, daß Leute, die sie beide sehr gut kannten, die der Partei unbegrenzt treu waren und ihr Land liebten, plötzlich zu »Volksfeinden« geworden waren? Er nannte ein paar Namen. Als Antwort mußte er sich eine wütende Tirade anhören: »Arkadi, wie kannst du als ein ehrlicher Kommunist an solche Dinge auch nur denken! Wir müssen der Partei und Stalin vollkommen vertrauen.« Am selben Abend wurde Kulikow festgenommen. Durch irgendein Wunder überlebte er. Als er aus dem Straflager zurückkehrte, war mein Vater bereits tot. Kulikow wurde rehabilitiert, seine Bürgerrechte wurden ihm wiedergegeben, und er zog sich als ein respektierter Mann ins Privatleben zurück, lebte als Rentner. Ich habe ihn oft getroffen und mit ihm geredet. Meinem Vater zu Ehren hielt ich den Kontakt mit ihm aufrecht, bis er starb. Was mich verblüffte, war die Tatsache, daß er trotz allem, was ihm zugestoßen war, bis zu seinem Ende, wenn nicht ein Fanatiker, so doch ein Blindgläubiger blieb. Und wenn er auch Stalin nicht länger vergötterte, so verteidigte er doch sehr entschieden das Regime, das Stalin geschaffen hatte. Nach einem hitzigen Streitgespräch sagte ich ihm einmal: »Pjotr Grigorjewitsch, es war ein Fehler, daß sie Leute wie dich eingesperrt haben, aber es war auch ein Fehler, daß sie euch wieder herausgelassen haben. Wenn ihr die Macht hättet, würdet ihr alles wieder so machen wie in den ›guten alten Tagen‹.« Er war nicht einmal beleidigt.

In der Klassifizierung meines Vaters galt die zweite Kategorie den rücksichts- und prinzipienlosen Karrieristen. Nach seinen Worten waren sie in der Lage, sich jedem Regime anzupassen, und je härter das Regime, desto größer waren ihre Karrieremöglichkeiten. Solche Leute gab es schon in der alten Garde der Bolschewiki, und noch mehr unter denen, die sich später der Partei anschlossen. Mein Vater nannte ein paar Namen. Sie sind es nicht wert, hier wiederholt zu werden. Es waren keine Leute, die wichtige Positionen innehatten. Aber es gab auch eine Anzahl dieser zynischen Karrieristen – Menschen wie Andrej Wyschinski und einige KGB-Chefs der dreißiger Jahre –, die verantwortungsvolle Positionen besetzten; eine Reihe von ihnen gelangten in den Nachwirren der Massenunterdrückungen, der Lügenkampagnen und Denunziationen der Dreißiger in Spitzenstellungen.

Die dritte Gruppe bestand aus den »nicht bösartigen Zynikern«. Sie glaubten an nichts, gaben aber vor, Anhänger der Partei zu sein, um Karriere zu machen. Die Karriere war ihre Besessenheit. Zugleich aber versuchten sie, soweit möglich, saubere Hände zu behalten und scheuten davor zurück, über Leichen zu gehen. Mein Vater kannte solche Leute, aber so tolerant, manchmal sogar freundlich, er sie behandelte, er hatte keine Achtung vor ihnen. Als ich nach einem bestimmten Freund fragte, antwortete mein Vater: »Die meisten von ihnen sind weder Helden noch Schurken. Sie wollen nur ein besseres Leben, und wir sollten sie nicht verachten, wenn sie das zu erreichen versuchen, ohne jemanden ins Unglück zu stürzen.«

In der vierten Kategorie fanden sich schließlich die »gemäßigten Gläubigen«, Leute, deren Glaube durch Vernunft gemäßigt wurde, die den wesentlichen sozialistischen Ideen treu waren und ehrlich versuchten, ihre Kräfte in den Dienst dieses Ideals zu stellen. Aber sie waren keineswegs gewillt, jedem Unsinn zu trauen, den ihnen die politischen Führer erzählten. Und noch weniger waren sie willens, andere zu verraten oder auf ihren Knochen eine Karriere aufzubauen. Sie waren weder Fanatiker noch Zyniker. Mein Vater selbst gehörte in diese Gruppe.

Während der Stalinjahre konnte man natürlich auch einigen wirklichen Helden begegnen, aber es waren nur sehr wenige. Einmal fragte ich meinen Vater, ob er und seine Freunde an die hysterische Kampagne gegen die »Volksfeinde« geglaubt hätten, eine Kampagne, die die Schauprozesse von 1936 bis 1938 einschloß. Er sagte, daß er im Grunde seines Herzens genau wie viele seiner Freunde nicht daran geglaubt habe. Aber reden konnten sie darüber nur im engsten Kreis. Sie begriffen bald, sagte er, daß Gefangene gefoltert wurden, obwohl sie am Anfang nicht glauben wollten, daß damit nicht nur Geständnisse, sondern auch falsche Anschuldigungen gegen andere erzwungen wurden. Einmal fragte ich ihn: »Hat denn niemand je protestiert, nicht einmal die alten Bolschewiki, die, wie man annehmen sollte, durch das Höllenfeuer des Zarismus gegangen waren?« Er antwortete, daß nur wenige etwas offen dazu gesagt hatten. Am Anfang waren die Leute dazu gebracht worden zu denken, daß eine große Sache jedes Opfer rechtfertige, und als sie schließlich aufwachten, war es zu spät zu protestieren.

Einmal erzählte er mir von einem sowjetischen Handelsrepräsentanten in Japan (wieder einmal könnte ich mich selbst treten, weil ich den Namen nicht aufgeschrieben habe), der gerade zurückgekehrt war und zu einer Parteiversammlung ins Volkskommissariat für Außenhandel kam.

Auf der Tagesordnung stand der Parteiausschluß eines »Volksfeindes« und jener, die ihm gegenüber nicht genug Wachsamkeit gezeigt hatten – das heißt jener, die ihn nicht denunziert, nicht verraten oder bloßgestellt hatten. Der Handelsrepräsentant war zum ersten Mal Zeuge dieser häßlichen Prozedur und saß da und hörte still zu. Dann ging er ans Rednerpult und hielt eine emotionale und zornige Rede: »Was geht hier vor? Wie tief sind wir gesunken! Wir sind alle Feiglinge! Wissen wir denn nicht, daß diese Männer ehrliche Kommunisten und unsere Genossen sind? Will denn keiner auch nur ein Wort zu ihrer Verteidigung sagen? Scham und Schande über uns alle! So können wir nicht weiterleben.« Als er seine Rede beendet hatte, entstand ein tödliches Schweigen, dann ein Applausausbruch, der, wie mein Vater sagte, in einer solchen Atmosphäre allgemeiner Angst und Paranoia verblüffend war. Der Sprecher wurde natürlich sofort verhaftet, als er das Gebäude verließ.

Ich weiß von den Freunden unserer Familie und von Bekannten, daß mein Vater als ein guter und toleranter Mann betrachtet wurde. Viele mochten ihn, auch die Männer, die im Gefängnis mit ihm eine Zelle teilten. Er redete über dieses tragische Jahr in seinem Leben ebenfalls erst nach Stalins Tod. Und ich glaube, er schwieg nicht etwa, weil er

Angst hatte, gegen seine schriftliche Verpflichtung zur »Nichtverbrei-
tung« zu verstoßen (sie wurde von jedem gefordert, der aus dem Gefängnis kam), sondern weil er nicht sicher war, ob er nicht noch einmal
in Stalins Gefängnissen verschwinden würde. Ich glaube, er verbannte
die häßlichen Erinnerungen an die Vergangenheit und die Sorgen um
die Zukunft aus seinem Denken.

Er wurde Ende 1941 verhaftet. Vielleicht erinnerte sich plötzlich jemand daran, daß er in Deutschland gearbeitet hatte (obwohl nur die
kranke Phantasie der Verfolger jener Tage auf den Verdacht kommen
konnte, daß er, ein Jude, mit den Nazis hätte zusammenarbeiten können). Die Anklage lautete »konterrevolutionäre Sabotage«, und das
Gericht – offenbar ein Militärgericht des Innenministeriums im Bezirk
Priwolschsk – verurteilte ihn zu acht Jahren. (Vor dem Prozeß hatte
mein Vater bereits sieben Monate im Gefängnis Uljanowsk verbracht.)
Wie mein Vater sich erinnerte, hatte der Vorsitzende des Militärge-
richts gleich, nachdem er das Urteil gesprochen hatte, leise gemurmelt:
»Gehen Sie sofort in die Berufung!« In seiner Verwirrung fragte mein
Vater: »Was haben Sie gesagt?« Ohne ein weiteres Wort verließ der
Vorsitzende den Gerichtssaal. Natürlich ging mein Vater in die Berufung. Der Vorsitzende hob sein eigenes Urteil auf und ordnete eine
neue Untersuchung an. Der zweite Prozeß fand ein paar Monate später
statt, und im Oktober 1942 wurde mein Vater von demselben Richter
wegen »fehlenden Straftatbestandes« freigesprochen. (Selbst hier also,
in der unmittelbaren Umgebung des GULag, konnte man auf einen anständigen Mann stoßen!)

Von diesem Jahr im Gefängnis erzählte mir mein Vater ohne jede
Bitterkeit, sogar mit einem Sinn für Humor. In seiner Zelle waren etwa
vierzig Menschen. Unter ihnen befanden sich ein früherer Admiral aus
Estland, verschiedene Generäle und Offiziere der Sowjetarmee, auch
einige Moskauer, da die Gefängnisse dort evakuiert wurden.

Wir haben noch einige Andenken meines Vaters aus der Gefängnis-
zeit: zum Beispiel einen Tabaksbeutel, den einer seiner Zellengenossen
zum 20. Hochzeitstag meines Vaters mit Stickereien verziert hatte –
dazu hatte er farbige Fäden aus einer Gefängnismatratze gezogen. Und
ein Medaillon mit dem Profil meines Vaters, das ein Häftling aus feuch-
tem Roggenbrot gemacht hatte. Das Medaillon gibt es noch heute. Es ist
praktisch versteinert, was etwas über die Qualität des Brots aussagt.

Selbst nach dieser Prüfung verlor mein Vater seinen Glauben an die

Ideale, denen er sein Leben gewidmet hatte, nicht. Was ihm vermutlich half, war die Tatsache, daß er ein sehr aktiver Mensch war. Er war seiner Arbeit unendlich verpflichtet. Selbst gegen Ende seines Lebens traf ihn jeder Fehlschlag in seiner Arbeit schwer, und jeder Erfolg war ihm eine große Freude. Daß er so intensiv empfand, verkürzte wahrscheinlich sein Leben. Soweit ich es beurteilen kann, war er von einem ernsthaften Verlangen nach Gerechtigkeit und Freiheit getrieben. Das Fehlen dieser beiden Ideale hatte er seit seiner Jugend fast täglich empfunden. Er wußte, auf welch dünnem Eis er und viele andere sich bewegten und wie schnell alles in einer unabwendbaren Tragödie enden konnte.

Meine Mutter, Anna Wassiljewna, war ein Jahr jünger als mein Vater, aber sie überlebte ihn um 23 Jahre. Sie war eine intelligente Frau, mit einem sehr starken, man kann sogar sagen, strengen Charakter. Daß sie praktisch das ganze Gegenteil zu meinem Vater war, erwies sich im Leben unserer Familie als unschätzbare Hilfe.

Ihre Eltern waren Bauern gewesen. Meine Großmutter war Tagelöhnerin in Askania-Nowa, auf dem Landsitz der berühmten deutschen Pioniere und Großgrundbesitzer, der Falz-Feins. Mein Großvater wurde in der Provinz Grodno geboren und ging, nachdem er als Soldat gedient hatte, in die südliche Ukraine, wo meine Großeltern sich begegneten. Dann zogen sie nach Cherson, in eine Bauernkate am Rande des Ortes. Sie hatten eine sehr bescheidene Existenz und lernten ihr Leben lang nicht, zu lesen und zu schreiben, aber sie sorgten dafür, daß alle ihre Kinder eine Schulbildung erhielten. Meine Mutter wurde Grundschullehrerin, und einige Jahre arbeitete sie mit obdachlosen Kindern.

Das härteste Jahr im Leben meiner Mutter war 1942. Ich war an der Front; mein Vater im Gefängnis. Sie und mein drei Jahre alter Bruder mieteten ein Zimmer in einem kleinen Haus in Uljanowsk, während sie aus Moskau evakuiert waren. Fast ein Jahr blieben sie dort. Meine Mutter wanderte in die Dörfer, um Kleidung und die letzten ihr noch verbliebenen Sachen gegen Lebensmittel zu tauschen, damit sie meinen Bruder ernähren und meinem Vater die genehmigten Rationen an Essen und Tabak ins Gefängnis bringen konnte. In einem der schlimmsten Winter des Jahrzehnts trug sie die Pakete über die gefrorene Wolga und erstieg dann die lange Treppe auf dem steilen Ufer an der anderen Flußseite, wo das Gefängnis lag.

Aus ihren Erzählungen konnte ich mir die enormen Härten ihres damaligen Lebens eindringlich vorstellen. Obwohl ich nie in Uljanowsk gewesen war, erkannte ich es in Andrej Sacharows Memoiren sofort wieder. Nicht weit von dem Ort, wo meine Mutter und mein Bruder gelebt hatten, gab es eine Munitionsfabrik, wo der große Wissenschaftler arbeitete und wo er seine ersten Entdeckungen und Erfindungen machte. Das ist wiederum ein Paradox des Lebens: Der Mann, dem später der Friedensnobelpreis zugesprochen wurde, begann seine Karriere, indem er Waffen erfand. Für beides schulden wir ihm Dank: Er half dabei, den Krieg zu gewinnen, und später wurde er zum Gewissen des besten Teils unserer Gesellschaft, zu einem Symbol der Ehrlichkeit und des Mutes. Viele Jahre hatte ich den größten Respekt vor ihm. Aber erst jetzt verstehe ich, wie bedeutend seine Rolle in unserer Geschichte war. Eines der Dinge, die ich am meisten bereue, ist die Tatsache, daß ich diesen großen Mann während der schwierigen Jahre seines Lebens nicht aktiver verteidigt habe.

Meine Mutter liebte meinen Vater sehr. Sein Tod war für sie ein entsetzlicher Schlag, aber sie zerbrach nicht daran. Sie konzentrierte ihre Energie auf meinen jüngeren Bruder. Bis zu ihrem Tod im Jahre 1977 war ich ihr sehr nahe; trotzdem regt sich mein Gewissen bis heute, wenn ich an sie denke. Ich hätte mich mehr um sie kümmern können, hätte ihr mehr helfen sollen. Ich glaube aber, daß das ein normales Gefühl ist; wir leben alle mit einem Gefühl unbezahlter Schuld unseren Eltern gegenüber.

Von 1930 bis 1935 wohnte meine Familie in Deutschland, wo wir die Weltwirtschaftskrise, Hitlers Machtergreifung und den Sieg des Faschismus erlebten. Ich kam im Alter von sieben Jahren nach Deutschland und kehrte zurück, als ich zwölfeinhalb war, aber ich verstand eine ganze Menge. Mein Vater und seine Freunde redeten hauptsächlich über Politik. Ich konnte zu der Zeit bereits Deutsch, so daß ich über die politischen Ereignisse in den Zeitungen las, sie am Radio verfolgte und natürlich auch beobachtete, was auf den Straßen geschah. Während meines letzten Schuljahres in Deutschland, in Hamburg, wurde ich zum Zeugen dramatischer Auseinandersetzungen direkt in meiner Klasse, wo Kinder mit ganz unterschiedlichem Hintergrund – von Kommunisten bis zu Faschisten – zusammenkamen (und sich oft prügelten).

Diese frühen Jahre im Ausland zu einer so kritischen Zeit vermittelten mir einen sehr nüchternen Blick auf den Westen und den Kapitalismus. Sie immunisierten mich für den Rest meines Lebens gegen zwei Extreme. Das erste Extrem war eine total negative Sicht des Kapitalismus und der westlichen Gesellschaft, wie sie unsere Propaganda zu verbreiten versuchte. Insbesondere stand ich den Phrasen von der »Verelendung« des Proletariats, der angeblichen Verachtung für humanitäre Ideale und den menschlichen Geist, der notwendig aggressiven Außenpolitik der kapitalistischen Länder usw. sehr skeptisch gegenüber. Das zweite Extrem war eine idyllische Betrachtungsweise des Westens als dem Reich allgegenwärtigen Wohlstands, mit unbegrenzter Freiheit und makelloser Gerechtigkeit. Und natürlich sind mir bis heute unvergeßliche Eindrücke des beginnenden Faschismus geblieben. Obwohl ich noch jung war, begriff ich die Realitäten an der Stimmung unter den deutschen Bekannten meines Vaters, ihrer wachsenden Furcht und Verwirrung angesichts des unerbittlich fortschreitenden Unheils, und an ihren Schicksalen. Mir schlug auf den Straßen und in der Schulklasse ein animalischer Haß entgegen, einfach weil ich Russe war. Mehrere Male wurde ich in aller Öffentlichkeit übel beschimpft, nur weil ich mich mit einem Freund laut auf Russisch unterhalten hatte. Ich sah den brutalen Militarismus und die faschistischen Aufmärsche, die Parteitage und Fackelzüge von Hunderttausenden von Menschen, die ihr menschliches Antlitz verloren und sich in eine Herde verwandelt hatten. Ich sah die antisemitischen Boykotte und dann die Pogrome gegen jüdische Geschäfte – und vieles mehr.

Ich erinnere mich an zwei Vorfälle. Wir lebten zu der Zeit in Berlin in der Augsburger Straße 1, und der erste Vorfall fand genau gegenüber statt. Dort gab es ein kleines Schreibwarengeschäft, in dem ich oft gewesen war. Ich kannte den Besitzer gut, obwohl ich mir über seine Nationalität nie Gedanken gemacht hatte. Zumindest dachte ich nicht darüber nach, bis ich eines Morgens zur Schule gehen wollte und entdeckte, daß ein sechszackiger Stern auf sein Schaufenster gemalt war sowie das bucklige Profil eines Monsters, das offenbar einen Juden darstellen sollte. Zwei SA-Leute standen vor der verschlossenen Tür. Sie trugen Schilder, auf denen stand: KAUFT NICHT BEI JUDEN. Als ich an dem Tag aus der Schule zurückkam, war der Laden geschlossen. Eine Woche später erschien ein neuer Eigner, aber einer, der offenbar hundertprozentig arisch war. Von da an war es mir unmöglich, den Laden zu betreten.

Der zweite Vorfall fand 1933 oder 1934 statt, als wir zwei Zimmer im

Hause eines Herrn Sinsheimer gemietet hatten. Wir freundeten uns
mit der ganzen Familie an. Herr Sinsheimer war ein hochdekorierter
Held und Invalide des Ersten Weltkrieges, der nun eine bescheidene
Stellung in einem örtlichen Bankhaus innehatte. Er und mein Vater
entwickelten sehr schnell eine enge Beziehung. Herr Sinsheimer war
ein Jude, der mit einer gläubigen Katholikin verheiratet war; ihre
Tochter, Susanne, war auch katholisch (zu der Zeit waren wir beide
zehn Jahre alt, beinahe elf).

Die politische Lage schuf für die Familie sehr komplizierte Probleme;
auf der einen Seite genoß Herr Sinsheimer als Invalide und Kriegsheld
gewisse Privilegien (selbst noch unter der Gesetzgebung der Jahre 1933
bis 1934). Auf der anderen Seite wußte niemand, wie lange das gutge-
hen würde. Denn inzwischen hatte die Verfolgung der Juden erschrek-
kende Ausmaße angenommen. Mutter und Tochter gerieten unter
ständigen Druck, weil sie die neuen Rassenreinheitsgesetze verletzten.
Auszuwandern bedeutete, alle ihre Ersparnisse aufzugeben, ihre Heimat, ihre Rente. Und wohin sollten sie gehen?

Als der Antisemitismus in Deutschland in den folgenden Jahren es-
kalierte, fragten wir uns oft, was wohl aus den Sinsheimers geworden
war. 1969 machte ich meine erste Reise in die Vereinigten Staaten; ich
trat im Fernsehen auf, und es gab eine Reihe von Artikeln über mich
und das Institut in der Presse, darunter auch einer im *Time*-Magazin
mit einem Foto von mir. Als ich wieder zu Hause war, warteten einige
Briefe auf mich, die von *Time* weitergeleitet worden waren. Darunter
war auch ein Brief aus Kansas City, geschrieben von Herrn Sinsheimers Frau und ihrer Tochter. Trotz enormer Schwierigkeiten hatte es
die Familie geschafft, Deutschland 1938 zu verlassen, und war so dem
Schicksal vieler anderer entronnen. Herr Sinsheimer war indessen
nicht lange nach der Ankunft in den Vereinigten Staaten gestorben.

Diese persönlichen Erfahrungen des deutschen Faschismus haben
mich durch mein Leben begleitet. Sie haben in mancher Hinsicht meine
Einstellung zu vielen Dingen, die in der Welt und in meinem eigenen
Land geschehen sind, bestimmt.

Als wir im Herbst 1935 nach Hause zurückkehrten*, war die Hun-

---

* Wir waren sehr hastig zurückgekehrt, weil meine Mutter als Mitglied des Adels
denunziert worden war. Zum Glück waren wir schnell in der Lage, dieser Anklage
zu begegnen, als sie ihre Geburtsurkunde fand (ich habe sie noch heute). Später

gersnot der Kollektivierungsjahre vorüber. Die Lebensmittelrationierung war vor kurzem aufgehoben worden, und die Lebensbedingungen hatten sich verbessert. Aber die politische Atmosphäre verhieß nichts Gutes. Zwar hatte es schon nach dem Attentat auf Stalins Berater Sergej Kirow im Dezember 1934 Unterdrückungsmaßnahmen gegeben, aber im Herbst 1935 war die Lage noch nicht allzu schlecht. Es gab sogar eine gewisse Euphorie, da wir uns einer ernsthaften Demokratisierung zu nähern schienen; bald begann eine öffentliche Debatte über den Entwurf einer neuen Verfassung.

Es war eine große Freude, in mein Land zurückzukehren, aber trotz aller Hoffnungen auf eine bessere Zukunft bedeutete die Heimkehr auch die Wiederaufnahme eines recht mageren und primitiven Lebens. In Moskau bezogen wir zunächst ein oder zwei kleine Zimmer in der Wohnung eines Kollegen meines Vaters, der gerade im Ausland war. Erst 1938 bekamen wir unsere eigenen zwei Zimmer, und zu der Zeit waren wir bereits vier, da mein kleiner Bruder zur Welt gekommen war. Das Leben bestand nur aus nackten Notwendigkeiten. Schlimmer aber war, daß ich allmählich das Ausmaß der Heuchelei und der politischen Grausamkeit entdeckte; das war eine bittere Erfahrung, insbesondere für meine Freunde und mich, die wir überzeugt patriotisch dachten, nicht nur was unser Land betraf, sondern auch was die Gesellschaft und unser sozialistisches Ideal, wie wir es verstanden, anging.

Aber die Jugend setzt sich gegen alles durch. Trotz der sich verschlechternden politischen Lage arbeitete ich wie die meisten meiner Klassenkameraden, ging zu Festen, trieb Sport und schloß Freundschaften, von denen ich einige noch bis heute pflege. Aber wir konnten es nicht vermeiden, auf die Ereignisse um uns herum zu reagieren. Der politische und ideologische Druck der späten dreißiger Jahre war eine wachsende Last für jeden von uns, einige brachen darunter zusammen und zogen sich in sich selbst zurück. Andere ließen sich verleiten und begannen sich an den von der Führung initiierten politischen Intrigen zu beteiligen. Wieder andere verfielen in Furcht vor allem und jedem,

---

sagte mein Vater mir, daß die Denunzierung in gleichem Maße ein Glücksfall gewesen war wie unser Auffinden der Geburtsurkunde. Aufgrund der Anklage kehrten wir schon 1935 nach Moskau zurück. Wenn wir erst während der Verhaftungswelle von 1937 zurückgekommen wären, hätte man meinen Vater, und vielleicht auch meine Mutter, automatisch ins Gefängnis gesteckt, und dort wären sie wahrscheinlich umgekommen.

wurden zu Konformisten und verloren jede Fähigkeit zum selbständigen Denken. Und einige wurden in dieser Atmosphäre sogar bezahlte Spitzel. In Deutschland ist dieses Phänomen aus den Jahren des Dritten Reiches nicht unbekannt sowie aus den Zeiten des DDR-Stalinismus; die Amerikaner erlebten etwas Ähnliches, wenn auch in unvergleichlich milderer Form. In Amerika herrschten der McCarthyismus und seine Hexenjagden. Aber in meinem Land war diese Bewegung massiv, lang anhaltend und unglaublich grausam.

Zurückblickend versuche ich einzuschätzen, wie mich das alles berührt hat. Ohne Zweifel bin ich dadurch vorsichtiger geworden, habe ein bestimmtes angepaßtes Verhalten eingeübt und politische Instinkte entwickelt. Aber ich brach unter dem Druck nicht zusammen. Im allgemeinen teilte ich die Werte meiner Gesellschaft, ich verlor jedoch nicht die Fähigkeit, eigenständig zu denken (obwohl sich dieses Denken erst sehr viel später entwickelte und damals nur in latenter Form existierte). Natürlich konnte ich einer gewissen Abstumpfung nicht entkommen. Aber auf irgendeine Weise wurde ich nicht zum Idioten. Ich ließ es nicht zu, daß sich mein Kopf vollständig mit ideologischem Müll füllte, konnte allerdings auf der anderen Seite einen gewissen Grad an Indoktrination nicht vermeiden. Vor allem aber, und ich hoffe, der Leser wird dies nicht als unbescheiden betrachten, bewahrte ich meine Ehre. Nicht in dem Sinne, daß ich das System abgelehnt oder ihm getrotzt hätte. Das hätte ich nicht überlebt. Und auch nicht in dem Sinne, daß ich keine Kompromisse gemacht hätte. Das war nicht nur eine Frage des persönlichen Überlebens und Wohlergehens. Wenn man das Gefühl hatte, daß man zur Außenpolitik oder zu inneren politischen und ökonomischen Problemen einen Beitrag leisten konnte, dann hatte man sich nach den Spielregeln zu richten und mußte bereit sein, in einigen anderen Fragen Kompromisse einzugehen. Ich habe beobachtet, daß dies auch auf amerikanische Politik zutrifft, und glaube daher nicht, daß dies nur ein Merkmal totalitärer Systeme ist. Beurteilt werden kann dies letztlich nur, wenn man die Leistung gegen die Kompromisse, die man machen mußte, abwägt.

Aber auch wenn die Bilanz insgesamt positiv ist, heißt das nicht, daß man der Verantwortung für die Fehler und das Unrecht entgehen kann. Ich bin durchaus bereit, mich dieser Verantwortung zu stellen. Obwohl ich nicht vollkommen still war, trage ich eine besondere Verantwortung dafür, daß ich nicht energisch genug gegen das Unrecht protestiert und das Richtige verteidigt habe.

Aber eines kann ich mit Sicherheit sagen: Ich habe niemals jemanden verraten, niemals jemanden denunziert, niemals an irgendwelchen Kampagnen teilgenommen, in deren Verlauf Menschen gejagt wurden. Das ist natürlich keine Leistung, auf die man stolz sein kann. Aber es ist zumindest etwas. Und ich muß sagen, in einem totalitären Staat war dies nicht leicht. Ich schaffte das nicht nur aufgrund irgendwelcher Tugenden, sondern vor allem, weil ich Glück hatte. Ich meine damit, daß ich niemals unter dem Druck des KGB stand, jemanden zu verraten oder zu denunzieren. Natürlich gibt es in einem totalitären Staat in der Regel eine hohe Belohnung für den Verrat und die Denunziation. Aber einer solchen Versuchung zu widerstehen, ist kein Heldentum.

In unserer politischen Literatur läuft zur Zeit eine lebhafte Debatte über den Unterschied zwischen dem totalitären und dem autoritären Staat. Ich stimme mit denen überein, die den Totalitarismus als ein System betrachten, das von jedem einzelnen Individuum fordert, die Ziele der Herrschenden zu erfüllen. Zu diesen Zielen gehört die Unterdrückung und die Verdummung aller Menschen, man selbst eingeschlossen. Das ist genau das, was unter Stalin geschah. Der autoritäre Staat fordert nicht unbedingt die Beteiligung eines jeden – nur vollkommene Unterwerfung. Aber das ist schon gefährlich genug. Deshalb kann ich denjenigen nicht zustimmen, die glauben, daß ein autoritäres Regime beim Übergang zur Marktwirtschaft und Demokratie eine Notwendigkeit ist. Autoritäre Herrschaft ist der absolute Gegensatz zur Demokratie; sie zwingt Menschen, sich dem Willen der Herrscher zu unterwerfen, und erlaubt ihnen keine Teilnahme an der Politik.

Um die nach-stalinistische Geschichte richtig einschätzen zu können, ist es unerläßlich, daß man sich die Last vor Augen führt, von der wir uns zu befreien hatten. Zu dieser Bürde zählte auch eine völlig verzerrte Moral. Ist es bereits ein mutiger Akt, wenn man sich einfach aus der Teilnahme an etwas Bösem heraushält, selbst wenn dies von einem erwartet wird oder wenn der Staat es fordert? In einer demokratischen Gesellschaft sicherlich nicht. In einer totalitären, ja. Manchmal erfordert das sogar großen Mut.

Meine Jugend fand am 22. Juni 1941 ein abruptes Ende, als Hitlers Armee die Sowjetunion angriff. Meine militärische Karriere war kurz, aber sie hinterließ einen Eindruck, der in dem Sinne den Rest meines

Lebens bestimmte, daß ich schneller heranreifte und mir eine Unabhängigkeit, sogar eine Kühnheit der Beurteilung und der Entscheidung angewöhnte, die ich sonst nicht entwickelt hätte.

Ich muß sagen, daß Mut in der Schlacht nicht das gleiche ist wie Zivilcourage. Oft erwiesen sich Männer, die im Kampf Helden gewesen waren, als elende Feiglinge und Konformisten, wenn sie ihren Vorgesetzten gegenüberstanden. Während des Krieges gab es einen bezeichnenden Witz darüber:

»Hast du Angst vor den Deutschen, Soldat?«

»Nein.«

»Vor wem hast du dann Angst?«

»Vor meinem Feldwebel.«

Schließlich hing unser tägliches Wohlergehen von dem Feldwebel ab: eine Extraration Brot oder eine Portion Kascha, neue Fußlappen oder, wenn man wirklich Glück hatte, ein neues Paar Stiefel. Letztendlich konnte die Haltung des »Feldwebels« in einer Gesellschaft wie der unseren entscheidend für das Überleben sein. Ich wurde in einem schrecklichen Abschnitt unserer Geschichte zum Erwachsenen. Die Tatsache, daß wir im Krieg waren, half mir, mit mehr Würde aufzuwachsen und mit dem Gefühl, eine Pflicht zu erfüllen. Dadurch gewann ich einiges Selbstbewußtsein, was mir ermöglichte, meine Identität zu bewahren.

Offen gesagt, habe ich während der Kriegsjahre Glück gehabt, und das nicht nur, weil ich überlebte. Ich war weniger Risiken und körperlichen Härten ausgesetzt, weil ich in einem Regiment diente, das mehr oder weniger als Eliteeinheit galt: in der Artillerie – bei den berühmten Katjuschas*, den Raketenwerfern. Wir hatten sicherlich ein besseres Leben als unsere Kameraden in der Infanterie. In meiner Einheit galt ich als recht tapfer und bereit, Risiken auf mich zu nehmen – vor allem, weil ich den Hauptteil meiner Dienstzeit an der Front bei der Aufklärung verbrachte, was bedeutete, daß ich in der Nähe der vordersten Linie der Infanterie zu sein hatte, manchmal sogar vor ihr. Trotzdem war

---

* Dieser seltsame Name stammt aus einem populären zeitgenössischen Lied über ein schönes Mädchen, die Katja oder Katjuscha hieß. Sie wartet auf ihren Geliebten, der in der Armee dient; die Raketenwerfer machten gewaltigen Lärm, aber es war Musik in unseren Ohren. Übrigens nannten die Deutschen unsere Katjuschas »Stalinorgeln«.

das Leben in den Katjuscha-Einheiten weniger gefährlich und nicht so hart wie bei der Infanterie. Folglich überlebten auch mehr Menschen. Und in einem Regiment zu dienen, das neue, wirkungsvolle und hochgeheime Waffen einsetzte, war sehr aufregend, sogar romantisch, insbesondere für einen jungen Offizier. Hinzu kam, daß ich in die Kampfhandlungen eingriff, als die schlimmste Zeit für die Sowjetarmee bereits vorbei war. Ich brauchte die tragischen Rückzüge, die Panik, die Einschließungen und die vernichtenden Niederlagen nicht mitzuerleben. Aufgrund dieser Erfahrungen in der Frühphase des Krieges waren viele meiner Offizierskameraden, die ihren Dienst einige Monate früher angetreten hatten, psychologisch zusammengebrochen und ernsthaft traumatisiert worden. Ich bin dankbar, daß mir diese Qualen der ersten Kriegsmonate erspart blieben. Und zugleich erlebte ich den Krieg in kritischen Perioden – Moskau im Herbst 1941, dann die sehr schwierige, gefährliche Periode von 1941 bis 1943, als wir unsere Gegenoffensive begannen und der ganze Verlauf des Krieges sich wandelte, obwohl wir noch immer furchtbare und oft nicht zu rechtfertigende Verluste erlitten.

Aber wie wurde ich überhaupt zum Offizier? Es war Instinkt, glaube ich – ich spürte irgendwie, daß der Krieg kam, und ich wollte mich der Armee anschließen. Früh im Jahr 1941, es war mein letztes Jahr an der Oberschule, hatte ich mich schon entschlossen, an eine Militärhochschule zu gehen. Anfänglich wollte ich zu den Fernmeldern, deren Hochschule sich in Leningrad befand. Ich schrieb sogar dorthin, um mich zu bewerben, aber dann kam mein Onkel, der Bruder meines Vaters, uns besuchen.

1941 war er Major, Artilleriekommandeur einer Panzerbrigade, die in Brest-Litowsk stationiert war. Zugleich war er Fernstudent an der Frunse-Militärakademie, und er war nach Moskau gekommen, um sein Examen zu machen. Er überredete mich, zur Artillerie zu gehen.

Ich legte der Ersten Moskauer Artillerie-Hochschule meine Unterlagen vor. Einen Tag, bevor der Krieg begann, wurde ich eingezogen. Wir mußten einen sechsmonatigen Schnellkurs machen statt des gewöhnlichen, der zwei Jahre dauerte.

Unsere Ausbildung begann an der schweren Artillerie, wurde aber bald auf die Raketenartillerie umgestellt. Wir sahen diese neuen Waffen auf dem Gelände der Hochschule im Juni, glaubten aber, daß sie Pionierlastwagen für den Brückenbau seien. Wir bemerkten, daß es eine außergewöhnlich große Anzahl von ihnen gab und daß sie immer nur für kurze Zeit bei uns stationiert waren – sie wurden dann von uns aus an die Front gebracht, wie wir später erfuhren.

Gegen Mitte Oktober 1941 wurde die Lage in Moskau sehr angespannt. An einem düsteren Tag im Oktober wurde unserer ganzen Batterie befohlen, sich vor dem Hauptquartier aufzustellen, und einer nach dem anderen mußte sich im Büro des Hauptmanns melden. Dort mußte man sich den Fragen einer Kommission von drei Militärs und zwei Zivilisten stellen. Jedes einzelne Gespräch dauerte recht lange. Dann war ich an der Reihe: »Genosse Kadett, wenn dir geheime Technologie anvertraut wird und die Gefahr besteht, daß sie dem Feind in die Hände fällt, könntest du sie sprengen, selbst wenn das hieße, dein Leben zu opfern?« »Natürlich könnte ich das«, sagte ich. Heute würde eine solche Unterhaltung vollkommen künstlich erscheinen, sogar pompös-unaufrichtig, wenn nicht idiotisch. Aber in jenen Tagen kam sie einem vollkommen normal vor.

Ich wurde entlassen und zusammen mit sieben anderen Kadetten zu einer Ecke des großen Hochschulhofes geführt. Dort, hinter einem niedrigen Zaun, stand einer der »Pionierlastwagen«. Mir wurde mitgeteilt, daß ich den Zug, der diese Waffe bedienen sollte, kommandierte. Sieben Männer standen unter meinem Befehl. Eine Plane wurde von dem Lastwagen heruntergenommen. Darunter sah ich etwas, das wie acht Schienen oder eher wie acht doppelte Stangen aussah. Sie waren an einem Rahmen angebracht, der senkrecht und waagerecht auf seinem Fuß bewegbar war.

Sie zeigten uns das Geschoß – in Wirklichkeit eine Rakete, etwa einen Meter zwanzig lang und vierzig Kilo schwer – und lehrten uns, wie es aus dem Inneren des Lastwagenführerhauses abzufeuern war. Man senkte eine Panzerplatte über die Windschutzscheibe und feuerte dann eine Rakete nach der anderen ab, indem man einen bestimmten Hebel bewegte. Auf der Lafette lagen zwei Kästen Dynamit (jeweils fünfundzwanzig Kilo), mit dem man im Falle der Gefahr die Waffe in die Luft sprengen konnte. Später an der Front dachte ich: Warum sollte man wie ein Held auf dem Dynamit sitzen? Man könnte auch einen elektrischen Zünder einsetzen oder eine Bickford-Zündschnur bis in einige Entfernung vom Graben verlegen, dann brauchte man nicht Selbstmord zu begehen. Aber unsere Vorgesetzten glaubten wahrscheinlich, daß die Zeiten Selbstaufopferung erforderten – oder wollten

unsere Kommandeure nicht nur unsere geheime Technologie zerstören, sondern mit ihr zusammen auch die Menschen vernichten, die sie
kannten?

Am nächsten Tag marschierten wir zur Wolokolamsker Chaussee
und gingen von dort aus ins Gelände. An irgendeinem Punkt eröffneten wir das Feuer. Ich fand nie heraus, ob wir auf den Feind schossen
oder ob dies eine bloße Übung war. Aber ich werde die Salve der sech-
zehn Raketen auf jedem Lastwagen nie vergessen – den betäubenden
Lärm, das Feuer, den Rauch, den Staub, den bei jedem Abschuß erzit-
ternden Lastwagen.

Am folgenden Tag brachten sie uns zurück zur Hochschule, nahmen
uns unsere Katjuschas weg, gaben Gewehre aus und ließen uns von
morgens bis abends exerzieren: »Eins – zwei! Eins – zwei!« »Rechts –
links – rechts!« »Achtung!« usw. usw. Wir konnten um alle Welt nicht
verstehen, was sie von uns wollten. Unsere Truppen kämpften dicht
vor Moskau. Neue Einheiten wurden aus unausgebildeten Zivilisten
auf dem Gelände unserer Militärschule zusammengestellt und marschierten von hier aus direkt an die Front, die nur vierzig oder fünfzig
Kilometer entfernt war. Und wir machten diesen Unsinn an Formal-
ausbildung! Niemand hätte auch nur einen Augenblick daran gedacht,
daß sie uns tatsächlich auf eine Militärparade vorbereiteten.

Am 7. November standen wir früh auf, es war der Nationalfeiertag.
Wir bekamen ein fast festliches Frühstück – sie gaben uns sogar Weiß-
brot und Butter –, trotz der Tatsache, daß die Deutschen vor den Toren
Moskaus standen. Wir hatten kaum Zeit gehabt, etwas von dem guten
Brot herunterzubringen, als wir den Alarm hörten. Wir stellten uns
auf und marschierten geradewegs zum Roten Platz, die Einheiten von
unserer Hochschule bildeten die Spitze der Parade. Erst dann verstanden wir, daß wir an der traditionellen Militärparade teilnehmen sollten,
auch wenn das hieß, daß wir es riskierten, unter feindliches Feuer zu
geraten. Die Idee dahinter war wohl, Normalität zu demonstrieren,
und in solch einer verzweifelten Lage taten wir unser Bestes, um dieser
Idee gerecht zu werden. Tatsächlich gab die Parade der Moral in der
Armee und im ganzen Land gewaltigen Auftrieb.

Ich erinnere mich, daß wir an dem Tag eine dichte Wolkendecke und
Schnee hatten. (Deshalb hatte man wahrscheinlich entschieden, die Parade abzuhalten.) Die meisten der Paradeteilnehmer gingen danach direkt an die Front, vierzig Kilometer vor der Stadt. Jene, die in Moskau

blieben, bekamen 100 Gramm Wodka – eine ganze Menge, dachte ich. Dies geschah aufgrund einer besonderen Anordnung des Verteidigungsministers, das hieß Stalins. Es war das erste Mal, daß ich ein halbes Glas Wodka trank.

Dann war die Hochschule gezwungen, nach Mias, im Ural, umzuziehen; dort ging ich, kurz vor Neujahr, im Rang eines Leutnants, von der Hochschule ab. Meine Ausbildung wurde danach zuerst in Tataria, in der Nähe von Arsk, und dann in Moskau fortgesetzt. Schließlich bestiegen wir den Zug zur Front. Er wurde auf dem Weg dorthin zweimal von Flugzeugen angegriffen.

Der eine Soldat, der bei dem Luftangriff fiel, und die beiden, die verwundet wurden, hatten einfach Pech. Sie taten das, was wir alle taten: Wir warfen die kleinen, nicht detonierten Bomben, die nicht viel größer als Handgranaten waren, von den offenen Eisenbahnwaggons herunter. Eine der Bomben explodierte, als sie aufgehoben wurde. Auch mein Krieg hätte leicht so enden können.

Dann kam ein langes hartes Jahr defensiver, ablenkender und offensiver Operationen in der Region von Smolensk, die Offensive bis zum Dnjepr nach der Schlacht von Kursk, das Überschreiten des Dnjepr südlich von Kanew und dann nördlich von Tscherkassy. (1985 wurde ich als einer der »Befreier« dieser Stadt zum Ehrenbürger gemacht.) In Tscherkassy erkrankte ich schwer an Tuberkulose und wurde hinter die Front zurückgeschickt. Gerettet wurde ich von einer Ärztin (die zufällig die Mutter eines meiner Schulkameraden war, der auch an der Front stand) und durch die Pflege meiner Mutter. Im Sommer 1944 wurde ich aus der Armee entlassen.

Was für ein Soldat war ich? Ich schlug mich, so gut ich konnte. Im Mai 1990, einen Tag vor meinem Geburtstag, bekam ich einen Anruf von Dmitri Timofejewitsch Jasow, dem Verteidigungsminister. In den Archiven der Armee waren die Unterlagen meines Regiments gefunden worden, und er schenkte mir meinen persönlichen Gefechtsdienstbericht. Nach diesen Dokumenten zu urteilen, schätzten mich meine Vorgesetzten im Krieg recht positiv ein. Hier sind ein paar Auszüge aus meinem Dienstbericht.

Aus dem »Gefechtsdienstbericht«, herausgegeben vom Bataillonskommando am 25. August 1942:

Die vom Genossen Arbatow befehligte Batterie zeigte ein gutes Kampfverhalten. Zu keiner Zeit gelang es dem faschistischen Abschaum, dem Feuer der Batterie zu entgehen. Der Genosse Arbatow erledigte Fragen der Organisation, des Kommandos und der Führung, während er seine Kampfaufgaben in umsichtiger und erprobter Form meisterte. Am 6. August zerstörte seine Batterie mehr als eine Infanteriekompanie des Feindes sowie eine Mörserbatterie. Sein persönlicher Mut im Gefecht war ein Beispiel für seine Untergebenen.

Aus dem »Gefechtsdienstbericht« vom 22. Oktober 1942:

Während seiner Dienstzeit beim Bataillon hat sich der Genosse Arbatow als ein tapferer, disziplinierter, ordentlicher und zivilisierter Kommandeur erwiesen. In den Gefechten gegen die faschistischen Invasoren hat er in Erfüllung der Kampfaufgaben des Bataillons beispielhaften Mut bei der Zerstörung der Hitler-Banditen gezeigt. Er persönlich leitete das Feuer des Bataillons. Als Artilleriekommandeur ist er außerordentlich fähig, meistert seine Aufgabe vollkommen und fordert viel von sich selbst und seinen Untergebenen. Er genießt den Respekt des gesamten Bataillons. Hiermit wird der Genosse Arbatow für das Kommando eines Bataillons empfohlen.

Für einen Neunzehnjährigen war das ein schmeichelhafter Bericht! Aber das Kommando bekam ich nicht – wie ich später herausfand, weil mein Vater als »Volksfeind« im Gefängnis war. Aber da ich im Jahre 1943 von dieser Empfehlung gar nichts wußte, so hatte ich auch keinen Grund, mich verletzt zu fühlen oder auch nur enttäuscht zu sein.

Aus dem »Gefechtsdienstbericht« vom 14. April 1943:

Bei seinen Aufklärungsaufgaben im Gefecht arbeitet er ausgezeichnet [zu der Zeit war ich der Offizier in unserem Regiment, der für die Aufklärung verantwortlich war] und liefert wertvolle Informationen. Aufgrund seiner Arbeit eröffneten wir mehrere Male das Feuer und vernichteten einige Hundert Faschisten.

Und dann, neben all diesem:

... nicht diszipliniert genug, bemüht sich wenig um eine bessere Einstellung.

Doch zum Abschluß:

Er genießt die Achtung seiner Untergebenen, ist ideologisch korrekt, moralisch stabil.

Ich bemühte mich sehr, mich daran zu erinnern, warum ich diese einzige Ermahnung bekommen hatte. Schließlich kam ich mit der Hilfe eines Genossen aus meinem alten Regiment auf den Grund: Eines Abends, als wir Nachschub erhielten (wir bekamen einiges an neuer

Ausrüstung), gab es nichts zu tun, und wir – drei oder vier junge Offiziere – spielten Karten. Der Regimentskommissar, der später den oben erwähnten Gefechtsdienstbericht abzeichnen würde, kam plötzlich herein. Er war ein grimmiger Typ mit der »altbolschewistischen« Leidenschaft zur Denunziation seiner Untergebenen und Kollegen. Dieses Mal schilderte er uns als unverbesserliche »Glücksspieler«. Außerdem konnte er, wie sich herausstellte, alten Gewohnheiten nicht widerstehen und schrieb noch ein oder zwei weitere bösartige Sätze in meinen Dienstbericht.

Ein letztes Wort dazu. Ein halbes Jahr später wurde ich für eine Auszeichnung vorgeschlagen, und zwar vom Regimentskommandeur, nicht vom Kommissar. In der »Vorschlagsliste für Auszeichnungen« vom 10. September 1943 steht:

Er ist ein energischer, tapferer und furchtloser Aufklärungsmann. Während seiner Dienstzeit mit dieser Aufgabenstellung lieferte er viele wertvolle Erkenntnisse über den Feind, Informationen, die er unter Feuer sammelte. Am 4. September, in seiner Position als vorgeschobener Beobachter, bestimmte er die wichtigsten Aufstellungsräume des Feindes, die in den Dörfern Gusan und Pilipenki konzentriert waren. Daraufhin feuerte das Regiment auf beide Bereiche zwei Salven ab. Nach dem Feuer gingen unsere Truppen erfolgreich vor und eroberten die beiden Angriffspunkte. Am 5. September zeigte Arbatow unter schwerem Feindfeuer und in äußerst gefährdeter Position Todesverachtung und bestimmte trotz der Gefahr sehr präzise die erste Verteidigungslinie des Feindes, worauf eine Salve abgefeuert wurde. Nach der Salve eroberten unsere Einheiten das hochgelegene Gelände und setzten ihren Vormarsch fort.

Mein kurzer Militärdienst blieb ein starker Eindruck für mich und hatte Einfluß auf mein Leben und meine Sicht der Dinge. Natürlich erinnere ich mich manchmal an meine Kriegserfahrungen mit einem Gefühl der Sehnsucht nach der Pflicht, nach der Kameradschaft in der Schlacht und nach der einfachen Entschlossenheit, bereit zu sein, bis zum Tode zu kämpfen. Aber vieles, was ich erlebte, entzauberte auch die Armee und den Großen Vaterländischen Krieg. Es nahm beiden die romantische Aura, die in den Nachkriegsjahren so eifrig am Leben gehalten wurde. Ich entdeckte bald, welche großen Möglichkeiten der Krieg für kleinliche Tyrannei bot, für Vorgesetzte, die ihre Untergebenen demütigten, für Grobheit, für das Fortkommen von mittelmäßigen und untalentierten Leuten, für die Vetternwirtschaft. Ich begriff auch, wie die Operationen unserer Armee geführt wurden: wie viele Fehler gemacht wurden und zu welch enormen Kosten! Das gab mir eine dauerhafte Skepsis gegenüber den Armeeführern und machte mich allergisch gegen jede Art von Militarismus.

Unsere gesamte Nachkriegsentwicklung und ihr krönender Erfolg, die Periode der »Stagnation«, brachten viele häßliche Entwicklungen in der Armee und ihrer Führung hervor; zur gleichen Zeit wurde das Militär zu so etwas wie einer politischen Heiligen Kuh. Ich konnte mich nicht zurückhalten und äußerte meine Kritik, insbesondere als die Interessen des militärisch-industriellen Komplexes so eindeutig mit den Interessen des Landes und des Volkes in Konflikt gerieten.

Ich bin heute davon überzeugt, daß die Demilitarisierung unserer Gesellschaft und der internationalen Beziehungen im allgemeinen eine wichtige Vorbedingung nicht nur für den Fortschritt, sondern sogar für das Überleben der Menschheit ist. Ich glaube, daß meine Position zu diesem Thema, die ich infolge meiner Kriegserfahrung übernahm, eine Realität widerspiegelt, die von äußerster Bedeutung ist. Die Demilitarisierung der sowjetischen Gesellschaft ist zu einer unverzichtbaren Vorbedingung für den Erfolg der ökonomischen Reform und der Demokratisierung geworden, sogar für die politische Stabilität meines Landes. Deshalb ist die kritische Analyse des Militarismus schon seit meinen ersten Tagen im Journalismus und auch bei meiner Arbeit als Akademiker eines meiner Lieblingsthemen gewesen. Soweit ich mich erinnere, begann ich 1955 darüber zu schreiben – nach Stalins Tod, als man sich etwas freier ausdrücken konnte, aber noch immer (und darauf bin ich stolz) vor dem XX. Parteitag, als gewisse Tabus zu diesem Thema zum ersten Mal offiziell aufgehoben wurden. Die Grundlage meiner Argumentation war die Überzeugung, daß der Militarismus historisch dem Untergang geweiht war und daß er aus der Gesellschaft verschwinden mußte.

Im Juli 1944 wurde ich aus dem Militärhospital entlassen und zum Kriegsinvaliden der Kategorie II erklärt. Dies bedeutete, daß man nicht arbeiten mußte, aber auch nicht als pflegebedürftig eingestuft wurde. Ich bekam Lebensmittelmarken und eine Rente von etwa 90 Rubeln pro Monat. (Zu der Zeit reichten 90 Rubel aus, um das zu kaufen, was einem durch Lebensmittelmarken zugeteilt wurde, aber es war nicht genug, um nur eine einzige Flasche Wodka zu Marktpreisen zu erwerben.)

Nun stand ich vor der Frage: Was soll ich als nächstes tun? Meine Familie lebte bescheiden, aber sie war trotzdem noch in der Lage, mir finanziell über die Jahre des Studiums hinwegzuhelfen, also beschloß ich, an die Universität zu gehen.

Tatsächlich hatte ich daran schon seit langer Zeit gedacht. Ich hatte mir sogar ein Universitätsinstitut ausgesucht. Im Herbst 1943, als ich noch an der Front stand, las ich in der *Iswestija* die Nachricht, daß an der Moskauer Universität eine Abteilung für Internationale Beziehungen eröffnet werde; ich erinnere mich noch, daß ich in Gegenwart meiner Genossen laut vor mich hinsagte: »Da gehe ich nach dem Krieg hin.« Sie lachten mich freundlich aus. Zu der Zeit schien das Ende des Krieges und der Gedanke, an eine Universität zu gehen, sehr weit entfernt – niemand konnte wissen, ob er bis dahin überleben würde.

Ein Jahr später bewarb ich mich bei diesem Institut an der Universität* und wurde angenommen. Meine Studentenjahre begannen, und in ihnen finden sich einige meiner glücklichsten Erinnerungen. Meine Studienkameraden und ich waren jung, und wir studierten an einem Institut von hohem Prestige, aber es waren magere und hungrige Jahre, und sie enttäuschten jeden, der gehofft hatte, daß nach dem Krieg bessere Zeiten anbrechen würden. Viele hatten geglaubt, daß Stalin nach dem Krieg, der die Treue und den Glauben der Nation auf eine so harte Probe gestellt hatte, den Menschen im ökonomischen, politischen und kulturellen Leben nun mehr Spielraum geben würde. Nichts dergleichen geschah. Sehr bald nach dem großen Sieg begannen neue Kampagnen der Verfolgung und Unterdrückung.

Diese Atmosphäre war in unserem Institut zum Greifen spürbar. Wir Studenten wurden auf Karrieren in der Außenpolitik und auf Arbeitsaufenthalte im Ausland vorbereitet. Daher war die Auslese äußerst streng. Wir mußten eine unendlich lange und genau ausgetüftelte *anketa* ausfüllen. Dies war ein Fragebogen von etwa zehn Seiten, auf dem sich alle Arten von Fragen über einen selbst und über die Familienmitglieder fanden. Zum Beispiel: »Waren Sie oder einer Ihrer Angehörigen jemals Mitglied in einer anderen Partei?« »Haben Sie oder einer Ihrer Angehörigen sich auf Territorium aufgehalten, das von der deutschen Armee besetzt war?« »Haben Sie Verwandte im Aus-

---

* Wenige Monate später wurde es zu einem eigenständigen Institut, das nun dem Ministerium für Auswärtige Angelegenheiten der UdSSR zugeordnet war.

land? Wenn ja, wen? Wo? Was tun sie? Stehen Sie im Briefwechsel mit Ihnen?« usw. Und ein solcher Fragebogen mußte am Institut jedes Jahr ausgefüllt werden – nur Gott konnte einem helfen, wenn es irgendeine Differenz zwischen dem aktuellen Fragebogen und jenem des Vorjahres gab. Was aber viel schlimmer war: Praktisch jedes Jahr wurde eine Gruppe von Studenten verhaftet. Wenn man es wirklich darauf anlegt, wird man fast immer etwas finden, insbesondere dann, wenn man nach dem Standard jener Tage nicht viel finden muß: sogenannte »ungesunde« Gespräche über politische Themen; ein Tagebuch, das vielleicht zu offen war und von einem Spitzel im Wohnheim entdeckt wurde; oder vielleicht ein zufälliger Kontakt und eine Unterhaltung mit einem Ausländer – all das war durchaus genug, um verhaftet und verurteilt zu werden.

Welche Gründe hatte Stalin, um diese Politik nach dem Krieg aufrechtzuerhalten? Einerseits war er natürlich ein sehr dogmatischer Mann, aber zum anderen könnte ich mir vorstellen, daß er sich an die große Zahl von russischen Offizieren und Soldaten erinnerte, die nach dem Sieg über Napoleon in Europa gewesen waren. Sie hatten sich dort von der Freiheit des Denkens anstecken lassen und zeigten bald ihre Unzufriedenheit mit dem Leben in Rußland. Bei diesen Offizieren fielen die Gedanken der Opposition auf fruchtbaren Boden, und das schlug in den Versuch um, den ersten revolutionären Aufstand (abgesehen von den Bauernrevolten) in der russischen Geschichte einzuleiten: den Aufstand der Dekabristen. Soweit ich es beurteilen kann, gab es unter den Soldaten, die nach dem Zweiten Weltkrieg nach Hause zurückkehrten, keine vergleichbaren Gefühle oder Gedanken. Aber die bloße Tatsache, daß die Menschen andere, auch wohlhabendere Lebensweisen gesehen hatten, konnte bereits zu dem Verlangen führen, die Bedingungen in ihrem eigenen Land zu verbessern. Diese Möglichkeit allein reichte aus, um Stalins Mißtrauen zu wecken.

So setzte sich im allgemeinen derselbe alte, häßliche und blutrünstige Stalinismus nach dem Krieg fort, aber mit neuen kriminellen Exzessen: Ganze Nationalitäten wurden unterdrückt; die Kriegsgefangenen, die aus Hitlers Konzentrationslagern zurückkehrten, wurden direkt in unsere weitergeleitet; Stalins Antisemitismus wurde praktisch zur Regierungspolitik. Es gab Versuche, die Menschen zu verdummen, ihnen jedes Wissen über andere Gesellschaften und eine andere Politik zu nehmen (nie zuvor hatten unsere Sozialwissenschaften ein so erbärmlich niedriges Niveau erreicht), und es gab den Versuch, eine Kampagne gegen viele Naturwissenschaften (Genetik, Kybernetik und andere) einzuleiten. Ebenso offensichtlich waren die Bemühungen, die Kultur einer großen Nation zu entwerten, indem man sie in einen engen und häßlichen Rahmen preßte. Und all dies geschah vor dem Hintergrund spürbarer Verbesserung im Ausbildungsniveau der Bevölkerung. Nach der Revolution waren 80 Prozent des Volkes Analphabeten. Seit dem Zweiten Weltkrieg sind wir die wahrscheinlich lesefreudigste Nation der Welt, und Millionen sind ins Ausland gereist. Eine neue Generation wuchs damals heran – eine lesehungrige, neugierige Generation, die nicht so verängstigt war wie die ihrer Eltern.

In dieser widersprüchlichen Umgebung durchlebte meine Generation ihre Jugend, von ihr wurde sie geformt. Trotz der Unterdrückungsmaßnahmen bekamen wir eine recht gute Ausbildung, insbesondere an dem Institut, an dem ich studierte. Unsere Professoren zählten zu den besten Vertretern jener kleinen Schar, die von der brillanten Galaxie der russischen Gelehrten der alten Schule übriggeblieben war, obwohl viele von ihnen bald verfolgt werden sollten.

Damals, im Herbst 1944, entschloß ich mich, Englisch zu studieren und mich auf die Vereinigten Staaten zu spezialisieren. Das war eine freie Entscheidung, und ich traf sie, ohne zu zögern. Meine amerikanischen Freunde haben mich oft nach den Gründen gefragt. Ich glaube, die Entscheidung war das natürliche Resultat einer Reihe von einfachen Überlegungen. Während des Krieges waren die Vereinigten Staaten unser Hauptverbündeter gewesen. Die Haltung der meisten meiner Zeitgenossen gegenüber Amerika war warm und freundlich. Selbst die Studenten im ersten Jahr verstanden, daß die Vereinigten Staaten und die Sowjetunion eine besondere Rolle in der Nachkriegswelt spielen würden. Und das Land selbst war unzweifelhaft sehr interessant.

Als ich dann mein Studium abgeschlossen hatte und man mir einen Arbeitsplatz zuweisen mußte, gab es ernsthafte Probleme. Obwohl ich einer der besten Studenten meines Jahrgangs war und *cum laude* abschloß und obwohl ich als Offizier an der Front gedient hatte, wurde ich einfach für keine Stelle vorgeschlagen. Der Vorsitzende der Kommission (ein Mann namens Silin, der Personalchef beim Außenministerium war) erklärte es mir in harten Worten: Mein Vater war im Gefängnis gewesen. Seine Reaktion auf meine ungläubige Antwort, daß mein Vater zu Unrecht angeklagt und daher rehabilitiert worden sei, war ein einfaches Schulterzucken. Er erwähnte nicht, daß mein Vater Jude war – aber dies war natürlich eine weitere Tatsache, die gegen mich vorgebracht wurde.

Trotzdem hatte ich Glück. Um mein mageres Einkommen während der letzten anderthalb Jahre am Institut aufzubessern, verdiente ich ein wenig Geld nebenher, indem ich Buchrezensionen schrieb und für den neugegründeten Verlag für Ausländische Literatur Gutachten und Übersetzungen anfertigte. Offensichtlich schätzten die Lektoren meine Arbeit, denn sie schrieben an das Institut und stellten den Antrag, daß ich ihnen zugeteilt werden sollte. Meine Hauptverantwortung dort war die Lektüre von amerikanischen, englischen und deutschen Büchern über Politik, Wirtschaft und Philosophie. Ich hatte die Aufgabe, die interessantesten Bücher und Artikel zur Übersetzung vorzuschlagen, wobei es auch um »geheime« und »streng geheime« Publikationen ging (die nur für die Führungskader bestimmt waren). In meinem ganzen Leben habe ich niemals so viele politische Bücher gelesen wie in diesen vier Jahren. Die Arbeit bot mir auch die Möglichkeit, Wissen für meine spätere Karriere im Journalismus und in der Forschung anzusammeln.

Dieser Verlag war übrigens eine recht ungewöhnliche Institution. Er wurde 1946 aufgrund einer Anregung Stalins aus dem vorhergehenden Jahr gegründet. Sein Hauptzweck war es, der Sowjetunion eine Tür zum Wissen und zur Kultur der restlichen Welt zu öffnen. (Dies ist übrigens einer der Gründe, warum ich glaube, daß Stalin gar nicht auf eine Konfrontation mit dem Westen nach Beendigung des Krieges oder in den Jahren danach hinarbeitete, sondern daß er im Gegenteil hoffte, Beziehungen auf der Grundlage einer gewissen Zusammenarbeit aufrechterhalten zu können.)

Der Plan sah ein riesiges Verlagshaus vor. Es gab vierzehn Lektorate, die alle Wissenschaftszweige abdeckten, von Physik und Mathematik bis zu Wirtschaft, Außenpolitik und Belletristik. Die Gehälter der Angestellten waren zwei- bis dreimal höher als in anderen Verlagen, sogar als in dem renommierten Politisdat, der direkt dem Zentralkomitee der KPdSU unterstand. Der Verlag für Ausländische Literatur bekam großzügige Zuteilungen an harter Währung, und wir abonnierten mehr Zeitschriften und kauften mehr Bücher als irgend jemand sonst in der Sowjetunion. Boris Sutschkow, ein hoher Funktionär im Zentralkomitee, wurde zum ersten Direktor des Verlages er-

nannt. Er war zu der Zeit ein sehr bekannter Mann, man hielt ihn für
einen aufsteigenden »ideologischen Stern«.

Gegen Ende 1947 oder Anfang 1948 arbeitete ich frei für den Verlag
und lernte seine Angestellten so langsam kennen. (Ich mußte eine
Sicherheitsüberprüfung durchlaufen, um Zugang zu den »Geheimnis-
sen« der Auslandspresse und der fremdsprachigen Literatur zu bekommen.) Zu dieser Zeit aber hatte der Verlag für Ausländische Literatur
bereits einiges von seinem anfänglichen Glanz verloren. Es wurde langsam klar, daß die ursprünglichen Pläne nicht in der Form durchgeführt
werden würden. Die internationale und auch die innere politische Lage
hatten sich gewandelt. Die Hexenjagden hatten begonnen, und die
Zensur wurde zunehmend strenger. Es wurde immer schwieriger,
überhaupt irgendwelche ausländischen gesellschaftspolitischen Texte
zu veröffentlichen. Statt einer offenen Tür bekamen wir ein Schlüssel-
loch, zumindest auf diesen Gebieten.

Die Krönung des Ganzen war die Verhaftung von Sutschkow (der
später natürlich rehabilitiert wurde) und seines Stellvertreters Semjon
Lianders. Auf diese Weise wurde der Verlag zu einer Institution wie
jeder anderen, nur daß man in ihm leichter an ausländische Literatur
herankam und besser bezahlt wurde.

Ich arbeitete bis 1953 im Verlag. In dem Jahr feierte ich meinen drei-
ßigsten Geburtstag, aber das bedeutendste Ereignis des Jahres war natürlich Stalins Tod. Wenn ich versuche, mir ins Gedächtnis zurückzu-
rufen, wer und was ich zu dieser Zeit in meinem Leben und an solch
einer historischen Wegegabelung der sowjetischen Geschichte war,
muß ich sagen, daß ich weder ein Fanatiker noch ein Karrierist gewesen
bin. Auch wurde ich kein Zyniker. (Vielleicht hatte ich einfach nicht
die Zeit, zynisch zu werden: Stalins Tod und das Heraufdämmern einer
neuen Ära kamen dazwischen, obwohl ich nicht glaube, daß ich überhaupt zum Zynismus neige.) Ohne Zögern gestehe ich zu, daß ich kein
geheimer »Fortschrittlicher« oder »Reformer« war, der seine wirklichen Ansichten verbarg und vor den anderen die Maske eines treuen
Kommunisten trug.

Ich war wie die Mehrheit ein »rationaler Gläubiger«, um die Klassifizierung meines Vaters zu benutzen. Ich hatte den Glauben von meiner
Familie geerbt. Er war auf sehr gutem Boden gewachsen, auf den hohen
Idealen des Sozialismus, dessen Wurzeln bis in das frühe Christentum
zurückgehen. Ich muß an die Worte des verstorbenene Friedrich A.

von Hayek erinnern, des prominenten österreichischen Wirtschafts-
wissenschaftlers und Nobelpreisträgers: »Jeder, der an soziale Gerechtigkeit glaubt, ist bereits ein halber Sozialist.« (Die Attraktivität der sozialistischen Idee mag sich als ihre eigene größte Bedrohung erwiesen
haben, denn sie hat zugelassen, daß nur an der Macht Interessierte und
Tyrannen sich hinter diesem Ideal verstecken.)

Zugleich aber stand ich dem Stalinismus kritischer gegenüber als die
meisten, da meine Familie so viel Schreckliches erfahren hatte und auch
weil ich von Natur aus neugierig war. Hinzu kam, daß ich weniger falsche Vorstellungen und Vorurteile sowohl über den Westen als auch
über mein eigenes Land hatte, und weniger Illusionen. Ich hatte später
auch die Möglichkeit, mit interessanten und innovativen Leuten zusammenzuarbeiten, und von 1957 an hatte ich Zugang zu einigen der
führenden Politiker der Sowjetunion.

# Stalins Tod:
# Zwischen Hoffnung und Enttäuschung

Als Stalin starb, arbeitete ich noch beim Verlag für Ausländische Literatur. Ich leitete eine Gruppe, die vertrauliche Publikationen vorbereitete. Unterdessen wartete ich buchstäblich auf das Ende, das kommen mußte. Im Januar 1953 verhaftete das KGB einen meiner Untergebenen, und ich wurde von der Partei wegen »mangelnder politischer Wachsamkeit« streng ermahnt – eine der gefährlichsten Anklagen jener Zeit. Der Fall nahm sehr schnell größere Proportionen an, da neue Vorwürfe auf jeder Ebene der Untersuchung hinzukamen. Was als bloßer Hinweis und als Warnung begann, verwandelte sich in eine »strenge Tadelung und Warnung«, als es auf die Ebene einer Parteiversammlung des Verlags geriet, die einige grimmig schweigende Repräsentanten des Moskauer Stadtparteikomitees und des Zentralkomitees der KPdSU einschloß. Für das Zentralkomitee wohnte den Sitzungen eine Frau mit Namen Mratschewskaja bei, an deren farbigen Namen – *mrak* bedeutet im Russischen »Finsternis« oder »Düsterkeit« – ich mich noch allzu gut erinnere. Wie ich später erfuhr, hatte das regionale Parteikomitee die Absicht, mich aus der Partei auszuschließen, und die Leitung des Verlages war kurz davor, mir zu kündigen. Wenn es nicht zu einer scharfen Wende in der politischen Lage gekommen wäre, hätte das Schlimmste[*] durchaus geschehen können – wegen »mangelnder Wachsamkeit« gegenüber »Volksfeinden« angeklagt zu werden, konnte sehr leicht ein Kriminalverfahren nach sich ziehen. Es schien so, als sollte das Jahr 1953 ein neues 1937 werden, ein Datum, das für mein Land das Symbol gnadenloser Massenverfolgungen und Hexenjagden

---

[*] Als der Mann, dem ich mit »mangelnder politischer Wachsamkeit« begegnet war, Wadim Ligski, eines Morgens nicht an seiner Arbeitsstelle erschien, rief ich seine Mutter an und fragte sie, was geschehen war. »Oh, es ist schrecklich«, sagte sie. »Ist er krank?« »Nein, viel schlimmer.« »Lebt er?« »Ja, aber es ist viel schlimmer.« »Also, was ist es dann?« »Er wurde gestern abend vom KGB verhaftet.«

sowie der Vernichtung von Millionen vollkommen unschuldiger Menschen geworden ist.

Erfahrene Leute, darunter mein Vater, der ein Jahr später starb, konnten nicht umhin zu bemerken, daß die Atmosphäre des XIX. Parteitages, der im Herbst 1952 stattfand, nichts Gutes verhieß. Der Wortlaut des politischen Berichts, den Georgi Malenkow lieferte, ähnelte bemerkenswert der Rhetorik von 1937, als die Stärkung der Parteidisziplin, die Verbesserung der Kaderpolitik und die Steigerung von Kritik und Selbstkritik (das deutete auf Repression und Hetzkampagnen hin) betont wurden. Die Schaffung des »Inneren Büros« neben dem breiten Präsidium des Zentralkomitees deutete ebenfalls darauf hin, daß bedeutende Umstrukturierungen auf höchster Ebene der Führung bevorstanden.

Gegen Ende 1952 und am Beginn des Jahres 1953 war die Presse – insbesondere die Leitartikel in der *Prawda*, welche eine Art erste Geige für alle sowjetische Propaganda spielte – plötzlich voll von der Terminologie von 1937. Unter den Begriffen, die nun wieder auflebten, waren Invektiven wie »Kapitalistische Einkreisung« (dies zu einer Zeit, als viele europäische Länder und China unsere Alliierten geworden waren) oder wie die »Gesetzmäßigkeit«, nach der der Klassenkampf sich verschärft, wenn die Erfolge des Sozialismus deutlicher werden und der Feind immer größere Anstrengungen unternimmt.

Im Januar 1953 erschienen dann Leitartikel über die sogenannte »Ärzteverschwörung«\*, und dem folgten Artikel, die Lydia Timoschuk priesen, die heimlich jene Schurken denunziert und »bloßgestellt« hatte. Die Medien warfen sich in eine hysterische Kampagne, welche die politische und moralische Atmosphäre vergiftete und dieselbe Art von Massenpsychose auslöste, welche die breiten Repressionen der dreißiger Jahre begleitete. Später erfuhr ich von meinen Kollegen im Verlag, die nach Stalins Tod im Sicherheitsapparat arbeiteten, daß Vor-

---

\* Eine Gruppe von Ärzten am privilegierten Kreml-Krankenhaus waren verhaftet worden, weil sie angeblich hochrangige Patienten ermordet hatten oder sich zumindest verschworen hatten, dies zu tun. Man behauptete, sie hätten auf Befehl ausländischer Geheimdienste und einer jüdischen Sabotageagentur gehandelt (in Wirklichkeit war es eine wohltätige Organisation, die das Joint Distribution Committee genannt wurde). Die überwältigende Mehrheit der Ärzte waren jüdisch, und ihre Festnahme und die darauffolgenden Artikel in der Presse dienten dazu, eine wilde Kampagne antisemitischer Propaganda zu entfachen.

bereitungen für eine gewaltige neue Säuberungswelle getroffen worden
waren. *

Ich hatte eine solche Kampagne von Haß und Hysterie nie zuvor erlebt, obwohl ich während meiner Arbeit für den Verlag und im Laufe
meiner Studentenjahre viele Eindrücke und Aussagen über die Methoden der Unterdrückung sammeln konnte. Wir sahen mit eigenen Augen, wie in der Nachkriegszeit die ideologischen Kampagnen eine nach
der anderen losgetreten wurden. Sie galten allen »Abweichlern« in der
Literatur, im Film, in der Musik, in der Genetik, in der Linguistik und
in anderen Bereichen. Wir wurden Zeugen der grausamen Perfektion,
mit der absolut unschuldige Menschen zu Opfern dieser Maschinerie
wurden. Viele von uns waren darüber tief verstört, aber nur wenige
wagten es, offen zu protestieren – das wäre dem Selbstmord gleichge-
kommen. Ebenso viele Leute waren sich bewußt, daß das, was als wissenschaftliche Wahrheit ausgegeben wurde, in Wirklichkeit Unsinn
war. Aber die Menschen wußten eben genau, daß jeder, der auch nur die
Schuld der Angeklagten bezweifelte oder die Wahrheit dieser Art von
Wissenschaft hinterfragte, gnadenlose Verfolgung riskierte. All dies
wurde ergänzt durch zunehmend strenge Geheimhaltung, Zensur und
Denunziation – Dinge, die wie Säure unser Fühlen und Denken angriffen.

Das heißt aber nicht, daß ich viel über die Bedeutung des Lebens oder
auch die Bedeutung der Regierungspolitik nachdachte – unsere Gedanken zu der Zeit galten allein der Selbsterhaltung, dem Überleben. Die

---

* Einer dieser Kollegen war Boris Manoilowitsch Afanasjew, ein bulgarischer Revolutionär und sowjetischer Agent. Afanasjew wurde 1948 aus dem Geheimdienst
geworfen und landete schließlich in unserem Verlag. Als Stalin starb, gab man ihm
seine alte Arbeitsstelle zurück. Bald danach ging er in den Ruhestand und arbeitete
viele Jahre bei der Zeitschrift *Sowjetliteratur*. 1953 erzählte er mir, er wisse aus seiner zweiten kurzen Arbeitsphase für das KGB, daß der Geheimdienst Anfang 1953
Instruktionen bekommen hatte, die Aufnahmefähigkeit von Gefängnissen und La-
gern in Verbindung mit der bevorstehenden neuen Flut von Festgenommenen zu
erweitern. Auch sollte sich die Eisenbahn auf vermehrte Gefangenentransporte ein-
richten. Nach Aussagen von Afanasjew wurde nun die Erlaubnis, Menschen zu
schlagen und zu foltern, die bis dahin in der Hauptsache ein Monopol des KGB-
Hauptquartiers gewesen war, an praktisch alle Dienststellen gegeben. Mit einem
Wort: Während der letzten Monate vor Stalins Tod bereitete sich die Strafmaschi-
nerie des Landes auf eine neue Welle von Massenunterdrückung vor. Die »Ärzteverschwörung« hätte wahrscheinlich als Vorwand für ihre Einleitung gedient. Was
Afanasjew mir berichtete, wurde später von anderen bestätigt.

Regel hieß: Sei nicht zu neugierig. Jene, die sich dieser Regel nicht unterwarfen, bezahlten mit dem Tode. Wie ich bereits geschrieben habe, war es ja gerade das primäre Ziel dieser Kampagnen, uns allen die eine Verhaltensregel einzuimpfen, die aus uns gute Untertanen einer Diktatur machen sollte: Angst vor den eigenen Gedanken zu haben. Jeder einzelne selbständige Gedanke konnte gefährlich sein – schließlich brachten die Mächtigen nicht nur jene in systematischer Weise hinter Schloß und Riegel, die verschwörerisch dachten, sondern ebenso jene, die unvorsichtig dachten. Die ganze Lebensstruktur, angefangen mit den scheinbar freien Studentenjahren, lehrte uns – zukünftige Politiker, Theoretiker und Journalisten –, die Gedanken anderer zu schreiben und sogar zu denken: die Gedanken der »Klassiker« des Marxismus-Leninismus (das indessen auch sehr vorsichtig, nach gründlichster Auswahl – sonst konnte man durchaus in einer sehr unangenehmen Situation landen); die Gedanken Stalins (man mußte ihn zwei- bis dreimal mehr zitieren als Lenin und fünf- oder sechsmal mehr als Marx oder Engels); die Gedanken der anderen akzeptierten »Führer« jener Tage; die Gedanken früherer Vorkämpfer (obwohl die sehr schnell veraltet sein konnten) und die Gedanken der Leitartikel in der *Prawda*. Auf die Weise machten wir alle die Erfahrung, wie ein versklavtes Bewußtsein geformt wird.

Durch Zufall las ich George Orwells *1984* erst im Jahre 1961. Ich las es mit einem Gefühl der Depression, aber auch mit dem Gefühl der Erleichterung, daß dies nie geschehen war, daß das totalitäre Reich des Großen Bruders sich als genauso sterblich erwiesen hatte wie der Große Bruder selbst. Wäre mir das Buch indessen zehn Jahre früher in die Hände gefallen, wäre seine Wirkung auf mich niederschmetternd gewesen. Vielleicht auch nicht? Vielleicht war ich in dieser Zeit seelisch und intellektuell so gelähmt, daß ich es nicht ernstgenommen hätte. Ich weiß es einfach nicht.

Im März 1953 kamen die ersten Anzeichen des Wandels nicht aus der Welt der Gedanken, sondern aus der Welt der Politik. Wie später bekannt wurde, wurde der Presse befohlen, ihr allgemeines Geseufze und Gestöhne über den Tod des verstorbenen Führers einzustellen. Nicht lange danach kam die wirkliche Sensation: Die ganze Kampagne um die »Ärzteverschwörung« wurde als fehlerhaft und kriminell enthüllt, und jene, die ihre Opfer geworden waren, aber noch lebten, wurden freigelassen. Im Juni wurde Lawrenti Berija, der geheimnisumwitterte Chef der Geheimpolizei, festgenommen, und noch bevor das Jahr zu Ende ging, wurden er und seine Mitarbeiter hingerichtet. Selbst in Berijas Fall konnte die neue Führung indessen nicht vorgehen, ohne einige der traditionellen Methoden anzuwenden. Die Tatsache, daß Berija Tausende von sowjetischen Menschen getötet, gefoltert und verfolgt hatte, schien eine nicht ganz hinreichende Anklage. Um die Verbrechen dieses stalinistischen Henkers und perversen Verbrechers der Todesstrafe würdig zu machen, fügten die Behörden die traditionellen Vorwürfe der Spionage hinzu – in diesem Fall für (soweit ich mich erinnere) den britischen Geheimdienst.

Das ZK-Plenum vom September 1953 gab eine sehr ungewöhnliche, wenn auch indirekte Kritik heraus, die auf die allgemein akzeptierte Ordnung der Dinge und die vorhergehende Führung zielte, obwohl keine Namen – ganz gewiß nicht der Stalins – genannt wurden. Dann tauchte ein neuer Begriff hier und dort auf (wiederum ohne Stalins Namen zu erwähnen): »Personenkult.« Allmählich begann die Atmosphäre der Angst zu weichen.

Noch wichtiger war, daß sich jetzt Nachrichten häuften, nicht daß schon wieder jemand verhaftet worden war, sondern daß jemand aus dem Gefängnis entlassen oder jemand posthum rehabilitiert worden war.

Nun gab es auch bedeutende Richtungsänderungen in unserer Außenpolitik. Zunächst leitete die Führung wenig neue Initiativen in den internationalen Beziehungen ein. Das ist verständlich, denn Stalins Tod stellte eine viel zu radikale Veränderung dar, und die Lage im Innern der sowjetischen Führung zu dieser Zeit war viel zu komplex. Allgemein war es so, daß jede solche Initiative, selbst eine rein symbolische, aus dem Westen kommen mußte, insbesondere aus den Vereinigten Staaten. Meiner Meinung nach war das aber nicht nur durch die Lage in der Sowjetunion bedingt, sondern auch durch den Zustand der sowjetisch-amerikanischen Beziehungen.

1952 und zu Beginn des Jahres 1953 befand sich der Kalte Krieg in einem besonders kritischen Stadium. In den Vereinigten Staaten und, soweit ich es beurteilen kann, auch in der UdSSR glaubte man, daß die beiden Länder dicht am Rande eines Krieges stünden. In den Vereinigten Staaten gab es eine scharfe Debatte über die politische Ausrichtung des Landes, und am Beginn des Kalten Krieges wurde die Doktrin der »Eindämmung« angewandt. Diese Doktrin ist ganz zu Recht auf

George Kennan zurückgeführt worden, den bekannten amerikanischen Diplomaten und Historiker, den Patriarchen der Sowjetologie. Aber einige der konservativeren und auch militanteren amerikanischen Politiker neigten zu einer anderen Doktrin, einer Doktrin der Befreiung. Damit war die Befreiung Osteuropas gemeint, vielleicht auch eines Teils der UdSSR – oder sogar der ganzen Sowjetunion – vom Kommunismus (die Grenzen blieben bewußt verschwommen). Ich erinnere mich lebhaft daran, da ich 1953 eine Übersetzung von James Burnhams Buch *Containment or Liberation* für eine »geheime« Publikation vorbereitete, das heißt für die sowjetische Führung.

Während der Präsidentschaftskampagne von 1952 in Amerika sprachen sich eine ganze Reihe von führenden Politikern um Eisenhower (einschließlich John Foster Dulles, der später Außenminister wurde) und sogar der zukünftige Präsident selbst für den Gedanken der Befreiung aus. Wir in Moskau wußten davon. Eisenhowers Wahlsieg, seine Kabinettsbesetzung und die prominente politische Rolle der Dulles-Brüder – John Fosters und Allens, des Direktors der CIA – überzeugten die sowjetischen Politiker, daß Amerikas Linie in Zukunft noch härter werden würde.

Präsident Eisenhowers Rede an die American Association of Editors am 16. April 1953, in welcher der Präsident nicht nur die Politik der Befreiung zurückwies, sondern auch andeutete, daß die Vereinigten Staaten bereit wären, ihre Beziehung zur Sowjetunion zu normalisieren und zu verbessern, war eine vollständige Überraschung sowohl für die sowjetische Gesellschaft als auch für viele ihrer Spezialisten und Politiker. Keine geringere Überraschung für uns war die Tatsache, daß die *Iswestija* diese Rede abdruckte. Das war ein Signal an die Amerikaner, daß wir die Rede wahrgenommen hatten, und eines an unsere eigenen Bürger, daß wir die Worte des amerikanischen Präsidenten ernst nehmen sollten, obwohl die *Prawda* einen kritischen Kommentar zu der Rede abdruckte.

Die ernsthafte Reaktion unserer politischen Führung auf Eisenhowers Rede war, ob sie es nun wußten oder nicht, voll gerechtfertigt. Im November 1990 hörte ich von George Kennan und anderen amerikanischen Teilnehmern eines Seminars in Moskau zu Eisenhowers hundertstem Geburtstag einige Details über die damaligen Debatten in der Eisenhower-Administration. Kennan, bis 1952 US-Botschafter in der Sowjetunion, wurde zur *persona non grata* erklärt (offensichtlich mit

Stalins Wissen oder, wahrscheinlicher noch, auf Stalins Instruktion*)
und zur Rückkehr nach Amerika gezwungen. Bald nach Eisenhowers
Inauguration und nach John Foster Dulles' Ernennung zum Außenminister Anfang 1953 wurde Kennan von Dulles empfangen. Es war ein
hartes Gespräch:»Ich habe keinen Platz für Sie. Sie haben drei Monate, einen neuen Job zu finden.« Kennan sprach von Dulles als einem
intelligenten Mann, glaubte aber, daß er Angst vor der extremen Rechten hatte, die zu der Zeit im Aufstieg war.

* Professor Kennan erzählte mir eine Version über seine Ausweisung aus Moskau.
Kurz zuvor war ein junger Sowjetbürger in die US-Botschaft gekommen. Er sagte,
er sei vom sowjetischen Außenministerium geschickt worden und verlange ein
Treffen mit dem Botschafter. Es gehe um eine sehr wichtige Angelegenheit. Der
Botschafter wurde informiert und empfing ihn. Der Mann erzählte Kennan, daß er
der Sohn eines hochrangigen sowjetischen Funktionärs sei, der festgenommen oder
hingerichtet worden sei. Er fügte hinzu, daß er viele Söhne und Töchter von hochrangigen Personen repräsentiere, die verfolgt worden seien und die nun um amerikanische Hilfe bäten. Kennan hielt dies für eine Provokation. Er antwortete, daß die
US-Botschaft sich in solche Dinge nicht einmischen könne, und bat den jungen
Mann, sofort zu gehen.»In Ordnung, aber lassen Sie mich gehen, ohne daß das
KGB mich sieht.« Kennan antwortete:»Sie sind allein hereingekommen, daher ist
es auch Ihr Problem, wie Sie wieder hinauskommen. Daran hätten Sie früher denken sollen.« Der Besucher fragte, ob man ihn nicht im Kofferraum eines Botschafts-
wagens fortbringen könne. Als ihm das verweigert wurde, verließ er die Botschaft.
Kurz nach dieser vermeintlichen Provokation wurde Kennan zur *persona non grata*
in der Sowjetunion erklärt. Andrej Gromyko, sagte der Professor, erzählte ihm später, daß er mit dieser Ausweisung nichts zu tun gehabt habe.
    Es gibt dabei ein bemerkenswertes Zusammentreffen: Es stellte sich heraus, daß
ich die ganze Affäre kannte – und nicht nur das, ich hatte unter ihren Folgen zu
leiden. Kennans Besucher war N. N. Jakowlew gewesen, der Sohn eines damals verhafteten Artilleriemarschalls. Nach seinem Besuch in der Botschaft wurde der jüngere Jakowlew ebenfalls festgenommen (obwohl das nicht beweist, daß der Besuch
keine Provokation war). Während der Befragung kollaborierte Jakowlew mit dem
KGB und denunzierte ein Dutzend Leute, darunter Wadim Ligski, der für mich arbeitete und dessen Festnahme mich in große Schwierigkeiten brachte. Alle Denun-
zierten wurden kurz darauf verhaftet.
    Nach seiner Entlassung aus dem Gefängnis wurde Jakowlew Amerikanist. Er
schrieb ein paar Bücher, war aber insbesondere für seine Denunziation Alexander
Solschenizyns und Andrej Sacharows bekannt (er war es, der in Gorki bei Sacharow
auftauchte und von ihm eine Ohrfeige bekam). Er hat mich in verleumderischer
Weise viele Male angegriffen. Und schließlich sollte man hinzufügen, daß er einer
der Autoren der neuen Version einer »jüdisch-freimaurerischen Verschwörung« ist,
die seit kurzem bei uns im Land zirkuliert.

»Wenige Tage später«, schloß Kennan, »wurde ich ins Weiße Haus eingeladen. Dort bekam ich die Aufgabe, eines von drei Teams zu leiten, von denen jedes eine Einschätzung der Aussichten für die zukünftigen amerikanisch-sowjetischen Beziehungen liefern sollte.« Kurz danach hörte Eisenhower den Bericht jedes einzelnen Teams an, und es war Kennan, der das gemäßigtste, optimistischste und konstruktivste Szenario präsentierte – eines, das der Präsident schließlich unterstützte. Die Rede des Präsidenten kam bald danach; offensichtlich war sie ein erster, behutsamer Schritt. Trotzdem mußte Kennan bald darauf das Außenministerium verlassen.*

Warum glaube ich, daß Eisenhowers Übernahme von Kennans Position so bedeutend war und eine direkte Auswirkung auf die ersten Stadien des Tauwetters nach Stalins Tod hatte? Zunächst einmal braucht ein repressives Regime einen Feind im Ausland oder zumindest eine äußere Gefahr, gleichgültig, ob diese wirklich existiert oder nur vorgespiegelt ist. Und umgekehrt führt eine stabile und ruhige internationale Lage meist zu einer Auflockerung der Spannung im Inneren und zu einer Normalisierung und Mäßigung der Innenpolitik.

So wurden Schritt um Schritt die Vorbedingungen für den politischen Wandel und das geistige Erwachen in der Sowjetunion geschaffen. Es begann so wie immer: in der Literatur und der Presse. Unsere Schriftsteller und Journalisten reagierten schneller und entschiedener auf Veränderungen und trieben sie damit gleichzeitig voran. Die neuen Werke von Valentin Owetschkin und seinen Nachfolgern, welche die tragischen Bedingungen im Ural beschrieben, wurden veröffentlicht und hatten eine große Auswirkung auf das Bewußtsein der Öffentlichkeit. Ilja Ehrenburgs Roman *Das Tauwetter* war ein noch lebhafterer Vorläufer des bevorstehenden Wandels und gab ihm seinen Namen. Diesen Büchern folgte bald Pomeranzews »Über die Aufrichtigkeit in der Literatur« und Wladimir Dudinzews *Der Mensch lebt nicht vom Brot allein*. Ähnliche Werke folgten. Die Gedankenfreiheit kehrte besonders schnell in die Poesie zurück, und es war in diesen Jahren, daß Jewgeni Jewtuschenko, Andrej Wosnessenski und Robert Roschdestwenski öffentlichen Ruhm fanden.

---

* Kennan erwähnte in unserer Unterhaltung auch, daß er niemals den Mut und die Wärme Robert Oppenheimers vergessen werde, der ihn an die Universität Princeton holte, wo seine zweite Karriere begann.

All das war extrem wichtig für die intellektuelle, moralische und
politische Atmosphäre des Landes. Ohne diese Vorbereitung wären die
von der Tribüne des XX. Parteitags verkündete Wahrheit über die Vergangenheit und die darauffolgenden offiziellen Stellungnahmen wahrscheinlich mit noch größerem Zögern aufgenommen worden. Diese
neue Literatur wurde das Zentrum, um das sich das geistige Leben des
denkenden Teils der Bevölkerung drehte. Historiker, Journalisten,
Dichter wurden Symbole und zugleich Barometer des Wandels und
trugen zu der Tatsache bei, daß die Zahl der Menschen, die lernten,
selbständig zu denken, kontinuierlich anwuchs.

Ähnliche Werke hätten wahrscheinlich auch früher entstehen können, wenn die herrschende Grausamkeit und Furcht nicht das Denken
auch der tapfersten Menschen eingeschüchtert hätten. Nur sehr wenige
schrieben »für die Schublade«, das heißt für zukünftige Generationen,
ohne jede Hoffnung, ihre Werke zu ihren Lebzeiten in Druck zu sehen.
Bereits zu Stalins Zeit war das eine sehr gefährliche Sache – aber in
gewissem Maße auch noch unter Chruschtschow und Breschnew.

Am Anfang war es nicht notwendig, Stalins Namen auch nur öffentlich zu nennen, um der Gesellschaft das Signal zu geben, daß Kritik und
vielleicht sogar die Überwindung des Stalinismus begonnen hatten.
Das Ende der Massenverhaftungen, die »Rehabilitierung« unschuldiger
Menschen, die Festnahme und Exekution Berijas und anderer verwiesen darauf, daß die Vergangenheit sich nicht wiederholen würde. Hoffnungen wurden geboren, die kühne Gedanken inspirierten und auch
kühne Publikationen.

Zur gleichen Zeit wurde deutlich, daß unsere Gesellschaft nicht mehr
ein Monolith war. Das Tauwetter enthüllte unterirdische Strömungen
von Widersprüchen und Konflikten. Eine Polarisierung setzte ein. Zu
Beginn war dies eine ganz elementare Entwicklung, die nur zwei Positionen einschloß: Man war entweder für die Veränderung oder dagegen, für die Ablehnung des stalinistischen Erbes oder für ihre Aufrechterhaltung. Beide Seiten appellierten an die politische Führung und
setzten ihre Hoffnungen auf deren Antwort. Aber was die politische
Führung anging, so war ihre Haltung zu Stalin eben das eine Thema,
über das sie sich ausschwieg. Wahrscheinlich, weil sie sich noch nicht für
eine eigene Position entschieden hatte. Dann wurde klar, daß sie auch
deshalb schwieg, weil sie selbst tief gespalten war. Der Stalinismus blieb
die bedeutendste Streitfrage durch die ganze post-stalinistische Ära

hindurch, was die Jahre der Perestroika einschließt: Es gibt keinen Zweifel, daß die ideologische Landschaft von heute viel lebhafter, facettenreicher und komplexer ist, aber diese Spaltung ist geblieben und in mancher Hinsicht sogar klarer definiert worden, trotz der Tatsache, daß es die Anhänger des Stalinismus zum größten Teil vorziehen, sich nicht offen zu erklären.

Debatten entlang dieser großen Wasserscheide begannen in der Politik und in der Literatur; sie erfaßten die Sozial- und Naturwissenschaften, und dann breiteten sie sich aus: in die Geschichte, Psychologie, Genetik, Physiologie, Physik, Mathematik und Chemie. Im Laufe der Zeit wurde jedes dieser Gebiete zu einem ideologischen Kampfplatz und mußte nach dem XX. Parteitag entpolitisiert werden. Die ersten unorthodoxen und kritischen Artikel begannen zu erscheinen, die Menschen gewöhnten sich daran, freier zu sprechen, und Leute, die eine bestimmte Auffassung teilten, lernten bald, sich anhand von Symbolen zu erkennen: über ihre Haltung zur Relativitätstheorie, zur Kybernetik, zu Trofim Lyssenko oder Wjatscheslaw Kotschetow, zu Nikolai Gribatschow oder Anatoli Sofronow, zu Ehrenburgs *Tauwetter* oder zur Dichtung von Jewtuschenko. Zum ersten Mal seit vielen Jahren meldeten sich ungewöhnlich lebhafte und unabhängige Menschen zu Wort, und die Welt begann, Notiz von ihnen zu nehmen.

Im allgemeinen wurde das Leben dieser Menschen später sehr schwierig. Fast alle von ihnen mußten dafür bezahlen, wurden Opfer von Angriffen und Hexenjagden. Es war eine Ironie des Schicksals, daß die Orte, an denen sie sich am wenigsten frei ausdrücken konnten, jene waren, die eigentlich von ihrem Wesen her die freiesten hätten sein sollen – die Akademie-Institute für Sozialwissenschaften und die Hochschulen. Dort herrschte nach wie vor der stalinistische Dogmatismus.

Ich hatte die Möglichkeit, sowohl den Konservatismus der offiziellen Sozialwissenschaften zu erleben wie auch die ersten Versuche von Wissenschaftlern, die alten Denkmuster und die theoretischen Perversionen abzuschütteln, die von Gewalt und Angst aufgezwungen gewesen waren.

Ich erinnere mich sehr lebhaft an all das, weil ich im Herbst 1953 aus dem Verlag für Ausländische Literatur entlassen wurde. Bald darauf bekam ich eine Stelle bei der akademischen Zeitschrift *Fragen der Philosophie (Woprosy Filossofii)*. Diese einzigartige Publikation wurde zu Beginn der ideologischen Nachkriegskampagnen geschaffen und trat an die Stelle der Zeitschrift *Unter dem Banner des Marxismus (Pod Sna-menem Marxisma)*, die 1944 eingestellt worden war. Die Aufgabe der Zeitschrift war es, als ideologischer Wachhund auf dem Gebiet der Philosophie und anderer Disziplinen zu agieren. Dies spiegelte in hohem Maße die Funktion der Philosophie in Stalins Zeiten wider.

Nach Stalins Tod erreichten die Tendenzen des Wandels auch die philosophischen Wissenschaften, die sich allerdings als sehr widerstandsfähig erwiesen, da sie sich tief in den Gräben des Stalinismus verschanzt hatten. So war die Lage, als ich im Herbst 1953 begann, für *Fragen der Philosophie* zu arbeiten. Die konservative Leitung des Instituts für Philosophie (der Direktor Pjotr N. Fedossejew und die Herausgeber der Zeitschrift, Fjodor W. Konstantinow und später Michail D. Kamari) blieb um jeden Preis linientreu und verließ sich auf die Unterstützung der entsprechenden Abteilungen des Zentralkomitees. Aber das wurde immer schwieriger.

Natürlich mußte diese Zeitschrift eine bedeutende Rolle bei den ersten Belebungen an der philosophischen Front spielen. Die Herstellungszeit von Büchern ist relativ lang, so ist es leichter, sie zu stoppen. Die Zeitschrift hatte das Glück, einige gute Leute in ihrer Redaktion zu haben. Viele jüngere Redakteure waren bereit, nach neuen Ideen und Methoden zu suchen. Sollte jemand sich die Zeit nehmen, durch die ersten Ausgaben der Zeitschrift zu blättern – sagen wir, von Mitte 1954 an –, so wird er dort die frühen Keime dieser Bemühungen finden. Es gab zum Beispiel eine Artikelserie, die die Werke des »offiziellen« Philosophen G. F. Alexandrow kritisierte, welcher die meisten Philosophen der Vergangenheit als Ideologen der Ausbeuterklasse dargestellt hatte.

1955 endete die Diskussion über die Probleme der Philosophie mit dem vollständigen Sieg jener, die die Richtigkeit von Einsteins Relativitätstheorie auch im Marxismus aufrechterhielten. Auf die Weise wurde eine Wiederholung dessen, was Lyssenko in der Genetik angerichtet hatte, in der Physik verhindert. 1956 wurde die Kybernetik, die vorher als bourgeoise Pseudowissenschaft etikettiert worden war, rehabilitiert. Unsere Zeitung druckte die ersten Attacken auf Lyssenko (so etwas wurde unglücklicherweise bald wieder unterdrückt) und die ersten Versuche, die Soziologie zu einer legitimen Wissenschaft zu machen. Neue Namen erschienen in der Zeitschrift, unter ihnen Jewgeni U. Plimak, Juri F. Karjakin, Ewald W. Iljenkow und Alexander A. Sinowjew. Eine ähnliche Situation entwickelte sich, wenn auch weniger schnell, in anderen Sozialwissenschaften. Eine Diskussion, ein Meinungsaustausch wurde initiiert. Philosophie, Geschichte, Politische Ökonomie und Jura waren noch einige Zeit dazu verurteilt, statisch zu bleiben. Drei Jahre oberflächlicher und teilweiser Liberalisierung konnten kein Feld umpflügen und fruchtbar machen, das von den Autoritäten dreißig Jahre niedergetreten worden war.

Trotz allem glaube ich, daß etwa Mitte der fünfziger Jahre unsere Gesellschaft sich ihrer eigenen Lage bewußter war, sich selbst in einem eher nüchternen Licht sah und sich von einer Anzahl von Illusionen befreit hatte. Die Menschen begannen, selbständig zu denken. Es gab ein zunehmendes Gefühl, daß Veränderungen notwendig waren und daß sie eintreten würden. Zur gleichen Zeit aber lasteten die alten Denkmuster noch so schwer auf dem Land, daß Chruschtschows Rede über Stalins Personenkult auf dem XX. Parteitag wie ein Blitzschlag aus heiterem Himmel kam. Sie erschütterte die Partei und unsere ganze Gesellschaft bis an ihre Wurzeln.

Am Abend nach Chruschtschows Rede sprach ich mit Juri Franzew, der an dem Parteitag teilgenommen hatte. Er war stellvertretender Chefredakteur der *Prawda*, verantwortlich für Außenpolitik und ein Redakteur von *Fragen der Philosophie*, wo er die Abteilung für ausländische Philosophie und Ideologie leitete, in der ich arbeitete. Er lud mich zu sich ein.

Ich kannte ihn seit meinen Studententagen am Institut für Internationale Beziehungen, wo er Direktor gewesen war. Franzew war fast eine legendäre Figur. Er war gebildet und intellektuell, zunehmend seltene Charakteristika unter Menschen seines Ranges. Er war ein prominenter Ägyptologe und Gelehrter der Philosophiegeschichte. Da er so eindeutig ein Intellektueller war, hatte man ihn lange aus der Politik herausgehalten. Erst 1940 wurde er in die Partei aufgenommen, und es dauerte noch bis 1946, bis er in Moskau arbeiten konnte. Unter den Studenten hatte er eine große Reputation als Demokrat und im Lehrkörper den Ruf eines strengen und detailbesessenen Chefs, der für seine scharfe und manchmal bösartige Zunge bekannt war. Franzew hatte einen wohlverdienten Ruf als Skeptiker und sogar als Zyniker, aber jetzt war er total verblüfft. Ich erinnere mich an seine Worte: »Ich hätte mir denken können, daß dies eines Tages geschehen würde, geschehen mußte, aber ich hätte nie gedacht, daß ich den Tag noch erleben würde.« Ich weiß noch, daß er während unserer Unterhaltung fast flüsterte, so groß war die alte Angst in ihm, die Wahrheit über Stalin zu sagen.

Am nächsten Tag sprach ganz Moskau darüber, daß Chruschtschow »Stalin bloßgestellt hatte«, und ein paar Tage später wurde das Ereignis im ganzen Lande diskutiert. Es war ein Schock, daß das, was man geahnt oder in den letzten Jahren sogar gewußt haben mochte und vielleicht im engsten Freundeskreis diskutiert hatte, laut vom Podium eines Parteitages herab vorgelesen wurde. Chruschtschows Rede wurde bald darauf vor allen örtlichen Parteiorganisationen verlesen.

Im Rückblick kann man wahrscheinlich sagen, daß der XX. Parteitag, der offiziell die Wahrheit über viele Dinge enthüllte, unsere Gesellschaft weniger mit Antworten versorgte, als kritische Fragen stellte. Das war eine große Leistung. Aber um der Gesellschaft diese Fragen ins Bewußtsein zu rücken, war es notwendig, die harte Wahrheit über die Vergangenheit auszusprechen, über das, was mit unserem Land geschehen war und wie Stalin es betrogen hatte. Zu diesem Zweck war die öffentliche Bloßstellung Stalins und seiner Verbrechen das Effektivste, was Chruschtschow hätte tun können. Daß nach dieser Rede viele Anstrengungen in die falsche Richtung unternommen wurden, ist eine andere Sache. Dafür gibt es viele Gründe; einer von ihnen ist offensichtlich.

Die Stalinperiode und ihr Erbe konnten – wie später jeder begriff – nur überwunden werden, wenn man sich auf einen langen, harten Kampf einließ, der verschiedene Aspekte unseres gesellschaftlichen Lebens betraf. Auch die weitreichendste Entscheidung des Parteitags konnte die gewaltige Aufgabe der Umwandlung der Menschen und der Gesellschaft, die vor uns lag, nicht ersetzen.

Zum zweiten waren auch subjektive Faktoren im Spiel. Die Führung hatte es in den drei vorhergehenden Jahren unterlassen, die Partei und die Menschen ausreichend auf den monumentalen Schritt des XX. Parteitages vorzubereiten: auf den Bruch mit der stalinistischen Vergangenheit und die scharfe politische Wendung. Die Kritik an Stalin wurde von vielen Mitgliedern des Politbüros abgelehnt, insbesondere natürlich von der stalinistischen alten Garde. Aus dem gleichen Grund war der Kongreß offensichtlich nicht in der Lage, ein positives Programm zu entwerfen, das auf die Überwindung des stalinistischen Erbes zielte.

Die Konflikte in der Führung wurden durch die Brüche in Chruschtschows eigener Position verschärft. Dafür gibt es verschiedene Erklärungen. Eine von ihnen ist, daß Chruschtschow, wie alle anderen politischen Führer dieser Zeit, sich notwendigerweise an den Repressionen Stalins beteiligt hatte und daher in seiner Ablehnung des Stalinismus nicht zu weit gehen konnte. Hinzu kam, daß auch Chruschtschow die schwere Bürde stalinistischer Überzeugungen, Methoden und Haltungen trug. Das war nur natürlich; er hatte keine Alternativen kennengelernt.

Ich persönlich sehe noch eine dritte Ursache für Chruschtschows Inkonsistenz und das Fehlen eines Programms. Sie ist eng verbunden mit den Hauptmotiven seiner »Meuterei« gegen Stalin. Ich habe keinen Zweifel, daß Stalins Grausamkeit, Hinterhältigkeit und Despotie Chruschtschow abstießen, der mehr als einmal von Stalin persönlich gedemütigt worden war. Auch er hatte den zerstörerischen Verlust menschlicher Würde erlebt, der sich aus ständiger Angst ergibt. Und Chruschtschow nutzte die Kritik an Stalin als Waffe in seinem Machtkampf mit der stalinistischen alten Garde, insbesondere Molotow, Malenkow, Kaganowitsch und Berija. Das Schicksal des letzten bezeugt, wie verzweifelt dieser Kampf war.

Chruschtschows Kritik an Stalin half ihm sicher dabei, den ersten Versuch, ihn zu stürzen, zurückzuschlagen. Dieser Versuch wurde im Juli 1957 von der sogenannten parteifeindlichen Gruppe – Molotow, Malenkow, Kaganowitsch und anderen Hardlinern – unternommen. In der Tat stand eine Mehrheit des Politbüros hinter dem Putsch. Ihre Entscheidung wurde von einem ZK-Plenum aufgehoben, das von der Armee unterstützt wurde.

Auf dem XXII. Parteitag wurde besonders deutlich, wie Chruschtschow die Kritik des stalinistischen Personenkults im Kampf gegen seine politischen Opponenten einsetzte. Die Betonung, die bei der einleitenden Rede und bei praktisch allen folgenden Vorträgen ohne ersichtlichen Grund auf der Kritik an Stalin lag, überraschte viele. Schien es doch so, als wäre über Stalins Personenkult auf dem XX. Parteitag genug gesagt worden. Warum sollte es nun noch immer das bedeutendste Thema des Parteitags sein? Es gab nur eine Erklärung: Chruschtschow war sich der Gefahr bewußt, hatte vielleicht sogar dahingehend Informationen, daß die parteifeindliche Gruppe, als Vergeltung für die Plenarsitzung im Juni, an den Parteitag appellieren könnte. Die Hardliner hatten in der Tat ein Gesuch an den Parteitag gerichtet,

sie wieder in die Partei aufzunehmen. Dies könnte dazu geführt haben,
daß Chruschtschow die Debatten auf dem Kongreß in eine anti-stalinistische Richtung kanalisierte. In der noch immer bestehenden Ungewißheit um die Stalin-Frage erwies sich das als nützlich, und es hinderte, so glaube ich, die konservativen Parteiführer nach Chruschtschows Absetzung an dem offenen Versuch einer Restalinisierung
des Landes.

Diese Machtkämpfe spielten eine große Rolle in Chruschtschows
Angriffen auf das, was er den Personenkult nannte; aber in Wirklichkeit waren seine Bemühungen auf die Entlarvung von Stalins Verbrechen beschränkt. Chruschtschows Kritik des Stalinismus war zwiespäl-
tig; mal enthüllte er die Verbrechen, dann wieder sprach er über die
unbestreitbaren Leistungen des verstorbenen Führers. Und unter den
Leistungen zählte er auch Stalins Erfolge in seinem »Kampf gegen die
Feinde der Partei« auf – das hieß, gerade die Sphäre, in der Stalins Verbrechen phantastische Proportionen angenommen hatten und sich in
Massenverfolgung und Terror gegen die eigene Partei und das eigene
Volk ausgedrückt hatten.

Chruschtschows Schwanken auf diesem Gebiet war ebenso offensichtlich wie erschreckend. Zuallererst zeigte sich dies in dem Fehlen
eines klaren ideologischen und politischen Standpunkts, sogar in der
Zeit direkt nach dem XX. Parteitag. Der Parteitag hatte ihm große
Macht und Autorität gegeben. Aber auf den Parteikonferenzen, wo die
Entscheidungen des XX. Parteitages diskutiert wurden (und auf denen
die Geheimrede verlesen wurde), wurde schnell deutlich, daß die alten
führenden Kader der Partei nach anfänglicher Konfusion sich zusam-
menschlossen und konzentrierte Anstrengungen unternahmen, um
den Schaden zu begrenzen, der durch den XX. Parteitag entstanden
war. Vor allem wollte man diejenigen bremsen, die den Parteitag ernstgenommen hatten und weitergehen wollten. Während das ganze Land
und bald die Welt über seine Rede diskutierten, während viele Fragen
gestellt und keine offiziellen Antworten gegeben wurden, hüllte sich
Chruschtschow in Schweigen und ließ bei Gesprächen mit ausländischen Journalisten kalkuliert zweideutige Bemerkungen fallen.

Trotz dieser Einschätzung will ich Chruschtschows Leistung nicht
schmälern. Chruschtschow selbst konnte nichts dafür, daß er ein Produkt der Stalin-Ära war, einer Zeit, die Politikern eine unnormale
Angst eintrichtert hatte und sie dazu brachte, strenge Regeln der

Selbsterhaltung zu befolgen. Diejenigen, die solche Eigenschaften nicht besaßen, gingen bereits in den ersten Phasen ihrer politischen Karriere unter.

Auch kann ich die Überzeugung von Menschen, die Chruschtschow gut kannten, nicht ignorieren. Sie bestehen darauf, daß er in seiner Kritik und seiner persönlichen Abneigung gegen Stalin aufrichtig war und daß er das von dem Tyrannen geschaffene Unterdrückungssystem tatsächlich abbauen wollte. Einige dieser Leute glauben, daß darin auch das eigentliche Ziel von Chruschtschows sehr kühnem, wenn auch desorganisiertem Versuch lag, zwei Parteien in unserem Lande zu schaffen, eine »städtische« und eine »ländliche«. Beide sollten natürlich kommunistische Parteien sein. Und selbst seinen erfolglosen und riskanten Versuch, die »ländliche« Partei in weitere voneinander unabhängige Einheiten zu zerbrechen, sollte nicht nur als amateurhafte Improvisation betrachtet werden, sondern auch als ein überlegter Versuch, das Monopol der allmächtigen bürokratischen Maschinerie zu untergraben. Ich verschließe mich dem nicht. Aber es wäre nur die eine Seite der Geschichte.

Ich hatte zu der Zeit einen anderen Verdacht: Hatte Chruschtschow plötzlich die Courage verlassen, nachdem er in der Zeit nach dem XX. Parteitag erlebt hatte, welche Dämonen er geweckt und welche Geister er aus der Flasche gelassen hatte? Heute bin ich davon überzeugt, und ich glaube, daß die Tatsache, daß er die Nerven verlor und nicht weiter voranschritt, einer der größten Fehler war, die Chruschtschow je machte.* In der Partei und in der Nation war ein Funke Hoffnung entzündet worden, es gab einen erwachenden Glauben daran, sogar eine echte Bereitschaft, in der Gesellschaft aufzuräumen und für wirklich humanistische Ideale einzutreten. Für eine Weile jagte der XX. Parteitag der stalinistischen Bürokratie Angst ein und untergrub die Position der Konservativen. In dieser einmaligen Lage wäre es möglich gewesen, die erwachende soziale Energie einzusetzen und sehr viel weiter zu gehen, als wir es tatsächlich taten. Das schlimmste an

---

* Vielleicht kommt noch etwas hinzu: Tief in seinem Herzen mag Chruschtschow durchaus Angst gehabt haben, zu liberal zu erscheinen. So etwas deutete sich an, als er eine bösartige Kampagne gegen Boris Pasternak initiierte sowie Angriffe auf andere bedeutende Schriftsteller und Künstler. Dazu gibt es Parallelen in späterer Zeit, insbesondere im Verhalten Michail Gorbatschows am Ende der achtziger und zu Beginn der neunziger Jahre, als dieser ebenfalls Angst vor der Demokratie zeigte.

diesem Zurückweichen war die Tatsache, daß in all dem ein Element der Provokation gelegen hatte: Dank der Entstalinisierung hatten Menschen begonnen, frei zu denken und zu reden, zu schreiben, was sie meinten. Aber innerhalb weniger Monate wurden sie wieder in das enge Gefängnis zurückgedrängt, in dem sie vorher gelebt hatten. Und jene, die besonders aktiv gewesen waren, wurden nun bestraft und öffentlich gedemütigt. Gegen Ende des Jahres 1956 schien alles wieder in den alten Bahnen zu verlaufen.

Bezeichnenderweise wagte Chruschtschow es nicht (vielleicht war er auch nicht dazu in der Lage), seine auf dem XX. Parteitag gehaltene Rede in der UdSSR publizieren zu lassen. Das geschah erst in den Jahren der Perestroika. Eine Version der Ereignisse besagt, daß die anderen Mitglieder des ZK-Präsidiums ihm die Veröffentlichung nicht erlaubten. Über einen Mittelsmann, Kostja Orlow, der wahrscheinlich ein früherer KGB-Agent war, übergab er sogar einem Reuters-Korrespondenten, John Retti, eine detaillierte Version seiner Rede zur Veröffentlichung im Westen. Aber später – nach dem Plenum vom Juni 1957, in dessen Verlauf Molotow, Malenkow, Kaganowitsch und eine Reihe anderer aus der Führung und später aus der Partei selbst ausgestoßen wurden – hätte Chruschtschow die Geheimrede sicher auch im Lande publizieren können. Er tat es nicht, weil er wahrscheinlich Angst hatte und sich nicht überwinden konnte, diesen wichtigen Schritt zu tun.

Neben den innenpolitischen Gründen für Chruschtschows Inkonsistenz und sein Schwanken spielten die Entwicklungen im Ausland eine ernsthafte Rolle. Die internationale kommunistische Bewegung reagierte dramatisch auf den XX. Parteitag. Chruschtschow hatte im wesentlichen das bestätigt, was die Feinde des Kommunismus seit langem über die UdSSR und den Sozialismus gesagt, die ausländischen Kommunisten aber immer bestritten hatten. Infolgedessen waren viele Kommunisten, besonders die radikale linke Intelligenz im Ausland, desillusioniert und verließen die Partei. In einigen Parteien wuchs die Kritik an der KPdSU und an der Sowjetunion, und es gab Aufrufe zur ideologischen und politischen Unabhängigkeit – all das war vorher praktisch undenkbar gewesen. Andere Parteien im Ausland gingen durch innere Krisen, es kam zur Fraktionsbildung oder zur Formulierung einer völlig veränderten politischen Linie. Viele Leute sowohl außerhalb als auch innerhalb der Sowjetunion gaben Chruschtschow und dem XX. Parteitag die Schuld an dieser Krise der gesamten Bewegung. Überdies hatten die ausländischen Parteien immer geglaubt, daß die Vorwürfe gegen Stalin Machenschaften der Rechten seien. Die Sache wurde dadurch noch komplizierter, daß es solche Machenschaften tatsächlich immer schon seit 1917 gegeben hatte. Das erklärt, warum die ausländischen Freunde der Sowjetunion die Ereignisse der dreißiger Jahre nicht glauben wollten, sogar jene, die unbestreitbar waren, wie die berüchtigten Schauprozesse. Viele der ausländischen Kommunisten glaubten geradezu fanatisch an die Sowjetunion und an Stalin.

Dieser Glaube hatte in Tausenden von ehrlichen und intelligenten Leuten tiefe Wurzeln. Dafür gab es historische Gründe: den Ersten Weltkrieg, dann den Zweiten Weltkrieg, die Schrecken des Faschismus, die Härten der großen Depression von 1929 bis 1933. Diese Katastrophen schufen ein leidenschaftliches Verlangen nach einer besseren Zukunft. Und für viele schien diese Zukunft in der Sowjetunion konkrete Gestalt angenommen zu haben, was wiederum unmerklich zum nächsten Schritt führte: Die Hoffnung heftete sich an Stalin persönlich. Wenn man objektiv sein will, war diese Hoffnung nicht nur eine Illusion oder ein Betrug. In ihren frühen Jahren hatte die UdSSR einigen demokratischen Idealen neues Leben eingehaucht, und später wurde sie zu der Hauptkraft, die den Nazismus besiegte.

Zweifellos gab es historische Gründe für den blinden Glauben der ausländischen Kommunisten – insbesondere da der Faschismus zu einer tödlichen Gefahr für Europa geworden war. Aber dieser blinde Glaube und die bedingungslose Unterstützung Stalins erwiesen sich als destruktiv nicht nur für die Kommunisten und ihre Partei. Sie schadeten der Sowjetunion und dem ganzen Experiment, das nach der Revolution begann. In den zwanziger und sogar noch in den dreißiger Jahren hätte die Meinung der ausländischen Kommunisten Stalin noch bis zu einem gewissen Grade zügeln können.

Dies alles kann aber unter keinen Umständen die Tatsache verwischen, daß das volle Gewicht der Verantwortung für die Verbrechen bei denen liegt, die sie begingen. Stalin und seine Umgebung tragen eine schreckliche Bürde der Schuld nicht nur vor der kommunistischen Weltbewegung, sondern vor allen linken Bewegungen – den Gewerkschaften, den Radikalen, den Sozialdemokraten und anderen. Sie haben die Ideale des Sozialismus diskreditiert und ihre internationale Verantwortlichkeit als Führer einer Regierung, die sich selbst sozialistisch nannte, rücksichtslos beiseite geschoben.

Ich habe eine ganze Reihe von ausländischen Kommunisten gut gekannt, ich habe Freunde unter ihnen und verstehe die Schwierigkeiten und Probleme, denen sie nach dem XX. Parteitag und später, während der Perestroika-Jahre, gegenüberstanden. *

Die wachsende Kritik an der KPdSU im Ausland und die Unterdrükkung der Debatte über die Politik der Partei im eigenen Lande ließen Chruschtschow 1956 zwei Möglichkeiten. Die eine war, kühn voranzuschreiten, die Souveränität jeder ausländischen kommunistischen Partei anzuerkennen und sie alle unabhängig voneinander in die Lage zu versetzen, die Probleme auf ihre eigene Art zu lösen, während er sich auf die Reformen innerhalb der Sowjetunion konzentrierte, welche die Reputation der KPdSU und des Landes wieder verbessern konnten. Die zweite war, hastig zum Rückzug zu blasen und sich auf einige wenige Konzessionen an die neue internationale Lage zu beschränken. Chruschtschow entschied sich für die letztere Option. In seinen Dokumenten machte der XX. Parteitag Konzessionen in einer Reihe von Streitfragen, darunter die Möglichkeit, den Krieg zu vermeiden und einen friedlichen Übergang zum Sozialismus zu finden. Zur gleichen Zeit wandte man große Sorgfalt daran, die nicht-sowjetischen Parteien soweit wie möglich davon abzuhalten, Revisionen in ideologischer, politischer und taktischer Hinsicht vorzunehmen, und eine gewisse Organisationsform der internationalen kommunistischen Bewegung aufrechtzuerhalten. Unglücklicherweise konnte die zweite Option die Probleme nicht lösen, was vorherzusehen war. Aber sie war für Chruschtschow der viel einfachere Weg.

Vielleicht die schädlichste Konsequenz von Chruschtschows Politik war die Tatsache, daß die Schwierigkeiten in der internationalen kommunistischen Bewegung ihn dazu brachten, die Entstalinisierung zu verlangsamen, den Prozeß der Reformen und der Demokratisierung in der Sowjetunion zu verzögern, statt ihn zu beschleunigen. Die Haltung Chruschtschows und die Führung der Partei angesichts der politischen Krisen in verschiedenen osteuropäischen Ländern, insbesondere in Ungarn und Polen, machten dies endgültig klar.

---

* Dies ist keine erzwungene Analogie. Wenn man den Kern der Argumente gegen die Perestroika betrachtet, findet man dieselbe Logik in ihnen wieder.

Die turbulenten Entwicklungen in diesen Ländern hatten sehr schmerzliche Auswirkungen auf die Lage innerhalb der UdSSR. Es ist wahr, zu Beginn belebten sie die politische Diskussion, aber letztlich beschleunigten sie deren Unterdrückung, sie gaben den Konservativen und Stalinisten nicht nur eine Entschuldigung, sondern auch eine effektive Waffe, jene zu bekämpfen, die den XX. Parteitag ernstgenommen hatten. Die Geister der »Konterrevolution« und der »anti-sowjetischen Aktivitäten«, die schon seit vielen Jahren dazu gebraucht worden waren, nicht nur abweichendes Denken, sondern auch elementare Gedankenfreiheit zu unterdrücken, nahmen Fleisch und Blut an.

Ich begriff durch eigene Erfahrung, wie schnell diese Waffe ins Spiel gebracht werden konnte. Im Jahre 1956 hatte die Zeitschrift *Fragen der Philosophie* einige mutige Artikel gebracht, darunter einen in der Nummer 5 von B. A. Nasarow und O. W. Gridnewa, der den Titel »Zur Frage der Rückständigkeit der Dramaturgie und des Theaters« trug. Er zog große Aufmerksamkeit auf sich. Es ist nämlich eine alte Tradition in Rußland, politische Streitfragen in verdeckter Form als eine Debatte über Literatur, Theater oder Kunst zu diskutieren. Die Zeitschrift wurde im Gefolge der Ereignisse in Polen und Ungarn von 1956 praktisch sofort umgekrempelt. Viele Artikel wurden verboten, darunter einer, den ich gegen Ende 1956 geschrieben hatte.

Die komplexe Beziehung zwischen den Ereignissen in den ost- und zentraleuropäischen Ländern, die später die Sozialistische Staatengemeinschaft genannt werden sollten, und den Entwicklungen in der UdSSR ist offensichtlich. Unglücklicherweise hat diese Interdependenz meist negative Folgen für die Sowjetunion und auch für die anderen Länder der Gemeinschaft gehabt. Ich werde mich dieser Frage später zuwenden, wenn die Ereignisse in der Tschechoslowakei von 1968 und die Entwicklungen in China der sechziger und dann der achtziger Jahre diskutiert werden. Warum liefen die Dinge in der Regel gegen uns, gegen unsere Reform? Ich meine, wir haben uns das in hohem Maße selbst zuzuschreiben.

Von den stalinistischen Jahren an und die ganze Breschnew-Ära hindurch lautete der offizielle Standpunkt in der UdSSR und in den anderen sozialistischen Ländern, daß wir die einzig wahre, oder zumindest die korrekteste, Form des Sozialismus aufgebaut hatten. Die anderen Länder sollten, wenn man mal von ihrem bescheidenen Recht absieht, nationale Eigenheiten in Betracht zu ziehen, unsere Erfahrung nachvollziehen. Jedes Abweichen vom sowjetischen Modell wurde als Ketzerei betrachtet. Eine solche Universalisierung unseres Modells zwang unsere Menschen unwillkürlich dazu, alles, was in den anderen sozialistischen Ländern vor sich ging, an unserem Maßstab zu messen: War es besser als das, was wir hier hatten? Oder war es schlechter? Unter solchen Bedingungen berührten die Ereignisse in den anderen Ländern tatsächlich den inneren Kampf in unserem Land und trugen dazu bei, die Meinungen und Haltungen zu polarisieren. Und natürlich sorgte jede Veränderung in einem Land für scharfe Reaktionen bei seinen Nachbarn, manchmal wurden sie dadurch aus dem Gleis geworfen, wie der letzte Waggon eines langen Zuges, der zu schnell in eine Kurve gegangen ist.

Diese Interdependenz trieb uns dazu, alle Ereignisse in den benachbarten Ländern kontrollieren zu wollen, und führte zu ständigen Eingriffen in ihre Politik. Gewisse Faktoren wie die politische Entwicklung, ökonomische Reformen oder sogar kulturelle Ereignisse konnten nicht nur als unerwünscht interpretiert werden, sondern auch als Bedrohung unserer eigenen inneren Stabilität. Erst gegen Ende der achtziger Jahre gaben wir schließlich unser Monopol auf den »einzig wahren Sozialismus« auf. Wir gaben die Eingriffe in die inneren Belange unserer Freunde und Alliierten auf. Infolgedessen vermieden wir viele Komplikationen, vielleicht sogar politische Tragödien.

In den ersten Jahren der Perestroika wurden diese Veränderungen manchmal mit einem vielleicht zu großen Maß an Empfindlichkeit von Repräsentanten demokratischer Kreise aufgenommen. So hörte ich zum Beispiel von alten Freunden in der Tschechoslowakei die Anklage: »Als ihr den Prager Frühling niederwalzen und den Stalinismus in unserem Land wiederherstellen wolltet, habt ihr Panzer gesandt; und jetzt spielt ihr das Spiel der ›Nichteinmischung‹, was uns eben jenen Stalinisten ausliefert, die ihr an die Macht gebracht habt.« Was konnte ich da sagen? Nur eines: Ich verstehe eure Gefühle, aber an irgendeinem Punkt müssen wir einmal aufhören, uns in die inneren Angelegenheiten unserer Nachbarn einzumischen. Ich bedaure, daß wir dies nicht früher getan haben, aber wenn Gorbatschow jetzt interveniert hätte, dann hätte er einer schlechten Politik Permanenz gegeben, wenn auch für eine gute Sache.

Die dramatischen Veränderungen, die im Jahre 1989 die ost- und zentraleuropäischen Länder trafen, wurden zu einer heiß umstrittenen politischen Frage in der UdSSR. Von den Bühnen der Parteiversammlungen und Parteitage sowie im Parlament wurden Angriffe auf Gorbatschow und Außenminister Eduard Schewardnadse geführt, denen die Schuld für »den Zusammenbruch des sozialistischen Systems«, den Verlust einer »Pufferzone« und die Untergrabung der Sicherheit der Nation zur Last gelegt wurden. Ich glaube nicht, daß man diese Anklagen ernst nehmen muß.

Die Ideale des Sozialismus, die ich als legitim und vernünftig betrachte, bilden einen Teil der menschlichen Zivilisation. Wir können sie in der frühen Christenheit finden, in den Werken großer Denker der Vergangenheit und in den demokratischen Bewegungen der letzten Jahrhunderte. Aber der Sozialismus kann, egal wo, nicht existieren, wenn er dem Willen des Volkes widerspricht. Wir versuchten uns gegen diese Wahrheit zu stellen (eine Wahrheit, die man übrigens in den klassischen marxistischen Schriften finden kann), indem wir einer Reihe von europäischen Ländern eine gewisse Politik und bestimmte Institutionen aufzwangen, die wir für sozialistisch hielten. Die Dinge nahmen ihren unaufhaltsamen Lauf, sobald wir diese Zwangspolitik aufgaben. In den meisten dieser Länder hatte das Gesellschaftsmodell, das wir ihnen eingepflanzt hatten, keine tiefen eigenen Wurzeln geschlagen, und ihm fehlte alle Vitalität.

Das ist die gesellschaftliche Seite des Problems. Soweit es die außenpolitischen Aspekte betrifft, so spricht aus den Anklagen, die Gorbatschow und Schewardnadse entgegenschlugen, ein unakzeptables, imperialistisches Denken, das den heutigen politischen Verhältnissen einfach nicht entspricht. Und die Vorwürfe, daß ihre Politik unsere nationale Sicherheit untergrub, sind falsch und stehen im Gegensatz zu den neuen Realitäten der internationalen Beziehungen.

Am 15. Juni 1990 sprach ich über einige dieser Probleme bei einer Sitzung der Kommission für Außenpolitik des Zentralkomitees der KPdSU. Ich bemerkte, daß unsere Sicherheit nicht darunter gelitten habe, daß wir bestimmte Leute, die geheime sowjetische Militärtechnologie an die NATO verkauften (nach Presseberichten pflegten Ceaușescu und einige frühere polnische Führer dies systematisch zu tun), nicht länger als Alliierte betrachteten. Wichtiger noch: Länder, die durch Gewalt in einer Allianz festgehalten werden, kann man kaum als verläßliche Verbündete bezeichnen. In der Tat, der Verzicht auf unsere Illusionen über diese Allianz hat unsere Sicherheit nur erhöht.

Mehr noch, um unsere Pseudo-Allianz aufrechtzuerhalten – ich spreche vom Warschauer Pakt –, mußten wir nicht nur einen hohen Preis bezahlen, sondern wieder und wieder auf das Mittel der bewaffneten Intervention zurückgreifen: 1953 in der DDR; 1956 in Ungarn; 1968 in der Tschechoslowakei. Wir befanden uns am Rand einer solchen Intervention im Falle Polens. Jedesmal führte das zu gesteigerter Spannung, zu einer Verschlechterung der Beziehungen mit dem Westen und zu einem sich ausweitenden Wettrüsten. Solange diese »Allianz« existierte, bestand die Möglichkeit neuer Intervention mit all ihren Konsequenzen, einschließlich bewaffneter Konflikte in Europa. War das ein Beitrag zur Sicherheit? Ich bin mir sicher, daß nicht alle Anwesenden bei diesem Treffen von meiner Rede überzeugt waren. Niemand liebt es, der Auflösung eines Reiches zu präsidieren, um die berühmten Worte Winston Churchills zu paraphrasieren. Aber es ist noch schlimmer und sehr viel gefährlicher zu versuchen, ein Reich zu erhalten, wenn seine Zeit abgelaufen ist.

Eine an Deutlichkeit nicht zu überbietende Illustration dieser Tatsache war die bewaffnete Intervention in Ungarn. Das Land zahlte einen hohen Preis für diese Ereignisse. Aber wir hatten auch zu bezahlen. Zu Hause wurde die Politik der Entstalinisierung und der Reformen gebremst. Unsere Intervention in Ungarn verschärfte die internationalen Spannungen und komplizierte die Lage innerhalb unserer Führung. Dies erhöhte die Hindernisse für Chruschtschow, seine anti-stalinistische Politik entschlossen fortzusetzen.

Damit will ich nicht sagen, daß sich diese Ereignisse auf die Frage der Außenpolitik reduzieren ließen. Es kann keinen Zweifel daran geben, daß Chruschtschows scharfe Kritik an Stalin auf dem XX. Parteitag ein verzweifelt kühner Schritt ins Unbekannte war und in Probleme hinein, die er kaum vorausgesehen haben wird.

Der Kongreß weckte das Gewissen der Menschen. Natürlich hatte es unter ihnen individuelle Helden gegeben, die nicht zugelassen hatten, daß sie eingeschüchtert oder zum Schweigen gebracht wurden – obwohl man tragischerweise jene unter ihnen, die überlebten, an den Fingern einer Hand abzählen kann. Über viele Jahre waren wir die gehorsamen und angsterfüllten Untertanen eines totalitären Staates. Nach dem Kongreß begannen wir, Bürger und Rebellen zu werden. Eine neue Vitalität des Denkens blühte auf, die auch durch die verschiedenen Rückfälle in den Neostalinismus nicht wieder unterdrückt werden konnte. Ich bin überzeugt, daß dies eine der wesentlichen Quellen für Perestroika und Glasnost war. Hier hatte die Generation der Sechziger zu guter Letzt eine wirkliche Chance, ihren Beitrag zu leisten.

Die alten Dogmen herrschten indessen weiterhin in vielen Sphären des gesellschaftlichen Denkens, und dieselben alten Köpfe blieben an der Regierung. Sie verzögerten, erstickten und zerstörten, wann immer sie eine Gelegenheit hatten, mitleidslos die Individuen, die den XX. Parteitag als ein intellektuelles Signal auffaßten und die lange darauf gewartet hatten, daß dieser Tag kam. Chruschtschow gab den Konservativen viele solcher Gelegenheiten, und sein Nachfolger gab ihnen noch mehr.

Also war das Bild im Ganzen sehr widersprüchlich. Erwachendes, vibrierendes Leben an einem Pol – und unerschütterte Dogmen, mumifizierte Ideen und Auffassungen am anderen. Die Reformenergie suchte nach Ventilen, aber die meisten von ihnen waren geschlossen oder sehr, sehr eng.

Trotz der Bedingung einer allgemeinen Stagnation in der Entwicklung der sozialen und politischen Theorie entstanden hier und dort Oasen offenen Denkens. In der Regel konnte dies nur dann geschehen, wenn Leute von ausreichendem Mut und einer gewissen Autorität erschienen, die bereit waren, nicht nur anders zu denken, sondern diesem neuen Denken auch Institutionen zu schaffen.

# Oasen des offenen Denkens

Ich habe in meinem Berufsleben das große Glück gehabt, an verschiedenen Stellen zu arbeiten, wo der offene Austausch von Ideen möglich war. Überdies arbeitete ich dort, als ich in meinen späten Dreißigern und frühen Vierzigern war – in der produktivsten Lebensphase also.

## Otto Kuusinens Denkfabrik und das Lehrbuch
### Grundlagen des Marxismus-Leninismus

Nachdem ich die Zeitschrift *Fragen der Philosophie* verlassen hatte, arbeitete ich bei der Wochenzeitschrift *Neue Zeit* (*Nowoje wremja*). Dort traf ich auf Otto Wilhelmowitsch Kuusinen, der seit der Gründung der *Neuen Zeit* einer ihrer Herausgeber gewesen war, obwohl diese Tatsache nie veröffentlicht wurde.

Ein Mann finnischer Herkunft, war Kuusinen ein hervorragender Politiker und Theoretiker und eine prominente Gestalt in der internationalen Arbeiterbewegung. Als ich bei der Zeitschrift meine Arbeit aufnahm, war er fast 75 Jahre alt und praktisch im Ruhestand. Er war Ehrenmitglied des Präsidiums des Obersten Sowjet. Beim ZK-Plenum vom Juni 1957, als er eine leidenschaftliche Rede gegen Molotow, Malenkow und Kaganowitsch hielt und auf diese Weise Chruschtschow vor der Niederlage zu retten half, wurde er zum Sekretär und Mitglied des ZK-Präsidiums gewählt.

Der Führung war Kuusinen schon früher aufgefallen. Offenbar hatte sich das Zentralkomitee kurz nach dem XX. Parteitag von 1956 entschlossen, ein paar Werke – Lehrbücher und Richtlinien – zu den wichtigsten Gesellschaftswissenschaften zu veröffentlichen: Politische Ökonomie, die Geschichte der Partei und die Grundlagen des Marxismus-Leninismus. Das Werk über das letztere Thema sollte Philosophie, Ökonomie und den sogenannten wissenschaftlichen Sozialismus ein-

schließen – das heißt, alles übrige. Vor allem aber sollte das Buch populär geschrieben, der breitest möglichen Leserschaft in der Sowjetunion
und im Ausland zugänglich sein. Kuusinen wurde zum Kopf der Autorenmannschaft für das Buch über die »Grundlagen« ernannt.

Die Entscheidung, all diese Werke so schnell wie möglich herauszubringen, wurde getroffen, weil die stalinistischen theoretischen und
ideologischen Ideen und Auffassungen keine Gültigkeit mehr hatten
und weil Stalins eigene *Geschichte der KPdSU (Bolschewiki). Kurzer
Lehrgang* diskreditiert war. Aber wie so oft wurde wieder eine gute
Idee verzerrt und verwässert, als sie schließlich in die Praxis umgesetzt
wurde. In diesem Fall um so mehr, weil jene, denen man die Produktion der neuen Bücher anvertraut hatte, zum größten Teil dieselben
ideologischen Hohen Priester und Akolyten waren, die lange und hart
daran gearbeitet hatten, die stalinistische Propaganda in den verschiedenen Wissenschaftsbereichen zu stärken.

Zu Beginn des Jahres 1957, als Kuusinen den ersten Entwurf des Ma-
nuskripts jener Autoren las, die man ihm aufgezwungen hatte, verfiel
er zunächst in eine tiefe Depression, wie er uns später berichtete, und
begann dann hektisch nach neuen Leuten zu suchen. Erst als er ZK-
Sekretär geworden war, konnte er damit durchdringen. Bis dahin
wandten sich einige der Funktionäre des Apparats energisch gegen die
Idee, neue Leute zur Autorenmannschaft zuzulassen. Vier Monate später trat ich der Redaktion der *Neuen Zeit* bei und bekam dann das Angebot, mich Kuusinens neuer Mannschaft anzuschließen.

Ich erinnere mich noch sehr gut, wie das alles ablief. Mitte April des
Jahres 1957 rief mich jemand an. Eine Frau (eine Sekretärin, wie sich
herausstellte) fragte, ob Arbatow am Apparat sei, und sagte: »Otto
Wilhelmowitsch Kuusinen wird mit Ihnen sprechen; ich verbinde Sie.«
Dann hörte ich Kuusinens Stimme, die mir vertraut war, da ich ihn ab
und zu in der Redaktion gesehen hatte. »Hallo, Georgi Arkadjewitsch,
ich brauche Ihre Hilfe. Können wir uns treffen?« Natürlich war ich einverstanden, und er lud mich ein, an dem Abend zu ihm nach Hause zu
kommen. Es war das berühmte Regierungshaus – das »Haus an der
Moskwa«, das in dem Roman gleichen Titels von Juri Trifonow beschrieben wird.

Gebaut im Stil der zwanziger und dreißiger Jahre, genau gegenüber
dem Kreml auf der Insel zwischen der Moskwa und dem Kanal, war das
Gebäude düster, riesig und grau. Nur prominente Politiker, Partei- und

Regierungschefs, berühmte Militärs, Veteranen der Revolution und Schriftsteller, die den politischen Führern des Landes nahestanden, bekamen hier Wohnungen. In den Jahren 1937 und 1938 fielen viele von ihnen Stalins Terror zum Opfer. Ihre Familien folgten ihnen entweder ins Gefängnis oder ins Exil oder, was das geringste war, sie wurden hinausgeworfen, um Platz für neue Prominente zu schaffen.

An dem Abend ging ich in Kuusinens bescheiden ausgestattete Wohnung; sie bestand aus drei oder vier Zimmern, das größte war sein Arbeitszimmer. Ich war überrascht, als ich Turnringe von der Decke hängen sah, direkt neben dem Schreibtisch. (Später entdeckte ich ein Klettergerüst an der gegenüberliegenden Wand.) Mein Gastgeber sah meinen verblüfften Blick und zog sich an den Ringen ein paarmal hoch – ziemlich kräftig für seine 75 Jahre. Als er das hinter sich hatte, sagte er: »Man muß in Form bleiben, sonst wird man schnell alt.«

Wir kamen zum Geschäftlichen, und Kuusinen schlug vor, daß ich Mitglied des Autorenkollektivs werden sollte. Er sagte, ich würde bald einen Telefonanruf vom Zentralkomitee bekommen. Ein paar Tage später wurde ich zu einem Besuch beim stellvertretenden Vorsitzenden der Propagandaabteilung, W. Snastin, eingeladen, der mich über meine Bekanntschaft mit Kuusinen gründlich befragte. Snastin sagte, daß er mich in die Gruppe aufnehmen würde und daß ich per Telefonanruf instruiert werden sollte, wo ich mich einzufinden habe. Danach »vergaß« das Zentralkomitee alles über mich und diese Sache; die Parteiideologen waren der Aufnahme neuer »ungeeigneter« Personen bei wichtigen Projekten äußerst abgeneigt. Aber alles änderte sich, als nur zwei Monate später das Schicksal Kuusinen an die Spitze der Parteihierarchie trug. Snastin rief mich an und fragte mit verärgerter Stimme: »Warum sind Sie nicht nach Nagorny gefahren? [Das war der Erholungsort des Zentralkomitees außerhalb Moskaus, wo das Autorenkollektiv arbeitete.] Ich gebe Ihnen zwei Stunden, um Ihre Sachen zu packen; Sie können unter dieser Nummer einen Wagen verlangen.«

Eine Weile später erfuhr ich, wie es dazu gekommen war, daß Kuusinen mich bemerkt hatte. Nach meiner Ankunft bei der *Neuen Zeit* begann ich eine ganze Menge zu schreiben, und da ich von einer akademischen Zeitschrift kam, die in einer anderen Liga arbeitete als eine politische Wochenzeitschrift, zogen meine Artikel seine Aufmerksamkeit auf sich. Er fragte ein anderes Mitglied des Redaktionsstabs, Lew Maxi-

mowitsch Schejdin, über mich aus. Schejdin, der unter dem Pseud-
onym »L. Sedin« zu schreiben pflegte, war ein erstklassiger Journalist,
der sich auf Außenpolitik spezialisiert hatte und zu seinen Lebzeiten
stark unterschätzt wurde. Kuusinen hatte tiefen Respekt vor ihm und
mochte ihn sehr. Offensichtlich empfahl er mich. Von dem Moment an
hatten Schejdin, Alexej Stepanowitsch Beljakow und ich das Glück,
Kuusinen bis zum Ende seiner Tage bei seinen Unternehmungen zu
helfen. Beljakow war ein Funktionär des ZK-Apparats, der später Kuusinens Assistent und dann stellvertretender Direktor der außenpolitischen Abteilung des ZK wurde. *

Unter den anderen Neuankömmlingen, die mit uns zusammenarbei-
teten, sind die Philosophen J. A. Melwil und A. A. Makarowski hervorzuheben. Professor Valentin Asmus, einer der wichtigsten Philosophen
der Alten Schule, wurde auch herangezogen, um bei den verschiedenen
philosophischen Kapiteln mitzuhelfen. Professor Asmus war auch sehr
an Astronomie interessiert. Als er in der ZK-Datscha ankam, in der unsere Autorengruppe arbeitete, brachte er ein großes Teleskop mit.

Kuusinen war ein sehr ungewöhnlicher Mann, insbesondere unter
den herrschenden Umständen. Wir alle mußten uns zu Beginn unserer
Arbeit selbst neu erziehen – oder, besser gesagt, umerziehen –, indem
wir versuchten, die Dogmen abzuschütteln, die fast zur zweiten Natur
geworden waren. Wir mußten lernen, unsere vorgefaßten Ideen in
Frage zu stellen und die üblichen Zitate aus offiziellen Quellen beiseite
zu lassen.

Wahrscheinlich begriff ich damals zum ersten Mal, wie rückständig
wir alle waren. Kuusinen war ein wunderbarer Lehrer. Trotz seines Al-
ters hatte er einen sehr flexiblen Verstand, er war offen und nahm neue
Ideen mit Leichtigkeit auf. Ich kann ehrlich sagen, daß er die erste Person war, die ich kannte, von der man ohne Übertreibung behaupten
konnte, daß er immer dachte.

Man konnte fast fühlen, wie Kuusinens Verstand arbeitete, wenn
man mit ihm zusammen war. Man merkte, daß jedes Wort sorgfältig
abgewogen war und daß jede unserer Fragen und Antworten ernsthaft
geprüft wurde. Man fühlte sich immer unter Druck, weil man in

---

* Als Kuusinen starb, entwarfen wir Texte für seine Grabrede, die von Nikolai
Podgorny gehalten werden sollte. Chruschtschow, der große Achtung vor Kuusinen
hatte und wahrscheinlich die Rede selbst gehalten hätte, war zu der Zeit in Ägypten.

seiner Gegenwart nichts Dummes oder Langweiliges sagen wollte. Aber in der Gegenwart seines Intellekts wurden wir alle ein wenig klüger, und je länger wir mit ihm zu tun hatten, desto mehr gelang es uns, unsere versteckten Reserven und unser Potential zu mobilisieren.

Jeder, der mit Kuusinen arbeitete, machte noch eine weitere Entdeckung: eine neue Wahrnehmung der Politik. Das war für uns äußerst aufregend, da unser Verstand von den vielen Jahren des Stalinismus abgestumpft und vergiftet war. Wir entwickelten langsam ein Verständnis von Politik als einem komplizierten kreativen Prozeß, der ständig mit der Suche nach neuen Methoden verbunden war. Einige Dinge, über die wir gelesen, die wir aber nicht absorbiert oder nur als theoretische Abstraktion wahrgenommen hatten, wurden nun in unseren Unterhaltungen mit Otto Kuusinen lebendig.

Kuusinen war eine Inkarnation der besten Traditionen der europäischen Arbeiterbewegung, die zu der Zeit erschreckend fern erschienen: der sozialdemokratischen Ideen der alten Linken und des reifen Leninismus sowie der aufgeklärteren Seiten der Geschichte der Komintern, von denen es unglücklicherweise nur wenige gab. (Kuusinen war einer der Führer der Komintern gewesen.)

Im ganzen gesehen war die Arbeit an den *Grundlagen* eine konzentrierte Universitätserfahrung für die ganze Mannschaft. Die anderthalb Jahre des Studiums gaben uns nicht nur neue Einblicke in den Marxismus-Leninismus, sondern entmystifizierten das Verständnis der Politik selbst. Das Lehrbuch ging nicht weit genug, und das meiste, was es enthielt, hat der Prüfung der Zeit nicht standgehalten, aber nach damaligem Standard schafften wir es, ein wahrhaft einzigartiges Werk zusammenzutragen. Das Lehrbuch war ein lebhaftes Zeugnis der Veränderung im politischen Denken in der Sowjetunion, wie sie nach dem XX. Parteitag stattfand. Immerhin vermied es das Partei-Kauderwelsch, das unsere politische Literatur seit Jahren dominiert hatte, und es übersetzte politische Ideen und die politische Theorie in einfache, klare und gelegentlich auch lebhafte Sprache. In seiner Analyse des Stalinschen Despotismus, des Wesens und der Konsequenzen der stalinistischen Politik war es eindeutig, und es verweigerte die übliche Aufweichung der Fakten durch das Anführen der »historischen Notwendigkeit« und der harten Forderungen der Zeit. Dies entsprach ganz und gar Kuusinens eigener Perspektive – obwohl er zu der Zeit nicht öffentlich all das sagen konnte, was er dachte.

Das Lehrbuch *Grundlagen des Marxismus-Leninismus* hätte ein wirkliches Ereignis in unserem ideologischen Leben werden können. Aber 1959, als es erschien, hatte die konservative Opposition gegen den Kurs des XX. Parteitags an Kraft gewonnen, und natürlich lehnten die Konservativen das Buch ab.

Freunde, die innerhalb des Parteiapparats arbeiteten, sagten mir, daß der ZK-Sekretär für Ideologie, Leonid F. Iljitschow, das Kuusinen-Lehrbuch im engen Kreis seiner Abteilung sozialdemokratisch genannt habe.

Nichtsdestoweniger glaube ich, daß das Buch eine Wasserscheide in der Evolution unseres politischen Denkens war. Die Ideen, die Kuusinen vorgebracht hatte, sein Autorenstab und die anderen, die mit ihm arbeiteten, beeinflußten trotz allem den politischen Prozeß. Das war ein ernsthafter Schlag für viele stalinistische Ideen und ein sogar noch härterer Angriff auf den schrecklichen Dogmatismus, der sich in unseren Gehirnen breitgemacht hatte.

Beljakow, der mit Kuusinen eng zusammengearbeitet hatte, sagte einmal:

»Kuusinen war ein unversöhnlicher Feind des Dogmatismus und der sektiererischen Engstirnigkeit. Er verstand genau, was in unserem Land und in der kommunistischen Weltbewegung vor sich ging. Sein Ziel war es, zur Lösung der zunehmend schwierigen Probleme des Kommunismus den größtmöglichen Beitrag zu leisten. Aber er war extrem vorsichtig – seine ganze Vergangenheit hatte ihn zu dieser Vorsicht erzogen. Innerhalb der KPdSU wurde er noch immer als ein ›Ausländer‹ betrachtet und darüber hinaus als ein ›ehemaliger Sozialdemokrat‹. Zudem waren seine Frau und sein Sohn einmal als ›Volksfeinde‹ festgenommen worden. * Dies machte ihn dreifach verwundbar in Stalins Zeit, und auch danach wurde er nie wirklich akzeptiert.

---

* In dieser Hinsicht teilte Kuusinen das Schicksal von vielen Offiziellen der Stalin-Periode. Vielleicht war dies eine Art Tribut an eine uralte orientalische Tradition, oder vielleicht wollte Stalin einfach seine Kohorten auch in Geiseln verwandeln; die meisten von ihnen, auch die höchsten Führer und Mitglieder des Politbüros, besaßen enge Verwandte, die verhaftet und verurteilt worden waren. Molotows und Kalinins Frauen saßen im Gefängnis. Einer von Kaganowitschs Brüdern wurde erschossen, und ein anderer zog es vor, sich selbst zu erschießen. Man versuchte, Marschall Woroschilows Frau zu verhaften, aber angeblich verteidigte er sie in einem seltenen Akt der Tapferkeit mit der Pistole in der Hand. Er rettete auch die

Ich glaube, daß Otto Kuusinen es als seine Rolle und seine Mission
ansah, eine Brücke zwischen Lenin und dem Leninismus auf der einen
Seite und der nachstalinistischen Ära in der Sowjetunion auf der anderen zu schlagen. Aber dabei muß man die Unterschiede der Zeit berücksichtigen, in denen Lenin und Kuusinen lebten. Die Hauptgefahr
aus Lenins Perspektive war der ›Revisionismus von Rechts‹, das heißt
die Zweite Internationale. Später war es der Kampf gegen die ›Linksab-
weichung‹, die in den Vordergrund trat. Lenin sah auch diese Gefahr,
drückte aber die Hoffnung aus, daß man den ›Linkskommunismus‹ als
eine ›Kinderkrankheit‹ leicht kurieren‹ könne. Diese Hoffnung wurde
niemals erfüllt, selbst in den zwei riesigen Staaten, in denen die Revolution triumphierte – in der Sowjetunion und in China.

Es ist indessen wichtig, daß Kuusinen den Kreuzzug gegen die linke
Bedrohung aufnahm, wo Lenin aufgehört hatte, und ihn weiterführte.
Unter schwierigen Umständen tat er sein Bestes, um den ›Linkskommunismus‹ zu entzaubern, das heißt die pseudo-marxistische Phraseo-
logie einiger Kommunisten, die in der Lage waren, die ganze Bewegung
zu zerstören.«

Ich selbst habe oft beobachtet, daß Kuusinen alle Unterhaltungen
über die Vergangenheit vermied. Offensichtlich war er mit sich selbst
nicht im reinen. Dazu kann man nur einige rein spekulative Annahmen
machen: Es blieb ihm unmöglich, weil er Mitglieder seiner Familie oder
Freunde nicht hatte verteidigen können, die in die Mühle der stalinistischen Unterdrückungsmaschinerie gerieten, und er hatte deshalb kein
Verlangen, sich an diese Ereignisse zu erinnern. Es gab indessen einige
Ausnahmen. Juri Andropow erzählte mir, daß Kuusinen ihn vor einigen sehr ernsten und unangenehmen Konsequenzen während ihrer gemeinsamen Arbeit in Karelien bewahrt hatte. Das war zur Zeit des

Eltern seiner Schwiegertochter. Der Mann von Schwerniks einziger Tochter wurde
festgenommen und erschossen – usw. usw. Übrigens verschonte Stalin auch seine
eigene Familie nicht. Alle engen Verwandten seiner früheren Frau, die Selbstmord
begangen hatte – ihre Schwestern, ihre Nichten usw. –, wurden in die Straflager
geschickt, und ihr Bruder erschoß sich selbst unter geheimnisvollen Umständen.
Und am Anfang des Krieges befahl er (in Ausführung seines eigenen fanatischen
Kommandos, daß jeder Kriegsgefangene ein Verräter zu sein hatte, dessen Familie
verfolgt worden war), die Verhaftung der Frau seines Sohns Jakow und ihrer Tochter, die noch ein Kind war, weil Jakow von den Deutschen gefangengenommen worden war.

»Leningrader Prozesses« – einer großen Hetzjagd in Leningrad, die bald nach dem Kriegsende begann. Das mag auch auf die Ereignisse im Winter 1939 und im Frühjahr 1940 zutreffen, da Kuusinen als Kopf der von Stalin eingesetzten »Terjoki-Regierung« bereitstand. Kuusinen war noch weniger bereit, über dieses Thema zu sprechen. Mehrere Male mußte ich der Versuchung widerstehen, ihn über jene Periode zu befragen. Er sprach nie davon, vielleicht weil er unter Schuldgefühlen litt, obwohl er sicher nichts hätte unternehmen können, um den Ablauf der Ereignisse zu beeinflussen.

Später dachte ich, daß Kuusinen unter Stalin Erniedrigung erlitten und Angst erfahren haben mußte und daß seine besondere, fast blinde Loyalität zu Chruschtschow vielleicht mit dieser Erfahrung zusammenhing. Ich erinnere mich an den einzigen Streit, den ich je mit Kuusinen hatte: Schejdin und ich drückten unsere Empörung über die Tatsache aus, daß ein Buch mit Eindrücken von Chruschtschows Besuch in den Vereinigten Staaten – *Auge in Auge mit Amerika* –, das für Chruschtschow sehr schmeichelhaft war, den Leninpreis bekommen hatte. Kuusinen schimpfte uns regelrecht aus.

Wenn man sich die damalige Zusammensetzung des Politbüros (damals – des Präsidiums) des Zentralkomitees der KPdSU ansieht, stellt man fest, daß angesichts all der heute vergessenen Koslows, Kiritschenkos, Furzewas, Muchitdinows und Podgornys, die Chruschtschow umgaben, nur sehr wenige Leute progressive Einflüsse gewesen sein können, die eine ehrliche Meinung über irgendein schwieriges politisches Problem geäußert hätten. Ich kenne nur zwei solcher Menschen. Einer von ihnen war Kuusinen, der andere Anastas Mikojan. Zu Beginn des Jahres 1989 wurde das zu meiner Freude bei einem internationalen Seminar, das die kubanische Raketenkrise von 1962 zum Thema hatte, von Chruschtschows Sohn Sergej bestätigt, der eine Passage aus den Memoiren seines Vaters vorlas. Sie sagte aus, daß nur diese beiden Männer ihn vor den möglichen gefährlichen Konsequenzen einer Raketenaufstellung in Kuba warnten. Natürlich wurde diese Warnung äußerst behutsam vorgetragen, entsprechend den damaligen Verhaltensnormen im Politbüro, aber sie war immerhin für Chruschtschow deutlich genug. Kuusinen und Mikojan sagten Chruschtschow, daß sie sich seinem Vorschlag anschließen würden, aber nur, weil sie ihm trauten. Chruschtschow interpretierte dies wie folgt: »Seine [Kuusinens] Antwort schob mir alle Verantwortung zu. Ich achtete den Genossen

Kuusinen sehr und kannte seine Ehrlichkeit und Aufrichtigkeit, und daher nahm ich, was er sagte, richtig auf.«[*]

In seinen Memoiren schreibt Chruschtschow: »Ich sagte sogar, daß dieser Schritt an den Rand des Abenteurertums führe. Abenteurertum in dem Sinne, daß wir, in unserer Bemühung, Kuba zu retten, in einen Nuklearkrieg der schlimmsten Sorte hineingeraten könnten.«

Dieser Vorfall mit Kuusinen sagt viel über den Mann aus. Zunächst zeigt er Kuusinens politischen Scharfsinn. Er erkannte die Gefahren der von Chruschtschow vorgeschlagenen Politik. Die Geschichte enthüllt auch, daß das System lange nach Stalin noch immer intakt war. Niemand durfte die Entscheidung des Führers offen anzweifeln. Man konnte seine Zweifel nur mit solcher Subtilität ausdrücken, daß sie allein der Führer selbst verstehen konnte. Einerseits fand Kuusinen auf diese Art und Weise einen Weg, Chruschtschow seine Befürchtungen erkennen zu lassen. Aber auf der anderen Seite war er, meiner Meinung nach, zu zurückhaltend, weil er Chruschtschow zu sehr vertraute und seine Ängstlichkeit selbst in einer Situation nicht überwinden konnte, in der die denkbar ernsthaftesten Konsequenzen drohten.

## Das Institut für Weltwirtschaft und Internationale Beziehungen (IMEMO)

Die Gründung des Instituts für Weltwirtschaft und Internationale Beziehungen bei der Akademie der Wissenschaften der UdSSR war auch eine direkte Folge des XX. Parteitags. Mitte der fünfziger Jahre bestand eine absurde Situation: Trotz der zahlreichen Forschungsinstitute und Zentren, die man im Lande gegründet hatte, befaßte sich nicht ein einziges mit internationalen Themen, mit Außenpolitik oder internationalen wirtschaftlichen und politischen Fragen. Die einzige Ausnahme war das uralte Institut für Orientalische Studien, das es schon lange vor der Revolution gegeben hatte, das aber fast vollständig auf das Studium »exotischer« Sprachen, Kulturen und deren Geschichte begrenzt war.

Das war nicht immer so. Zusätzlich zu den Forschungsinstituten der

[*] Ich zitiere hier mit der Erlaubnis von Sergej Chruschtschow aus dem von seinem Vater auf Tonband diktierten Text, den der Sohn zu Papier brachte.

Komintern und verschiedener Organisationen, die mit ihnen verbunden waren – anscheinend waren sie alle zusammen mit der Komintern aufgegeben worden –, hatte es auch das Institut für Weltwirtschaft und Internationale Politik (IMCh) gegeben, das der sogenannten Kommunistischen Akademie, einer Institution für das Studium und die Forschung in den Sozialwissenschaften, zugeordnet war. In den dreißiger Jahren wurde das IMCh in ein Institut der Akademie der Wissenschaften umgewandelt und bestand von 1924 bis 1947. 120 Menschen arbeiteten in diesem Institut. Zu der Zeit mag es das größte humanwissenschaftliche Institut der Akademie der Wissenschaften gewesen sein. Sein Leiter war das Mitglied der Akademie, Jewgeni S. Varga, ein langjähriger enger Berater Stalins. Diese Position gab Varga eine gewisse Unabhängigkeit, die für jene Zeit ungewöhnlich war. Sie erlaubte ihm auch, zusammen mit einigen anderen ungarischen Emigranten, die mit ihm arbeiteten, den Säuberungen der dreißiger Jahre zu entkommen, und sie gab ihm die Möglichkeit, ernsthafte Forschung zu betreiben. Er befaßte sich besonders mit der Geschichte und Theorie der ökonomischen Zyklen und Krisen im Westen. Dieses Thema hatte seit langer Zeit die Aufmerksamkeit der sowjetischen Führung auf sich gezogen, offenbar weil solche Krisen mit einem Aufwallen der revolutionären Bewegungen in Verbindung gebracht wurden. Das Institut befaßte sich auch mit internationalen Beziehungen, aber hauptsächlich im Kontext von Auseinandersetzungen, Konflikten und Situationen, die zu einem Krieg zu führen drohten.

Nach dem Zweiten Weltkrieg verlor Stalin offensichtlich viel von seinem Interesse an Varga und dessen Analysen. In der Zwischenzeit hatte sich das Institut für Weltwirtschaft und Internationale Politik einen mächtigen Feind gemacht – den Vorsitzenden von Gosplan (dem Staatlichen Plankomitee), Mitglied des Politbüros und zudem jemand, der sich selbst für den Diktator der praktischen Wirtschaft und der ökonomischen Wissenschaften hielt: Nikolai Wosnessenski.* Er stürzte sich mit einer wilden Attacke auf Varga. Dieser habe den Kapitalismus »geschönt« und ein Konzept für die Existenz eines »organisierten Ka-

---

* Bald darauf wurde Wosnessenski verhaftet und hingerichtet. Später wurde er posthum rehabilitiert; natürlich war er weder ein Spion noch ein Verräter, aber ich glaube, man sollte diese Leute, auch wenn sie zu Unrecht hingerichtet worden sind, nicht besser machen, als sie waren.

pitalismus« entworfen. Bald darauf wurde das Institut geschlossen;
eine Reihe der Angestellten wurde verhaftet, und viele andere wurden
entlassen.

Varga versuchte, Widerstand zu leisten. Er schrieb an Stalin, protestierte gegen die Schließung des Instituts. Stalin gab den Brief an
Schdanow weiter. Schdanow sagte Varga, daß das Zentralkomitee vor
allem an Vergleichen interessiert sei, die dabei helfen sollten, die Aufgabe zu lösen, den Westen so schnell wie möglich »einzuholen und zu
überholen«. Solche Vergleiche waren, nach Schdanow, nur möglich,
wenn Spezialisten für sowjetische und ausländische Wirtschaft zusam-
menarbeiteten.

Vor diesem Hintergrund muß man das Institut für Weltwirtschaft
und Internationale Beziehungen (IMEMO) und die Schwierigkeiten,
denen es gegenüberstehen sollte, sehen. Sie begannen mit der sehr
wichtigen Frage, wer als Direktor ausgewählt werden sollte. Die Chefin
der Sektion Wirtschaft der Wissenschaftsabteilung des ZK der KPdSU,
Klawdia Kusnezowa (die in allem, was sie berühren und beeinflussen
konnte, eine unrühmliche Rolle spielte), forderte, daß Iwan I. Kusminow ernannt werden sollte. Kusminow, der eine Professur an der Akademie der Sozialwissenschaften des Zentralkomitees hatte, war allen in
diesem Bereich Arbeitenden als der überzeugteste Stalinist und als ein
militanter Dogmatiker auf dem Gebiet der Wirtschaft bekannt.

Zum Glück für das sich entwickelnde Institut und für die gelehrte
Welt im allgemeinen tauchte ein starker Rivale für Kusminow auf:
Anuschawan Agafonowitsch Arsumanjan, der 1953 nach Moskau gekommen und dort stellvertretender Direktor des Instituts für Wirtschaft an der Akademie der Wissenschaften geworden war. Zu dem
Zeitpunkt, als der Direktor des IMEMO ausgesucht wurde, war Arsumanjan in der akademischen Welt praktisch unbekannt, aber er hatte
ein As im Ärmel: Er war ein enger Freund (und der Gatte der Schwäge-
rin) von Anastas Mikojan. Das besiegelte offenbar seine Ernennung,
obwohl Mikojan offiziell mit der Frage nichts zu tun hatte. Ich sage dies
nicht als Vorwurf an Arsumanjan oder Mikojan. Vetternwirtschaft, so
scheint es, ist nicht immer etwas Schlechtes. Und die Tatsache, daß Mikojan, der einer der intelligentesten Leute in der Regierung in jenen
Jahren war, seinen Einfluß gebrauchte, um den erzkonservativen Kandidaten zurückzuweisen und den progressiveren zu ernennen (selbst
wenn er ein Verwandter war), kann ihm nur als Verdienst angerechnet

werden. Nun mußte Arsumanjan allerdings seine Vorsätze in die Tat umsetzen, was keinesfalls einfach war.

Eine der Erbschaften des Stalinismus war die Tatsache, daß die Sozialwissenschaften außerhalb des Rahmens der Propaganda nicht wahrgenommen wurden. Sie waren auf ihre bloße Funktion als Zubringer der Politik reduziert, sie sollten mit Hilfe marxistischer Begriffe jede neue politische Eskapade der Führung rechtfertigen.

Zunächst mußte der Direktor des neuen Instituts verschiedene grundlegende Hindernisse überwinden. Eines dieser Hindernisse war die extrem dogmatische und propagandistische Vorstellung vom kapitalistischen Wirtschaftssystem, die von den meisten sowjetischen Experten aufrechterhalten wurde. Selbst jene, die der Meinung skeptisch gegenüberstanden, das Schiff des Kapitalismus sinke bald, fanden es völlig normal und sogar notwendig, der Öffentlichkeit diese Version nahezubringen. Das waren einfach seit vielen Jahren die Spielregeln. Der XX. Parteitag verbesserte die Lage etwas, aber der Standard dessen, was der Presse erlaubt und was selbst in akademischen Publikationen möglich war, blieb noch sehr eingeengt und wurde von einer Heerschar von wachsamen Verteidigern des Glaubens kontrolliert.

Natürlich mußte eine solche Atmosphäre Arsumanjans Aufgabe, das Institut in einen neuen Typus von Forschungszentrum zu verwandeln, extrem schwierig machen. In den frühen Sechzigern erzählte er mir ganz offen von einigen der Tricks, die er anwandte, insbesondere die Art und Weise, wie er die ideologische Zensur umging, um ein ernsthaftes Forschungsinstitut zu begründen. Das Institut hielt die notwendige Orthodoxie in seiner Zeitschrift und in den Büchern, die es veröffentlichte, aufrecht, sagte er. Und das ist wahr. Man muß nur einen Blick in diese Bücher und die Zeitschrift *Weltwirtschaft und Internationale Beziehungen (Mirowaja Ekonomika i meschdunarodnije otnoschenija)* in ihren ersten Jahrgängen werfen: Sie schwelgten weiter in apokalyptischen Voraussagen der »Zerbrechlichkeit und Instabilität« der kapitalistischen Wirtschaft sowie der neuen »Umwälzungen« und »Krisen«, die ihr bevorstünden. Und sie versprachen, daß die sowjetische Wirtschaft bald »auch die am meisten entwickelten kapitalistischen Länder einholen und überholen würde« – auf den wichtigsten Sektoren der industriellen und landwirtschaftlichen Pro-Kopf-Produktion. In den analytischen und beratenden Papieren, die der Regierung zugestellt wurden, präsentierte man indessen ein weit realistischeres Bild.

Bei der Vorbereitung dieser Papiere – die gewöhnlich als »vertraulich« oder »streng geheim« klassifiziert wurden – befreiten sich die Forscher allmählich vom Dogmatismus und lernten, sich freier auszudrücken – eine Entwicklung, die sich später auch in verschiedenen Publikationen des Instituts ausdrückte.

Arsumanjans zweite schwierige Hürde war das Problem des Personals. Der langjährige Mangel an Nachfrage hatte das Angebot an Gelehrten sehr begrenzt. Sicher gab es noch einige Leute, die vom IMCh übriggeblieben waren. Aber es war unmöglich, alle Posten bei einer so großen Institution – dem IMEMO wurden 300 Stabsstellen zugestanden – aus der kleinen Anzahl jener, die nicht zu alt oder krank waren, zu besetzen. In diesem Bereich zeigte Arsumanjan ungewöhnliche Courage. Zuerst nahm er eine Gruppe von Experten an Bord, die gerade aus Stalins Gefängnissen zurückgekehrt waren (Sergej A. Dalin, Jewgeni A. Gromow, Vera W. Subtschaninowa), und auch einige Leute, die lange geächtet gewesen und wegen der einen oder anderen politischen Anklage aus der akademischen Gemeinschaft ausgestoßen worden waren. Und zur gleichen Zeit scheute er sich nicht, eine große Gruppe von jungen Gelehrten aufzunehmen. Zwei von ihnen, Nikolai Inosemzew und Wladlen Martynow, sollten später seine Nachfolge antreten.

Inosemzew wird im Verlauf dieses Buches noch mehrfach in Erscheinung treten. Er war ein enger Freund und spielte eine beträchtliche Rolle in der Entwicklung der Sozialwissenschaften in der Sowjetunion sowie, in gewissem Maße, auch bei der Intellektualisierung der sowjetischen Politik. Ich traf ihn, als wir beide noch Studenten waren. Seine Karriere verlief sehr erfolgreich – Stellvertretender Direktor des IMEMO, dann Stellvertretender Chefredakteur der *Prawda* (in meinem Land eine sehr hohe Position für einen *jungen* Mann von 40 Jahren), und schließlich wurde er Direktor des IMEMO. Er hatte etwas Solides an sich, das ihn von anderen unterschied, und politisch haben wir uns immer sehr gut verstanden. Manchmal glaubte ich, daß er in seinen Positionen zu vorsichtig sei, insbesondere im Umgang mit den Führern des Landes. Aber er war ein sehr gerissener Taktiker. Bei manchen Gelegenheiten handelte er kühn und mutig. Auf einem ZK-Plenum hielt er eine Rede, in der er radikale Reformen in unserer Außenhandelspolitik vorschlug und zur Aufgabe von alten Dogmen auf diesem Gebiet riet. Damit verdiente er sich viele neue Feinde. (Übrigens war es das einzige Mal vor der Perestroika, daß ich jemanden vor dem Plenum ohne schriftlichen Text reden hörte – allein das war bereits ein Affront gegen die konservative Mehrheit des Zentralkomitees.) Ursprünglich hatte Inosemzew jede Möglichkeit, noch weiter zu kommen, aber die Konservativen erkannten ihn schnell als einen »Fremden«. Unter anderem sahen sie sein Institut als eine Quelle »schädlichen« westlichen Einflusses auf die Regierung an. Inosemzew hatte zu der Zeit Zugang zu vielen leitenden Regierungsmitgliedern im Westen.

Aber zurück zu Arsumanjan. Das dritte Hindernis, dem er sich gegenübersah, war das Kommandosystem in der Welt der Wissenschaft, das sich seit vielen Jahren verhärtet und die Stärke von Beton angenommen hatte. Und mit diesem System kam sein Zwilling – die Angst vor neuem und unorthodoxem Denken. Hier spielten Arsumanjans persönliche Qualitäten eine enorme Rolle – seine menschliche Anständigkeit, seine Intoleranz gegenüber jedem Versuch, andere zu schikanieren, und seine Bereitschaft, sich verschiedene Meinungen anzuhören, darunter ziemlich kühne, wenn sie nur in der angemessenen Form präsentiert wurden und innerhalb eines kleinen Kreises. All das trug dazu bei, ein interessantes Institut aufzubauen.

Aber hatte das neue Institut in den ersten Jahren nach dem XX. Parteitag reale Wirkung auf die Politik? Wenn man Arsumanjan nach den Maßgaben seiner Zeit beurteilt und die theoretische Erbschaft einbezieht, die er und seine Kollegen zu tragen hatten, muß man ihm ziemlich gute Zensuren ausstellen. Er schaffte es, die alten Dogmen zu lokkern und den Weg freizumachen für eine realistischere Sicht der Welt, der westlichen Ökonomien und der internationalen Beziehungen. Wie ich schon gesagt habe, zeigte sich dies nicht in den offenen Publikationen des IMEMO – vielleicht auch weil viele der alten Spezialisten, die nun beim Institut arbeiteten, sich noch immer nicht von ihrem früheren Dogmatismus lösen konnten.

Aber sehr bald entstand am Institut eine relativ kleine Gruppe von Sozialwissenschaftlern, denen Arsumanjan persönlich traute, und ihnen wurde ein relativ großes Maß an Freiheit zugestanden. Nicht nur das: Sie wurden bis zu einer gewissen Grenze sogar ermutigt, unorthodox zu sein. Zum Beispiel wurde der Führung ein Papier zugestellt, das im Westen erschienen war: eine Studie, welche die ökonomische Entwicklung von kapitalistischen und sozialistischen Ländern verglich. Das hatte Wirkung. Bald konnten Forschungsergebnisse auf demselben Ge-

biet auch in der UdSSR erscheinen, auch wenn sie nicht immer vollständig objektiv waren. Dasselbe gilt für Arbeiten über die wirtschaftliche Vereinigung Westeuropas, und zwar Analysen, die diesen Prozeß
als eine Realität sahen. Zuvor hatten unsere Experten und Journalisten
einheitlich solch eine Idee als eine reaktionäre Erfindung angegriffen,
als Propaganda. Die orthodoxe Perspektive war natürlich, daß sich in
der kapitalistischen Welt die Antagonismen und Widersprüche durchsetzen mußten. Diese Papiere erweckten oft den Unmut der Konservativen, die diesen neuen Informationskanal zur Führung entweder ganz
abwürgen oder ihn zumindest streng kontrollieren wollten.

Eine typische Episode betraf eine Notiz, welche die Form der sowjetischen Wirtschaftshilfe an Entwicklungsländer kritisierte. Arsumanjan
ließ das Papier in der Form von fünfzig Kopien für »interessierte Instanzen« zirkulieren. Einer der Chefs dieser Organisationen beschwerte sich beim allmächtigen ideologischen Boß der Vergangenheit,
Michail S. Suslow, der Arsumanjan zu sich bestellen ließ und ihm, wie
dieser später erzählte, mehr oder weniger das Folgende sagte: »Arsumanjan, wir sind beide alte Parteimitglieder; du hast sicher nicht vergessen, wie die Opposition früher operierte, oder? Sie schrieben Posi-
tionspapiere und ließen sie zirkulieren. Damit kommst du mir nicht davon. Wenn du ein Papier verfaßt, schick es zuerst zu uns, nur in einer
Kopie, und dann entscheiden wir, wer es bekommt.«

Arsumanjan hatte genug Courage, Navigationsbegabung und politischen Überlebenswillen, um diese Instruktion zu ignorieren, und er
fuhr fort, die Papiere zirkulieren zu lassen, die er für wichtig hielt. *

Arsumanjan und das IMEMO hatten noch auf andere wichtige Weise
Einfluß auf das politische Denken und Handeln des Landes – durch die

---

* Bezeichnenderweise war es während der letzten Jahre Leonid Breschnews offiziell verboten, Papiere oder anderes Material direkt an die Mitglieder der Führung
und an den Apparat des Zentralkomitees zu senden. Alles mußte zuerst an das ZK
der KPdSU gehen – das hieß, in die von Konstantin Tschernenko geleitete Allgemeine Abteilung. Dort entschieden anonyme Offizielle über das Schicksal des Ma-
terials. Vieles landete in den Papierkörben. Einiges ging an ein paar Abteilungen des
Zentralkomitees; nur in wenigen isolierten Fällen gerieten die Früchte der Arbeit
unserer Sozialwissenschaftler bis in die Hände der Führung. Natürlich wirkte sich
das bald auch auf die Denkfabriken selbst aus; die Mitarbeiter dort verloren jedes
Motiv zu arbeiten, Papiere zu verfassen, selbst zu denken. Warum sollte man arbeiten, wenn niemand an dem Ergebnis interessiert war?

Vorbereitung von Parteidokumenten und Reden für Mitglieder der Führung. Während der hitzigen Diskussionen im Verlauf dieser Arbeit (ich hatte Gelegenheit, daran recht häufig während der Jahre 1962 bis 1964 teilzunehmen, als ich an dem Institut arbeitete) tauchten oft interessante Ideen auf. Einige davon fanden den Weg in die Texte. Arsumanjan hatte allerdings viele Methoden, der Führung neue Gedanken vorzutragen.

Selbst wenn all das noch weit, weit vom neuen politischen Denken entfernt war, half es doch, die soziale und politische Atmosphäre aufzutauen. Dogmen über die Stagnation der kapitalistischen Wirtschaft, die absolute Verelendung der Arbeiterklasse im Westen usw. wurden allmählich abgebaut, und neue Konzepte wurden bestätigt und in die politische Debatte eingespeist (zum Beispiel die Realität der westeuropäischen Einigung und die vielen verschiedenen Wege, auf denen sich Drittweltländer entwickeln konnten). Zu der Zeit wurde auch das Buch *Economics* des bekannten amerikanischen Gelehrten Robert Samuelson veröffentlicht – wenn auch nach beträchtlichem Widerstand und mit einer langen Einführung von Arsumanjan. Selbst das war sehr wichtig für die Entwicklung unserer Wirtschaftswissenschaft.

Natürlich machte das Institut auch einige ernsthafte Fehler. Arsumanjan und, soweit ich weiß, auch ein Teil seines Stabes überließen sich in der zweiten Hälfte der fünfziger Jahre und zu Beginn der sechziger Jahre der Euphorie nach dem XX. Parteitag; sie verzichteten nicht nur darauf, der Regierung ihre Illusionen zu nehmen, sondern unterstützten noch den Traum, daß die UdSSR schon sehr bald die Vereinigten Staaten einholen und später überholen würde. Schon 1980 sollte eine wohlhabende und freie kommunistische Gesellschaft aufgebaut sein. Diese Illusionen gingen später in das neue KPdSU-Programm von 1961 ein und wurden, als sich die achtziger Jahre näherten, Gegenstand scharfer Kritik und auch vieler sarkastischer Witze.

Nichtsdestoweniger spielte das IMEMO eine sehr wichtige Rolle als eine Art Inkubator für eine neue Generation von Ökonomen und Spezialisten für Außenpolitik. Im Laufe der Zeit wurden Leute, die das Institut absolviert hatten, zu prominenten Vertretern unserer Sozialwissenschaften und spielten in gewissem Maße auch eine Rolle in der Politik. Überdies wurde das IMEMO eine Art Wurzel, aus der eine ganze Reihe von Schößlingen in Form von Instituten der Akademie der Wissenschaften erwuchsen – das Institut für Internationale Arbeiterbewegung, das Afrika-, das Lateinamerika-Institut sowie das Institut für USA- und Kanadastudien.

## Die Zeitschrift *Probleme des Friedens*
## *und des Sozialismus*
## und ihr Chefredakteur Alexej M. Rumjanzew

Das Hauptquartier von *Probleme des Friedens und des Sozialismus (Problemy Mira i Sozialisma)* befand sich in Prag. Die Zeitschrift wurde als eine gemeinsame Unternehmung der internationalen kommunistischen Bewegung gegründet und war eine weitere Vorbereitungsschule für theoretische und politische Denker, die später die undankbare Aufgabe, aber zugleich sehr wichtige Mission erfüllen sollten, sich gegen die Regression von Theorie, Ideologie und Politik in den letzten Jahren von Chruschtschows Herrschaft und der gesamten Regierungszeit von Leonid Breschnew zu stemmen. Diese Männer halfen dabei, eine intellektuelle Brücke vom XX. Parteitag zur Perestroika zu bauen, über den Abgrund der Stagnation hinweg. Sie diente auch als Barrikade gegen die Attacken des Stalinismus. Viele von jenen, die für die Zeitschrift arbeiteten und deren Ideen und politisches Denken in ihren Redaktionsräumen geformt wurden, hatten das Glück, einen signifikanten Beitrag für die theoretischen Grundlagen der Perestroika zu leisten. Wie war ein solcher Erfolg möglich? Zunächst entstand die Zeitschrift aus der allgemeinen politischen und moralischen Atmosphäre heraus, die der XX. Parteitag geschaffen hatte. Und zweitens war da die Persönlichkeit ihres ersten Chefredakteurs, Alexej Matwejewitsch Rumjanzew. Er gewann talentierte und kreative Menschen für seine Zeitschrift, und er hatte den Mut, sie zu verteidigen. Mehr noch: Er war bereit, die Opposition der Konservativen zu bekämpfen, die sich den sowjetischen Mitarbeiterstab der Zeitschrift ganz anders, nämlich als die Verlängerung des damaligen Parteiapparats, vorstellten. Und natürlich gelang es den Konservativen auch, eine Reihe von ihnen genehmen Leuten in die Redaktion zu setzen.

Unter Rumjanzews Redaktionsmitgliedern waren Anatoli Tschernjajew und Georgi Ch. Schachnasarow, die nach vielen Jahren politischer und theoretischer Arbeit Michail Gorbatschows Assistenten wurden, in Positionen, wo sie einen beträchtlichen Beitrag leisteten (der allerdings unserer Tradition entsprechend anonym blieb).

Um eine Umgebung zu schaffen, in der Talent sich entfalten konnte, war es natürlich nicht genug, einfach begabte Menschen anzuheuern. Man mußte ihnen intellektuelle Freiheit geben (in dem Maße, wie es in jenen schwierigen Zeiten möglich war). Man mußte die Angst nehmen, die im Laufe der Jahre zur zweiten Natur geworden war. Rumjanzew tat viel, um eine motivierende Atmosphäre zu schaffen, um Kreativität zu ermutigen und offendenkende Menschen zu verteidigen, die attackiert wurden. *

Zuvor hatte Rumjanzew verantwortungsvolle akademische Posten im Bereich der Sozialwissenschaften und im Parteiapparat innegehabt. Seine Arbeit zog auch Stalins Aufmerksamkeit auf sich, und er wurde zum Vorsitzenden der neugeschaffenen Ideologischen Kommission des ZK der KPdSU ernannt. Dann wurde er Chefredakteur der Zeitschrift *Kommunist* und später dann nach Prag versetzt. Nur sehr wenige Vertreter der älteren Generation von Sozialwissenschaftlern nahmen die Ideen der Erneuerung, die auf dem XX. Parteitag laut wurden, so ernst wie Rumjanzew. **

---

* Auch mich unterstützte er. Als ich 1960 zustimmte, für die Zeitschrift zu arbeiten, versuchte mein Chef, F. W. Konstantinow, dies zu verhindern. Ich arbeitete zu der Zeit bei der Zeitschrift *Kommunist*, deren Chefredakteur er war. Die von ihm gewählte Methode war die übliche seiner Generation. Er rief einen leitenden Angestellten des Zentralkomitees an und denunzierte mich. Er sagte, meine politische Position sei labil und hätte während der ungarischen und polnischen Ereignisse von 1956 Unreife verraten. Ich sei unter den Einfluß von Revisionisten geraten. Man sollte mich nicht ins Ausland schicken. Rumjanzew hörte davon und inszenierte einen Skandal, indem er forderte, daß ZK-Sekretäre Konstantinows Vorwürfe bei einer Parteiversammlung der Zeitschrift in meiner Gegenwart untersuchen sollten. Auch forderte er ein Protokoll dieses Treffens. Es wurde in der Tat vorbereitet – und natürlich kam Konstantinow gar nicht erst. Ich bekam die Position bei der Zeitschrift in Prag. Das begründete eine lebenslange persönliche Bindung zwischen uns, und später hatte ich auch die Möglichkeit, ihm zu helfen.
** Nach dem ZK-Plenum vom Oktober 1964 wurde Rumjanzew Leiter der *Prawda* und machte sich dort sehr deutlich bemerkbar. Einer seiner Artikel, »Über die Intelligenzija«, wurde zu einer Sensation; er provozierte den Zorn seiner Vorgesetzten und wurde zur Akademie der Wissenschaften versetzt, als Vizepräsident. Kurz danach trieben ihn die Konservativen auch aus dieser Stellung hinaus, und er verlor auch sein Direktorat am Institut für Soziologie, das er selbst gegründet hatte.

Rumjanzews Persönlichkeit, seine Toleranz und seine Bereitschaft, jungen Menschen zu vertrauen, machte sich bei der Zeitschrift sehr positiv bemerkbar. Im Umgang mit Ausländern – die Redaktion schloß Mitglieder vieler ausländischer kommunistischer Parteien ein – zeigte er diplomatisches Können. Selbst während erhitzter Debatten (es war eine Zeit vieler Streitereien zwischen den Parteien) schaffte er es, die Atmosphäre ruhig und freundlich zu halten. Unter den sowjetischen Mitgliedern der Redaktion entsprachen einige, die in der Administration tätig waren, genau dem ZK-Apparat in stalinistischen Zeiten. Sie haßten alles, was bei der Zeitschrift vor sich ging, und taten, was sie konnten, um die Atmosphäre zu vergiften. Der Sekretär der Parteiorganisation, Iwan T. Winogradow, spielte dabei eine besondere Rolle. Im Laufe der Arbeit bei der Zeitschrift verfestigte sich das politische Mißtrauen zwischen Winogradow samt einer kleinen Gruppe seiner Anhänger und den meisten der sowjetischen Redakteure. Dieses Mißtrauen brach schließlich bei einer Parteiwahlversammlung offen aus, als Winogradow hart kritisiert wurde und die Wahl vernichtend verlor. Rumjanzew unterstützte die Kritiker Winogradows, und das entschied das Ergebnis des Konflikts. Ich nehme an, daß Rumjanzew in Moskau einige unangenehme Gespräche zu überstehen hatte, die sich aus seiner Position in diesem Konflikt ergaben.

Alles in allem hatte die Zeitschrift natürlich kaum einen bemerkbaren Effekt auf die ideologische und politische Lage im Lande, aber sie half einer ganzen Reihe von relativ jungen theoretisch und politisch interessierten Mitarbeitern, eine breitere, offenere Sicht der Welt zu entwickeln, eine Perspektive auf andere Länder, ein neues Denken über internationale Beziehungen und Politik sowie selbst über die marxistische Theorie. Schließlich arbeiteten wir in ständigem Kontakt mit unseren ausländischen Kollegen, nahmen an der Besprechung und Redaktion ihrer Artikel teil. Wir lernten, nicht nur unsere eigenen Probleme zu analysieren, sondern auch die ihren: Wir lernten, andere zu verstehen. Das Wichtigste war zu begreifen, daß man selbst nicht das Monopol auf die Wahrheit hatte, daß andere Blickpunkte existierten, mit denen man nicht notwendigerweise übereinstimmte, die aber ernst genommen werden mußten. Heute erscheint uns das elementar und sogar natürlich. Aber man darf nicht vergessen, daß wir gerade dabei waren, uns schmerzlich von den moralischen Ketten des Stalinismus zu befreien. In dieser Hinsicht war die Zeitschrift ein sehr wichtiges Übungsfeld;

wir waren vielen verschiedenen Meinungen ausgesetzt, und das hatte seine Wirkung. Schließlich wurden viele von uns, die für die Zeitschrift arbeiteten, bald auf wichtige Posten in Partei und Regierung berufen. Und wir begannen dann mit eigener theoretischer Arbeit.

## Andropow und seine Berater im Zentralkomitee

Von den späten 1930ern an teilte das Zentralkomitee den Gipfel der politischen Macht mit dem KGB. Natürlich stand Stalin hoch über allem. Aber nach Stalins Tod konnte das KGB, obwohl es einige Kontrolle über die Politik aufrechterhielt, nicht mit der Partei konkurrieren. Das Zentralkomitee wurde zum Kern der eigentlichen Machtstruktur.

In den Zeitschriften konnte man neue Gesetze lesen; zudem Dekrete, die über die Verleihung von Medaillen und hohen Belohnungen verfügten; Regierungsentscheidungen über die Landwirtschaft, die Erziehung oder die Industrie; sogar Reportagen über politische Verhaftungen und Prozesse. Aber nur die Insider wußten, daß all diese Dinge auf Entscheidungen des Politbüros oder des ZK-Sekretariats zurückgingen. Sie wurden vorbereitet (oder sehr oft sogar initiiert) von einem allmächtigen Apparat, von etwa 2000 anonymen Parteibürokraten, auf die sich enorme Macht konzentrierte, obwohl sie in keinem einzigen Gesetz erwähnt wurden.

Nach den alten Regeln hätte ich nicht einmal davon träumen können, an diesem »Heiligen Ort«, dem Zentralkomitee der KPdSU, zu arbeiten. Mein Vater war jüdisch und als »Konterrevolutionär« verhaftet worden. Ich hatte überdies eine Reputation als eine Art Revisionist, was bedeutete, daß ich nicht orthodox genug war; in dem, was ich dachte oder sagte, lag ich nicht wirklich auf Parteilinie. Es mag auch andere Sünden gegeben haben, deren ich mir nicht bewußt war. Als Juri Andropow mich für eine ziemlich wichtige Aufgabe in seiner ZK-Abteilung vorschlug, gab es daher einige Komplikationen mit dem KGB und der Personalabteilung, aber er setzte sich über ihre Proteste hinweg. Ich glaube nicht, daß er das ohne die Hilfe von Otto Kuusinen hätte tun können, der noch immer ZK-Sekretär und Mitglied des Politbüros war. Aber warum wollten Andropows Leute mich im ZK-Apparat haben? Ich habe bereits erwähnt, daß die Führung weder in Stalins

Zeiten noch während Chruschtschows erster Jahre ein großes Bedürfnis nach Sozialwissenschaftlern und Intellektuellen hatte.

In den späten fünfziger Jahren änderte sich diese Haltung infolge externer Schwierigkeiten in der kommunistischen Weltbewegung und aufgrund der sich verschlechternden Beziehungen zur Volksrepublik China und zur chinesischen Kommunistischen Partei. Es wurde offensichtlich, daß man nicht einfach Befehle geben oder das KGB alle Probleme lösen lassen konnte. Die Führung begriff, daß man Positionen und Argumente sehr viel ausführlicher vorbereiten mußte, daß man sich der Kunst des Überredens und der Diskussion bedienen mußte, daß man die eigene Position besser definieren mußte, damit sie in der Öffentlichkeit attraktiver wurde – im eigenen Land wie im Ausland.

Der alte Apparat konnte diesen Bedürfnissen nicht entsprechen. Er war auf vollständig andere Zeiten programmiert, auf andere Regeln und Funktionen. Nun, zu Beginn der sechziger Jahre, wurde ein Beratungsapparat für die Parteiführung geschaffen. Er wurde der Internationalen Abteilung und der Abteilung für die Beziehungen zu den Kommunistischen und Arbeiterparteien des Zentralkomitees zugeordnet. Zum ersten Mal seit vielen Jahrzehnten lud man eine beträchtliche Anzahl von Mitgliedern der Intelligenzija ein, für den ZK-Apparat der Partei zu arbeiten.

Ich wurde im Mai 1964 als Berater in die Abteilung von Juri Andropow aufgenommen und arbeitete dort bis zum Ende des Jahres 1967. Ich muß sagen, daß die Gruppe, die er zusammenführte, eine der großartigsten Oasen kreativen Denkens war. Viele dieser Leute gingen in den Apparat, vor allem weil sie sich von der Macht angezogen fühlten. Man empfand sich als Teil eines ausgesuchten Kreises, und dies verkörperte sich in dem roten Ausweis mit den Buchstaben ZK KPdSU (»Zentralkomitee der Kommunistischen Partei der Sowjetunion«). Dieser Ausweis wurde »Jeep« genannt, weil er einen überall hinbringen konnte, praktisch in jedes Regierungsbüro. Es wäre schwer zu beschreiben, was die häufigste Haltung gegenüber den Angestellten des Zentralkomitees war – Respekt, Unterwürfigkeit oder Furcht. Respekt für die Mitglieder der herrschenden Partei wurde uns von Kindheit an eingeflößt, denn man hatte uns beigebracht, in ihnen »die Ehre, den Geist und das Gewissen unserer Epoche« zu sehen (das waren Lenins Worte, die auf der ersten Seite des Mitgliedsausweises standen). Furcht und Unterwürfigkeit waren aber auch immer dicht unter der Oberfläche.

Das Gehalt war gar nicht so hoch – zu der Zeit lag es zwischen 270 bis zu 600 Rubeln im Monat –, aber es wurde ständig erhöht. Mein Anfangsgehalt betrug 400 Rubel im Monat, was nur wenig über dem Einkommen einer Person lag, die eine entsprechende Position in einer weit weniger prestigebeladenen Institution innehatte, wie beispielsweise in einem Forschungsinstitut oder bei einer Zeitung. Aber die Arbeit beim ZK brachte eine Menge von Privilegien mit sich. Einmal im Jahr, wenn man Urlaub nahm, gab es ein zusätzliches Monatsgehalt. Auch gab es einen Bonus. Die Regierung übernahm 70 Prozent der Kosten des Aufenthalts an einem Erholungsort, dazu 50 Prozent für die Ehefrau sowie die Reisekosten. Im ganzen machte das etwa 20 Prozent des gesamten Gehaltes aus.

Das Hauptprivileg für die Apparatschiks auf höherer Ebene aber war der Speisesaal des Kreml (als Vorwand wurde er offiziell der »Schonkostspeisesaal« genannt).

Eigentlich kosteten Mittagessen und Abendessen 140 Rubel im Monat, aber man zahlte in Wirklichkeit nur die Hälfte. Praktisch aß auch niemand in dem Speisesaal; statt dessen gebrauchte man die Coupons, die man bekam, um Lebensmittel einzukaufen, und hatte auf die Weise mehr als genug für die ganze Familie. Im Speisesaal wurden nämlich die teuersten Delikatessen verkauft, einschließlich Kaviar, besonderer Fischsorten, Würste, die jenen in den Läden weit überlegen waren und in besonderen Fleischereien hergestellt wurden; dazu ausgesuchte Süßigkeiten und Früchte. Als ich meine Vier-Tage-Zuteilung an Lebensmitteln das erste Mal nach Hause brachte, konnte meine Schwiegermutter, die bei uns wohnte, nicht glauben, was sie da sah. Solche Lebensmittel waren ihr seit der Neuen Ökonomischen Politik der zwanziger Jahre, als es ausländische Konzessionen und Privatunternehmen gab, nicht unter die Augen gekommen. Auf diese Weise gaben wir weniger als 10 Prozent unseres Einkommens dafür aus, die Familie zu ernähren, während normale Bürger dafür 60 bis 70 Prozent verschwinden sahen. Zusätzlich dazu besaß das Zentralkomitee ausgezeichnete Cafeterias und eine Anzahl von subventionierten Büfetts.

Wohnungen waren der zweite große Vorteil. Wie bei allen Mitgliedern des Zentralkomitees wurden meine Rechte streng durch meine Position bestimmt. Ich hatte jahrelang in einem 50-Quadratme-

ter-Zimmer mit meiner Frau, meinem Sohn und meiner Schwiegermutter gewohnt, wir teilten eine Küche und zwei Bäder mit zehn anderen Familien (33 Personen zusammengenommen), und nun bekam ich
meine erste eigene Wohnung, eine abgeschlossene Zwei-Zimmer-Ein-
heit. Ich erinnere mich daran, daß meine Frau und ich lange Zeit dieses
Glück nicht begreifen konnten und oft im Laufe der Nacht aufwachten
und in der Wohnung herumgingen, um uns zu überzeugen, daß wir
nicht träumten. Später, als ich befördert wurde, zogen wir in eine
Wohnung mit zwei und schließlich in eine Einheit mit drei Schlafzim-
mern. All dies war für jemanden, der nicht für das Zentralkomitee arbeitete, einfach unerreichbar. Im besten Falle konnte man solche Wohnungen nur für große Summen Geldes kaufen, und dann in sehr viel
bescheideneren Gebäuden.

Die medizinische Versorgung war das Privileg Nummer drei. Angestellte des Zentralkomitees hatten Zugang zu Ärzten, die besser waren
als jene in den gewöhnlichen Kliniken, und in ihren Hospitälern gab es
ausgezeichnete Vorrichtungen und Medikamente sowie bequeme
Krankenzimmer. Dazu bestand ein ganzes Netzwerk an Sanatorien und
Erholungsheimen in den schönsten Teilen des Landes.

Es gab noch weitere zusätzliche Vorteile. Zum Beispiel konnte man
jedes Wochenende zu einem Erholungsort außerhalb von Moskau fahren und brauchte dafür nur einen nominellen Beitrag zu bezahlen (zu
der Zeit betrug er einen Rubel pro Person pro Tag). Im Sommer konnte
man dort sogar eine ganze Wohnung für eine sehr kleine Summe mie-
ten. Dazu gab es eine Schneiderei, einen Schuster, ein Reisebüro für
Flug- und Bahnkarten sowie viele andere Dienstleistungen.

Alle Zusatzleistungen waren streng auf der Basis der jeweiligen Position geregelt – z. B. die Anzahl der Zimmer in der Wohnung oder der
Datscha, zu welchem Wohnhaus oder Erholungsort man Zugang hatte,
welche Klinik oder welches Krankenhaus man aufsuchen konnte, wohin man in den Urlaub fahren durfte (wenn man über eine gewisse
Ebene hinauskam, konnte man mit seiner Frau auch ins Ausland fahren, zunächst nach Osteuropa und dann in bestimmte Länder in Westeuropa, nach Kuba usw.). Die Verfügbarkeit eines Dienstwagens war
eine besonders komplexe Frage. Ein Sektionschef und auch, glaube ich,
sein Erster Stellvertreter hatten ein persönliches Auto und zwei Fahrer
zu ihrer Verfügung. Die anderen Vertreter (und jene, die ihnen
»gleichstanden« – das war das Schlüsselwort) konnten sich ein Auto

aus der Garage kommen lassen. Angestellte in einem Rang, der unter dem eines Stellvertreters lag, durften sich ein Auto nur während der Arbeitsstunden und nur für offizielle Zwecke bestellen. Um zur Cafeteria im Kreml zu fahren (wir nannten sie den Futtertrog), mußten wir zwei oder drei Personen für ein Auto zusammenbekommen.

Zu der Zeit, als ich in den ZK-Apparat kam, gab es zwei klar unterschiedene Lebensstile.

Der erste war noch aus den alten Tagen übriggeblieben. Das niedrige kulturelle Niveau der Offiziellen, die kurz vor oder nach dem Krieg in ihre Stellungen gekommen waren, hatte sich mit Überbleibseln der früheren asketischen Verhaltensregeln gemischt. Dafür nur ein Beispiel: Es war in Ordnung, eine offizielle Datscha oder ein offizielles Auto zu benutzen, aber es wurde als falsch betrachtet, eine eigene Datscha oder ein eigenes Auto zu kaufen. Diese Gruppe wurde durch die allgemeine Freudlosigkeit charakterisiert, mit der die Leute sich kleideten, mit der sie redeten und dachten. Sie versuchten alle, sich aufzublasen, waren sehr einsilbig und verbargen sorgfältig jeden Anschein menschlicher Emotionen (ganz zu schweigen von menschlichen Lastern). Und natürlich steckten sie alle bis zu den Ellenbogen in zweifelhaften politischen Aktivitäten und mußten sich deshalb gegenseitig stützen, egal, wie sehr sie einander haßten.

Der andere Stil war der der neuen ZK-Angestellten. Man könnte sie in zwei Gruppen unterteilen. Die Mehrheit der jüngeren Leute waren Funktionäre, die sich langsam durch den Apparat nach oben gearbeitet hatten. Sie begannen mit dem Komsomol (der kommunistischen Jugendorganisation) und kletterten dann die Leiter des Apparats hinauf. Ich mochte diese Leute nicht, die nur nützliche Kontakte schätzten und die mit wenigen Ausnahmen zynische, prinzipienlose Karrieristen waren. Sie unterschieden sich von ihren älteren Kollegen darin, daß sie Kontakt mit dem Westen gehabt hatten. Auch wenn man sie nicht kultiviert nennen konnte, so waren sie gebildeter und erfahrener als die ältere Gruppe.

Die andere Gruppe bestand aus den Intellektuellen. Als die ersten von ihnen im Apparat auftauchten, wurden sie allgemein als nicht akzeptabel eingeschätzt, aber im Laufe der Zeit machten sich diese seltsamen Menschen unentbehrlich. Ihre Gegenwart führte zu einer Veränderung im Lebensstil des Zentralkomitees. Das machte sich sogar bei der Arbeit bemerkbar, da die Leute anfingen, über Politik, Kunst und

Literatur zu reden und nicht mehr nur über das Geschäft und den
Fußball. Der Kreis der Bekannten unter den ZK-Angestellten begann
sich zu erweitern; viele etablierten einen regulären, wenn auch vorsichtigen Kontakt mit Repräsentanten der »freidenkenden« Intelligenzija.

Die neue Generation der Apparatschiks war auch toleranter gegenüber persönlichen Dingen. Eine Scheidung oder eine zweite Ehe
(oder selbst eine außereheliche Affäre) führte nicht mehr automatisch zur Entlassung. Ich glaube, daß all diese Veränderungen eine
signifikante Auswirkung auf die Entwicklung der ganzen politischen
Lage hatten. Vor allem wurde die Spitze der Pyramide – das Zentralkomitee der KPdSU und der gesamte Apparat – entmystifiziert, und
im Laufe der Zeit half das, die absolute Macht der Partei in Frage zu
stellen.

Angesichts der schwierigen Lebensbedingungen in unserem Land
sind Privilegien schon seit der Revolution ein sehr effektives Element
für die Aufrechterhaltung der totalitären Herrschaft gewesen. Privilegien waren nicht einfach nur ein Mittel, um die Partei, die Staatsangestellten und die militärische Führung zu bestechen. Die bloße Existenz
von Privilegien brachte die Angst mit sich, daß man sie verlieren
konnte und daß auf die Weise der Lebensstandard radikal herabgesetzt
würde. Man konnte nicht nur seinen Status, sondern auch das Sicher-
heitsnetz verlieren – schließlich bestand eines dieser Privilegien in
einer besonderen Pension.

Ich bin nicht sicher, ob die Menschen im Westen in der Lage sein
werden, diese Situation zu verstehen, aber Privilegien sind ein sehr effektives Mittel, um sich Gehorsam und Konformität an der Spitze zu
sichern. Ihr Schwachpunkt ist die extrem negative Reaktion von Neid
und Haß auf der Seite derer, die sie nicht genießen. Privilegien konnten
nur so lange existieren, wie sie, wenn nicht ein Geheimnis, so doch zumindest ein kaum bemerkter Aspekt des Lebens waren. Glasnost setzte
dem ein Ende.

Kopf der Beratergruppe in meiner ZK-Abteilung war zu jener Zeit
Fjodor Burlazki. Er war ein sehr begabter Mann, in seiner Karriere aber
hatte er wenig Glück (einige seiner persönlichen Wesenszüge standen
ihm dabei im Wege). Unter den anderen Beratern befand sich Alexander Bowin, der später als Publizist, Journalist und politische Gestalt
sehr bekannt wurde, sowie Schachnasarow, den ich bereits erwähnt

habe. Schachnasarow machte nicht nur in den Sozialwissenschaften und in der Politik, sondern auch in der Literatur eine erfolgreiche Karriere. Aber die Literatur brachte ihn auch manchmal in Schwierigkeiten. So wurden zum Beispiel 1968 oder 1969 die Fahnen eines seiner Science-fiction-Romane vom Verlag zur Überprüfung an das Zentralkomitee geschickt und landeten auf Suslows Schreibtisch. Der war empört, und Schachnasarow wurde für mehrere Jahre aus dem ZK-Apparat entfernt. Drei andere meiner Kollegen waren der Wirtschaftswissenschaftler Oleg T. Bogomolow, der später zum Chef des Instituts zum Studium der Ökonomie des Sozialistischen Weltsystems bei der Akademie der Wissenschaften wurde; Nikolai Schischlin, ein Politikwissenschaftler und Publizist; und Gennadi Gerassimow, später Sprecher des Außenministeriums.

Politisch vereinte sie alle ihr Anti-Stalinismus und ihre Unterstützung demokratischer Reformen sowie die Hoffnung auf eine liberalere Kulturpolitik und natürlich auf bessere Beziehungen zum Westen. Zu jener Zeit hatte dieses politische Programm einen Codenamen: die Politik des XX. Parteitags. Dieser Bezug legitimierte auch ihre politischen Haltungen und Sichtweisen – die noch eine kurze Zeit zuvor als unverzeihliche Ketzerei, wenn nicht sogar als Verbrechen betrachtet worden wären.

Alle unsere Berater waren lebhafte, interessante Persönlichkeiten – insbesondere Alexander Bowin. Er sollte später einer meiner engen Freunde werden. Ich traf ihn zum ersten Mal 1985 in der Redaktion der Zeitschrift *Kommunist*, wo Bowin, ein fast unbekannter Doktorand der Philosophie, gerade zu arbeiten begonnen hatte. Er war in vieler Hinsicht ungewöhnlich, angefangen bei seiner Biographie. Er war ungefähr dreißig. Er besaß einen Jura-Abschluß der Rostower Universität und war als Richter in einen der fernen provinziellen Bezirke der Rostower Region geschickt worden. Später wurde er in die Parteiarbeit befördert und dann zum Sekretär des Bezirkskomitees. Eine vielversprechende Parteikarriere schien sich vor ihm aufzutun, aber er entschied sich zunächst dafür, das Studium der Philosophie in Moskau weiterzuverfolgen. Und zur selben Zeit schrieb er sich, um einige Wissenslücken zu füllen, als Fernstudent bei einem der berühmten technischen Institute von Leningrad ein.

Bowin war intelligent, offen, witzig, unabhängig, er hatte eine Menge Ideen, die selbst in jenen Tagen von Chruschtschows »Aufklärung« häretisch erschienen. Er hatte auch eine enorme Lebenslust. Unter anderem liebte er gutes Essen – viel davon –, was ihm gewaltiges Übergewicht eintrug. Ich habe selten einen besseren Partner für große Gespräche bei dem einen oder anderen Gläschen getroffen. Er brachte Leben in jede Feier.

Aber hinter all dem steckte ein Mann enormen Wissens, ein harter Arbeiter, sogar ein Pedant. Immer wieder brachte Bowin sich in Schwierigkeiten, manchmal zufällig, aber öfter aufgrund seiner unorthodoxen Ansichten. Mehrere Jahre während der Zeit Breschnews war er in Ungnade, und einer der Gründe war seine Kritik an unserer Politik in der Tschechoslowakei im Jahre 1968. Die Konservativen und die Stalinisten haßten ihn. Als er aus dem ZK-Apparat ausgestoßen wurde, arbeitete er als freier Mitarbeiter für die *Iswestija* und wurde ein populärer Fernsehjournalist. Später wurde er von Breschnew ins Zentralkomitee zurückgerufen und nahm seine Arbeit dort wieder auf.

Bowin hatte das Potential, einer der hervorragenden politischen Denker seiner Zeit zu werden, aber das System wollte ihn nicht, konnte ihn nicht ertragen. Das war ein großer Verlust, sowohl für ihn als auch für das System.

Die Tatsache, daß Andropow als Sekretär des Zentralkomitees eine solche Gruppe von intelligenten und relativ unabhängig denkenden Menschen um sich gesammelt hatte, war sehr wichtig. Dies war der erste unter den mehr oder weniger massiven Durchbrüchen der Intellektuellen durch die »eiserne Wand« der Partei-Apparatschiks, wenn auch die Intellektuellen immer noch lediglich als Berater dienten. Was taten wir in unserer Abteilung? Die meiste Arbeit war Routine. Wir erstellten Dokumente – Vorlagen für ZK-Entscheidungen, Memoranden für unsere Politiker –, wir schrieben Reden usw. Gegen Ende eines wichtigen Projekts trafen sich meist alle Beteiligten in Andropows Büro, und dort begann eine interessante und produktive Zusammenarbeit. Lebhafte Diskussionen entwickelten sich, was die Sitzungen in stimulierende theoretische und politische Seminare verwandelte.

Diese Arbeit vermittelte uns zugleich ein Verständnis für den inneren Ablauf des politischen Prozesses. Auch war es sehr interessant, sich ihm über Andropow zu nähern, der nicht nur intelligent war, sondern auch ein außergewöhnliches Talent für die Politik besaß. Er war eine ungewöhnliche Persönlichkeit, die sich der Ideologie nicht beugte, aber pragmatisch blieb; er wollte praktische Resultate. Hinzu kam, daß er nicht wirklich gebildet war. Er hatte eine Berufsschule besucht (wo er die Flußschiffahrt erlernte), aber er hatte viel zur Geschichte gelesen, auch Literatur und Philosophie. Im ganzen war er sehr viel gebildeter als seine Kollegen in der politischen Führung, einschließlich jener, die eine Universitätsausbildung hinter sich hatten. Er schrieb sogar Gedichte, für mein ungebildetes Ohr recht gute. Er stand auch im Ruf, musikalisch begabt zu sein. Er hatte eine gute Stimme, spielte Klavier und Gitarre.

Ich glaube, daß auch Andropow eine ganze Menge aus den Diskussionen mit seinen Beratern lernte, weil in jenen Jahren der gesellschaftliche Kreis hochrangiger Parteiarbeiter klein war und in der Regel überhaupt nicht interessant. Im Grunde war er begrenzt auf Parteimitglieder gleichen Ranges und den einen oder anderen persönlichen Freund. Man konnte den Eindruck bekommen, daß es seit Stalins Zeit zu einer ungeschriebenen Regel geworden war, sich nicht mit Menschen zu befassen, die nicht zum engeren Kreis der Elite gehörten – und diese Regel überlebte ihren Schöpfer viele Jahre.

Im Verlauf der Kontakte mit seinen Beratern erweiterte Andropow nicht nur sein Wissen in akademischen Bereichen, sondern auch, was neue sowjetische und ausländische Bücher anging, in Hinblick auf kulturelle Ereignisse und vieles andere. Schließlich, und das ist wahrscheinlich wichtiger als alles andere, eröffneten ihm diese tägliche Arbeit und die mit ihr verbundenen täglichen Begegnungen einen wichtigen neuen Zugang zu Informationen über das Alltagsleben und dienten als Quelle für unorthodoxe Urteile und Meinungen. Sie lieferten ihm die unbedingt nötigen Kenntnisse, die unsere anderen politischen Führer nicht hatten.

Andropow bekam soviel Informationen, weil er die folgende Regel von Beginn an aufstellte und von Zeit zu Zeit wiederholte: »In diesem Raum könnt ihr absolut offen sprechen – versteckt eure Meinungen nicht. Wenn ihr aus der Tür tretet, ist das eine andere Sache. Dann müßt ihr euch an die allgemeinen Regeln halten!« Wir folgten diesem Prinzip. Wenn wir Andropow etwas verheimlichten oder nicht ganz ehrlich zu ihm waren, dann nur in geringem Maße und aus taktischen Gründen. Ich denke, wir betrachteten es als unsere Pflicht, mit ihm so offen zu reden, wie wir konnten, selbst über »schwierige« Themen: zum Beispiel die Nationalitätenprobleme, die Klagen der Intelligenzija, außen- und innenpolitische Entscheidungen, die aus unserer Perspektive fehlerhaft waren. Meine Kollegen und ich betrachteten Andropow als einen der ganz wenigen Kanäle, über die wir die Führung erreichen konnten. Juri Wladimirowitsch erzählte uns eine Menge, aber natürlich nicht alles – das konnten wir auch kaum von ihm erwarten. Und häufig hörte er geduldig sogar jenen Dingen zu, die ihn keineswegs erfreut haben können. Selten unterbrach er jemanden, der etwas Wichtiges sagte, nur weil ihm nicht gefiel, was da ausgedrückt wurde. Allerdings kommentierte er vieles oft nicht, blieb einfach still. Und manchmal verteidigte er – vielleicht aus Pflichtbewußtsein – die orthodoxe Linie, wobei man merkte, daß er selber nicht wirklich davon überzeugt war. Wir verstanden solche Reaktionen und nahmen an, daß er so redete, weil die Lage es erforderte. Manchmal hatte ich sogar das Gefühl, daß er sich Sorgen machte, das Büro könnte abgehört werden, und daß er nur deshalb die orthodoxe Linie vertrat.

Inwieweit nutzten Andropows Bemühungen und jene seiner Berater der Evolution des politischen Denkens und der Politik selbst? Im Lichte der Ereignisse der letzten Jahre ist es schwierig, über den »Nutzen« von Ereignissen in der ersten Hälfte der sechziger Jahre zu sprechen. Aber ich glaube schon, daß wir es schafften, einige noch größere Probleme als die abzuwenden, denen wir bald darauf gegenüberstanden. Zum Beispiel trugen Andropow und seine Beratergruppe zur Auflockerung der harten Linie in den Beziehungen zu den Ländern von Ost- und Zentraleuropa bei. Damit meine ich die Annahme, daß unser Land das Recht habe, die Länder der sozialistischen Gemeinschaft durch eine Art Kommandopolitik zu beherrschen und sie zu zwingen, unserem Beispiel zu folgen. Diese Überzeugung war Teil der politischen Philosophie vieler Parteiarbeiter, und sie blieb selbst Mitte der sechziger Jahre, selbst nach dem XX. Parteitag Teil dieser Philosophie – besonders unter jenen, die im Apparat arbeiteten. Wir versuchten, eine alternative politische Linie zu entwickeln: Respekt für die anderen sozialistischen Länder und ihre Erfahrung, Toleranz gegenüber ihren Abweichungen von der Politik in unserem Lande, Verständnis für die Notwendigkeit, Beziehungen aufzubauen, die auf gegenseitigen politischen und ökonomischen Interessen beruhten – alles innerhalb gewisser Grenzen natürlich. Die Tschechoslowakei zeigte uns bald darauf, daß diese Grenzen sehr eng interpretiert werden konnten.

Welches waren diese Grenzen? Wie weit konnte man sie zurückschieben? Eine ganze Weile war die Diskussion dieser Frage das Hauptschlachtfeld, auf dem gegensätzliche Ideen und opponierende Politiker einander ins Gehege gerieten. Wir versuchten, die Grenzen, die uns die sogenannten sozialistischen Prinzipien aufzwangen, so großzügig wie möglich zu interpretieren. Unser Hauptmotiv war sehr pragmatisch. Wir begriffen, daß eine exzessive Kontrolle der sozialistischen Länder neue Explosionen wahrscheinlicher machte, und wir verstanden, daß eine Auflockerung der »Prinzipien« mehr Flexibilität und Spielraum auch bei uns in der Sowjetunion bedeuten würde.

Zugleich aber hatten selbst die Tapfersten unter uns nicht den Mut, die vollständige politische Freiheit für unsere Satelliten zu fordern. Trotz der Bescheidenheit unserer Vorschläge kostete uns jeder Schritt vorwärts sehr viel Mühe. Nichtsdestoweniger glaube ich, daß wir es schafften, in jenen Jahren etwas zu bewegen. Nicht so viel, wie wir hätten bewegen sollen, aber mehr, als vorher geschafft worden war.

Wir sprachen auch die Notwendigkeit aus, unsere Versuche einer wirtschaftlichen Autarkie aufzugeben. Statt dessen sollten wir lieber auf ökonomische Integration hinarbeiten. Unglücklicherweise gelang es uns nie, für diese Streitfragen eine wirkliche Lösung zu finden. Unsere Bemühungen, die politische Elite zu mehr Toleranz für die Zielsetzungen unserer Alliierten und ihre ökonomischen, politischen und ideologischen Eigenheiten aufzubringen, waren nur zum Teil von Erfolg gekrönt. Ein Resultat unserer Anstrengungen war die Tatsache, daß die ZK-Abteilung in diesen Jahren zu einer realistischeren Einschätzung unserer Außenpolitik und unserer Beziehungen zum Westen beitrug. Wir hatten Anteil daran, daß ein neues Konzept friedlicher Koexistenz mit dem Westen entstand – nicht als reine Propaganda, sondern als eine realistische Möglichkeit und sogar als eine Notwendigkeit.

Überdies versuchten wir, die Anhänger des XX. Parteitags, im Laufe der ernsthaften Konzessionen an den Stalinismus, die nach Chruschtschow begannen, jede Möglichkeit zu ergreifen, um den Kurs, der mit diesem Plenum eingeschlagen worden war, beizubehalten. Wenn wir die Rückschritte in der politischen Entwicklung auch nicht aufhalten konnten, so konnten wir sie zumindest verlangsamen.

Unsere Möglichkeiten waren begrenzt, die politische Schlacht zu dieser Zeit war in ein Stadium der Grabenkämpfe eingetreten. Selbst die Erwähnung bestimmter Schlüsselwörter in den Dokumenten und Reden der Führer (etwa »Personenkult«, »XX. Parteitag«, »Friedliche Koexistenz«) konnte das Ergebnis von Kämpfen auf verschiedenen Ebenen der Gesellschaft entscheiden. Manchmal beeinflußten sie politische Entscheidungen, zu anderen Zeiten nur das Schicksal von Büchern, Artikeln, Filmen oder Dramen, aber sie berührten immer das politische und moralische Klima des Landes. Natürlich hofften wir, daß Juri Andropow in der Lage sein würde, die Aufmerksamkeit der Führung auf die Ideen und Argumente zu lenken, an denen wir gearbeitet hatten.*

Bei meiner Einschätzung der Rolle der Oasen kann ich sicherlich nicht behaupten, daß das soziale und politische Denken, das unter Stalin einer Wüste geglichen hatte, nun zu einem blühenden Garten geworden wäre. Bedauerlicherweise war das nicht so, und es konnte auch nicht so sein. Im Gegenteil, die Lage begann sich zu verschlechtern, und das kreative Denken sah sich noch mehr Beschränkungen und sogar Verfolgung ausgesetzt. Nichtsdestoweniger sollte die Bedeutung dieser Oasen nicht unterschätzt werden. Es ist unleugbar, daß das Niveau, auf dem hier gearbeitet und gedacht wurde, die intellektuelle Atmosphäre unserer Gesellschaft belebte, modernisierte und, was vielleicht das Wichtigste war, hier wurden die Keime gelegt, die sich viele Jahre später entwickelten und sehr wohl eine wesentliche Rolle in den Jahren der Perestroika gespielt haben mögen.

---

* Die Beratergruppe und die internationale Abteilung hatten immerhin die Möglichkeit, den Verlauf einiger interner Diskussionen über die rapide verfallenden Beziehungen mit der maoistischen Führung von China zu beeinflussen.

# Winde aus China

Erst in den letzten Jahren haben wir begonnen, über die Interdependenz als ein neues Phänomen moderner Gesellschaften und Staaten zu sprechen. Aber die Interdependenz ist nichts wirklich Neues. Ich habe die Ereignisse in Ungarn und Polen und ihre Wirkung auf die politischen Prozesse in der Sowjetunion bereits erwähnt. Weniger Aufmerksamkeit wurde dem Effekt des »chinesischen Faktors« auf unsere Politik geschenkt, obwohl er oft beträchtlich war.

Als Mao Zedong zum Beispiel in seiner Reaktion auf den XX. Parteitag verkündete: »Laßt hundert Blumen blühen«, deuteten viele von uns das als einen Aufruf zum Pluralismus, zur Redefreiheit, zur Meinungsfreiheit in der Ideologie, in der Wissenschaft und in der Kultur. Auf der anderen Seite bekamen die Stalinisten ihre Rache, als man, nachdem man den »hundert Blumen« zu blühen erlaubt hatte, sie gnadenlos niedermähte, sobald die neue Politik wie eine Provokation zu wirken begann.

In den sechziger Jahren kam es zu einem scharfen politischen und ideologischen Kampf zwischen der KPdSU und der Kommunistischen Partei Chinas, der bald die Beziehungen zwischen den Regierungen gefährdete. Er wurde zu einem der großen historischen Ereignisse der sechziger und siebziger Jahre und verdient besondere Aufmerksamkeit. Die UdSSR und China waren schließlich die größten Mächte, die sich zum Sozialismus bekannten. Die Wirkung ihrer Beziehungen auf den Kalten Krieg war enorm. Ich werde nur eine Dimension dieses Konflikts hier analysieren – die Auswirkungen auf die internen politischen und ideologischen Auseinandersetzungen in der Sowjetunion.

In seinem politischen Kampf gegen die sowjetische Führung machte Mao Zedong den Einfluß auf unsere Innenpolitik zur höchsten Priorität. Seine Plattform war militant stalinistisch, sie rechtfertigte die übelsten und abstoßendsten Aspekte von Stalins Politik als historisch legitim, und sie erklärte die Gewalt, insbesondere die militärische Gewalt, zum wichtigsten Instrument der Politik. Maos politisches Programm war die Verkörperung unverhohlenen Sektierertums, der Intoleranz gegenüber abweichenden Meinungen, eines extremen Dogmatismus in der Theorie sowie einer Vereinfachung und Vulgarisierung der marxistischen politischen Theorie.

Politisch noch gefährlicher war Maos Insistieren auf die Unvermeidlichkeit eines Krieges, was durch das monströse Argument verschärft wurde, daß hundert Millionen Tote in einem Krieg nur bedeuteten, daß »das siegreiche Volk auf den Ruinen des zerstörten Imperialismus in raschem Tempo eine tausendmal schönere Zivilisation als im kapitalistischen System errichten und seine wunderbare Zukunft erbauen wird«.[*] Und schließlich wurde der Personenkult Mao Zedongs bis an einen Punkt absoluter Absurdität getrieben.

Offensichtlich war dies eine politische Plattform, die in die Sowjetunion exportiert werden sollte (auch wenn man davon ausgehen kann, daß Mao Zedongs Hauptmotive innenpolitischer Art waren: der Wunsch, seine persönliche Diktatur zu stärken, die Menschen vom Elend ihres Lebens abzulenken, seine Macht zu kräftigen usw.). Die Chinesen forderten, daß die Sowjetunion die Ideen des XX. Parteitags aufgeben sollte – daß sie öffentlich »bereute« und zur Orthodoxie zurückkehrte. Als wäre das nicht genug, stellten die Chinesen auch noch territoriale Ansprüche, und die Roten Garden belagerten die sowjetische Botschaft in Beijing. Wir fürchteten tatsächlich einen militärischen Konflikt. Soweit ich weiß, planten wir niemals einen Angriff auf die Volksrepublik China. Und ich bin genauso sicher, daß China keinen Angriff auf uns plante.

Aber wir standen einer Kombination aus realen politischen Drohungen und unserer Unwissenheit dessen, was in China vor sich ging, gegenüber. Es war eine diplomatische Krise, die sowohl für die Politiker als auch für die Öffentlichkeit zum zentralen Thema wurde. China war der Feind, also wurde seine Politik automatisch diskreditiert. Von 1962 bis 1964 schwächte der »chinesische Faktor« die Position der Stalinisten in der UdSSR. Wie sich herausstellte, hatte der Konflikt mit China einen positiven Einfluß auf die Politik Chruschtschows, der seit 1962 nur zu oft rückfällig geworden war. Die Debatte mit der chinesischen

---

[*] Zitiert aus der Anthologie *Lang lebe der Leninismus*, die 1962 vom Zentralkomitee der Kommunistischen Partei Chinas veröffentlicht wurde.

Führung lieferte den Antistalinisten die Gelegenheit, über viele politische und ideologische Themen zu sprechen, die in letzter Zeit zum Tabu geworden waren, während sie unsere Politik zugleich verteidigten. Zu der Zeit hatten politische Führer auf jeder Ebene begonnen, jede Art von demokratischer Reform und auch jede Kritik am Stalinismus zu unterdrücken und das Gegenteil zu ermutigen, nämlich die konservative Linie.

Die Lage, die durch die Diskussion mit den Chinesen geschaffen wurde, öffnete neue Möglichkeiten in der Kunst, der Literatur, der Wissenschaft, in der Gesellschaftstheorie und in der Politik. Eines der herausragenden Beispiele war die Publikation von Alexander Solschenizyns Erzählung *Ein Tag im Leben des Iwan Denissowitsch*, die nach langem Kampf schließlich möglich wurde. Die Debatte über politische Themen, insbesondere über Stalin und den Stalinismus, wurde wiederaufgenommen und ging nun sehr viel weiter als zuvor.

Das mußte die Konservativen erschrecken. Ende November 1962 versuchten sie, eine wirkliche Provokation zu inszenieren. Sie benutzten die Eröffnung einer Ausstellung moderner Kunst in der Manege im Zentrum von Moskau. Die Übeltäter (außer der damaligen Leitung des Künstlerverbandes) waren Dmitri Polikarpow, der in der Ideologischen Abteilung des Zentralkomitees für die Kultur verantwortlich war, und der Chef dieser Abteilung, der ZK-Sekretär Leonid Iljitschow.

Am Vorabend der Eröffnung der Kunstausstellung, die eigentlich sehr orthodox war und dem offiziellen Geschmack und Standard entsprach, überredete man durch irgendwelche Tricks eine Gruppe von Künstlern, die den Ruf hatten, »Linksabweichler«, »Avantgardisten« und sogar (jenes verbotene Wort!) »Abstrakte« zu sein und die nicht zur Teilnahme eingeladen worden waren, ihre Gemälde in die Halle zu bringen. Diese Werke wurden eilig in einer getrennten Ausstellung im ersten Stock der Manege aufgehängt. Die Verschwörer kannten Chruschtschows Geschmack, sein Temperament und seine Grobheit genau, und sie hofften auf eine Explosion.

Sie hofften nicht vergeblich. Die Explosion war wie ein Donnerschlag. Die Frage ist nur, ob es für den Führer einer Großmacht, die bis zu den Ohren in ernsten wirtschaftlichen und politischen Schwierigkeiten steckte, vernünftig war, den politischen Zorn des ganzen Landes zu entfesseln, weil ihn die Richtung einer bestimmten Kunstausstellung beleidigte. Diese Episode war der Beginn eines sehr spürbaren Rechtsrucks. Ich muß indessen sagen, daß ich noch immer Zweifel an den damaligen Vorgänge habe. War es wirklich die Kunst, die dort ausgestellt wurde, welche Chruschtschow in solch eine monumentale Wut versetzte? Obwohl er durch die Ausstellung verärgert war, übertrieb Chruschtschow, so scheint mir, seine Empörung. Wahrscheinlich machte er sich Sorgen, nach dem XX. Parteitag zu weit nach »links« gegangen zu sein, und brauchte nun eine Entschuldigung, um zu einer sehr viel orthodoxeren Politik zurückzukehren. Das war seine Art, die Dinge zu tun – die Politik so zu steuern wie ein Segelschiff gegen den Wind, mit scharfen Schlägen von Steuerbord zu Backbord.

Dieselbe Art von emotionaler Reaktion zeigte er in der Außenpolitik. Am Vorabend des Pariser Gipfeltreffens von 1960 arbeitete ich als Journalist. Ich fragte mich, was Chruschtschow mit nach Paris nehmen würde. Wie wollte er die Hoffnungen erfüllen, die er ein paar Monate zuvor während seiner Reise in die Vereinigten Staaten geweckt hatte? Aber als sich Anfang Mai der berühmte U-2-Abschuß ereignete und der amerikanische Pilot Gary Powers in unsere Hände fiel, hielt Chruschtschow einen Schwall von wütenden Reden. Ich glaube, er nahm den Abschuß des Aufklärungsflugzeugs zum Vorwand, um aus ernsthaften Verhandlungen herauszukommen; er hatte seine Hausaufgaben für dieses grandiose Gipfeltreffen nicht gemacht, und die folgenden Monate und Jahre zeigten das sehr deutlich.

Neue Kampagnen, die viele Opfer forderten, flammten immer wieder auf und waren nicht auf Künstler oder Schriftsteller beschränkt. Das Anziehen der Schraube, an das wir uns schon so gewöhnt hatten, erfaßte eine sehr breite ideologische und kulturelle Front. Mit Sorge wurde das Sonderplenum des Zentralkomitees zu ideologischen Fragen erwartet, das für den Sommer 1963 angesetzt war. Leonid Iljitschow sollte die Einleitungsrede halten. Nach Meinung vieler Eingeweihter hoffte er, Mitglied oder zumindest Kandidat des ZK-Präsidiums zu werden, womit er seine Rivalen (unter ihnen Juri Andropow und Boris Ponomarjow) überholt hätte. Das Plenum konnte nur ein Ziel haben: eine deutliche ideologische Verschärfung. Schon vor dem Plenum hatte der Apparat alle Anstrengungen gemacht, um die Probleme, die auf dem XX. und sogar auf dem jüngsten XXII. Parteitag erörtert worden waren, beiseite zu schieben.

In diesen Monaten und Wochen vor dem Plenum spielte der »chinesische Faktor« eine wichtige positive Rolle. In vieler Hinsicht half er,

eine ideologische »Palastrevolte« zu verhindern, und er führte das Land
wieder auf den Weg zur Entstalinisierung, wenn auch nur kurz.

Mitte 1963 entwickelten sich die chinesisch-sowjetischen Beziehungen schnell und stürmisch. China bewegte sich allmählich auf die Kulturrevolution zu. Am 14. Juni 1963, praktisch am Vorabend des ZK-Plenums zu ideologischen Fragen, veröffentlichten die Chinesen einen Offenen Brief, der an das Zentralkomitee adressiert war. Er attackierte die sowjetische Politik an allen Fronten, die politische Führung des Landes und natürlich den XX. und XXII. Parteitag. Die sowjetische Führung betrachtete dies als eine offene Herausforderung und als einen Beweis für die Unversöhnlichkeit der chinesischen Führung.

Der Offene Brief erschien kurz vor den langerwarteten offiziellen Gesprächen zwischen Repräsentanten der Kommunistischen Parteien der Sowjetunion und Chinas. Als die Teilnehmer des Plenums von dem chinesischen Brief hörten, wurde die chinesisch-sowjetische Debatte natürlich zum Brennpunkt der Diskussion. Und die Pläne Iljitschows, das Plenum im Sinne einer Wende zum Stalinismus zu nutzen, scheiterten somit.

Ich erinnere mich sehr gut an diese Gespräche. Sie fanden zwischen dem 5. und dem 20. Juli 1963 statt. Ich arbeitete zu der Zeit noch für das IMEMO, obwohl ich einen Großteil meiner Zeit mit Aufgaben für das Zentralkomitee zubrachte. Ich hatte bereits eine offizielle Einladung, beim Zentralkomitee als Berater zu arbeiten, und verzögerte den Beginn meiner Tätigkeit dort nur, um meine Doktorarbeit zu beenden. So wurde ich zum Berater der sowjetischen Delegation bei den Gesprächen mit den Chinesen ernannt.

Von Beginn an nahmen die Gespräche einen sehr eigenen Rhythmus und eine besondere Form an. Sie bestanden aus endlosen einseitigen Erklärungen. Sie bezweckten erstens, die andere Seite »niederzumachen«, und zweitens, die eigene Sache und die vermeintliche marxistische Orthodoxie zu verteidigen. Der sowjetische Repräsentant pflegte aufzustehen und seine Erklärung zu verlesen, und die anderen Mitglieder der Delegation fügten dem ihre eigenen Aussagen hinzu, die vorher natürlich sorgfältig aufeinander abgestimmt waren. Danach schloß die Sitzung. Wie wir es verstanden, pflegten die Chinesen dann zu ihrer Botschaft zu gehen und den Text unseres Statements via kodiertem Telegramm (wahrscheinlich samt ihren Kommentaren und Vorschlägen) nach Beijing zu schicken. Dann warteten sie auf die Antwort.

Wir bekamen den Eindruck, daß ihnen als Antwort der endgültige Text ihrer Position zurücktelegrafiert wurde.* Am nächsten Tag verlasen sie, was sie erhalten hatten, und die Konferenz vertagte sich wieder; wenn wir an der Reihe waren, bereiteten die Mitglieder und die Berater unserer Delegation die Antwort vor, welche Michail Suslow, der unsere Delegation führte, am nächsten Tag verlas.

Auf dem Höhepunkt dieser seltsamen Gespräche wurden die Berater unserer Delegation, ich eingeschlossen, für eine dringende Aufgabe abkommandiert – zur Vorbereitung eines »Offenen Briefes des Zentralkomitees der Kommunistischen Partei der Sowjetunion«. Dieses lange Dokument wurde in Rekordzeit geschrieben. Wir arbeiteten ununterbrochen etwa 30 Stunden lang im ZK-Gebäude und übergaben den Entwurf Seite um Seite den ZK-Sekretären zur Durchsicht. Am 14. Juli wurde unser Offener Brief zusammen mit dem chinesischen Offenen Brief vom 14. Juni in der Presse veröffentlicht.**

Die Gespräche und der Offene Brief der Sowjetunion lieferten eine sehr gute Gelegenheit, den Kurs, der vom XX. Parteitag eingeschlagen worden war, zu verstärken. Und einige der ZK-Sekretäre (vor allem Andropow) und der Berater taten alles in ihrer Macht Stehende, um diesen

* Unsere Delegation machte Witze darüber, daß die Chinesen auf eine neue »Portion Zitate« aus Beijing warteten. Indem wir uns über ihren Arbeitsstil amüsierten, bestätigten wir uns unsere Überlegenheit, die aus der erst vor kurzem gewonnenen relativen Freiheit stammte. Aber wir waren unseren chinesischen Genossen gegenüber unfair, denn wir vergaßen oder verstanden vielleicht nicht, unter welch schwierigen, gefährlichen Bedingungen sie arbeiteten und lebten, dem schlimmsten Personenkult einer totalitären Diktatur. Sehr bald danach wurden sie alle im Laufe der Kulturrevolution (der Kopf der Delegation, Deng Xiaoping, nicht ausgeschlossen) der Gehirnwäsche, Demütigung und Bestrafung unterworfen.

** Die Gründe für diese Hast oder auch dafür, daß der Brief während der Gespräche veröffentlicht wurde, sind mir noch immer nicht klar. Die Veröffentlichung gab den Chinesen einen Vorwand, die Verhandlungen am 20. Juli abzubrechen. Ich glaube, zumindest einer der Gründe war Chruschtschows Temperament, seine Impulsivität und Ungeduld. Sicher hatten er und einige seiner Kollegen auch die Sorge, daß der frühere chinesische Brief mit seinen Anklagen gegen die sowjetische Führung öffentlich bekannt werden könnte. Eine der größten Schwächen Chruschtschows war, glaube ich, die Angst davor, der Abweichung vom Marxismus-Leninismus angeklagt zu werden. Aus diesem Grunde entschied er wahrscheinlich, den chinesischen Offenen Brief zunächst überhaupt nicht zu veröffentlichen. Die offizielle Erklärung lautete indessen anders: Wir hatten Sorge, daß der Brief die Atmosphäre am Vorabend des Treffens der Repräsentanten der beiden Parteien verderben könnte. (Aber auf dem Höhepunkt der Gespräche wurden die Briefe dann dennoch veröffentlicht!)

Umstand auszunutzen. Ich glaube, daß wir alle die Bedeutung des Moments verstanden und wußten, wie wichtig es war, den Gegenangriff, den der chinesische Brief ausgelöst hatte, zu parieren. Das Dokument enthielt eine Anzahl von antiquierten, naiven und simplizistischen Vorstellungen zur Weltordnung, zur internationalen Politik und zur Art, in der »die Arbeiterklasse und die unterdrückten Völker ihren revolutionären Kampf führen sollten«. Der sowjetische Offene Brief indessen, so holprig und plump er heute erscheinen mag, hatte durchaus fortschrittliche Tendenzen. Er wandte sich in einer neuen, menschlicheren, weniger offiziellen Tonlage an das Volk. In deutlichem Kontrast zu vielen Dingen, die zuvor verlautbart worden waren, betonte er keine abstrakten marxistischen oder Parteikonzepte, sondern die sehr realen Interessen von Individuen und die Werte einer zivilen Gesellschaft. Hier ist ein Auszug:

Die Atmosphäre der Furcht, des Mißtrauens und der Unsicherheit, welche das Leben des Volkes während des Personenkults vergiftet hat, ist heute ein Relikt der Vergangenheit. Es ist unmöglich zu leugnen, daß der Sowjetmensch ein besseres Leben führen kann und die Früchte des Sozialismus genießt. Fragt den Arbeiter, der eine neue Wohnung bekommen hat, und ihr findet Millionen von ihnen! Fragt den Rentner, der sein Alter in Sicherheit verlebt, fragt den Bauern, der jetzt ein gutes Leben hat, fragt die Tausende und Abertausende von unschuldigen Menschen, die während der Zeit des Personenkults Unterdrückung erfuhren und die ihre Freiheit und ihren guten Namen zurückgewannen, und ihr werdet herausfinden, was der Sieg der leninistischen Linie auf dem XX. Parteitag für das sowjetische Volk wirklich bedeutet.

Fragt die Menschen, deren Mütter und Väter die Opfer der Unterdrückung während des Personenkults waren, was es für sie bedeutet, eine offizielle Bestätigung zu erhalten, daß ihre Väter, Mütter und Brüder ehrliche Menschen waren und daß sie selbst keine Ausgestoßenen in unserer Gesellschaft sind, sondern ehrenwerte Söhne und Töchter unseres sowjetischen Vaterlandes, die ihre vollen Rechte genießen.[*]

---

[*] Offener Brief des Zentralkomitees der Kommunistischen Partei der Sowjetunion (Otkrytoje Pismo Zentralnogo Komiteta Kommunistischeskoi Partii Sowjetskogo Sojusa), Moskau, 1963, S. 34–35.

Was noch wichtiger war, all das stimmte sogar. Der Brief zitierte reale Leistungen der Jahre nach Stalin – Rentenreform, beispiellose Wohnungsbauprogramme und gesicherte Löhne für Bauern, ganz zu schweigen von der Gerechtigkeit, die, in den meisten Fällen leider posthum, Millionen von unschuldigen Menschen erwiesen wurde, die unter Stalin verhaftet und verurteilt worden waren.

Der wichtigste Schritt nach vorn in dem Offenen Brief war seine Interpretation der Politik einer friedlichen Koexistenz, insbesondere in Verbindung mit der Drohung eines Nuklearkrieges. Die chinesischen Führer griffen unsere Politik dem Westen gegenüber als eine Abweichung vom Marxismus-Leninismus an – der, nach ihrer Ansicht, den Kommunisten abverlangte, daß sie ihre ganze Aufmerksamkeit auf die Zerstörung des Imperialismus richteten. Sie betrachteten die friedliche Koexistenz als Utopie, da Kriege so lange unvermeidlich waren, wie der »Imperialismus« existierte. *

Der sowjetische Offene Brief wies all dies zurück, und das mit sehr viel weniger Einschränkungen und Entschuldigungen als je zuvor. In offener Form sprach er den radikalen Wandel an, den moderne Waffen und die Massenvernichtung in die Betrachtung des modernen Krieges gebracht hatten. Der Brief wies auch das fanatische Sektierertum zurück, das sich in der maoistischen Haltung zum nuklearen Weltkrieg ausdrückte. Er erkannte klar an, daß es in einem nuklearen Krieg keine Gewinner mehr geben könne (später wurden solche Feststellungen wieder verboten). Damit wurde auch die Unterdrückung von Fakten über die Folgen eines nuklearen Krieges beendet: Viele Jahre war die Wahrheit über den Atomkrieg nicht nur in China, sondern auch in unserem Lande als ein Anzeichen von »bürgerlichem Pazifismus« betrachtet worden, der angeblich den Kampfwillen der Armee und der Nation untergrub.

Das Dokument brachte Ideen in Umlauf, die zumindest auf den Schluß verwiesen, daß das Interesse am Überleben der Menschheit bedeutender sei als das Interesse irgendeiner Klasse – das heißt, bedeutender als ideologische Interessen. So stellte der Offene Brief zum Beispiel fest, daß man im Kampf um die Vermeidung des Krieges verschiedene Klassen und Klasseninteressen zusammenfassen könne, da »sich die Atombombe nicht an das Klassenprinzip hält, sie vernichtet jeden,

---

* »Imperialismus« meinte natürlich die Vereinigten Staaten, Westeuropa, Japan und andere entwickelte Nationen.

der sich in Reichweite ihrer zerstörerischen Kraft aufhält«. Es mag schwer zu glauben sein, aber in solchen Begriffen hatten wir uns nie zuvor ausgedrückt; wenn das jemand versucht hätte, wäre er sofort als Abweichler gebrandmarkt worden. Und schließlich argumentierte der Brief energischer als je zuvor, daß die Abrüstung notwendig, realistisch und erreichbar sei.

Wenn man dieses Dokument heute liest, kommt man natürlich nicht umhin, die vielen »Geburtsmale« zu bemerken, die noch aus der stalinistischen Vergangenheit herrührten. Immer wieder tauchen im Verlauf des Textes Zweifel an den dort ausgedrückten Ideen selbst auf.* Und in unserer Antwort auf die Polemik der Chinesen kann man die nur dünn verhüllte Furcht davor erkennen, unseren Vorsprung im revolutionären Eifer zu verlieren. Das findet sich in unserer stets beschworenen Bereitschaft zum Kampf gegen den Imperialismus wieder, in unseren Verkündigungen über unsere Bereitschaft, alles zu opfern, um die revolutionären Befreiungskämpfe unserer verbündeten Nationen zu unterstützen.

Eben weil wir dennoch nicht ganz den Stalinismus überwunden hatten und gerade die allerersten, noch sehr vorsichtigen Schritte in Richtung eines neuen politischen Denkens machten, war es nicht allzu schwierig für die maoistische Propaganda, uns einzuschüchtern und uns in die Defensive zu drängen. Was uns wiederum dazu brachte, inkonsistente und einfach unlogische Positionen aufzubauen. In diesem Licht ist die anfängliche Entscheidung unserer Führung, den chinesischen Brief zunächst nicht zu veröffentlichen, nicht ganz unverständlich. Auch war Chruschtschows Wut über die Versuche der chinesischen Führung, den Brief so weit wie möglich unter dem sowjetischen Volk zu verteilen, nicht ganz unbegründet. Der »China-Faktor« warf in gewissem Maße auch ein kritisches Licht auf die Evolution unseres gesellschaftlichen Denkens und unserer Politik.

Das wurde besonders deutlich nach dem Sturz Chruschtschows, als enthüllt wurde, daß trotz zahlreicher »einmütiger Abstimmung«, trotz

---

* Ein typisches Beispiel: »Natürlich ist es unleugbar, daß, falls die imperialistischen Wahnsinnstäter dennoch versuchen sollten, einen Krieg zu beginnen, die Völker sie wegwischen und den Kapitalismus begraben werden.« (S. 21) Das verstößt natürlich gegen alle Logik, da kurz vorher festgestellt worden war, daß nach einem Atomkrieg nicht einmal mehr jemand da sein würde, die Toten zu begraben.

aller lauten Proklamationen und Parteiverlautbarungen, welche die
neue politische Linie der Regierung unterstützten, viele Leute in der
Partei, in der Regierung, in der militärischen Führung, im Apparat und
unter der Bevölkerung nicht viel anders dachten als Mao Zedong. Und
sie alle waren entschlossen, einige der reformistischen Linien, die der
XX. Parteitag angenommen hatte, zu revidieren.

Zwischenzeitlich, von etwa Mitte 1963 bis Anfang 1964, hatte sich
die ideologische Situation im Land etwas verbessert. Dies ging, wie gesagt, in hohem Maße auf den Streit mit den chinesischen Kommunisten zurück. Die öffentliche Auseinandersetzung erlaubte die Diskussion einiger Themen, die der Presse lange verboten gewesen waren:
Kritik des Personenkults; Stalins Unterdrückungsmaßnahmen; Argumente für die Demokratisierung des Landes, für die friedliche Koexistenz, für die Notwendigkeit, zu einem Verständnis mit dem Westen
zu kommen. 1963 wurde die erste Abrüstungsvereinbarung, die eine
Einschränkung von Atombombentests enthielt, von der Sowjetunion,
den Vereinigten Staaten und Großbritannien unterzeichnet.

Zu den bedeutenden inneren ideologischen und politischen Ereignissen, die zu diesen Entwicklungen beitrugen, gehörte das ZK-Plenum
vom Februar 1964. Die interessanteste Rede im Verlaufe dieser Debatte
stammte von Otto Kuusinen; er hielt sie drei Monate, bevor er starb.
Da wir keine Demokratie hätten, argumentierte er, bestehe nach wie
vor die Möglichkeit, daß die revolutionäre Macht, die eigentlich den sozialistischen Zielen und den kommunistischen Idealen dienen sollte, in
eine »persönliche Diktatur« verwandelt werden könnte.

Zu Beginn hatte die Presse nicht den Mut, diese Rede zu veröffentlichen (sie erschien schließlich am 19. Mai 1964 in der *Prawda*, am Tag
von Kuusinens Beerdigung). Es ist nicht schwer, die Gründe zu verstehen: Die Parallelen zum Stalinismus und die Warnungen vor möglichen Entwicklungen in der Zukunft waren zu offensichtlich. Kuusinen sprach von dem Erbe, das Stalin uns hinterlassen hatte, und darüber, wessen wir uns zu entledigen hätten, wenn wir wirklich eine bessere Zukunft haben wollten.

Bald darauf aber spielte der »China-Faktor« eine ganz andere Rolle in
unserem Leben. Nachdem Chruschtschow gestürzt worden war, wurden allmählich viele der Ideen des XX. Parteitags in den Hintergrund
gedrängt. Selbst die wildesten Attacken der chinesischen Führung auf
die sowjetische Politik trafen die neue Führung nicht mehr, da sie als

Kritik Chruschtschows abgetan werden konnte. Zum einen zeigte der konservative Flügel der Regierung die Bereitschaft, sich den Chinesen wieder anzunähern, mit denen er einige politische Ansichten teilte. Zweitens verwandelte sich der Konflikt mit China schnell in eine ideologische Diskussion über den richtigen Weg zum Aufbau des Sozialismus und zum Glück der Menschheit. Und drittens versanken im Laufe der Kulturrevolution die chinesischen Führer selbst in inneren Streitigkeiten und entdeckten bald, daß sie Besseres zu tun hatten, als theoretische Debatten mit der Sowjetunion zu führen.

Als die sechziger Jahre endeten und die Siebziger begannen, sahen wir China weniger als Teilnehmer an einer innenpolitischen Debatte denn als eine feindliche ausländische Macht. In dieser Periode begannen die bewaffneten Grenzzusammenstöße, und China entwickelte ein beträchtliches nukleares Potential und begann seine Beziehungen zu den Vereinigten Staaten zu normalisieren.

Die erfolgreichen Reformen in China gegen Ende der siebziger Jahre und zu Beginn der Achtziger machten die Politik des Landes wieder zu einem Faktor in unserer inneren Diskussion; wir interessierten uns zunehmend für das Problem der Reform. Und die ersten Leute in der UdSSR, die über die Notwendigkeit einer radikalen Verbesserung der chinesisch-sowjetischen Beziehungen sprachen, waren dieselben, die sich in den Debatten der frühen Sechziger am konsequentesten und deutlichsten gegen die maoistische Linie gewandt hatten. Aus dem Grunde wurde die Unterdrückung der protestierenden Studenten auf dem Platz des Himmlischen Friedens im Juni 1989 von den wahren Trägern der Perestroika so emotional verdammt.

# Die Palastrevolte von 1964 und der Kampf um die Seele von Leonid Breschnew

Ich betrachte die Entfernung Nikita Chruschtschows von der Macht im Oktober 1964 als einen Staatsstreich im wahrsten Sinne des Wortes. Daß sein Rücktritt vom ZK-Plenum bestätigt wurde, ändert nichts an dieser Tatsache. Die Bestätigung war nichts anderes als eine Formalität, die dem Coup den Anschein der Legalität geben sollte. Das Plenum wurde zusammengerufen, nachdem Chruschtschow aus den Ferien zurückgeholt worden war, um sich dem Präsidium des Zentralkomitees zu stellen, das ihn zu seinem Rücktritt zwang.

Ich war zu der Zeit bereits ein ziemlich hochrangiger Offizieller im Apparat des Zentralkomitees. Wir hatten schon eine Weile außerhalb Moskaus in einer Datscha, die einmal Gorki gehört hatte, an unserem letzten Auftrag gearbeitet – wahrscheinlich einer Rede von Chruschtschow oder irgendeiner Parteierklärung, ich erinnere mich nicht mehr. Nach einigen Tagen stellten wir fest, daß die Führung jedes Interesse an unserer Arbeit verloren zu haben schien. Leute, die zu uns in die Datscha hinauskamen, brachten Gerüchte mit. Die Atmosphäre war gespannt. Schließlich brach Nikolai Inosemzew nach Moskau auf, um zu erfahren, was eigentlich vor sich ging. Ein paar Stunden später rief er an und sagte nur einen Satz: »Sie greifen die Spitze an.«

Als der Abend des 14. Oktober kam, hatte sich die Gruppe bereits praktisch aufgelöst. Nur noch zwei oder drei von uns saßen im Wohnzimmer und sahen fern. An dem Tag sollte ein Kosmonaut auf die Erde zurückkehren, und es wurden alte Nachrichtensendungen gezeigt. Juri Gagarin ging den roten Teppich am Flughafen hinunter. Diese Aufnahmen hatten wir sicherlich schon ein dutzendmal gesehen, so daß wir genau wußten, daß Gagarin in der nächsten Einstellung auf Chruschtschow zugehen würde. Zu unserer Überraschung brach aber die Aufnahme schon vorher ab. Die nächste Einstellung zeigte dann den Kosmonauten bei der Begrüßung auf dem Flughafen, allerdings wurde er nicht von Chruschtschow, sondern von einem nervösen Anastas Mikojan empfangen, der andauernd an seinem Gebiß herumfummelte. Wir begriffen sofort, daß irgend etwas im Gang war, und riefen das Zentralkomitee an, wo man uns sagte, daß wir sofort nach Moskau kommen sollten.

Wir fuhren zum Büro von Schaposchnikow, dem Assistenten Ponomarjows. Dort herrschte ein Gedränge von Leuten, die aus beiden internationalen Abteilungen des Zentralkomitees kamen. Man konnte die Spannung praktisch mit Händen greifen – die Menschen tauschten nervöse Bemerkungen aus und tranken Tee. Als wir fragten, was da vor sich ging, sagte man uns, daß Chruschtschow gestürzt würde. Das mußte ernst gemeint sein, da niemals jemand gewagt hätte, so etwas als Witz zu sagen. Aber andere Fragen wurden nicht beantwortet.

Bald darauf klingelte das Telefon. Schaposchnikow hörte dem Anrufer zu und fragte: »Wer ist ernannt worden?« Dann verkündete er uns, daß man Chruschtschow gestürzt und ihn zum Rentner erklärt hatte. Leonid I. Breschnew war zum ersten Sekretär des Zentralkomitees ernannt worden, und Alexej N. Kossygin sollte Vorsitzender des Ministerrats werden.

Seltsam erschien mir die praktisch nicht existente Reaktion auf diesen Coup. Es gab weder in der Partei noch in der Öffentlichkeit einen Aufschrei. In der Tat wurde der Wechsel fast überall begrüßt, zum Teil sogar mit Erleichterung. Die Tatsache, daß er bei vielen Menschen auch Sorge um die Zukunft des Landes hervorrief, war eine andere Sache: An Chruschtschows Stelle war eine Gruppe von Politikern getreten, die keine breite Unterstützung genoß und noch nicht einmal sehr bekannt war.

Man hätte annehmen können, daß Chruschtschow aufgrund der Dinge, die er als Parteiführer unternommen hatte, im sowjetischen Volk eine beträchtliche Popularität genoß. Wie sich herausstellte, traf das überhaupt nicht zu. Der Verfall seines Ansehens in der Öffentlichkeit war nicht nur durch seine innen- und außenpolitischen Fehlschläge im Laufe der letzten beiden Jahre zu erklären, obwohl die sehr real waren: die beträchtlichen Preissteigerungen für Fleisch, Butter und Milch; das Massaker an streikenden Arbeitern in Nowotscherkask, die kubanische Raketenkrise. Ich glaube, der Hauptgrund für Chruschtschows stark nachlassende Popularität war der Eindruck in der Öffentlichkeit, daß Chruschtschow und seine Politik irrelevant geworden waren, daß er richtungslos herumtrieb, daß er ein Ufer verlassen hatte (das der traditionellen stalinistischen Politik), jedoch das andere nicht erreichen konnte, wie sehr er es auch versuchte. Er hatte eine Politik von zum Scheitern verurteilten Halbherzigkeiten verfolgt. Ich glaube, es war Winston Churchill, der eine solche Politik mit dem Versuch verglichen hat, einen Abgrund mit zwei Sprüngen zu überwinden. Deshalb konnte Chruschtschow, als die kritische Stunde kam, auf niemanden zählen. Er hatte praktisch alle verärgert.

Gegen Ende seiner Herrschaft begriffen sogar viele jener Menschen, die im wesentlichen seine Politik unterstützt hatten, daß Chruschtschow Stalin bloßgestellt, kritisiert und begraben hatte – aber nicht den Stalinismus. Vielleicht glaubte er wirklich aufrichtig, daß er, indem er Stalin entlarvt hatte, das Land aus dem tödlichen Griff seiner totalitären Vergangenheit befreit hätte. Seine Memoiren deuten darauf hin. Er erinnert sich daran, wie er versuchte, den Präsidenten der Tschechoslowakei, Antonín Novotný, dazu zu überreden, den »›Vorhang zu heben, die Mißbräuche bloßzustellen, wenn welche da sind. (...) Wenn ihr es nicht tut, werden es andere tun, und ihr werdet in einer wenig beneidenswerten Lage enden.‹ Novotný hörte nicht auf mich, und jeder weiß, wozu das führte, sowohl für ihn als auch für die Tschechoslowakei.« Was dann folgt, ist ein sehr enthüllender Kommentar: »Wenn wir Stalin nicht bloßgestellt hätten, dann hätte es bei uns möglicherweise noch extremere Ereignisse gegeben als in der Tschechoslowakei.«[*] Und drei Jahrzehnte später haben wir tatsächlich reichlich solcher Ereignisse. Aber Chruschtschow konnte so etwas nicht verstehen. Deshalb findet sich in dem, was er gesagt und geschrieben hat, kaum ein Wort über die Notwendigkeit ernsthaften Wandels, über Reformen im wirtschaftlichen, politischen und moralischen Leben des Landes.

Darin liegt Chruschtschows Hauptmißverständnis. Er glaubte wirklich, daß er seine Aufgabe erfüllt hatte, indem er Stalin als Individuum bloßstellte. Er tat aber praktisch nichts, um die tiefen Entstellungen, denen alle Bereiche unserer Gesellschaft unterworfen waren, zu beseitigen. Ich glaube nicht, daß Chruschtschow diesen Entstellungen gegenüber völlig blind gewesen ist, und ich akzeptiere die Möglichkeit, daß diejenigen recht haben, die glauben, daß die Parteireformen, die Chruschtschow unternahm, in Wirklichkeit ein Versuch waren, die allmächtige Bürokratie zu schwächen. Aber als ich seine Memoiren las,

---

[*] *Ogonjok*, 1989, Nr. 28, S. 31.

war ich wirklich betroffen darüber, wie sehr er sich gegen die offensichtlichsten Probleme verschloß und wie hartnäckig loyal er den alten Lügen gegenüberstand, auch wenn seine spätere Erfahrung ihnen vollständig widersprach. Er behauptet zum Beispiel, daß, wenn es um die Auswahl eines Führers geht,»diese Frage immer vor dem Parteitag oder dem ZK-Plenum diskutiert werden kann«. Es ist geradezu so, als hätte er vergessen, daß es das Zentralkomitee war, das seinen Rücktritt auf Befehl einiger weniger Verschwörer in der Führung bestätigte. Als hätte er nicht selbst, an Stalins Hof gründlich ausgebildet, seine Karriere in hohem Maße auf Intrigen und Verschwörungen aufgebaut – und manchmal auch auf nackte Gewalt, wenn er Rivalen eliminieren mußte. Der Fall Berija ist nur ein Beispiel.

Ich glaube, Chruschtschow wollte bewußt das politische System, das er aus Stalins Zeiten ererbte, nicht abschaffen, weil er als Kopf der Partei seine eigenen Interessen dabei aufs Spiel gesetzt sah und weil er sich Alternativen nicht vorstellen konnte. Wenn man sich keine weitreichenden Änderungen in den politischen und wirtschaftlichen Institutionen zum Ziel setzt – und das tat er nicht –, dann wird die reine Machterhaltung mehr und mehr zum Selbstzweck. Es war viel leichter und bequemer, die Partei zu regieren und durch die Partei das Land, indem man die alten Mechanismen aufrechterhielt, die man von Stalin geerbt hatte und die genau dazu geschaffen worden waren, eine »persönliche Diktatur« zu sichern. Chruschtschow gebrauchte diesen Ausdruck Kuusinens in seinen Memoiren. Offensichtlich war er ihm im Gedächtnis haftengeblieben, ohne daß er seine volle Bedeutung erfaßt hätte.

Sein eigener »kleiner Personenkult« war nicht so unheilvoll und blutig wie der Stalins, aber er war auch schädlich und diskreditierte seine wichtigste Leistung – die Bloßstellung Stalins auf dem XX. Parteitag. Mehr zur Überwindung der Stalinschen Erbschaft zu tun, war Chruschtschow wahrscheinlich einfach nicht fähig. Weder sah er noch verstand er die grundlegenden Aufgaben, die vor ihm lagen, und daher ließ er sich schließlich auf eine rein attentive Politik ein.

Mitte September 1964 schaffte es meine Frau, mich in ein Kino zu schleppen, das nicht weit von unserer Wohnung entfernt war. Wie gewöhnlich gab es eine Wochenschau vor dem Film. Das Hauptereignis darin – ich erinnere mich daran so deutlich, als hätte ich es gestern gesehen – war die Eröffnung eines neuen Kanals irgendwo in Zentralasien. Chruschtschow war gemeinsam mit einigen anderen Würdenträgern zu sehen. Er lief hinunter in das Kanalbett, das noch trocken war; dort stand er gestikulierend und sagte etwas. Dann kletterte er mit einiger Mühe den Hang wieder hinauf. In der Zuschauerschaft breitete sich Gelächter aus. Ich stieß meine Frau mit dem Ellenbogen an. Eine solche Zurschaustellung eines politischen Führers war immer noch sehr ungewöhnlich. Etwa zwei Wochen später, vielleicht zehn Tage vor dem Coup, gingen wir noch einmal in dasselbe Kino. Wieder wurde die Wochenschau gezeigt, wieder erschien Chruschtschow ganz am Anfang, diesmal war es die Hochzeit der Kosmonauten Adrian Nikolajew und Valentina Tereschkowa. Diesmal hallte das Kino von lautem und unverhohlenem Gelächter wider. Wir verließen das Gebäude mit einem Gefühl der Vorahnung.

Diese Haltung in der Öffentlichkeit machte natürlich den Coup leichter und ermutigte vielleicht bis zu einem gewissen Grade seine Organisatoren, genauso wie Gorbatschows Verlust an Popularität die Organisatoren des Putsches gegen ihn im August 1991 inspirierte. Aber im scharfen Kontrast dazu ging damals nicht eine einzige Person auf die Straße, um Chruschtschow zu verteidigen, während Hunderttausende für Gorbatschow und Jelzin aufstanden, um mit bloßen Händen die größte Armee und die stärkste Geheimpolizei der Welt zu bewegen.

Die Verschwörer gegen Chruschtschow waren nicht von irgendwelchen großen »Ideen« motiviert, sie wollten nur mehr Macht oder fürchteten, ihre großen Schreibtische und hohen Stühle zu verlieren. Aber wer waren diese Leute? Leonid Breschnew war natürlich einer von ihnen, aber nach allem, was ich über Breschnew weiß – und ich lernte ihn später recht gut kennen –, kann er kaum der Kopf und die treibende Kraft hinter der Verschwörung gewesen sein, obwohl er wahrscheinlich einer der drei oder vier Hauptorganisatoren war. Aus allem, was ich weiß und erfahren habe, kann ich nur die folgenden Schlüsse ziehen: Nikolai Podgorny, der temperamentvoller und hartnäckiger war, spielte eine sehr aktive Rolle, und Michail Suslow muß auch daran beteiligt gewesen sein. Auch Alexander Schelepin war einer der prominentesten Hauptakteure. Er galt als ein Mann von extremem Ehrgeiz, sehr energisch und seit seiner Jugend in den Intrigen des Apparates erfahren. Sein Hauptvorteil lag darin, daß er bereits über seine eigene Mannschaft verfügte, eine Art Schattenregierung (einschließlich eines Schattenpolitbüros). Offensichtlich hatte er sie bereits aufgebaut, als er noch Erster Sekretär des Komsomol war.

Nicht nur hielt Schelepin engen Kontakt mit einer großen Anzahl von früheren Offiziellen des Komsomol, die später in hohe Positionen befördert wurden; er spielte selbst eine Hauptrolle bei ihren Beförderungen, besonders während der letzten Jahre und Monate vor dem Coup, als er Mitglied des Politbüros und ZK-Sekretär war und verantwortlich für die Personalentscheidungen der Partei. Und als der frühere Vorsitzende des KGB sorgte er dafür, daß auch dort seine Leute in die Schlüsselpositionen einrückten. Das schloß seinen Nachfolger, W. Semitschastny, ein. Ich weiß nicht, ob Schelepin das Gehirn der Verschwörung war (ich nehme an, daß er diese Rolle mit Podgorny teilte), aber er verlieh ihr Hände und Muskeln. Das war möglich, weil Schelepin, dessen Spitzname »Eiserner Schurik« war – »Schurik« ist die Verkleinerung von Alexander –, die volle Unterstützung von Semitschastny und einiger anderer in der KGB-Leitung hatte, sowie die des Innenministeriums, das von einem weiteren engen Verbündeten Schelepins, Wadim Tikunow, geleitet wurde. Eine weitere wesentliche Gestalt war Nikolai Mironow. Auch Mironow war ein Ex-Komsomol-Funktionär. Er wurde Chef der Verwaltungsabteilung des Zentralkomitees, welche die Armee, das KGB, das Innenministerium, die Gerichtshöfe und die Staatsanwaltschaft beaufsichtigte. Auch der Stabschef Marschall Birjusow stand Schelepins Gruppe nahe; er war über die Pläne, Chruschtschow zu entfernen, informiert und machte wahrscheinlich mit.[*] Also waren die starken Männer, die »Durchsetzer« des Sowjetsystems, alle auf der Seite der Verschwörer.

Es ist beklagenswert, aber nach dem Tod Stalins begann das Militär in unserem Land, an solchen innenpolitischen Affären teilzunehmen. Das wurde besonders deutlich, als Berija festgenommen wurde. Zusätzlich zu der Gruppe von Generälen, die die Verhaftung durchführte, wurden Truppen nach Moskau verlegt und Kasernen besetzt, die KGB-Einheiten gehörten. Ein anderes Beispiel war das ZK-Plenum vom Juni 1954, als Marschall Georgi Schukow und seine Streitkräfte Chruschtschow dabei halfen, Molotow und seine Gruppe in einem Machtkampf beiseite zu schieben.

Später zeigte Chruschtschow Schukow seine »Dankbarkeit«, indem er

---

[*] Ein paar Tage nach dem Oktober-Plenum starben Birjusow und Mironow bei einem Flugzeugabsturz in Jugoslawien, wohin sie zur Feier des 25. Jahrestages der Befreiung Belgrads gereist waren.

ihn als Verteidigungsminister feuerte und ihn öffentlich des »Bonapartismus« und des politischen Ehrgeizes beschuldigte. Das alles geschah, während Schukow im Ausland war. Er tat mir leid. Aber da muß man sich entscheiden. Wenn das Militär an inneren politischen Rivalitäten teilnehmen will und wenn die politische Führung beginnt, sich auf eine Teilnahme der Militärs zu verlassen, muß jede Seite die Konsequenzen genau im Auge haben. Die Politiker werden von da an das Militär fürchten und versuchen, es ineffektiv zu machen. Das Militär wird von den Politikern in seinen Aktionen beschränkt werden, damit es niemals die vollständige Kontrolle gewinnt. Aber die Hauptsache dabei ist, daß jeder Eingriff des Militärs in politische Dinge für die Gesellschaft einen gefährlichen Präzedenzfall setzt.

Es ist unmöglich, dieses Land zu einer wirklichen Demokratie zu machen, ohne die Streitkräfte unter strenge politische Kontrolle zu stellen und sie aus den politischen Machtkämpfen herauszuhalten. Der Putsch des August 1991 bestätigte das. Früher oder später stellt sich die Frage der Entpolitisierung der Armee. Wir stehen ihr jetzt gegenüber. Kurz vor dem Coup im Oktober 1964 wurde Chruschtschows engster Kreis von Mitarbeitern mit raffinierten Mitteln aus Moskau entfernt. In einigen Fällen wurden Leute zu offiziellen Reisen ins Ausland geschickt, was die Genehmigung des ZK-Sekretariats erforderte. Dies betraf vor allem die sogenannte Pressegruppe, welche die Aufgabe hatte, die Massenmedien zu leiten.

In dieser Gruppe befanden sich Wladimir Satjukow, der Herausgeber der *Prawda*; Michail Charlamow, der Vorsitzende von Gostelradio, dem staatlichen Fernsehen und Rundfunk, und andere. Ich bezweifle, daß sie wirklich Widerstand geleistet hätten, aber die Organisatoren der Verschwörung erinnerten sich offenbar gut an Lenins Rat an Revolutionäre, zuallererst müsse man das Postamt, das Telegrafenamt und die Telefongesellschaft erobern. Die Verschwörer modernisierten Lenins Aperçu sogar, indem sie die höchste Priorität den Massenmedien gaben.

Am Vorabend des Coups traf Nikolai Mesjazew, der bis dahin als einer von Juri Andropows Vertretern in den ZK-Büros gearbeitet hatte, bei Gostelradio ein, wo er Dokumente vorwies, die ihn als neuen Chef des Radios bestätigten. Er besaß keinerlei journalistische Erfahrung, hatte nur seit langer Zeit bei der Polizei und beim KGB gearbeitet, aber er war ein Freund und vertrauter Genosse des »Eisernen

Mit meinen Eltern in Odessa, 1928

1942 in Uniform

Der Tabakbeutel, den ein Mitge-
fangener meinem Vater im Gefängnis von Uljanowsk zum
20. Hochzeitstag meiner Eltern
schenkte. Der Beutel wurde mit
Fäden bestickt, die aus den Ge-
fängnismatratzen stammten. Folgende Namen sind zu lesen: Jura
(die Verkleinerungsform von Georgi), oben, und Sascha (der Kose-
name meines jüngeren Bruders,
Alexander), unten.

Ein Medaillon mit dem Profil meines Vaters, von einem
Mitgefangenen aus Brot geformt – ein weiteres Geschenk
zum Hochzeitstag

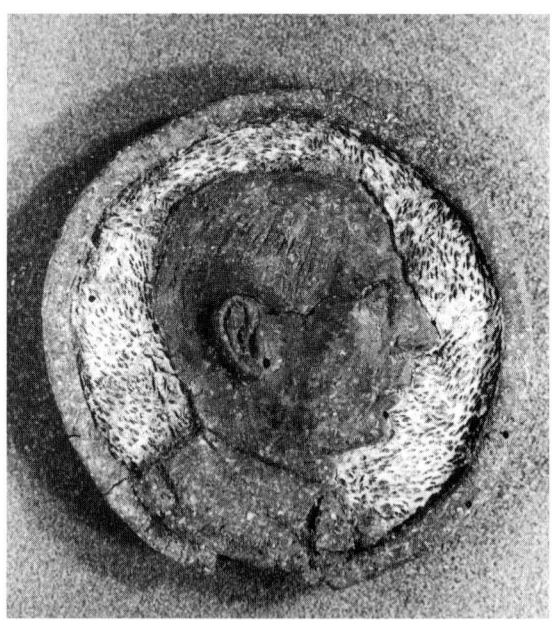

Dieses Photo wurde 1962 aufgenommen, als ich meine erste Staatsauszeichnung erhielt. Ich bin der zweite von links in der hinteren Reihe. Rechts von mir steht Tschernenko. Zu jener Zeit leitete er das Sekretariat des Präsidiums des Obersten Sowjet. Breschnew, der in der Mitte sitzt, war Vorsitzender des Präsidiums des Obersten Sowjet. Rechts außen steht Alexej Rumjanzew, damals der Chefredakteur der internationalen marxistischen Zeitschrift, *Probleme des Friedens und des Sozialismus,* die in Prag erschien.

Mit John Kenneth Galbraith, 1970

Mit George Bush, als er Vorsitzender des Nationalen Komitees der Republikaner war, 1972

Der Dichter Jewgeni Jewtuschenko, 1973 bei einer Diskussion im Institut für USA-
und Kanadastudien

Mit Breschnew, 1973 im Wintergarten in Sawidowo – er rauchte noch, war lebhaft und gesund

Juni 1973 in Washington, D. C. Breschnew und die restliche sowjetische Delegation waren gerade aus Camp David angekommen. Jewgeni Chasow, der Stellvertretende Gesundheitsminister, steht hinter Breschnew. Nixon schrieb mir eine Widmung auf dieses Photo, als er es 1989 während seines Besuches in meinem Büro sah.

Schurik«.* Ein weiterer Komsomol-Funktionär, Dmitri Gorjunow, der zu jener Zeit Redakteur bei der *Komsomolskaja Prawda* war, wurde zum Chef von TASS ernannt, der offiziellen Nachrichtenagentur.

Ich habe die Entfernung Chruschtschows von der Macht als einen Coup bezeichnet, aber das heißt nicht, daß ich ihn rechtfertige oder verurteile. Um eine abschließende Beurteilung darüber abzugeben, muß man Chruschtschow und die damalige innenpolitische Lage viel besser kennen, als ich es tat. Ich will auch nicht moralisieren. Chruschtschow selber griff oft genug auf die alten Spielregeln zurück, die sich in den Tiefen unserer totalitären Vergangenheit entwickelt hatten. Ich bin auch nicht sicher, daß es andere Mittel als eine Palastrevolte gab, wenn Veränderungen in der Führung notwendig wurden. Dies bleibt einer der schwächsten Aspekte unseres politischen Systems.

Chruschtschow wurde mit den Mitteln einer Verschwörung entfernt, und was immer die wirklichen Motive der Verschwörer gewesen sein mögen, sie versuchten den Coup dadurch zu rechtfertigen, daß sie beim folgenden ZK-Plenum die Interessen des Sozialismus, des Staates, der Partei und des Volkes anführten. Der eine oder andere Teilnehmer an dem Coup mag wirklich daran geglaubt haben, daß er etwas Wichtiges für sein Land und das Volk tat. In solchen Situationen suchen der menschliche Verstand und das Gewissen oft eine bequeme Moral, unter der sich die eigenen Interessen mit jenen der Allgemeinheit identifizieren lassen. Wenn man sich an die Art von Chruschtschows Führung erinnert, war das nicht allzu schwierig. Als der Führer selbst beseitigt war, stellte sich die Frage nach der Politik, die den Wandel begleiten sollte: Welche politischen Ideen sollten nun in den Vordergrund treten? Diese Frage wurde nie beantwortet. Selbst Leute mit hohem Rang in der Führung konnten da nur raten. Diejenigen, die jetzt an der Macht waren, hatten keineswegs ein klar definiertes ideologisch-politisches Programm.

Das begriffen zu der Zeit nur die wenigsten, auch die, die gewöhnlich gut informiert waren. Ich erinnere mich daran, daß Juri Andropow am

---

* Diejenigen, die dabei waren, als Mesjazew bei Gostelradio eintraf, erzählten später eine komische Geschichte. Bei seiner Ankunft im Sender stellte Mesjazew nur eine einzige Frage: »Wo ist der Knopf?« Anfangs verstand die versammelte Verwaltung von Gostelradio nicht, welchen Knopf der neue Vorsitzende meinte. Wie sich herausstellte, glaubte Mesjazew, daß es einen Knopf gebe, mit dem man Radio und Fernsehen ganz abschalten könne.

ersten Morgen nach dem Oktober-Plenum die Spitzenleute in seiner
Abteilung informierte, einschließlich einiger der Berater. Er schloß mit
den folgenden Worten, die sich meinem Gedächtnis eingegraben haben: »Chruschtschow wurde nicht wegen seiner Kritik an Stalins Personenkult beseitigt und auch nicht wegen seiner Politik der friedlichen
Koexistenz, sondern weil er in seiner Kritik und Politik unbeständig
war.«

Leider wurde sehr schnell deutlich, daß Andropow sich gründlich getäuscht hatte.* Das erste Signal kam buchstäblich zwei Wochen später.
Der Jahrestag der Oktoberrevolution am 7. November näherte sich,
und es war an Leonid Breschnew als dem wiedergewählten Ersten Sekretär, die traditionelle Ansprache zu halten. Andropow und seine Beratergruppe bereiteten einen Teil der Ansprache vor. Zufällig und im
Gegensatz zur gewöhnlichen Praxis ging es in diesem Teil um Innenpolitik. Ich erinnere mich nicht an die Details, aber ich glaube, wir schrieben einen anständigen und recht progressiven Entwurf. Er wurde Pjotr

---

* 1969 gab das frühere Politbüromitglied Gennadi I. Woronow ein Fernsehinter-
view. Ich muß erwähnen, daß es in seinen Erinnerungen an Andropows Rolle beim
Sturz Chruschtschows einige Fehler gibt. Zum Beispiel zitiert Woronow eine Episode, in der er beschreibt, wie er von Breschnew zu einer Jagd in Sawidowo eingeladen wurde und dort Andropow traf, der angeblich den zukünftigen Generalsekretär
der Partei über das Ausmaß der Unterstützung für Breschnew gegen Chruschtschow unterrichtete. Diese Geschichte glaube ich nicht, nicht zuletzt, weil Andropow der Jagd immer herzlich abgeneigt war. Im übrigen hätte ein Besuch in Sawidowo einen flagranten Bruch der grundlegenden Sicherheitsregeln bedeutet.
Noch wichtiger aber ist die Tatsache, daß Andropow Breschnew nicht eng verbunden war; nach dem Plenum des Oktober fiel er für fast ein Jahr in Ungnade; und
erst später – gegen Ende 1965 oder im Jahre 1966 – traute ihm die Führung wieder.
Woronow verwechselt Andropow wahrscheinlich, und ich kann mir auch denken,
mit wem. Vor allem wegen der Episode der gemeinsamen Rückkehr aus Sawidowo
nach Moskau, wo sich Breschnew und der angebliche Andropow im Auto unterhielten und Woronow klar wurde, welche Rolle Andropow in der Verschwörung zufiel:
Materialien zu sammeln, die Chruschtschow in seiner früheren Arbeit in Moskau
und vor allem in der Ukraine kompromittieren sollten. Offensichtlich stand dies im
Zusammenhang mit ungesetzlichen Repressionen. Doch Andropow hatte zu dieser
Art von Materialien, überhaupt zu den Archiven des KGB, des ZK oder anderer zen-
traler Organe, keinen Zugang – konnte ihn bis zum Mai 1967 gar nicht haben, als er
zum Vorsitzenden des KGB ernannt wurde. Deshalb war der Mann, den Woronow
1964 in Sawidowo getroffen und mit dem er im Auto gesessen hat, wohl nicht Andropow, sondern der damalige KGB-Chef Semitschastny. In diesem Fall hat Woronow sein Gedächtnis einfach einen üblen Streich gespielt.

N. Demitschew übergeben, der die Aufgabe hatte, die verschiedenen Teile der Rede zusammenzustellen und sie zu bearbeiten.

Das Endprodukt entsetzte uns. All die Teile, die etwas an Substanz und ein paar politisch fortschrittliche Ideen enthielten, waren verschwunden. Demitschew war später dafür berüchtigt, wie gut er jeden Text verderben konnte.* Das bewies aber noch immer nicht, daß unsere Hoffnungen auf eine bessere Zukunft ganz unbegründet waren – insbesondere, da wir nun ermutigendere Signale auffingen. Zum Beispiel bekamen einige von uns die Aufgabe, zum Verfassungstag einen Leitartikel für die *Prawda* zu schreiben (damals wurde er am 5. Dezember gefeiert – ausgerechnet dem Tag der »Stalin-Verfassung«). Wir betonten in dem Leitartikel die Kritik an Stalins Untaten – dem Personenkult und den Unterdrückungsmaßnahmen – und verwiesen auf die Notwendigkeit demokratischer Reformen. Der Artikel konnte auch so erscheinen. Erst ein paar Wochen später wurden auch die letzten Zweifel beseitigt, daß Andropow sich in seiner ersten Einschätzung des Wandels grausam getäuscht hatte. Das war übrigens auch ein Beweis, daß er keine aktive Rolle in der Verschwörung gegen Chruschtschow gespielt hatte.

Aber noch einmal zurück zum 7. November. In den Tagen zuvor war eine hohe chinesische Delegation angekommen, angeführt von Zhou Enlai. Jeder in Moskau verstand, daß dies eine Fühlungsaufnahme war, ein Versuch herauszufinden, wie die neue sowjetische Führung sich verhalten würde. Auch genoß Zhou-Enlai die Reputation, der gemäßigtste Führer der Chinesen zu sein, und sein Besuch in Moskau konnte durchaus als eine Gelegenheit betrachtet werden, eine vernünftige Lösung für das Problem der chinesisch-sowjetischen Beziehungen zu finden. Wir standen dem Besuch mit gemischten Gefühlen gegenüber. Einerseits machten wir uns Sorgen, daß unsere neue Führung einige wichtige politische Prinzipien aufgeben könnte, andererseits hofften wir, daß es vielleicht endlich gelingen würde, der wachsenden Feindseligkeit zwischen den beiden Ländern ein Ende zu setzen.

Am 7. November hatte ich Dienst in unserer Abteilung. Gegen Abend rief Andropows Sekretär an und bat mich, herüberzukommen.

---

* Sein Spitzname war »der Chemiker«, weil Chruschtschow ihn zum Sekretär für die Entwicklung der Kunstdünger-, Insektizid- und Herbizidindustrie ernannt hatte.

Andropow saß an seinem Schreibtisch, er machte einen besorgten Eindruck, starrte leer zum Fenster hinaus. Dann gab er mir eine lebhafte Schilderung dessen, was gerade geschehen war.

Der traditionelle Empfang im Kreml war gerade zu Ende gegangen. Rodion Malinowski, der Verteidigungsminister, hatte zuviel getrunken und einen arroganten antiamerikanischen Toast ausgesprochen, der den amerikanischen Botschafter, Foy Kohler, beleidigt hatte. »Das«, sagte Andropow, »ist die erste schlechte Nachricht. In jeder Hauptstadt der Welt wird im Moment jedes Wort aus Moskau sorgfältig analysiert, überall versuchen sie einzuschätzen, was die Politik der neuen Führung sein wird. Und dann so was . . . Aber es sollte noch schlimmer kommen. Zhou Enlai und die anderen chinesischen Delegierten gingen zu Malinowski und gratulierten ihm zu seinem ›wunderbaren antiimperialistischen Toast‹.« Ich versuchte später herauszufinden, was Malinowski eigentlich gesagt hatte; es stellte sich aber als nichts Ungewöhnliches heraus, nur unsere üblichen Propagandaphrasen, welche die Leute allerdings etwas vorsichtiger gebraucht hatten, seit Chruschtschow an die Macht gekommen war. Aber in Malinowskis Worten hatte doch ein wenig von dem bei den Generälen so beliebten Säbelrasseln gelegen. Andropow fuhr fort: »Und da stehe ich, direkt neben ihm, weiß nicht, was ich machen soll, und alle unsere Leute und das ganze Diplomatische Korps gucken zu. Und da sagt Malinowski, inzwischen hatte er wirklich Schaum vorm Mund, zu Zhou Enlai: ›Laß uns auf die chinesisch-sowjetische Freundschaft trinken, jetzt, da wir Nikita rausgeschmissen haben, warum schmeißt ihr nicht einfach Mao Zedong raus? Dann werden wir gut miteinander auskommen.‹ Zhou Enlai wurde ganz blaß – er dachte wahrscheinlich an die Denunziationen, die seine Kollegen bei seiner Rückkehr zusammenkochen würden –, dann sagte er etwas Wütendes, drehte sich auf der Stelle um und verließ den Empfang. Also, was sagen Sie dazu?«

Ich stellte mir die Szene vor, sagte dann zu Andropow: »Vielleicht ist es gar nicht so schlimm – ist es wirklich wert, sich darüber aufzuregen?« Andropow sagte nichts, dachte eine Weile nach und begann dann zu lachen.

Ein paar Tage später fuhr die chinesische Delegation ab, es hatte in den Gesprächen keine Fortschritte gegeben. Während eines späteren Treffens mit mir brachte Andropow die Sprache wieder auf die November-Verhandlungen mit den Chinesen: »Mikojan hat den letzten Nagel in den Sarg geschlagen. Er erzählte den Chinesen, daß die Sowjetunion nicht einen Zentimeter von ihrer politischen Position abrücken wird.« Und wie im Vorbeigehen fügte er noch hinzu: »Nicht alle unsere Genossen fanden gut, was Mikojan sagte«, womit er klarmachte, daß er keine weiteren Fragen über das Thema beantworten würde.

Als Folge dieser Unterhaltung war ich einigermaßen auf das vorbereitet, was im Januar 1965 passierte. Eine Konferenz des Politischen Beratenden Ausschusses des Warschauer Pakts stand bevor. Das ZK-Präsidium diskutierte den Entwurf für die Direktiven an unsere Delegation, die von Andropow und Andrej Gromyko unterschrieben werden sollten. Dies wurde die erste substantielle Diskussion zur Außenpolitik, die seit dem Oktober-Plenum im ZK-Präsidium stattfand.

Andropow kam sehr aufgeregt von den Verhandlungen zurück. Man muß allerdings sagen, daß er im allgemeinen sehr leicht in Aufregung geriet, sogar jede Kontrolle verlor, wenn er von seinen Vorgesetzten kritisiert wurde. Ich schrieb das dem tiefverwurzelten Angstsyndrom zu, unter dem viele Menschen seiner Generation litten – ein typisches Produkt der Periode des Personenkults. Wie wir später hörten, hatte eine Gruppe von Mitgliedern des Präsidiums – Andropow war zu der Zeit »bloß« ein ZK-Sekretär – den vorgelegten Entwurf hart kritisiert und ihn wegen seines unzureichenden »Klassenstandpunkts« und mangelnden »Klassenbewußtseins« attackiert. Der Ausdruck »Klassenbewußtsein« blieb noch einige Jahre in Mode und tauchte in Reden und Dokumenten der Außenpolitik immer wieder auf, ob er nun paßte oder nicht. Die Kritiker warfen den Autoren des Entwurfs excessive »Nachgiebigkeit gegenüber dem Imperialismus« sowie eine Mißachtung der Maßnahmen zur Verbesserung der Beziehungen und zur Stärkung der Einheit mit unseren »natürlichen« Verbündeten und unseren »Klassenbrüdern« vor. Unter Klassenbrüdern, so verstanden wir es, meinten sie primär die Chinesen. Wir erfuhren von Leuten, die während der Konferenz anwesend waren, daß Schelepin und, zu meiner Überraschung, Kossygin eine besonders aktive Rolle gespielt hatten. Breschnew blieb die meiste Zeit über still. Als Kossygin begann, ihn unter Druck zu setzen, und forderte, daß er China besuchen sollte, verlor Breschnew die Geduld und bellte: »Wenn du glaubst, das wäre alles so schrecklich wichtig, dann fahr doch selbst!«

Infolge dieser Diskussion wurden alle unsere Vorschläge und Initiativen, die auf eine Verbesserung unserer Beziehungen zu den Vereinigten Staaten und den westeuropäischen Ländern abzielten, praktisch versenkt. Ein Nebeneffekt war die Tatsache, daß Andropow selbst für ein paar Monate in Ungnade fiel. Er nahm sich das sehr zu Herzen; er wurde krank und einige Monate später wegen eines Infarkts ins Krankenhaus eingewiesen. *

---

* Andropow wurde im Krankenhaus Kunzewo behandelt und leitete, als es ihm besser ging, die Abteilung von dort aus telefonisch und über seine Mitarbeiter. Dort, im Krankenhaus, beging er auch seinen einundfünfzigsten Geburtstag. Drei unserer Berater verfaßten eine scherzhafte Gratulation in Versen, und einige Tage darauf erhielten wir eine ebenfalls gereimte Antwort. Da diese von Andropow in einer für ihn nicht einfachen Zeit geschriebenen Verse eine gewisse Vorstellung von einigen seiner persönlichen Züge geben, erlaube ich mir, sie hier zu zitieren.

Den Genossen G. A. Arbatow, A. J. Bowin und G. Ch. Schachnasarow

Euer Gedicht, ihr lieben Freunde,
Das kollektive Scherz-Sonett,
Las ich gerührt und voller Freude,
und seufzte dann in meinem Bett:

Was ist die Welt für ein Mirakel!
Talente wachsen hier heran,
Man staune, unsere Berater
Verlassen ihre Bücherstapel,
Zum Parnaß streben sie hinan.

So greif auch ich zu dieser Stunde
Recht zittrig nach dem Gänsekiel,
antworte meinerseits gebunden,
da ich sodann in eurer Runde
mit auf den Parnaß streben will.

O weh! Das allmächtige Schicksal
ersann mir einen schlechten Start
auf diesem Weg, und hier, im Spital
nennt man ihn schlicht und kurz Infarkt.

Dem Weg der unbekannten Schritte,
der Proben für mein krankes Herz –
führt er ›durch Dornen auf den Gipfel‹
. . . oder dann doch gleich himmelwärts?
Ich sage es noch etwas schärfer,
Denn, Hand aufs Herz, so ist es jetzt.

Begreifen tut man manches besser
Wenn man den A . . . auf Stacheln setzt.

Ich sonne mich auf dem Balkon,
Und manchmal sitz ich ›auf dem Thron‹.
Wenn auch darauf sich hinzusetzen
Nicht immer nur dient dem Ergötzen,
So ist als Sitz er doch nicht schlecht
Und das zu sagen nur gerecht,
Denn selbst der größte Philosoph
Setzt sich zum Denken auf den Po!

Genug der Scherze – Sentimente
sind, wie Ihr wißt, bei uns verpönt,
Und dennoch gibt es auch Momente,
Wo dir im Nu das Auge tränt,
Wo so ein unbekanntes ›Etwas‹
In deiner Brust Geheul anfängt,
Und du, mit trotteliger Fresse,
Bewegt, dich selbst nicht mehr erkennst.

Und solches war, ihr meine Lieben,
Vor kurzem denn auch mir beschieden.

So nehmet meine Dankespflicht,
Daß ihr dem Alltagskram entriß
den ›zauberischen Augenblick‹

Aber bevor all das geschah, fuhr Kossygin tatsächlich nach China, begleitet von Andropow, und das ging vermutlich zu einem gewissen Grade auf die Debatten im ZK-Präsidium in jenem Januar zurück. Um es genauer zu sagen, die Delegation flog zuerst nach Vietnam. Zufällig begannen die Amerikaner, den Norden von Vietnam genau zu dem Zeitpunkt zu bombardieren, als einer der neuen Köpfe der sowjetischen Regierung sich dort aufhielt. Und das wiederum führte natürlich zu einem weiteren Anwachsen des Mißtrauens und der Feindseligkeit. Ich glaube, dies war entweder ein sehr ernster Fehler der amerikanischen Regierung oder aber eine kalkulierte Provokation, die darauf zielte, die Nervenkraft der neuen sowjetischen Führung zu erproben. Auf dem Rückweg landete Kossygin in Beijing und traf dort Mao Zedong und andere Mitglieder der chinesischen Führung. Er verließ China mit leeren Händen, und das konnte für niemanden etwas Gutes bedeuten. Aber etwas brachte die Zusammenkunft doch: Dieser Fehlschlag beseitigte jede Illusion, daß wir zu einer Einigung mit China kommen könnten, ohne wichtige Punkte unserer Innen- und Außenpolitik bedingungslos aufzugeben. Später führten die bewaffneten Zusammenstöße auf der Damanski-Insel und an einer Reihe anderer Orte bei uns zum anderen Extrem: Wir brauchten zu lange, um die Angst vor einem Krieg mit China abzuschütteln, und auch das verzögerte die Normalisierung der Beziehung.

Aber natürlich lagen die wichtigsten Entwicklungen nach dem Oktober-Coup auf innenpolitischem Gebiet und nicht in der Außenpolitik. Das war das Schlachtfeld nicht nur von unterschiedlichen Philosophien und politischen Positionen, sondern vor allen Dingen für den Machtkampf unter den Siegern des Coups. Aus verschiedenen Gründen wurde dieser Kampf von den ersten Monaten an besonders hart geführt.

Die Mehrheit der Leute im ZK-Apparat und in der politischen Führung betrachtete Breschnew als eine schwache Gestalt. Er war für viele

Und aus entflammtem Geistesblitz
Mir schriebet dieses Scherzgedicht.

Geriet es auch ein wenig schmalzig
Und, gradheraus, recht süßlich auch,
So geizt man doch zu diesem Anlaß
Gewiß nicht mit ›Es lebe hoch!‹.

Denn ein Geburtstag wär das nicht,
Wo es an Met und Öl gebricht!

Nun les ichs lieber nicht mehr durch,
Gedichte sind ja keine Reden –
Und regt bei euch sich Widerspruch,
Besprechen wirs beim Wiedersehen.

nur ein Mann des Übergangs. Man kann nicht ausschließen, daß gerade dies der Grund war, warum sich viele Mitglieder der Führung auf Breschnew als den Ersten Sekretär des Zentralkomitees einigen konnten. Dafür gab es in der Vergangenheit mehrere Präzedenzfälle. Gab es keinen allgemein akzeptierten Thronerben und war die Führungsposition stark umkämpft, entstand immer die Versuchung, jemanden zu finden, den man für schwach hielt. Vielleicht war das auch die Art, wie Stalin es schaffte, die Macht so schnell nach Lenins Tod in seinen Händen zu konzentrieren, obwohl es in seiner Umgebung viel populärere und charismatischere Gestalten wie Trotzki oder Bucharin gab. Auch ist es möglich, daß Molotow, Malenkow und Berija die Situation im Jahre 1953 ähnlich falsch einschätzten, als sie sich darauf einigten, Chruschtschow aus dem Moskauer Parteikomitee ins ZK zu versetzen. »Dieser halbgebildete Einfaltspinsel, der von der Realpolitik dieser Welt so weit entfernt ist, wird niemals das Zeug zum Führer haben«, war ihre Logik. Aber schnell wurde deutlich, daß auch sie den Parteiapparat als Machtbasis unterschätzt hatten. Und daß der Mann, der die Nummer eins in der Partei war, wie immer es um seine Persönlichkeit und sein Denkvermögen auch aussehen mochte, fast automatisch der neue »Zar« wurde. Und daß man, wenn man einmal an die Spitze der Partei geriet, keine weitere Legitimierung brauchte.*

Hinzu kam, daß weder Chruschtschow noch Breschnew wie ein** Thronerbe wirkten. Selbst nachdem sie den »Thron« bestiegen hatten, erweckten sie bei ihrer Umgebung den Anschein, daß von nun an alles anders werden würde, daß es von nun an eine wirklich kollektive Führung geben würde. Dies erwies sich jedesmal als Irrtum. Wir hatten stets eine äußerst kurze Übergangsperiode, und danach gestand die kollektive Führung dem Generalsekretär die absolute Macht zu, eine Macht, die frei von jeder Verantwortung war. Ich glaube daher, daß eine Gewaltenteilung und ein System der Kontrollen und Gegengewichte die beste Garantie gegen Willkürherrschaft und Diktatur darstellten.

Diejenigen, die Breschnews Fähigkeit, sich seine Macht zu erhalten

---

* Man könnte in diesem Zusammenhang auch erwähnen, daß sowohl Andropow als auch Gorbatschow ihre eigene Macht als Generalsekretäre der Partei unterschätzten und kostbare Zeit verloren.

und seine Rivalen niederzuwerfen, unterschätzten, bezahlten später da-
für. Einige Menschen, die ihn seit langem kannten, wußten um diese
Fähigkeit. Arsumanjan, den ich bereits erwähnt habe und der im Laufe
des Krieges unter Breschnew diente, sagte mir in einer vertraulichen
Unterhaltung, bald nachdem Breschnew an die Spitze gerückt war:
»Diesem Mann braucht man nichts beizubringen, was den Kampf um
Position und Macht angeht.«

Wer waren die anderen Bewerber um den Posten des Parteichefs?
Der offensichtlichste war Alexander Schelepin. Er war im Apparat sehr
bekannt. Vor dem Krieg hatte er an dem berühmten Institut für Philosophie und Literatur studiert; nach Aussagen seiner früheren Studienkollegen war er ein mittelmäßiger Student gewesen, aber schon
von seinen Studentenjahren an ein sehr erfolgreicher politischer Karrierist. Er begann im Komsomol. Den Krieg verbrachte er in solcher
Obskurität, daß einige Leute hinterher behaupteten, er habe an der
Front gedient, während andere das Gegenteil glaubten. Dann kehrte er
zum Komsomol zurück und stieg schnell auf. Er wurde Erster Sekretär
des Zentralkomitees des Komsomols. In Chruschtschows Zeit wurde er
zum Vorsitzenden des KGB gemacht, dann zum ZK-Sekretär ernannt
und schließlich zum Mitglied des Politbüros. Chruschtschow hatte offensichtlich großes Vertrauen zu Schelepin, er gab ihm die wichtigsten
und schwierigsten Aufgaben, darunter auch die Beaufsichtigung der
Parteikader. Schelepin war recht intelligent und gerissen, und in den
Parteiintrigen bewegte er sich wie ein Fisch im Wasser. Er besaß die
seltene Gabe, sich mit Menschen zu umgeben, die ebenso loyal wie effi-
zient waren. Zu der Zeit, als das Oktober-Plenum stattfand und kurz
danach, waren diese Leute, wie bereits erwähnt, an den strategisch
wichtigsten Plätzen: im KGB, im Innenministerium, in der Armee, in
den wichtigsten ZK-Abteilungen und in den Massenmedien. Schelepin
verfügte noch über eine andere Quelle der Stärke: Er gab sich große
Mühe, die jüngeren Mitglieder der Partei und des Regierungsapparats
auf seine Seite zu ziehen, und natürlich kannte er viele von diesen Leuten durch seine Arbeit im Komsomol.

Was seine politischen Ansichten betraf, so war Schelepin vor allem
ein Vertreter der »Ordnung«. Obwohl von ihm mehrere antistalinistische Reden zu Chruschtschows Zeit bekannt sind – das war damals eine
Art politischer Mode –, hinderte ihn das in keiner Weise, eine aggres-
sive Offensive gegen die antistalinistische Linie nach dem Plenum vom

Oktober 1964 einzuleiten. Sowohl in der Innen- als auch in der Außenpolitik führten Schelepin und seine Leute den Chor für die Restauration des »Klassenstandpunkts« und des »Klassenbewußtseins« an und wiesen die Politik verbesserter Beziehungen zum Westen zurück. Darüber hinaus war er als ein eifriger Verfechter einer imperialen Politik und des Chauvinismus bekannt, wurde darin allerdings noch von Dmitri Poljanski übertroffen, einem recht unbequemen Menschen.

Zu Beginn machten sich Schelepins Gehilfen gar nicht die Mühe, die Tatsache zu verbergen, daß sie Breschnew für eine Übergangsgestalt hielten, der bald vom »Eisernen Schurik« ersetzt werden würde. Schelepin selbst bestätigte diesen Eindruck durch einige seiner Handlungen und Reden. Vielleicht war dies sein größter politischer Fehler. Breschnew, der für derlei Dinge einen scharfen Instinkt hatte, betrachtete Schelepin mit größter Wachsamkeit. All jene, die das Auftauchen eines neuen Diktators und eine Rückkehr in den Stalinismus fürchteten, sammelten sich um Breschnew.

Da er nun verstanden hatte, daß er einen gefährlichen Rivalen besaß, begann Breschnew eine Gegenverschwörung hinter den Kulissen, wobei er den Apparat sehr intelligent manipulierte. Ich weiß nicht im Detail, wie er das machte, aber im Herbst 1965 mußte Schelepin seinen ersten harten politischen Kinnhaken hinnehmen: Statt der Kontrolle über die alles entscheidende Kaderabteilung des Zentralkomitees übergab man ihm die Nahrungs- und Konsumgüterindustrie. Nach unserem Standard war das gleichbedeutend mit politischer Schande. Aber es mußte noch etwas geschehen sein, denn von nun an hielt es Schelepin für notwendig, auf jede nur denkbare Weise Breschnew seine Loyalität unter Beweis zu stellen. Einmal brach er sogar eine Reise im Ausland ab, um den Generalsekretär auf dessen Rückreise aus der Mongolei in einem entfernten Bahnhof in Sibirien zu treffen.

Aber obwohl Schelepin eine Niederlage erlitt, hatten seine politische Position und seine politischen Meinungen in den Monaten, die dem Oktober-Plenum folgten, eine beträchtlich negative Wirkung auf die ideologische und politische Situation.

Ein weiterer potentieller Rivale für Breschnew war zu der Zeit Alexej Kossygin. Er war unzweifelhaft intelligenter und gebildeter als Breschnew, dazu ein erfahrener Wirtschaftler, ein Technokrat, der überdies bis zu einem gewissen Grad für neue ökonomische Ideen offen war. Aber in politischen Fragen war er leider konservativ, und das begann mit seiner Haltung zu Stalin.

Ich habe keinen Zweifel, daß Kossygin die Politik der Repression, des Despotismus und der Gesetzlosigkeit nicht unterstützte. Zum Beispiel sprach ich bei meiner ersten längeren persönlichen Unterhaltung mit ihm, die während eines Spaziergangs in Kislowodsk im Dezember 1968 stattfand, das Thema all jener Leiter größerer industrieller Unternehmen an, die unter Stalin gelitten hatten. Einige von ihnen waren persönliche Freunde meines Vaters gewesen. Kossygin wich dem Thema in keiner Weise aus, im Gegenteil, er erinnerte sich an Kollegen, die spurlos verschwunden waren. Aber das führte bei ihm nicht zu einem Zweifel am ganzen System. Alexej Kossygin war ein Produkt der totalitären politischen Gesellschaft, und er glaubte an sie, vielleicht weil er sich eine andere einfach nicht vorstellen konnte. Hinzu kam, daß er eine sehr loyale, sogar eine warme persönliche Beziehung zu Stalin gehabt hatte. Schließlich war es Stalin gewesen, der auf Kossygin aufmerksam geworden war und ihn gefördert hatte, und Kossygin konnte nicht anders, er mußte den »großen Führer« bewundern.

Auch rein sentimentale Erinnerungen spielten für Kossygin eine Rolle. Irgendwann kurz nach dem Krieg folgte Stalin, der bis dahin seine Ferien immer in seinem heimatlichen Kaukasus verbracht hatte, zum erstenmal in seinem Leben einem Rat und verbrachte seine Ferien auf der Krim. Aber es gefiel ihm dort nicht besonders, und innerhalb einiger Tage entschied er sich, in den Kaukasus zu reisen. Da Stalin eine paranoide Furcht vor dem Fliegen hatte, wurde ein Kreuzer von Sewastopol geschickt, um ihn von der Krim zum Kaukasus zu bringen. Diese Ein-Tages-Seereise bekam in unserer Geschichte den Namen »Besuch des Genossen Stalin bei unserer ruhmreichen Schwarzmeerflotte«. Jedenfalls lud Stalin Kossygin und seine Frau, die ihre Ferien ebenfalls auf der Krim verbrachten, ein, ihn an Bord zu besuchen. Dies, so sagte man, hinterließ einen unauslöschlichen Eindruck auf die Gäste; Stalin konnte, wenn er wollte, ein überaus großzügiger, sogar charmanter Gastgeber sein.

In der Auseinandersetzung mit Breschnew um die Führung hatte Kossygin allerdings wenig Hoffnung auf einen Sieg. Er hatte weder die Macht des Parteiapparates hinter sich noch die Möglichkeiten, die das Amt eines Ersten Sekretärs eröffnete. Aber wahrscheinlich fehlten ihm

auch die Qualitäten, die jemanden zur Nummer eins in unserem Land
hätten machen können, selbst angesichts einer eher schwachen Auswahl von starken Männern; diese Qualitäten bestanden in großer Geschicklichkeit bei Intrigen und Machtkämpfen innerhalb der Parteibürokratie, in einer besonderen Gabe für politische Demagogie und
schließlich in Rücksichtslosigkeit.

Zwischen den beiden gab es daher keine anhaltenden Rivalitäten.
Kossygin blieb als Fachmann für Wirtschaft in der Regierung, und
nicht als politischer Führer. Aber trotzdem hatte seine Sicht der Dinge
beträchtlichen Einfluß auf den Lauf der Ereignisse in den ersten Monaten und Jahren nach dem Oktober-Plenum. In der Wirtschaft hatte er
im ganzen recht positive Auswirkungen – zumindest in den ersten Phasen. In der inneren politischen und ideologischen Diskussion war Kossygin eher ein Konservativer. In der Außenpolitik war das Bild gemischt. Zunächst unterstützte er eine »klassenbewußte« Außenpolitik.
Aber im ganzen trat er für normale außenpolitische und für Handelsbeziehungen mit dem Westen ein.

Ich weiß nicht, ob Nikolai Podgorny überhaupt den Ehrgeiz hatte, an
die Spitze zu gelangen, aber er war eine ausgesprochen sinistere und
konservative Gestalt. Michail Suslow allerdings suchte die Rolle des
Parteichefs und des Herrschers des Landes mit Sicherheit nicht.* Er
fühlte sich in der Rolle einer Grauen Eminenz, die hinter den Kulissen
operierte, behaglicher.

Angesichts solch schwacher Rivalen nahmen Breschnews positive
Eigenschaften einiges Gewicht an. Eine von diesen war die Tatsache,
daß die Menschen ihn nicht als einen bösen oder grausamen Mann betrachteten. Wenn man ihn mit Stalin verglich – und in einiger Hinsicht
auch mit Chruschtschow –, war das in der Tat der Fall. Jemanden ins
Exil zu treiben oder ihn zu zwingen, in den Ruhestand zu gehen, dabei
mit einer großzügigen Pension, ist etwas ganz anderes, als ihn von
einem Hinrichtungskommando erschießen zu lassen, ihn ins Gefängnis

---

* Man erzählte mir, daß Chruschtschow eines Tages Suslow die Position des Vorsitzenden des Präsidiums des Obersten Sowjet anbot (zu der Zeit eine rein repräsen-
tative Stellung). Suslow war völlig verwirrt; er wußte nicht, was er tun sollte. Er
sprach mit Mitgliedern des Politbüros, versuchte, sie zu überzeugen, daß er eine
solche Verantwortung nicht übernehmen könne. Offensichtlich war persönliche
Verantwortung das, was er am meisten fürchtete.

zu schicken oder ihn der Folter zu übergeben, wie Stalin es machte. Oder ihn, wie Chruschtschow mit seinen Feinden abzurechnen pflegte, öffentlich zu entehren (das heißt, ihn aus seiner Stellung zu entlassen und auf skandalöse Weise aus der Partei auszustoßen).

Es ist auch wahr, daß Breschnew freundlich und demokratisch mit anderen Menschen umging – zumindest während der ersten Jahre im Amt, bevor er die Gewohnheit verlor, Menschen zuzuhören und ihnen für ihre Hilfe dankbar zu sein. Anfangs gab er sogar öffentlich zu, daß es viele Dinge gab, von denen er nichts wußte. *

Während seiner ersten Jahre an der Macht war Breschnew zugänglich und unprätentiös; er versuchte nicht nur, die Leute zu gewinnen, mit denen er redete, sondern ihnen sogar zu helfen. Wenn er jemandem einen Auftrag erteilte, versuchte er, dieser Person die Wege zu ebnen.

Ich erinnere mich an mein erstes Treffen mit Breschnew, es fand im Februar 1965 statt. Die Führung hatte beschlossen, einen neuen internationalen Kongreß der kommunistischen Parteien einzuberufen. In Vorbereitung darauf wollte man den Parteiführern, die mit unserer Politik nicht übereinstimmten oder uns Probleme bereiteten, nicht nur einen Brief von Breschnew senden, sondern auch Mitarbeiter aus dem Zentralkomitee, um sie anzuhören und um ihnen Erklärungen anzubieten.

Ich wurde ausgewählt, nach Kuba zu fliegen, um Fidel Castro zu treffen. Am Tag meiner Abreise sollte Breschnew mir Instruktionen geben. Es gab eine Wache und eine Kontrollstation auf der fünften Etage des Hauptgebäudes des Kreml, wo die Führung ihre Büros hatte. Ich ging in Breschnews Empfangsraum und wurde zu seinem Assistenten, Georgi Zukanow, gebracht. Wir plauderten ein paar Minuten; dann klingelte das Telefon, und Zukanow sagte: »Das gilt uns.« Wir betraten zusammen Breschnews Büro. Breschnew saß an einem kleinen

---

* Breschnew baute sich selbst anfangs nicht als einen »großen Mann« auf, und er sagte seinen Assistenten wiederholt: »Gebraucht einfache Sprache, tut nicht so, als wäre ich ein Theoretiker, denn niemand wird glauben, daß ich solche Dinge geschrieben habe, und alle werden mich auslachen.« Manchmal nahm er aus den Reden sogar die Zitate der Klassiker heraus und sagte: »Wer wird jemals glauben, daß ich Marx gelesen habe?« Auch gibt es keinen Zweifel, daß er durchaus gesunden Menschenverstand besaß und nicht zu extremen oder übereilten Entscheidungen neigte.

Schreibtisch an der Stirnseite eines langen Konferenztisches. Er begrüßte uns freundlich und bat telefonisch Suslow hinzu.

Man gab mir einen Brief zu lesen. Er sollte von zwei Sonderkurieren
im selben Flugzeug, mit dem ich reiste, befördert werden. Breschnew
sagte, er würde mir auch ein Geschenk für Fidel Castro mitgeben –
georgischen Wein, den Castro sehr mochte, und Lachs. Breschnew
stellte mir ein paar Fragen darüber, wo ich vorher gearbeitet hätte und
wie lange ich schon im Zentralkomitee sei. Ich machte wohl einen nervösen Eindruck auf ihn, und er versuchte, mich zu beruhigen: »Wenn
Castro Sie nicht empfängt, geben Sie das Geschenk Raúl [Castro] oder
[Oswaldo] Dorticos [dem Premierminister]. Und wenn Sie sehen, daß
alle ein Treffen vermeiden, dann seien Sie nicht verstört; übergeben
Sie den Brief einfach durch unseren Botschafter. Bleiben Sie ruhig; wir
wissen nicht, wie unsere Bitte aufgefaßt werden wird. Fidel ist sowieso
böse auf uns. Schließlich ist dies unser erster Kontakt nach dem Wechsel in der Führung.« Es gab noch andere Instruktionen ähnlicher Natur.

Um die Wahrheit zu sagen, ich war ziemlich davon berührt, daß der
Führer unseres Landes sich so viel Mühe machte, die Nerven eines
ziemlich neuen Angestellten des Apparats zu beruhigen, und wirklich
versuchte, ihm bei dieser sehr wichtigen Aufgabe zu helfen. In Kuba
lief übrigens alles sehr gut; ich bekam eine bejahende Antwort auf die
Einladung: Raúl Castro wurde nach Moskau geschickt. Am dritten Tag
meines Aufenthalts lud Fidel Castro mich ein, mit ihm schnorcheln zu
gehen, und wir verbrachten danach den Tag zusammen.*

Bei einigen anderen Gelegenheiten wurde ich zum Zeugen ähnlicher
Episoden. Es lag nicht in Breschnews Natur, das Leben jener, die in seiner Umgebung arbeiteten, schwierig zu gestalten. Im Gegenteil, wo
immer er konnte, versuchte er, die Beziehungen einfach und klar zu
halten.

Verglichen mit einigen anderen unserer Politiker, die aus den tieferen
Bereichen des Apparats emporgestiegen waren, besaß Breschnew noch

---

* Meine Mission war ein solcher Erfolg, daß sogar Andropow eifersüchtig wurde.
Er glaubte, daß ich die Sache so gut gemacht hatte, daß man mich wahrscheinlich
zum Botschafter in Kuba ernennen würde, da zu der Zeit eine Diskussion lief, den
damaligen Botschafter zu ersetzen. Aber er und ich hatten ein langes Gespräch und
vertrugen uns wieder.

einen weiteren Vorteil: Seine Erfahrung war nicht ausschließlich auf den Apparat begrenzt. Er hatte an der Front gedient; er hatte am Wiederaufbau von Saporoschje teilgenommen, das im Krieg völlig zerstört worden war; er war einer der Organisatoren der Urbarmachung von Neuland jenseits des Urals gewesen und schließlich für die Verteidigungsindustrie als Zweiter Sekretär des Zentralkomitees verantwortlich. Aber eine breite Erfahrung übersetzte sich nicht notwendigerweise in großzügiges Denken oder Unabhängigkeit. Wenn man in jenen Tagen etwas erreichen wollte, hieß das, daß man Teil des Systems sein mußte. Die Macht eines jeden war darauf reduziert, rein formal die Befehle von oben weiterzugeben; für Parteikader bedeutete Macht, anderen aufzutragen, »Dinge zu erledigen«. Unabhängiges Denken und Eigeninitiative waren nicht nur unnötig, sondern unerwünscht und konnten für die Karriere sogar gefährlich werden.

Viele von Breschnews Fehlern waren von Beginn an offensichtlich. Er besaß einen wohlverdienten Ruf als ein ungebildeter Mann von begrenzter Vision. Aber jene, die Breschnew als einen Narren darstellen, haben auch unrecht. In der Tat war Breschnew durchaus in der Lage, politische Schlauheit zu beweisen, gesunden Menschenverstand und auch ein gewisses technisches Know-how. Direkt nach dem Oktober-Plenum beschloß er, einer Linie zu folgen, die sich als richtig und vorteilhaft erwies; sie sicherte ihm den Erfolg.

Zunächst betonte er den Kontrast zwischen sich und Chruschtschow. Der letztere hatte zugelassen, daß er von der offiziellen Propaganda ziemlich überhöht dargestellt worden war. Breschnew weigerte sich gleich zu Anfang, so etwas zu tun. Chruschtschow war sehr oft in den Zeitungen erschienen, in Wochenschauen, im Fernsehen, während Breschnew sich erst mal zurückhielt.

Auch äußerte er sich im Gegensatz zu Chruschtschow nicht zu jedem Thema. In den ersten Jahren wartete er ab, hörte zu und sah sich um. Kurz gesagt, sein Verhalten war vorsichtig, bescheiden und bis zu einem gewissen Grade würdig. Das ist alles schwer vorstellbar, wenn man sich an den »späten« Breschnew erinnert, aber am Anfang war das so. Und wenn er zu irgendeiner Sache Stellung nahm, stellte er erst mal sicher, daß er wußte, worüber er sprach.

Trotz alledem glaubt natürlich niemand, daß er selbst auf seinem Höhepunkt, als er gesund, relativ jung und noch nicht von der absolu-

ten Macht korrumpiert war, die Qualitäten eines wirklichen Führers
einer Großmacht besaß.

Ich kann der heute gängigen vereinfachten Periodisierung unserer
nachrevolutionären Geschichte nicht zustimmen. Sie teilt die Epochen
nach den Hauptübeln, die uns zustießen, ein: zuerst der Personenkult
Stalins, dann die Periode des »Voluntarismus« (das war der theoretische Begriff, mit dem die Partei Chruschtschows »Fehler« brand-
markte), dann die Stagnation (Breschnew). Eine der ernstesten Folgen
von Stalins Tyrannei war die Tatsache, daß er das Land zu ganzen Generationen schwacher Führung verurteilte. Aber wenn man sich ins
Gedächtnis ruft, daß nur Zufälle uns vor Berija oder Molotow, vor
Schelepin oder Podgorny bewahrten, kommt man zu dem Schluß, daß
wir sogar noch Glück hatten.

Und darin liegt die Antwort auf die Frage, die jeder von uns sich
wahrscheinlich viele Male gestellt hat: Warum stoppte niemand
Chruschtschow und insbesondere Breschnew, als sie ihre Fehler machten? Warum wurden sie nicht ersetzt – nicht durch eine Verschwörung, sondern durch einen legalen Machtwechsel, wie es sich für
einen modernen Staat gehört? Dafür gab es verschiedene Gründe.
Aber zusätzlich zum Fehlen demokratischer Institutionen bestand eine
der wichtigsten Ursachen darin, daß die Regierung aus schwachen
(manchmal extrem schwachen) Leuten bestand. Diese Situation entstand nicht durch Zufall; die Mechanismen des Personenkults führten
unvermeidlich dorthin. Oft gab es einfach keine akzeptable Alternative für einen unbrauchbaren und ausgebrannten Führer.

Zu diesen politischen Bedingungen sind wir verurteilt, solange wir
nicht neue politische Mechanismen und eine neue politische Ordnung
schaffen. Nur auf diese Weise kann eine Nation für das Entstehen
einer starken Führung in der Zukunft sorgen. Nur die Entwicklung
demokratischer Institutionen kann verhindern, daß es zu falschen
Entscheidungen kommt, und nur über sie sollte, wenn notwendig, auf
legale und friedliche Weise eine neue Führung eingesetzt werden.
Darin liegt die historische Bedeutung der Reformen, die in den späten
Achtzigern begannen.

Als Chruschtschow abgelöst wurde, waren ich und vermutlich die
große Mehrheit der Menschen, die den XX. Parteitag unterstützten,
besorgt und verwirrt; wir waren zunächst enttäuscht, schöpften dann
wieder Hoffnung; wir trieben ungewiß dahin. Wir glaubten immer

noch, daß Breschnew auf jeden Fall den anderen Kandidaten vorzuziehen war und daher unsere Unterstützung verdiente.

Bald wurde deutlich, daß das Land von den Rivalen Breschnews nach rechts getrieben wurde. Das galt aber auch für einige seiner engsten Mitarbeiter. Hinter ihm kam ein ganzer Zug von Leuten, die er in Dnepropetrowsk, Moldawien und Kasachstan aufgelesen, dazu einige, die er in Moskau hinzugenommen hatte. Konservative Funktionäre, die sich nicht in Konkurrenz zu Breschnew befanden, die aber prominente Positionen in der Führung innehatten (Andrej Kirilenko, Suslow, Schelest, Poljanski, Demitschew u. a.), versuchten ebenfalls, die politische Richtung nach rechts zu verschieben. Ein wirklicher Kampf um Breschnews Seele begann. Viele wollten ihn in einen Führer für die Agenda des rechten Flügels verwandeln, was die Rehabilitation Stalins und des Stalinismus bedeutet hätte und eine Rückkehr zu den alten Dogmen der Innen- und Außenpolitik.

Natürlich bezogen meine Kollegen und ich in der Beratergruppe Position in diesem Kampf, das war unvermeidlich. Aber Andropow machte es uns leichter. Er stellte sich sehr schnell hinter Breschnew. Ich will nicht versuchen zu beurteilen, was dabei die größte Rolle spielte: seine in meinen Augen aufrichtige Unterstützung der Linie des XX. Parteitags oder die alte Gewohnheit, die politische Spitze zu stützen, was jedem Parteifunktionär fast zur zweiten Natur geworden war. Und, was nicht weniger wichtig war, er griff in den Kampf ein, um die politische Position des neuen Führers zu formen – auch wenn er das sehr behutsam tat, in Übereinstimmung mit den üblichen Spielregeln des Zentralkomitees. Dieser Kampf tobte sich in jedem Dokument, in jeder Rede und in vielen politischen Artikeln aus.

Die grundlegende Frage war natürlich: Woran glaubte Breschnew selbst? Zu Beginn war er sehr vorsichtig, er wollte sich auf nichts festlegen, keine Versprechungen machen, keine Entscheidungen über wichtige Fragen der Innen- oder Außenpolitik vorwegnehmen. Vielleicht hatte er zu vielen Fragen gar keine eigene Meinung. Vielleicht hatte er sich vorher gar nicht so viele Gedanken über die große Politik gemacht, sondern einfach mit allem übereingestimmt, was Stalin sagte.

Dieser Kampf um die Seele und den Verstand Breschnews wurde an verschiedenen Fronten ausgefochten. Die Hauptbrückenköpfe waren natürlich das Politbüro und das ZK-Sekretariat. Wir hatten nur sehr selten Zugang zu diesen Heiligtümern der Macht, aber aus allen Ein-

drücken, die wir empfingen, konnte man nur einen Schluß ziehen: Die
Winde bliesen von rechts. Wir kämpften auf einer niedrigeren, obwohl
noch immer recht wichtigen Ebene. Hier wurden die Entwürfe von
Entscheidungen, politischen Vorschlägen und Reden vorbereitet,
ebenso wie die Memoiren der Führer. Auf dieser Ebene war der Kampf
offener und seine Umrisse leichter zu erkennen. Unter den besonders
prominenten Stalinisten und Rechten sollte ich Sergej P. Trapesnikow
erwähnen, den Breschnew sich vor langer Zeit in Moldawien ausgesucht hatte. Er war das typische Beispiel eines prätentiösen, halbgebildeten Pseudo-Politikers. Später wurde er Professor an der Parteihoch-
schule. Als Breschnew Generalsekretär wurde, beförderte er Trapesnikow zum Leiter der ZK-Abteilung für Wissenschaft und Erziehung.
Dort zeigten sich dessen politische und persönliche Qualitäten in vol-
lem Glanz: Er war reaktionär, haßerfüllt, aggressiv, unehrlich und hin-
terlistig.

Viktor A. Golikow, ein langjähriger Assistent Breschnews, der sich
selbst als einen »prominenten Marxisten« bezeichnete und ähnlich
halbgebildet war, stand ihm in nichts nach. Wie Trapesnikow betrachtete Golikow sich selbst als einen Experten in der Landwirtschaft – allerdings erschien er, wann immer sich ihm eine Chance bot, in der
Presse als ein Theoretiker aller möglicher Themen, einschließlich der
Kultur, der Ideologie, selbst der internationalen Beziehungen. Er war
ein Stalinist und offener Reaktionär.

Diese beiden sammelten eine Gruppe von ähnlich denkenden Menschen um sich und gingen in die Offensive, wobei sie geschickt die natürliche Unsicherheit und den Mangel an Zusammenhang in der Regierung ausnutzten. Natürlich machten sie auch reichlich Gebrauch von
ihren engen persönlichen Bindungen zu Breschnew. In dem Bestreben,
den ideologischen und politischen Kurs der Partei zu ändern, galt ihre
besondere Aufmerksamkeit natürlich Breschnew selbst, den sie zum
persönlichen Patron der neuen Linie machen wollten. Zu Breschnews
Küchenkabinett zählten weiterhin Konstantin Tschernenko, Nikolai
A. Tichonow und Nikolai A. Schtscholokow. Sie waren ebenfalls Konservative, aber an Ideologie weniger interessiert.

Die Stalinisten starteten ihre Offensive auf breiter Front. Was die
Innenpolitik anging, so versuchten sie, die Entscheidungen des XX. und
XXII. Parteitags, die Stalins Personenkult betrafen, zurückzunehmen
und neue Ideen über unsere Vergangenheit und Gegenwart, unsere

Innen- und Außenpolitik als fehlerhaft und politisch schädlich zurückzuweisen. Das wurde Breschnew nicht nur ständig ins Ohr geflüstert, es wurde auch hartnäckig in die Entwürfe seiner Reden und der Parteidokumente eingefügt.

Diese Offensive gegen den XX. Parteitag traf jedoch auf ernsthafte Opposition, trotz der Abwesenheit anerkannter Führer der demokratischen Kräfte. Offensichtlich hatten die Ideen der Erneuerung doch bereits einige Unterstützung gefunden, nicht nur unter Intellektuellen und in der Öffentlichkeit, sondern auch in der Partei. Auch wandten sich einige Mitglieder der Parteiführung gegen eine solche scharfe Wendung, darunter die Sekretäre des Zentralkomitees, Andropow und Ponomarjow und, so seltsam das erscheinen mag, sogar Suslow. Die Berater beider internationaler Abteilungen des Zentralkomitees nahmen eine ausgesprochen antistalinistische Position ein, und das taten auch einige hohe Offizielle der Propagandaabteilung, was vor allem Alexander M. Jakowlew einschloß. Sie versuchten, so gut sie konnten, den Angriff der Stalinisten zurückzuschlagen.

Der XXIII. Parteitag war glanzlos und konservativ, aber die Entscheidungen des XX. und XXII. Parteitags wurden nicht zurückgenommen, trotz aller Forderungen der Stalinisten. Das kann man als einen Teilerfolg für die Demokraten und Gemäßigten betrachten. Ein weiterer Erfolg – obwohl man das heute als unbegreiflich und vielleicht sogar lächerlich betrachten mag – war die Tatsache, daß ab und zu eine Erwähnung des XX. und XXII. Parteitags in den offiziellen Dokumenten und Reden auftauchte. Zu der Zeit waren das Symbole, welche die Öffentlichkeit wissen ließen, daß bestimmte Stellungen nicht aufgegeben worden waren. Andererseits wurde es immer schwieriger, eine direkte Kritik an Stalins Personenkult in die Dokumente einzuschmuggeln. Auch die Erneuerungen in der Außenpolitik konnten gerettet werden, darunter das Konzept der friedlichen Koexistenz, obwohl es bitter umkämpft war. Das Schwanken der Führung wurde auf der Ebene der praktischen Politik allmählich überwunden. Bei einem Treffen des Politischen Beratenden Ausschusses des Warschauer Pakts im Sommer 1966 billigte man den Gedanken von Gesprächen über Sicherheit und Zusammenarbeit in Europa und sah einen dementsprechenden Vorschlag an den Westen vor; mit anderen Worten, hier wurde der Prozeß in Gang gesetzt, der neun Jahre später zur Schlußakte von Helsinki führte.

Angesichts der damaligen Konstellation der Kräfte war dieser erste Kampf indessen kein Triumph für die demokratischen Ideen. Die Stalinisten eroberten einige starke Stellungen, und das nicht nur, was die offiziellen Ernennungen auf wichtige politische Posten anging. Die Tonlage der offiziellen Sprache hatte sich verändert. Die Themen, sogar die Ideen und Worte, die nach dem XX. Parteitag Geltung gewonnen hatten, wurden immer seltener erwähnt. Auf der anderen Seite wurden Ausdrücke wie »Klassenbewußtsein«, »Parteibewußtsein«, »Ideologische Reinheit«, »unversöhnlicher Kampf gegen den Revisionismus« usw. zu Schlüsselbegriffen – das ganze, aus Stalins Zeiten gewohnte ideologische Repertoire.

Die Konservativen, einschließlich jener in Breschnews Umgebung, hatten bei aller Primitivität und Ignoranz einige wichtige Vorteile. Zum einen kannten sie Breschnew seit langer Zeit und waren daher in der Lage, seine Schwächen geschickt auszunutzen. Breschnew, der in seinem Wesen provinziell war und niemals zuvor wirklich mit Leuten umgegangen war, die einigermaßen gebildet und kenntnisreich waren, glaubte aufrichtig, daß seine alten Mitarbeiter Experten auf dem Gebiet der Politik, der Wirtschaft und des Marxismus waren, die ihn vor Fehlern schützen würden.

Nichtsdestoweniger gelang es diesen Leuten nicht, als einzige Zugang zu Breschnew zu bekommen. Hier spielte, glaube ich, Breschnews angeborene Vorsicht eine entscheidende Rolle. Obwohl er diesen Leuten zunächst traute, war er sich ihrer nicht ganz sicher, und zugleich fürchtete er, in die Irre geführt zu werden. Bald begann er, sich über alternative Standpunkte zu informieren.

Ein anderer wichtiger Faktor war, daß Andropow schnell und eindeutig in Breschnews Lager überwechselte. Auf die Art und Weise schaffte es Andropow, Breschnew seine Meinung schon in den ersten Monaten nach dem Oktober-Plenum nahezubringen, und obwohl Andropow, wie schon erwähnt, ein sehr vorsichtiger Mann war, zeigte er Bereitschaft, die Rolle des Gegengewichts zu einigen der negativeren Einflüsse auf Breschnew zu spielen.

Bald begannen zwei weitere Mitarbeiter Breschnews, Andrej Alexandrow-Agentow und Georgi Zukanow, eine zunehmend wichtige Rolle zu spielen. Alexandrow war ein Karrierediplomat, den Breschnew vom Außenministerium herübergeholt hatte, als er Vorsitzender des Präsidiums des Obersten Sowjet geworden war. Intellektuell und nach den

Begriffen politischer und menschlicher Anständigkeit stand Alexandrow weit über Golikow und Trapesnikow und konnte zumindest ihre unverschämtesten Attacken auf die Außenpolitik neutralisieren. In einigen anderen Fragen war Alexandrow, meiner Meinung nach, ziemlich konservativ.

Zukanow war ein Ingenieur in der Metallverarbeitung und Direktor eines großen Hüttenwerks in Dneprodserschinsk gewesen. Breschnew holte ihn von seinem Posten, als er in der Regierung Zweiter Sekretär des Zentralkomitees geworden war. Zukanow sollte ihm bei der allgemeinen Leitung der Verteidigungsindustrie helfen. Als Breschnew Generalsekretär wurde, unterstützte Zukanow ihn in ökonomischen und später auch in politischen Fragen.

Ich kann nicht behaupten, daß Zukanow am Anfang irgendeine klar definierte ideologische und politische Position zu jenen Streitfragen hatte, um die der Kampf tobte: zu Stalin und zur Linie des XX. Parteitags, zur friedlichen Koexistenz usw. Aber er fand bald zu einer richtigen Einschätzung – nicht zuletzt, weil er die Leute in Breschnews engerem Kreis sehr gut kannte und eine tiefsitzende Antipathie gegen die meisten von ihnen entwickelte. Das veranlaßte ihn, Leute um sich zu sammeln, die in ihrem Denken progressiver waren. Auf die Art und Weise entstand sehr bald ein Gegengewicht zu dem ungezügelten stalinistischen Einfluß auf Breschnew.

Während der ersten zwei oder drei Jahre, die dem Oktober-Plenum folgten, durchliefen Breschnews politische Ansichten eine positive Entwicklung. Obwohl er seinen alten Beratern noch immer traute, begann er zu verstehen, daß er sich als Generalsekretär nicht ausschließlich auf sie stützen konnte. Auch Andropow gehörte zu denen, die immer öfter Gehör bei ihm fanden. Von Andropow und Zukanow angetrieben und manchmal auch aus eigener Initiative, rekrutierte er einen breiteren Kreis von Menschen, die für den damaligen Parteiapparat atypisch waren.

Durch die Anstrengung einer beträchtlichen Anzahl von Leuten gelang es in diesen ersten wenigen Jahren, den Einfluß der militantesten Stalinisten abzumildern. Aber an jeder Station des Weges waren harte Kämpfe nötig – während der Vorbereitung des XXIII. Parteitags, auf dem Parteitag selbst und sogar beim Entwurf jedes wichtigen Dokuments oder jeder entscheidenden Rede. Aber einige Runden gewannen wir dabei.

Ein scharfer Konflikt brach über den Text einer Rede aus, die Breschnew während seines Besuchs in Georgien Anfang November 1966 halten sollte. Der erste Entwurf wurde von Trapesnikow, Golikow und ihren georgischen Freunden vorbereitet. Es war ein vollkommen schamloser Versuch, Stalin zu glorifizieren und ihn wieder als den Großen Führer darzustellen. Nach einem ersten Blick auf den Text kamen Breschnew offensichtlich Zweifel, und er leitete ihn an Zukanow weiter. Obwohl dieser keine Autorität auf dem Gebiet ideologischer Feinheiten war, verstand er, was für einen Skandal eine solche Rede auslösen konnte. Da er sich mit Argumenten für sein Gespräch mit Breschnew wappnen wollte, bat er mich um Vorschläge und Kommentare. Am selben Tag noch sagte er mir, daß Breschnew mich am nächsten Morgen um 9 Uhr selbst sprechen wolle.

Um die Loyalität meinem unmittelbaren Vorgesetzten, Andropow, gegenüber nicht zu verletzen, informierte ich ihn, erzählte ihm von dem Inhalt der Rede und bat ihn um seinen Rat. Er sagte mir: »Na ja, da du dich selbst in diese Situation gebracht hast, tu, was du für das beste hältst.« Ich empfand das nicht als Ausdruck von Unzufriedenheit, sondern als eine Warnung, vorsichtig zu sein und jeden Konflikt zu vermeiden. Da ich Andropow gut kannte, hatte ich im Grunde nichts anderes erwartet.

Ich blieb lange auf und bereitete mich gut vor. Der effektivste Weg, so schien mir, den Entwurf zu untergraben, war nicht etwa ein Appell an die politische Anständigkeit – wie kann man heute noch Stalin preisen, da er nun als Verbrecher bloßgestellt worden ist? – und auch nicht, indem man in abstrakten Darlegungen auseinandersetzte, wieviel Schaden der Personenkult angerichtet hatte, sondern indem man sehr konkrete Ausführungen über die erschreckenden praktischen Konsequenzen solch einer Rede ausbreitete, Konsequenzen für Breschnew persönlich und natürlich für die Partei und das Land.

Das erste Argument lief darauf hinaus, daß die Rede in einer Reihe von sozialistischen Ländern zu ernsten Komplikationen führen würde (meine Abteilung beschäftigte sich mit diesen Staaten, daher war es nur natürlich, hier zu beginnen). Breschnew sollte daran erinnert werden, daß die Führer von zwei dieser Länder Leute waren, die von Stalin ins Gefängnis geworfen wurden und nur durch ein Wunder mit dem Leben davongekommen waren: János Kádár in Ungarn und Władisław Gomułka in Polen. In einem dritten Land, in Bulgarien, war der frühere

Parteichef direkt nach dem XX. Parteitag vom ZK-Plenum wegen Machtmißbrauchs abgesetzt worden. Was sollten wir nun machen – erneut die Führer austauschen? Das war gewiß das, was unsere Stalinisten wollten. Konnte Breschnew solche Probleme wirklich gebrauchen, insbesondere zu einer Zeit, da der Konflikt mit den Chinesen die Dinge ohnehin nicht leichter machte?

Das zweite Argument betraf die Reaktion der kommunistischen Parteien des Westens. Sie hatten den XX. Parteitag nur mit großen Schwierigkeiten und in einigen Fällen unter beträchtlichen politischen Kosten verkraftet. Was sollten sie jetzt tun? Gegen uns in Opposition gehen oder eine weitere Wendung vollziehen, was in ihren Ländern nur zu dem Vorwurf geführt hätte, daß sie gar keine eigene Politik machten und allen Moskauer Kehrtwendungen sklavisch folgten?

Das dritte Argument betraf unsere eigene Innenpolitik. Ich las das Protokoll des XXII. Parteitags noch einmal und notierte mir die lebhaftesten antistalinistischen Aussagen, die von politischen Führern gemacht worden waren, welche auch heute noch Mitglieder bzw. Kandidaten des Politbüros oder ZK-Sekretäre waren. Diese schlossen unter anderem Schelepin, Suslow, Podgorny und selbst den Parteichef der Georgischen Republik, Mschawanadse, ein. Wie würden diese Leute in den Augen der Partei und der Öffentlichkeit aussehen, wenn der neue Generalsekretär eine solche Rede hielt? Nur um Chruschtschow zu gefallen, hatten sie noch vor kurzem Stalin als Verbrecher bezeichnet und die Beseitigung seiner Überreste aus dem Mausoleum sowie den Aufbau einer Gedenkstätte für seine Opfer gefordert. Oder wollte der Genosse Breschnew diese Leute bewußt diskreditieren, um sie später loszuwerden? Und würden Menschen ihn nicht schließlich fragen: Wo waren Sie eigentlich früher? Hatte nicht auch Genosse Breschnew an allen Parteikongressen seit dem XIX. teilgenommen? War er nicht bereits seit mehr als einem Jahrzehnt Mitglied des Zentralkomitees?

Alles lief wie geplant. Die einzige Überraschung bestand darin, daß Breschnew sofort nach der Begrüßung vorschlug: »Warum laden wir nicht auch Andropow ein?« – und ihn sofort dazurief.

Die Argumente machten Eindruck. Breschnew wirkte zunehmend besorgt, unterbrach mich von Zeit zu Zeit, um Andropow etwas zu fragen. Der hatte sich eine sehr intelligente Taktik zurechtgelegt. Er sagte jedesmal mit ein paar unbedeutenden Variationen im Detail mehr oder weniger dasselbe: »Natürlich ist Georgi Arbatow zu emotional, und

vielleicht übertreibt er es ein wenig, aber im Prinzip müssen wir den
Schaden, den er hier schildert, antizipieren.« Und dann fügte er ein
paar eigene Argumente hinzu, manchmal sehr substantielle.

Schließlich bat Breschnew uns, so schnell wie möglich eine neue
Version der Rede zu schreiben. Ich kann nicht behaupten, daß diese
Version große gedankliche Tiefe besaß oder viele neue Ideen enthielt,
aber die Hauptsache war, daß Stalins Name nur einmal auftauchte (das
zu verhindern, gelang mir leider nicht): in der alphabetischen Liste der
Leute, die den revolutionären Kampf in Georgien organisiert hatten.

Von da an, so schien es mir, wurde Breschnew in der Frage von Stalins Rehabilitierung und der Annullierung der Beschlüsse des XX. Parteitags sehr viel vorsichtiger. Damals, in den Jahren 1965 bis 1967,
glaubte ich sogar, daß die Chancen recht gut standen, die Politik unseres Landes wieder auf den rechten Kurs zu bringen, trotz aller Widersprüche und Ungewißheiten der Lage.

Zunächst einmal wurde die Drohung einer weiteren Palastrevolte,
die Schelepin an die Macht hätte bringen können, allmählich abgewen-
det. Und der »Eiserne Schurik« verlor mehr und mehr an Bedeutung. [*]
Gleichzeitig wurden Leute aus der Umgebung Schelepins auf Posten
ohne politischen Einfluß versetzt. Der Gnadenstoß für Schelepin kam
mit der Entfernung Semitschastnys als Vorsitzenden des KGB im Mai
1967. Wie wir wissen, wurde Andropow sein Nachfolger. Wenn man
nach Andropows eigener Aussage geht, war diese Ernennung für ihn
eine vollständige Überraschung. Ich erinnere mich daran, wie er am
Morgen nach der Entscheidung des Politbüros im Zentralkomitee vor-
beikam und seine Berater zusammenrief, um sich zu verabschieden. Im
Scherz erzählte er uns, daß Suslow und Schelest ihn direkt nach der

---

[*]  In der Auseinandersetzung mit seinen Rivalen handelte Breschnew sehr geschickt und subtil. Fast unmerklich hebelte er eine Menge Leute in der Führung
aus: Schelepin, Poljanski, Woronow, Podgorny und Schelest – sie alle waren immerhin Mitglieder des Politbüros. Er trat nie öffentlich gegen sie auf, hielt nie eine
Rede, in der er sie attackierte. Die eine oder andere Entscheidung tauchte irgendwann auf, ohne Begründung, und dann nahmen die Dinge ihren Verlauf. Dasselbe
galt auch für Leute auf niedrigerer Ebene. Sie wurden in den Ruhestand geschickt
oder versetzt, kamen oft als Botschafter in das eine oder andere Land – in der Regel
ohne Diskussion, ohne Erklärung und Anhörung. Dem Mann wurde die Entscheidung zugestellt, und das war's. Soweit es irgend ging, wich Breschnew jeder unangenehmen Unterhaltung aus.

Sitzung, auf der die Entscheidung getroffen worden war, zum Gefängnis in der Lubjanka-Straße geführt hatten, um ihn den Spitzenleuten des KGB vorzustellen. Er erzählte uns, daß er über all das nachdachte, was innerhalb jener Wände geschehen war, und was für ein unbehagliches Gefühl er dabei hatte.

Der Abgang Schelepins war nicht die einzige positive Entwicklung. Wie bereits erwähnt, schafften es die Stalinisten nicht, sich im Vorfeld des XXIII. Parteitages durchzusetzen. Obwohl die Atmosphäre auf dem Gebiet der Ideologie und Kultur noch immer labil und widersprüchlich blieb, unterschied sie sich kaum von den letzten Jahren unter Chruschtschows Führung. So hielten wir die Hoffnung am Leben, daß die Lage sich weiter verbessern könne. Die Tatsache, daß die Wirtschaft sich einigermaßen gut entwickelte, war sehr wichtig. Im Lande lief so etwas wie eine inoffizielle Debatte über die Wirtschaft, die ein Professor Liberman noch zu Chruschtschows Zeit mit der Publikation eines Artikels in der *Prawda* eingeleitet hatte. Im Herbst 1965 führte sie zu einer ganzen Reihe von praktischen Entscheidungen, die inoffiziell Wirtschaftsreformen genannt wurden.

Und schließlich schien sich auch Breschnews eigene politische Überzeugung und politische Plattform in eine recht positive Richtung zu entwickeln. Das Jahr 1967 erschien uns besonders erfreulich. In dieser Atmosphäre gingen wir daran, seine Rede für den 50. Jahrestag der Oktoberrevolution vorzubereiten. (Leute meines Ranges hatten hauptsächlich dann, wenn eine große Rede anstand, die Chance, mit Breschnew über substantielle politische und ideologische Fragen zu sprechen.)

Nikolai Inosemzew, Vadim Sagladin, Alexander Bowin und mir wurde bereits im Mai die Aufgabe zugewiesen, den ersten Entwurf der Rede vorzubereiten. Wir versuchten darin, die in unseren Augen wichtigsten Fragen anzusprechen und Antworten auf die drückendsten und brennendsten Probleme jener Zeit zu geben. Das Resultat war ein langer und komplizierter Entwurf von über 100 Seiten, den wir Breschnew zuschickten. Er selber hatte darauf bestanden, ihn in der Rohform zu sehen. Erst später erinnerte ich mich an einen von Kuusinens Lieblingsaussprüchen: »Zeig niemals einen unvollendeten Text deinem Vorgesetzten oder einem Narren.«

Breschnew war mit dieser Version überhaupt nicht einverstanden. Hauptsächlich deshalb, so glaubten wir, weil sie vollgestopft war mit neuen Ideen und weil die Sprache für seinen Geschmack zu ernst war und oft auch zu kompliziert. Man zeigte uns einige seiner Kommentare und Vorschläge und forderte uns auf, in aller Eile eine neue Version zusammenzustellen. Kurz darauf erfuhren wir, daß Breschnew von dem ersten Entwurf so entsetzt gewesen war, daß er über Demitschew eine andere Gruppe beauftragt hatte, die Rede zu schreiben. Diese Gruppe arbeitete unter Jakowlew, der zu der Zeit Kopf der Propagandaabteilung des Zentralkomitees war. Schließlich wurden beide Versionen zu einem endgültigen Text miteinander verschmolzen. Sie erwiesen sich als vereinbar, wahrscheinlich hauptsächlich aufgrund von Jakowlews Einfluß.

Am wichtigsten aber war die endgültige Redaktionsarbeit am Text, denn die machten wir mit Breschnew selbst zusammen, so daß wir reichlich Gelegenheit hatten, mit ihm zu diskutieren. Wir verbrachten zwei Wochen mit dieser Arbeit in Sawidowo, Breschnews bevorzugtem Erholungsort. Alle möglichen Themen wurden diskutiert: Stalin und die Neue Ökonomische Politik; die Entkulakisierung und die ökonomische Reform; der XX. Parteitag und die Rolle der Intelligenzija; Fragen von Krieg und Frieden und die Beziehungen zum Westen. Breschnew hörte in der Regel sehr aufmerksam zu, schlug manchmal sogar neue Themen für die Diskussion vor. Zu der Zeit konnte man sich auch noch mit ihm streiten, selbst in Gegenwart anderer. Manchmal wurde er wütend und machte schneidende Bemerkungen, aber ein paar Stunden später oder im äußersten Fall am nächsten Tag machte er klar, daß er seinem Opponenten in dem Streitgespräch nichts nachtrug. Er entschuldigte sich nicht gerade, aber er ließ ihn wissen, daß er die Sache als erledigt betrachtete.

Was die Rede selbst anging, so erwies sie sich schließlich als nicht sehr interessant, selbst nach dem Standard jener Tage. Auf der anderen Seite versprachen die Debatten mit Breschnew, Resultate nach sich zu ziehen, und sie schienen uns sehr ermutigend, wenn man es aus der Perspektive seiner »Aufklärung« und »Unterrichtung« sah. Da die Reformen im Lande in Schwierigkeiten geraten waren, betraf dies die ganze Breite der Probleme, mit denen wir uns herumschlugen: die Haltung dem Stalinismus gegenüber; die internationalen Beziehungen; die Notwendigkeit, weitreichende neue ökonomische Lösungen zu finden. Mehrere Male wurde auch angesprochen, daß es für das Land wichtig sei, die kreative Freiheit von Wissenschaftlern, Schriftstellern und

Künstlern zu erweitern. Zu der Zeit machte Breschnew darüber einige sehr konstruktive Vorschläge. Einmal bemerkte er, daß er sich mit Scham an Chruschtschows Treffen mit der Intelligenzija erinnere. Er versprach uns fest, daß er sich nach den Jahrestagsfeiern mit Mitgliedern der Intelligenzija treffen würde, aber er tat es nie. Immerhin griff er bei mehreren Gelegenheiten zugunsten von Theaterproduzenten und Schriftstellern ein. Im Herbst 1967 wurde er, glaube ich, zum ersten Mal mit den Aktivitäten Andrej Sacharows direkt konfrontiert. Das stand, soweit ich mich erinnere, in Zusammenhang mit Sacharows erstem Brief an ihn. Breschnew sagte zu, daß er Sacharow empfangen würde, delegierte aber unglücklicherweise dieses Treffen an Suslow, der die Zusage nicht einhielt. Ich bin mir nicht sicher, daß ein Treffen mit Sacharow ein positives Ergebnis gebracht hätte, was die Aufklärung der Führung angeht, oder ob es Sacharow die langen Jahre der Verfolgung erspart hätte. Aber ich hatte doch das Gefühl, daß eine Chance verpaßt worden war.

Wie auch immer, wir glaubten daran, daß unsere Arbeit und die Diskussionen mit Breschnew nützlich waren und zu positiven Veränderungen in der Politik beitragen könnten. Unglücklicherweise erlebte dann das Jahr 1968 einen Rechtsruck, zumindest in der Innenpolitik. Die Ereignisse in der Tschechoslowakei waren in diesem Sinne ein klares Anzeichen, vielleicht sogar der bedeutendste Grund. Unsere Führung begann im Januar 1968 über die Lage in der Tschechoslowakei nervös zu werden. Ich erfuhr nur wenige Details darüber, wie es schließlich zu der tragischen Entscheidung für den Einmarsch kam, weil ich den ZK-Apparat verlassen hatte und im Dezember 1967 zum Direktor des USA-Instituts der Akademie der Wissenschaften ernannt worden war. Bis in das nächste Jahr hinein hatte ich praktisch keine Kontakte mehr zu Breschnew und den anderen politischen Führern.

Aber selbst ohne direkte Informationen war spürbar, wie die politische und die ideologische Lage gespannter wurden. Ich erinnere mich an das Plenum des Parteikomitees der Stadt Moskau im Februar oder März 1968, an dem Breschnew teilnahm. Die Verschärfung auf den Gebieten der Ideologie und Kultur wurde dort offen proklamiert, offensichtlich unter dem Einfluß der Entwicklung in der Tschechoslowakei. Die Dissidentenbewegung ist wahrscheinlich in dieser Periode entstanden. Ein weiteres neues Wort kam zu dieser Zeit auf: *podpisant* (»Unterzeichner«); das war ein Etikett, das man Leuten aufklebte, die Briefe und Petitionen zur Verteidigung von Menschen unterzeichneten, welche verfolgt wurden, oder um zu erreichen, daß Bücher veröffentlicht wurden, die von der Zensur unterdrückt worden waren. Dissidenten und »Unterzeichner« wurden gnadenlos aus ihren Positionen gefeuert und entsprechend der Parteilinie bestraft. Dies betraf auch die Akademie der Wissenschaften, um so mehr, als der Präsident der Akademie, Mstislaw W. Keldysch, beim Plenum des Parteikomitees der Stadt Moskau eine Rede hielt, in der er die »Untreuen« anprangerte. (Diese Rede, die ihn in den Augen der Intelligenzija kompromittierte, war zum Teil dadurch zu erklären, daß er zu der Zeit in großer Angst lebte, weil seine Schwester sich den Reihen der »Unterzeichner« angeschlossen hatte.) Die Zensur wurde härter. Viele Bücher und Artikel, die vorher angenommen worden wären, wurden jetzt unterdrückt.

Die Stalinisten versuchten sofort, die Lage auszunutzen. Die konservativsten Mitglieder der Führung – Suslow, Podgorny, Schelest, Grischin, Demitschew und die »Sturmtruppen« der konservativen Ideologen im ZK-Apparat sowie unter den führenden Leuten in den Sozialwissenschaften – traten nun offen auf und gingen zur Attacke über.

Was die Ereignisse vom August 1968 in der Tschechoslowakei betrifft, so kann ich dem, was bereits bekannt ist, nichts hinzufügen; ich erinnere mich nur, daß ich von einer brennenden Scham über die Politik meines Landes und angesichts dessen, was unsere Führung getan hatte, überwältigt war. Ich war daher außerordentlich schockiert, als Georgi M. Kornijenko, damals Chef der USA-Abteilung des Außenministeriums, mich in irgendeiner Routineangelegenheit anrief und gegen Ende der Unterhaltung erwähnte, daß er dabei sei, einen Brief an Präsident Johnson zu redigieren, der die Motive, warum wir Truppen in die Tschechoslowakei geschickt hatten, erkläre. Ich konnte mich nicht einmal dazu überwinden, meine Ferien im Kaukasus anzutreten, wo meine Familie auf mich wartete; statt dessen rief ich meine Frau an dem Abend an. Ich wollte niemanden sehen; ich war beschämt und erbittert.

In der Zeit nach dem Einmarsch in die Tschechoslowakei stellte ich fest, daß eine erstaunlich große Anzahl von Mitgliedern der Intelligenzija, darunter Kommunisten, die ich vorher als völlig orthodox angesehen hatte, meine Gefühle teilten. In den Tagen nach der Invasion drückte ich meine Erbitterung über unsere Politik hitzig und ohne auf meine Ausdrucksweise zu achten gegenüber Zukanow und auch Wladimir Krjutschkow aus, die früher mit mir zusammen im Zentralkomitee gearbeitet hatten, inzwischen aber zum KGB versetzt worden waren. Das war derselbe Krjutschkow, der später Vorsitzender des KGB und im August 1991 einer der Anführer des Putsches gegen Gorbatschow wurde. Keiner von ihnen verriet mich an ihre Vorgesetzten. Ich habe übrigens den Verdacht, daß Breschnew und insbesondere Andropow nicht nur ahnten, sondern sehr wohl wußten, wie ich und viele Intellektuelle (einschließlich jener, die noch im Zentralkomitee arbeiteten) zu dieser Invasion standen.

Wie viele vorhergesehen hatten, wirkte sich die Intervention in der Tschechoslowakei sehr negativ auf den ganzen Kurs der politischen Evolution in unserem Lande aus. Wahrscheinlich hatte sie einen noch zerstörerischen Effekt als die Ereignisse in Polen und Ungarn im Jahre 1956.

Was die Wirkung der Intervention auf mich angeht, so dachte ich zum ersten Mal wirklich darüber nach, wie unheilvoll und zerstörerisch die imperialen Ambitionen unserer herrschenden Elite waren, ebenso wie ihre Versuche, das Reich mit Gewalt zusammenzuhalten. Unglücklicherweise genoß die Elite, was diese Fragen betraf, eine ganze Menge Unterstützung in der Bevölkerung. Als die sechziger Jahre zu Ende gingen, zahlten wir einen hohen Preis für das tschechoslowakische Abenteuer. Es spielte eine wichtige Rolle im Anwachsen der konservativen Tendenzen, die schließlich in die Periode der Stagnation mündeten.

Die Rolle, welche imperiale Politik in der Stärkung der konservativen Haltung spielte, enthüllte sich erst gegen Ende der achtziger Jahre und zu Anfang der Neunziger voll. Zum ersten Mal seit Beginn der Perestroika ergab sich eine offene politische Opposition gegen Gorbatschow, und zwar aufgrund des rapiden, dominoartigen Zusammenbruchs der sozialistischen Staatengemeinschaft. Konservative Parteifunktionäre, Teile des Militärs und ein Teil des KGB schlossen sich dieser erstarkten Opposition an. Und als der Kollaps des Reiches die baltischen Staaten ergriff sowie Moldawien und die Länder im Kaukasus, gewann diese Opposition unter den Extremisten in der russischsprechenden Bevölkerung in diesen Gegenden breite Unterstützung. Die psychologischen und politischen Voraussetzungen für den Putsch vom August 1991 gehen bis auf das tschechoslowakische Abenteuer von 1968 zurück. Eine imperiale Außenpolitik verbindet sich immer mit einer konservativen, sogar reaktionären Innenpolitik.

Ich habe Chruschtschows Feststellung bereits erwähnt, daß, wenn
Antonín Novotný auf seinen Rat gehört und die von Stalin befohlenen
Verbrechen seiner Vorgänger aufgeklärt hätte, die Situation von 1968
nie entstanden wäre. Ich bezweifelte diese Feststellung: Die bloße Enthüllung von Fehlern und Verbrechen der Vergangenheit reicht nicht
aus, es müssen weitreichende Reformen hinzukommen. Aber wenn
man die tschechoslowakischen Ereignisse für sich betrachtet, mag
Chruschtschow recht gehabt haben. Eine Kritik der Vergangenheit
hätte ein Ventil für aufgestaute Gefühle bilden und den politischen
Druck in der Gesellschaft vermindern können. Insbesondere, wenn all
das geschehen wäre, während Chruschtschow noch an der Macht war:
Eine Veränderung in der Tschechoslowakei hätte sich von der Welle des
XX. und XXII. Parteitages tragen lassen und wäre daher in Moskau mit
Verständnis, vielleicht sogar mit Sympathie aufgenommen worden –
nicht, wie später, als Herausforderung und ganz besonders nicht als etwas, das unangenehme innere Probleme schuf. Die politischen Zyklen
der beiden Länder hätten mehr oder weniger übereingestimmt, und die
ganze Affäre wäre vielleicht ohne Konfrontation zu lösen gewesen.

Aber das geschah nicht. Mit dem Beginn des Jahres 1986 wandte sich
Moskau ganz von der Linie des XX. Parteitages ab. Und natürlich wurden die Veränderungen in der Tschechoslowakei von den Konservativen von Anfang an mit wachsendem Mißtrauen betrachtet.

Die feindselige Haltung unserer Führung gegenüber den Ereignissen
in der Tschechoslowakei entstand bereits im Januar 1968 und wurde in
Prag unzweifelhaft bemerkt. Und diese Feindseligkeit führte auch dazu,
daß die gemäßigt reformorientierte Führung der Partei und des Landes
sich radikalisierte. Dadurch wurde sie in die Arme jener politischen
Kräfte in der Tschechoslowakei getrieben, die später revisionistisch und
konterrevolutionär genannt wurden. Dies wiederum gab den Verdäch-
tigungen in der UdSSR und in den anderen Ländern des Warschauer
Paktes neue Nahrung. Es war wie eine sich beschleunigende Spirale.

Die Dinge wurden durch einen weiteren Faktor noch komplizierter
gemacht, den ich nach drei Jahren Tätigkeit in den Büros des Zentralkomitees sehr gut verstand: durch den menschlichen Faktor im Apparat,
durch das Wesen der Leute im Zentralkomitee, die als Spezialisten über
bestimmte Länder arbeiteten. In jenen Tagen waren die Leute, die die
höchsten Ränge einnahmen, solche, die zu Stalins Zeiten geformt worden waren, als der »ZK-Instrukteur«, der sich auf die Politik eines be-

stimmten osteuropäischen Landes spezialisiert hatte, sich nicht nur als ein imperialer Statthalter betrachtete, sondern auch mit der unerschütterlichen Überzeugung gewappnet war, daß er, als Parteioffizieller aus Moskau, der endgültige Schiedsrichter von Wahrheit und Autorität war. Und jeder, der diese Meinung auch nur anzweifelte, war ein Gegner oder zumindest ein »Revisionist« (was zu der Zeit ein wirklich schlimmes Wort war – irgendwo zwischen »Ketzer« und »Verräter« angesiedelt).

Andropow verstand das – und sagte oft, daß eine solche Haltung unter den Mitarbeitern politisch schädlich sei, sogar gefährlich, und die Entwicklung normaler Beziehungen zu unseren Verbündeten behinderte. Aber unglücklicherweise entließ er auch keine dieser Leute. Also hatten 1967 noch viele der Offiziellen in der ZK-Abteilung, die für die Beziehungen zu den verbündeten Ländern verantwortlich waren, dieselbe Mentalität wie jene, die unter Stalin gedient hatten. Unter den Parteikadern in den Ländern, mit denen diese Offiziellen zu tun hatten, besaßen sie Freunde und Informanten, denen sie trauten, und sie hatten Gegner, die sie nicht mochten. Sie begannen, »ihr« Land mit den Augen der Freunde und Favoriten zu sehen, die dort eine Art Moskau-Fraktion bildeten.

Als Spezialisten berichteten diese Funktionäre der Führung über die innenpolitische Situation in den Ländern, für die sie verantwortlich waren. Man hörte ihnen zu, und in den meisten Fällen glaubte man ihnen auch. Infolgedessen übernahm die Führung Informationen und Einschätzungen, die in keiner Weise objektiv waren.

Anfang 1967 waren unsere Hauptexperten für die Tschechoslowakei der Kopf der zuständigen ZK-Abteilung, Sergej I. Kolessnikow, und der Botschaftsrat in unserer Prager Botschaft, Iwan I. Udalzow. Im Gegensatz zu Kolessnikow war Udalzow intelligent und sogar gebildet, blieb aber zugleich ein Anhänger der alten Dogmen. Für mich ist es schwierig zu ermessen, welche Rolle die beiden genau spielten, aber ich glaube, sie war von beträchtlichem Ausmaß.[*] Wahrscheinlich war

---

[*] Es gab ähnliche, fast vollständige Monopole der Information und Analyse für andere Länder. Zum Beispiel entstand beträchtlicher politischer Schaden durch die Gruppe im Zentralkomitee, die für die Beziehungen zu China bis zum Jahre 1986 verantwortlich war, und auch durch eine andere Gruppe, die für die Beziehungen zu Japan zuständig war.

das panikerfüllte Bild, das die Führung auf diese Weise von den Ereignissen in der Tschechoslowakei vermittelt bekam, der Grund für die schnell ansteigenden Spannungen in den Beziehungen. Ich weiß nicht im Detail, wie es zu der schicksalhaften Entscheidung kam, Truppen einzusetzen. Nach Aussagen von Leuten, denen ich vertraue, verschob Breschnew die Invasion lange Zeit und hatte einfach Angst, militärische Gewalt anzuwenden. Nach Meinung von Jiři Valenta, einem tschechischen Emigranten und Politikwissenschaftler, wandte sich Kossygin strikt gegen eine militärische Intervention, gab aber unter dem Druck der »Interventionisten« schließlich seine Zustimmung. Sowohl Michail Suslow als auch Boris Ponomarjow stimmten fast bis zum letzten Moment für eine politische Lösung des Problems, aber nur aus einem taktischen Grund: Die internationale Konferenz der Kommunistischen Parteien stand im Herbst bevor, und eine militärische Intervention in der Tschechoslowakei hätte sie natürlich gefährdet.

Unter jenen, die aktiv für eine militärische Lösung eintraten, nennt Valenta[*] Pjotr Schelest, Arwid Pelsche, Nikolai Podgorny, Pjotr Mascherow und Pjotr Demitschew. Auch Walter Ulbricht und Władisław Gomułka riefen nach einer militärischen Intervention. János Kádár versuchte, sie zu vermeiden. Auf der Basis dessen, was ich später hörte, muß ich leider sagen, daß auch Andropow nach den Ereignissen in Ungarn von 1956 gegenüber radikalen Veränderungen in den verbündeten Ländern sehr untolerant geworden war; er war unter den Anhängern von »entschiedenen Maßnahmen«, oder zumindest opponierte er nicht gegen sie. Vielleicht glaubte er, daß jede Verzögerung nur zu einem größeren Blutvergießen führen würde. Auch Dmitri Ustinow, so hörte ich später, war dieser Meinung. Eine Tatsache bleibt unbestritten: Nicht ein einziges Mitglied der Führung protestierte, als die Entscheidung getroffen wurde. Das weiß ich sicher.

Später habe ich mich oft gefragt, wie es dazu kommen konnte. Und ich bin zu dem Schluß gekommen, daß es für eine Gruppe am einfachsten und am leichtesten war, »entschieden« zu handeln. Ich war verblüfft, als ich feststellte, daß es eine ähnliche Haltung in der amerikanischen Führung während der Kuba-Krise von 1962 gab. Es erfordert

---

[*] in einem Buch, das auf Interviews mit den früheren politischen Führern der Tschechoslowakei basiert: *Soviet Intervention in Czechoslovakia, 1968: Anatomy of a Decision.* Baltimore, 1979

sehr viel mehr an politischer Courage, nach Mäßigung, Geduld und Toleranz zu rufen. In solchen Krisensituationen fällt dem politischen Führer eine ungewöhnlich große Verantwortung zu. Unglücklicherweise
entschied sich Breschnew dafür, sich hinter anderen Leuten zu verstek-
ken.

Außer falscher Information und einem verzerrten Bild vom politischen Zustand in der Tschechoslowakei spielten noch andere Faktoren
eine große Rolle. Einer dieser Faktoren war der Einfluß imperialisti-
scher Haltungen und Zielsetzungen, die Aktionen in Regionen, welche
man als die eigene »Interessensphäre« betrachtete, rechtfertigten oder
»sanktionierten«. Ein weiterer Faktor ist die tiefverwurzelte Ideologie,
nach der jede Abweichung von dem, was allgemein als die sozialistische
Linie anerkannt ist, gleichbedeutend mit Verrat und einer kriminellen
Handlung betrachtet wird. Ich glaube, daß Breschnew sich dieser Dog-
matik unterwarf und sich davon überzeugen ließ, daß er die Sache des
Sozialismus verraten oder zumindest seine eigene Position als Parteichef und Führer der Nation untergraben würde, wenn er nicht intervenierte. Ein früherer Sowjetbotschafter in Prag, Stepan Tschervonenko,
erzählte mir, daß Breschnew zwar der Meinung war, daß die Suche
nach einer politischen Lösung fortgesetzt werden sollte, damit der Einsatz militärischer Gewalt verzögert oder vermieden werden könnte, daß
er aber dem Botschafter im Juli 1968 mitteilte, die »revisionistischen«
Tendenzen in der Tschechoslowakei würden ihn, sollten sie den Sieg
davontragen, zwingen, als Generalsekretär der KPdSU zurückzutreten.
(»Es wird letztlich dann so aussehen, als hätte ich die Tschechoslowakei
verloren.«)

Heute scheint mir, daß der Optimismus und die Hoffnung unter jenen, die 1967 für die Regierung arbeiteten, die tiefverwurzelten politischen Tendenzen derjenigen, die die Politik unseres Landes gestalteten,
entweder überhaupt nicht berücksichtigten oder weit unterschätzten.

# Schleichende Restalinisierung (1968–1974)

Der Stalinismus hatte sich im Laufe einer langen Periode und mit den radikalsten Mitteln in unsere Gesellschaft eingegraben. Er hatte tiefe Wurzeln entwickelt, viel tiefere, als Chruschtschow wahrscheinlich angenommen hat, als er seine Rede auf dem XX. Parteitag hielt. Wie wir gesehen haben, hing eine sehr große Gruppe in der Führung des Landes nach wie vor den alten stalinistischen Linien an, und es wäre für sie schwierig, wenn nicht unmöglich gewesen, in einer anderen politischen und sozialen Struktur zu funktionieren; sie war einfach unfähig, irgend etwas anderes zu tun, als Befehle von oben auszuführen. Ein signifikanter Teil unserer Gesellschaft war auf eine Veränderung nicht vorbereitet. Unsere ganze Geschichte hat eine große Anzahl von Menschen praktisch darauf programmiert, nur vorgeschriebene Wege zu gehen, und sie scheuten kaum etwas mehr als Initiative, unabhängiges Denken und die Übernahme von Verantwortung.

Nach dem Oktober 1964, und insbesondere nach den Ereignissen von 1968, verbanden sich zwei Kräfte, um die Restalinisierung des Landes zu erreichen. Ich bezeichne diesen Prozeß als »schleichend«, eben weil er nicht durch ein Dekret in Gang gesetzt wurde, sondern sich allmählich ausweitete. Die Stalinisten arbeiteten mit den bewährten Methoden der Einschüchterung. Jeder, der eine antistalinistische Haltung hatte oder es wagte, seine Stimme gegen die konservative Offensive zu erheben, geriet in ihr Visier. Es gab zwar nur wenige Verhaftungen und Prozesse, statt dessen aber war es eine weitverbreitete Praxis, die Leute von ihrer Arbeitsstelle zu entfernen; sie entsprechend der Parteilinie zurückzustufen oder sogar aus der Partei auszustoßen; Anklagen gegen Dissidenten zu fabrizieren und diese in zunehmend raffinierten Formen zu verfolgen; Menschen öffentlich zu kompromittieren und zu verleumden; sie in psychiatrische Kliniken zu zwingen, zu exilieren oder ihnen die Staatszugehörigkeit abzusprechen. Dabei spielte der Versuch, antisemitische Gefühle anzufachen, der sich hinter der angeb-

lichen Notwendigkeit versteckte, den Zionismus zu bekämpfen, eine
sehr merkliche und unangenehme Rolle. Aus irgendeinem Grunde
wurde in jenen Jahren die Emigration der sowjetischen Juden zugelassen – eine politische Linie, auf die wir moralisch und gesellschaftlich
vollkommen unvorbereitet waren. Aus all diesen verwirrenden Vorgängen ging hingegen eines klar hervor: Damals wurden Basis und
»Infrastruktur« für Pamjat sowie für eine organisierte antisemitische
Bewegung geschaffen. Nicht nur stellten sich die Behörden demgegenüber blind und taub, sondern gewisse offizielle und Regierungsstellen
halfen dabei sogar.

Worin lagen die Ziele solch einer Politik? Vor allem in der Verteidigung dessen, was unsere Führung für die Grundlagen des wahren Sozialismus und der sozialistischen Ordnung hielt. Ich bezweifle, daß
diese Leute begriffen, daß der Sozialismus, den sie zu stützen versuchten, deformiert war, und daß sie in Wirklichkeit die autoritäre Ordnung verteidigten oder, um es genauer zu sagen, ihre eigene Macht und
ihre Privilegien. Als sich die neue ideologische Linie durchsetzte,
wuchs die Zahl der Leute, die verfolgt wurden, zunehmend, und die
politische, geistige und moralische Atmosphäre verdunkelte sich.

Viele verstummten. Die Grenzen der »Legalität« – das heißt, die Kriterien dessen, was man tun konnte, ohne vom System ausgestoßen zu
werden, wurden im Laufe dieses ideologisch-politischen Kampfes immer enger. Bald konnte man selbst über Dinge, die allgemein bekannt
waren, nur noch indirekt sprechen.

1971 erschien mein Buch *Der ideologische Kampf in den gegenwärtigen internationalen Beziehungen*. Trotz seines etwas dogmatischen Titels war es für die damalige Zeit in der Themenstellung sehr breit angelegt und auch ungewöhnlich im Vergleich zu unserer sonstigen Literatur über Außenpolitik. Vor allem die Seiten über den Militarismus und
sein unvermeidliches Scheitern sind mir noch heute wichtig. Militärische Macht als Instrument der Politik ist ein Thema, mit dem ich mich
seit langem beschäftigt habe. Mein erstes Buch darüber schrieb ich
Mitte der fünfziger Jahre, und ich kehrte auch in den Jahren 1990 und
1991 zu dem Problem zurück, was mich in eine scharfe Polemik mit
unseren Generälen und Marschällen verwickelte.

Das Buch enthielt eine ausführliche Verteidigung der Politik friedlicher Koexistenz (einschließlich einer Rechtfertigung vom marxistisch-leninistischen Standpunkt aus, was zu der Zeit natürlich eine

Pflichtübung war). Darüber hinaus präsentierte es auch einige ungewöhnlich kritische Ansichten über die sozialistische Ideologie, darunter
einige Passagen, die der Aufmerksamkeit einiger freundlich gesonne-
ner Kritiker in den Vereinigten Staaten nicht entgingen. Darin fand
sich zum Beispiel die Behauptung, daß die Kraft des sozialistischen Bei-
spiels als revolutionäre Stimulanz auch seine negativen Seiten hat, da
die wirtschaftlichen Schwierigkeiten und die politische Willkür in den
sozialistischen Ländern die Anziehungskraft des Sozialismus auch untergraben konnten.

Ein weiteres Buch, das 1981 veröffentlicht wurde, enthielt eine Serie
von Interviews, die ich mit dem holländischen Journalisten Willem
Oltmans führte. Es erschien in der Sowjetunion 1982 und beschäftigte
sich mit der Außenpolitik des Landes. Und obwohl es im allgemeinen
unsere Politik verteidigte, war es, aus der Sicht vieler, in seiner Offenheit und seiner Selbstkritik eine Ausnahme. Ich schrieb regelmäßig Artikel. Die meisten beschäftigten sich mit der Außenpolitik und mit militärisch-politischen Streitfragen. In diesen Artikeln versuchte ich, die
Ideen der Entspannung, der Abrüstung und der Verbesserung der sowjetisch-amerikanischen Beziehungen zu verteidigen. Sie enthielten
indessen oft auch scharfe Kritik an verschiedenen amerikanischen Aktionen oder Reden von amerikanischen Politikern. Nach meiner Meinung verdienten sie das auch. Nicht jeder in meinem Land schätzte
diese Artikel. Zum Beispiel erregte meine Feststellung aus dem Jahr
1978, daß es in einem Atomkrieg keine Gewinner geben könne, daß aus
ihm keine Wiederkehr möglich sei, viel Unmut.

Der Druck der Zensur und die Einschränkungen der Redefreiheit
hatten zumindest einen kleinen Nutzen. Sie zwangen einen, sehr genau zu sein, sich geschickt auszudrücken, wichtige Gedanken zwischen
den Zeilen zu vermitteln – durch Andeutungen, durch Auslassungen
und durch Ironie. Wie die Mehrheit meiner Kollegen am Institut versuchte auch ich, so zu schreiben.

Ich glaube, daß diese Unterdrückung des geistigen Lebens der Gesellschaft nicht nur auf lange Sicht großen Schaden anrichtete, sondern
auch für die Perestroika selbst große Schwierigkeiten bereitete. Als auf
dem XX. Parteitag die Wahrheit über Stalin ausgesprochen wurde und
man zum ersten Mal den Versuch unternahm, ehrliche Kommunisten,
Leute außerhalb der Partei und all die gesunden Elemente der Gesellschaft zu einem Kampf für die Erneuerung zu verpflichten, nahmen

viele Leute dies mit Begeisterung und geradezu missionarischem Eifer auf. Die schamlosen Versuche, später so zu tun, als wären während der Stalinzeit keine Verbrechen geschehen, und auch die Bemühungen, die vor kurzem gestürzten Idole wiederzubeleben, führten zu einem ernsthaften Zerfall des Glaubens an die sozialistischen Ideale. Der nächste Schritt in der Desillusionierung der Öffentlichkeit war natürlich eine sich verstärkende Skepsis und ein beginnender Zynismus, insbesondere unter der jüngeren Generation. Den negativen Konsequenzen ihrer Passivität standen wir dann in der Zeit der Perestroika gegenüber.

Natürlich stieß die Wiederbelebung des Stalinismus damals auch auf Opposition. Es gab Menschen, die einfach nicht still bleiben konnten – die berühmtesten waren Solschenizyn und Sacharow, aber man könnte Dutzende anderer nennen. Viele kämpften innerhalb des Systems. Und viele wurden verfolgt. Ich will nur von einem Beispiel berichten – von dem Akademiker Pjotr L. Kapiza. Wir hörten von ihm eigentlich erst nach der Veröffentlichung seiner Briefe an Stalin, Chruschtschow, Breschnew und Andropow. Sich an kollektiven Petitionen und Verteidigungsschriften für jene, die verfolgt wurden, zu beteiligen, hatte er immer abgelehnt. Wie sich herausstellte, tat er das nicht aus einem Mangel an Mut. Er zog einfach eine andere Methode vor, die er für effektiver hielt: Er schrieb individuelle Briefe an die Führer des Landes, in denen er Menschen verteidigte oder gegen politische Handlungen protestierte. Er tat das, wann immer er es für notwendig hielt, und er war vollkommen bereit, die persönliche Verantwortung für diese Briefe auf sich zu nehmen.

Ich führe diesen Mann nicht an, um auch nur einen winzigen Teil der Courage und der großen gesellschaftlichen Leistung jener Leute für mich zu beanspruchen, die den Stalinismus offen herausforderten und ihn bekämpften wie in einem Krieg. Indessen ist die Evolution einer Gesellschaft sehr viel komplizierter als der Krieg und erfordert ganz unterschiedliche Handlungen und Methoden. Nach meinem Urteil lag absolute Priorität darin, eine vollständige Restauration des Stalinismus zu verhindern und die Grundlagen für spätere demokratische Reformen zu legen.

Auch ist es wichtig, im Gedächtnis zu behalten, daß der stalinistische Gegenangriff, der in der zweiten Hälfte der sechziger Jahre begann, sich nicht nur gegen Menschen richtete, sondern auch gegen Ideen, gegen die historische Wahrheit und jeden neuen Ausblick, den die Menschen auf den Sozialismus, die Welt oder die Politik im allgemeinen gehabt haben mögen. Als die konservativen Kräfte ihren Gegenangriff auslösten, boten sich ihnen viele verschiedene Optionen.

Die wichtigsten ideologischen Stellungen waren bereits erobert. Die ZK-Abteilung für Ideologie, die Chruschtschow ins Leben gerufen hatte und die Leonid Iljitschow unterstellt gewesen war, wurde in drei Abteilungen umstrukturiert. Die erste neue Einheit war die Abteilung für Wissenschaft und Erziehung, die in Trapesnikows Hände fiel und sofort zum Hauptinstrument der stalinistischen Gegenoffensive wurde. Die zweite Einheit war die Abteilung für Kultur, die W. F. Schauro unterstellt wurde, dem früheren Sekretär für Ideologie des belorussischen Zentralkomitees. Er hatte in seinem Leben noch nie eine Sekunde gezögert, irgendeine Politik, die ihm von oben befohlen wurde, umzusetzen. Selbst kein sehr energischer Mann, gab er seinen Mitarbeitern, die auf dem Gebiet der Kultur eine wirkliche Wende herbeiführen wollten, alle Freiheiten. Da in den Künstlergewerkschaften und in einer Reihe von Redaktionen bereits stalinistische Brückenköpfe etabliert worden waren, hatten diese Leute wenig Schwierigkeiten, eine breite Front zu eröffnen, von der aus die Konservativen und Stalinisten angreifen konnten.

In der Propaganda-Abteilung, die sich von »Iljitschows Reich« getrennt hatte, lagen die Dinge etwas komplizierter. Nachdem W. N. Stepakow abgesetzt worden war, offenbar weil er Schelepin zu nahe stand, blieb diese Abteilung bis Anfang 1972 ohne Direktor. In der Zwischenzeit nahm Alexander Jakowlew, der Erste Stellvertretende Abteilungsleiter, kommissarisch diese Pflicht wahr. Jakowlew und einige wenige gleichgesinnte Leute in der Propaganda-Abteilung versuchten alles, um den Vormarsch der Konservativen aufzuhalten. Dafür mußte er bald bezahlen. Als Vorwand diente seinen Feinden der interessante Artikel über Internationalismus, den er in der *Literaturnaja Gazeta* veröffentlichte und der großes Aufsehen erregte.

Dieser Artikel war die erste großangelegte öffentliche Verteidigung des Internationalismus gegen den Nationalismus und den großrussischen Chauvinismus. Jakowlew trat entschlossen für die Gedanken des XX. Parteitages ein und wurde sowohl von den Stalinisten als auch von der Opposition sehr aufmerksam gelesen. Golikow schrieb sofort eine Gegendarstellung, die im Politbüro vorher genau durchgesehen worden war. Ich und verschiedene meiner Kollegen waren anwesend, als Bresch-

new Jakowlew wegen dieses Artikels ermahnte. In Anwesenheit aller
sagte er Jakowlew, daß er ihm »dieses Mal« noch verzeihen werde. Dann
wurde er aufgrund seiner eigenen Großzügigkeit sogar sentimental und
umarmte Jakowlew. Aber ein paar Tage später war er bereits zum Botschafter in Kanada ernannt und blieb dort bis Mitte 1982. Von da an
marschierte die Propaganda-Abteilung im Gleichschritt mit den anderen
Abteilungen. Die Lage an der ideologischen Front wurde noch durch die
Tatsache kompliziert, daß Pjotr Demitschew, in seiner Eigenschaft als
ZK-Sekretär, technisch für alle drei Abteilungen zuständig war. Demitschew war ein ebenso untalentierter wie prinzipienloser Mensch, der an
allen möglichen dunklen Geschäften beteiligt war. Der Mann, der nun
Demitschew als ZK-Sekretär für Ideologie ersetzte, war Michail
W. Simjanin. Zunächst erschien das allen als eine erfreuliche Veränderung. Sein Ruf war nicht schlecht; er war sogar während der Vorbereitungen für den XXIII. Parteitag mit Trapesnikow und Golikow in Konflikt geraten. Aber irgend etwas geschah mit ihm während seiner Jahre
als ZK-Sekretär. Vielleicht veränderte ihn die Macht, vielleicht war es
sein Alter. Auf jeden Fall wandelte er sich vollkommen und wurde zu
einem Patron der Konservativen. In einigen ziemlich schlimmen Affären, zum Beispiel bei dem Versuch, das IMEMO im Jahre 1982 zu zerstören, spielte er eine aktive Rolle.

Irgendwo oben in den Wolken darüber saß die Graue Eminenz und der
Hohe Priester der Ideologie, Michail Suslow, der nur sehr selten öffent-
lich in Erscheinung trat. Hinter den Kulissen spielte er eine konservative
Rolle. Seine entschiedene Haltung gegen Alexander Twardowski, Alexander Solschenizyn und Wassili Grossman ist wohlbekannt. Suslows
Rolle in der Politik war, glaube ich, komplizierter – zumindest in jenen
Fällen, als er sich gegen Abenteuertum und die extreme Rechte aus-
sprach. Davon gab es eine ganze Menge. Bei solchen Fragen führten
Suslows intuitive Vorsicht und seine Scheu, Probleme heraufzube-
schwören, oft zu einer konstruktiven Haltung. Wenn die Ultrakonservativen an der ideologischen Front aktiv werden wollten, übte er manchmal
einen zügelnden Einfluß auf sie aus.

Auf der mittleren Ebene war praktisch niemand, an den man sich wenden konnte. Wenn Wissenschaftler oder Kulturschaffende Schwierigkeiten hatten oder sich in einer kritischen Situation befanden, wandten
sie sich entweder an Andropow, dessen Ruf trotz allem noch immer recht
gut war, oder sie gingen direkt zu Breschnew.

Das erste Opfer der Übergriffe von rechts war die Geschichte. Die Stalinisten erreichten dort, was sie sich auf allen Gebieten vorgenommen hatten: die Ideen des XX. und XXII. Parteitages auszulöschen und zu einer Apologie Stalins und des Stalinismus zurückzukehren. Tatsächlich wurde mit großem Aufwand versucht, so zu tun, als ob der XX. Parteitag nie stattgefunden hätte. Gegen viele ehrliche Historiker begann eine Unterdrückungskampagne. Pawel W. Wolobujew, der ein entschlossener Vertreter seiner Prinzipien in der akademischen Welt gewesen war, wurde als Direktor des Instituts für Geschichte der UdSSR an der Akademie der Wissenschaft abgelöst. Alexander Nekritsch, der für seine Arbeiten über die Geschichte des Zweiten Weltkrieges berühmt war, wurde mit besonderer Bösartigkeit verfolgt. Schließlich zwang man ihn sogar zur Emigration – eine altbewährte Methode. Ein Emigrant wurde auf sehr bequeme Art und Weise zu einer Art Verräter, und seine Positionen, seine Werke, selbst seine Anhänger waren damit kompromittiert. Roy Medwedjew wurde aus der Partei ausgestoßen. Viele andere litten.

In der Wissenschaft, in der Literatur und selbst in den Künsten begann erneut eine vollständige Verfälschung der Geschichte. Genaugenommen müßte man allerdings sagen, daß diese Verfälschung niemals wirklich aufgehört hatte; nur unter Chruschtschow hatte es ein paar erste zögernde Schritte in Richtung auf die historische Wahrheit gegeben. Besondere Anstrengungen galten der Fälschung der Geschichte des Zweiten Weltkriegs und vor allem der Rolle Stalins in diesen Jahren. Ich glaube, daß dies so war, weil die Apologeten sehr gut verstanden, daß der Krieg in der Seele der Nation das emotional am stärksten aufgeladene Kapitel der sowjetischen Geschichte war, und daher hatte die auf dem XX. Parteitag ausgesprochene Wahrheit über den Krieg einen besonderen Effekt gehabt: Sie hatte dem Mythos vom »Großen Führer« ein schnelles Ende gesetzt. Der kürzeste Weg, Stalin zu rehabilitieren und die Achtung vor ihm wiederherzustellen, war daher, ihm eine entscheidende Rolle beim Sieg über Hitler zurückzugeben.

Ich kann die Tatsache nicht mit Schweigen übergehen, daß die Stalinisten in ihren Versuchen, die Geschichte des Krieges zu verfälschen, eifrige Verbündete bei einer großen Zahl von unseren Militärs fanden, darunter einige, die sich wirklich ausgezeichnet hatten und hohe Orden trugen. Eine solche Entwicklung erschien mir geradezu verrückt; denn schließlich, wer hatte unter Stalin mehr als das Militär, insbesondere in seinen höchsten Rängen, gelitten? Im Dezember 1959 hatte ich von Generalleutnant A. N. Todorski zum ersten Mal die tragisch hohe Zahl von Militärs erfahren, die am Vorabend des Krieges auf Stalins Befehl entweder ermordet oder verhaftet worden waren.

Aber im Verlauf vieler persönlicher Unterhaltungen mit Generälen, die sich während der sechziger und siebziger Jahre in führenden Positionen befunden hatten, erfuhr ich bedauerlicherweise, daß sie sich um das tragische Schicksal ihrer Vorgänger kaum kümmerten. Warum war das so? Militärische Disziplin spielte bei ihrem Verhalten eine große Rolle. Direkt nach dem XX. und dem XXII. Parteitag hatten sie sich einer antistalinistischen Linie angeschlossen, was sich auch aus einigen ihrer Memoiren herauslesen läßt. Es gab auch Generäle, die schnell aufgestiegen waren, eben weil Stalin die ranghöheren Militärführer über ihnen beseitigt hatte, Männer, die ihnen nicht nur an Rang und Erfahrung, sondern auch an Talent und Intelligenz überlegen gewesen waren. Nach Stalins großem Blutbad unter den Militärs vor dem Krieg mußten die professionellen Ansprüche an Militärkommandeure drastisch gesenkt werden. Ein mittelmäßiger Student an der Armeehochschule oder auch ein klarer Versager wurde nun aufgrund der neuen Situation dennoch befördert, wie wir, sobald der Krieg begonnen hatte, selber aus bitterer Erfahrung wußten.

Aber viele im Militär waren besorgt über die Tendenzen des XX. Parteitages. Ich glaube, das ging darauf zurück, daß sie fürchteten, ihre eigene Reputation könne leiden, wenn der Krieg wirklich authentisch beschrieben würde. Es diente ihnen sehr viel mehr, sich an das Sprichwort zu halten: »Der Sieger hat immer recht«, und die Kriegsgeschichte auf eine Hymne an die eigene heroische Leistung zu reduzieren, eine Leistung vor allem jener Generäle, die den Krieg überlebten und sich jetzt in den obersten Rängen befanden. Ohne Zweifel wollten viele von ihnen, daß sich die Mythen über den Zweiten Weltkrieg fortsetzten und vielleicht sogar erweiterten, damit sie ihren Ruhm in Ruhe genießen konnten und sich keine Sorgen machen mußten, daß Historiker sich an die Analyse ihrer wirklichen Taten und Entscheidungen im Laufe des Krieges machten.

Ich glaube, unter den Militärs gab es auch solche, die den Stalinismus selbst für eine Form des Militarismus hielten, eine Art der Ordnung, die nun über die ganze Gesellschaft gestülpt wurde.

Die Memoiren der Militärs, die ab Ende der sechziger bis zu den mittleren achtziger Jahren erschienen und die eine ganze Bibliothek füllen würden, haben ein historisches, politisches und sogar moralisches Problem eigener Art geschaffen. Die Autoren dieser Bücher sind berühmt, und ihre Berichte kann man nicht ganz beiseite schieben. Aber die Mehrheit ist unverzeihlicher Auslassungen und eklatanter Fälschungen der Kriegsgeschichte schuldig. Memoiren sind schließlich Dokumente, selbst wenn sie persönlicher und nicht analytischer Art sind. Niemand hat je eine vollständig wahre und selbstkritische Autobiographie geschrieben, obwohl es viele ehrliche und an den Fakten orientierte individuelle Werke gegeben hat. Aber in diesem Fall haben wir eine ganze Serie von Büchern vor uns, die offensichtliche Verfälschungen enthalten und oft von Ghostwritern fabriziert worden sind.

Es gibt keinen Zweifel, daß die oberste politische Führung der Sowjetarmee sowie der Militärverlag und andere Verlage dabei eine wichtige Rolle gespielt haben, zusammen mit den ZK-Abteilungen für Propaganda und Wissenschaft – letztere war zugleich für die Geschichtsschreibung verantwortlich – und natürlich dem Institut für Militärgeschichte. Ich meine, daß die Techniken hinter dieser Fließbandproduktion von Lügen, Halbwahrheiten und Verschleierungen einmal bloßgestellt werden sollten.

Ich erinnere mich in diesem Zusammenhang an eine Episode von 1969, als Marschall Schukows Memoiren von der Presseagentur Nowosti publiziert wurden. Das Buch war eine wirkliche Sensation; jeder versuchte, es zu bekommen. Ich weiß noch, wie schwierig es war, von Nowosti zehn Bücher für einige unserer Mitarbeiter am Institut zu erhalten. Bald nachdem das Buch veröffentlicht worden war, traf ich zufällig den damaligen Verleger des APN-Verlags, W. T. Komolow, der auch die Memoiren Schukows lektoriert hatte, im Foyer eines Kinos. Wir redeten miteinander, und natürlich wurde das Buch zum Hauptgegenstand unserer Unterhaltung.

Komolow beschwerte sich, daß er sich habe fast zu Tode arbeiten müssen, weil große Teile des Buches völlig umgearbeitet worden seien. Schukow, behauptete er, war alt und verstand nichts mehr von der Politik, und das war gut so, denn deshalb hatte er wohl all den Korrekturen, Streichungen und Zusätzen zugestimmt. Schließlich mußten die Memoiren der politischen Linie angepaßt werden, sagte Komolow. »Hattest du gar keine Zweifel?« fragte ich ihn. »Schließlich ist das Geschichte. Die Memoiren einer der wichtigsten Gestalten im größten

Drama der Geschichte unseres Landes. Und da nutzt du seine Krankheit und vielleicht auch seine Schwäche aus – und schreibst einfach in seinem Namen, was immer du willst.«

Kolomow verstand überhaupt nicht, was ich sagen wollte. Er begann zu erklären, daß er alles mit dem Zentralkomitee abgeklärt habe; er nannte einige Funktionäre der mittleren Ebene aus der Abteilung für Wissenschaft und Erziehung. Wie inzwischen aus den Erinnerungen einer weiteren Bearbeiterin der Schukow-Memoiren, A. Ja. Mirkina, bekannt ist, wurde das Kapitel aus dem Buch herausgenommen, das von der politischen Verfolgung des Oberkommandos der Roten Armee im Jahre 1937 handelte. Wenn man so mit Schukows Memoiren umsprang, wie sollte es erst den Gestalten ergehen, die weniger berühmt und zugleich einem Kompromiß geneigter waren?[*]

S. M. Schtemenkos Memoiren verdienen eine besondere Erwähnung. Schtemenko hatte allen Grund, Stalin in den Himmel zu heben. Er war einer von Stalins Favoriten und wurde im Verlaufe des Krieges sehr schnell befördert. Nach Konstantin Simonow, einem bekannten sowjetischen Schriftsteller, der sich hauptsächlich mit dem Zweiten Weltkrieg befaßte, stand Schtemenko Berija sehr nahe. In seinen Memoiren, die 1967 veröffentlicht wurden, wird Stalin als ein Mann geschildert, der »die hohen Qualitäten eines militärischen Führers« besaß; als ein Kommandeur, der »einen unschätzbaren Beitrag zum Sieg des sowjetischen Volkes im Großen Vaterländischen Krieg leistete«; Stalin wird auch als der Kopf hinter den meisten großen Schlachten und Operationen dargestellt. Zugleich übergeht Schtemenko all die Katastrophen mit Schweigen, die die Nation und die Armee trafen und für die allein Stalin verantwortlich war. Wenn man Schtemenko Glauben schenkt, hat Stalin sogar den Personenkult bekämpft.

Auch die vielbändige *Geschichte des Zweiten Weltkriegs* wurde in jenen Jahren publiziert, und wie viele andere Direktoren von Akademie-Instituten war ich Mitglied des Redaktionskollegiums. Dies war ein grundlegendes Werk und ein sehr lebendiges Beispiel für den verantwortungslosen Umgang mit der Geschichte, den die militärischen Führer der Zeit pflegten. Ich wurde zum Zeugen vieler Streitereien im Kollegium, die sich fast immer um ein Element drehten – das Verlangen

---

[*] Die ungekürzten Memoiren Marschall Schukows werden zur Zeit für die Veröffentlichung vorbereitet.

des einen oder anderen Marschalls, seine eigenen Taten und die Aktionen seiner Einheiten im günstigsten Licht erscheinen zu lassen. Jeder von ihnen drängte ins Scheinwerferlicht, und Breschnew setzte das Beispiel, indem er eine Schlacht, an der er teilnahm (Malaja Semlja, in der Nähe von Noworossisk) als eine der entscheidenden Schlachten des Krieges erscheinen ließ.

Aber am schlimmsten war der Ton, in dem das alles von Beginn an gehandhabt wurde. Als die Arbeit am ersten Band 1972 begann, folgte sie bereits einer schamlosen und zynischen stalinistischen Linie und zielte offen auf eine eklatante Verfälschung der ganzen Kriegsperiode. Ich fand mich in einer Löwengrube brodelnder Leidenschaften wieder und wurde bald das Hauptziel einer organisierten Kampagne, die darauf angelegt war, den zivilen Mitgliedern des Redaktionskollegiums von Anfang an klarzumachen, wie sie sich zu benehmen hatten. Mit dem Militär tat sich das Kollegium leichter: Ihm wurde einfach befohlen.

Die Episode, die mich betraf, begann als bloße Routine. Ich übermittelte dem Kollegium meine Kommentare und Vorschläge über den Entwurf des ersten Bandes. Zum Beispiel schrieb ich, daß das Ausmaß unserer Niederlagen zu Beginn des Krieges heruntergespielt worden war und daß der Grund für diese Mißerfolge in der Einführung zum ersten Band nicht wahrheitsgemäß geschildert wurde. Die Einführung sprach nur von »Fehlern, die allgemein bekannt sind«, und danach wurde die Betonung auf die Überlegenheit unserer Militärstrategie verlegt, auf die Brillanz unserer Operationspläne usw. Ich zweifelte auch die Richtigkeit einer Aussage im ersten Band an, die darauf hinauslief, daß amerikanische Unternehmen die deutschen Wiederbewaffnungsbemühungen vor dem Krieg stark unterstützt hätten. Ich wies darauf hin, daß »die Frage der Hilfe durch amerikanische Firmen an Nazi-Deutschland weit überzogen« sei. Und ich merkte auch an, daß die Vereinigten Staaten im Laufe der zwanziger Jahre keineswegs eine expansionistische Politik betrieben hätten, wie das von den Autoren des Bandes behauptet wurde; im Gegenteil, zu dieser Zeit hatte es eine wachsende pazifistische Stimmung in den Vereinigten Staaten gegeben.

Zwei Wochen nachdem ich meine Kritik abgeschickt hatte, begannen mich Mitarbeiter des Verteidigungsministers, Marschall Gretschko, der zugleich Vorsitzender des Redaktionskollegiums war, in regelmäßigen Abständen anzurufen, fast jeden zweiten Tag. Sie informierten mich über die bevorstehende Kollegiumskonferenz und fragten, ob ich daran teilnehmen würde. Ich schrieb diese Hartnäckigkeit militärischer Disziplin zu. In Wirklichkeit wurde aber eine große Inszenierung für mich vorbereitet: Man wollte an mir vor dem Kollegium ein Exempel statuieren.

Nachdem Gretschko die Konferenz mit einer kurzen Zusammenfassung der Gutachten, die ihm zugesandt worden waren, eröffnet hatte, feuerte er die erste verheerende Salve gegen mich ab. Dann rief er zwei große Kanonen und eine dritte mit etwas kleinerem Kaliber auf, die nacheinander sprachen und ein Kreuzfeuer von Kritik aufrechterhielten.

Der erste Sprecher war Pjotr N. Pospelow, einer der schlimmsten Hohepriester von Stalins Personenkult. Hauptherausgeber von Stalins Biographie und ehemaliger Chefredakteur der *Prawda*, war Pospelow für lange Zeit ZK-Sekretär für ideologische Fragen gewesen. Hier sind ein paar Zitate, die die Konferenz charakterisieren und zugleich für diese Phase der stalinistischen Gegenoffensive bezeichnend sind. Ich protokollierte die Konferenz genau, stenographierte praktisch mit.

… Die Streitfragen, die der Genosse Arbatow in seinem Gutachten berührt, sind nicht nur zweifelhaft, sondern können gänzlich zurückgewiesen werden. Der allgemeine Wert des Werkes ist vollkommen offensichtlich …

Amerikanische und englische Monopole haben Nazi-Deutschland während des Wettrüstens mit materieller Hilfe unterstützt. Dennoch legt der Genosse Arbatow, der ein Experte in internationalen Beziehungen ist, hier Widerspruch ein. [Dabei hatte ich nicht die Tatsache, sondern den Umfang der Unterstützung in meinem Gutachten angesprochen.]

… Der Genosse Arbatow spricht einen fundamentalen Punkt unserer Strategie zu Beginn des Krieges an, aber bewertet ihn nicht korrekt. Vom Gesichtspunkt der Strategie und der militärischen Fähigkeit waren wir voll bewaffnet und von den ersten Tagen des Krieges an sehr gut vorbereitet. Welches waren dann die Gründe für unseren Rückzug während der ersten Monate des Krieges? Da sie bereits zwei Jahre Krieg hinter sich hatten, genossen die Deutschen eine dreifache Überlegenheit in militärischer Ausrüstung – sie hatten sich schließlich der wirtschaftlichen Basis all der von ihnen besetzten Länder

Europas bemächtigen können.* Aber wir vollbrachten Wunder, als
wir damit begannen, unsere wichtigsten Rüstungsfabriken und Unternehmungen im Juni 1941 nach Osten zu verlegen.

Der zweite »Zeuge der Anklage« war General Schtemenko. Er sprach in
einem denunziatorischen Ton:

> Der Genosse Arbatow zweifelt unsere Strategie an, obwohl sie doch
> auf den Gesetzen und Prinzipien beruhte, die den historischen und
> dialektischen Materialismus beherrschen sowie auf Lenins Lehre von
> der Verteidigung der sozialistischen Gesellschaft.

Marschall Gretschko selbst faßte alles noch einmal zusammen:

> Da der Genosse Arbatow im engeren Sinne kein Militär ist, sollte er
> auch nicht versuchen, in militärischen Dingen Ratschläge zu geben
> und Meinungen zu vertreten.

> Ich habe mir die Ausführungen der Mitglieder der Akademie mit
> großem Vergnügen angehört und habe mir mental über alles Noti-
> zen gemacht.

> ... Für jene von uns, die ihr ganzes Leben in der Armee verbracht
> haben, ist es manchmal leichter zu erkennen, wie das eine oder an-
> dere militärische Problem gelöst werden sollte. Aber, Sie, Genosse
> Arbatow, berühren Probleme der militärischen Strategie und Dok-
> trin. Wir sind sehr viel besser gerüstet, mit den Problemen auf die-
> sem Gebiet umzugehen als irgend jemand sonst. Und wir meinen,
> daß die Dinge, die in diesem Band stehen, korrekt sind.

Und damit war die Sache erledigt. Kümmere dich um deine eigenen
Angelegenheiten – selbst wenn du zufällig Direktor des USA- und Ka-
nada-Instituts an der Akademie der Wissenschaften bist – und über die
innere und ideologische Lage der Vereinigten Staaten in den zwanziger
Jahren oder die ökonomischen Beziehungen zwischen den Vereinigten
Staaten und Weimar-Deutschland sprichst.

Diese Attacke wurde vor einem Publikum von etwa hundert bis hun-
dertfünfzig Militärs geführt, die ein unheilvolles Schweigen an den Tag
legten. Die meisten von ihnen waren hochrangige Offizielle des Verteidigungsministeriums, dazu etwa zwei Dutzend zivile Historiker

---

* Diese These, die ursprünglich von Stalin vertreten wurde, ist von unseren Wissenschaftlern überzeugend widerlegt worden. Sie haben nachgewiesen, daß die
Deutschen in der Anzahl der Panzer, der Flugzeuge und der Artillerie 1941 nicht
überlegen waren.

und Politikwissenschaftler. Unter ihnen gab es natürlich einige sehr anständige Leute, zum Beispiel Marschall Bagramjan, der diesem Spektakel voller Scham zusah und mich später anrief, um mir zu sagen, was er dabei empfunden hatte.

Die Absicht dieser Konfrontation, das war mir und vielen von den anderen klar, war es, von Anfang an einen bestimmten politischen Ton für dieses vielbändige Werk festzulegen. Diese Absicht wurde auch durchgehalten, als Marschall Gretschko nach seinem Tod durch Marschall Dmitri Ustinow als Vorsitzender des Redaktionskollegiums ersetzt wurde. Beide, wie auch die von ihnen beauftragten Autoren, sahen es als ihre Mission an, Stalin zu rehabilitieren und die Marschälle und Generäle, die die Streitkräfte befehligt hatten, zu glorifizieren. Sie wehrten jede objektive Analyse der Kriegsgeschichte ab und erstickten alle Fragen im Keim, die der militärischen Führung nicht genehm waren.

Es ist interessant, daß es 1991 wiederum eine Diskussion über den Entwurf des ersten Bandes der späteren Version der vielbändigen Geschichte des Krieges gab. Dieser Band sollte aus Anlaß des fünfzigsten Jahrestages des Sieges über Deutschland erscheinen. Wiederum fand ich mich im Redaktionskollegium, das von Dmitri Jasow geleitet wurde, der inzwischen Verteidigungsminister war. Dieses Mal war ich überzeugt, daß es wirklich darum gehe, eine Geschichte zu veröffentlichen, welche die Verfälschungen und Fehler in den beiden vorhergehenden Versionen vermeiden würde. Mir schien auch, daß es jetzt sehr viel leichter sein müßte, eine wirklichkeitsgetreue Darstellung des Zweiten Weltkrieges zu veröffentlichen, da die neue Generation militärischer Führer entweder an dem Krieg nicht teilgenommen hatte oder (wie Jasow und Achromejew) noch in einem so untergeordneten Rang, daß sie unmöglich beanspruchen konnten, eine führende Rolle beim Sieg über Hitler gespielt zu haben. Aber diese Hoffnungen erwiesen sich als vergeblich, denn die neue Kriegsgeschichte wurde wiederum auf Befehl des Zentralkomitees geschrieben und, was noch schwerer wog, wiederum unter die Direktion von Marschällen und Generälen gestellt. Und in der Tat brachte es Verteidigungsminister Jasow fertig, während einer der Sitzungen des Redaktionskollegiums vorzuschlagen, die »Bedeutung« eines Gefechts bei Ponyri, an dem er persönlich teilgenommen hatte, »hervorzuheben«. Was das ganze Werk betrifft, so ist dies sicherlich eine Kleinigkeit, aber es machte deutlich, daß die Partei und die militärische Führung wiederum eine gefälschte Geschichte des Krieges publizieren wollten.

Das Protokoll dieser geheimen Sitzung des Redaktionskollegiums fiel in die Hände eines Journalisten und wurde in der *Nesawissimaja Gaseta* veröffentlicht. Ein wenig später gab ich dieser Zeitung ein Interview, in dem ich sagte, daß ein bedeutender Teil der militärischen Führung der ganzen Politik der letzten Jahre ablehnend gegenüberstand, weil sie fürchtete, daß die Wahrheit über die politische Führung jener Zeit – und die Wahrheit über Stalin – ein weiterer Schlag gegen die Bollwerke unseres totalitären Systems wäre. Eine der wichtigsten Rechtfertigungen für die stalinistischen Verbrechen war der Zweite Weltkrieg. Diese Rechtfertigung hörte sich, auf das einfachste reduziert, etwa so an: Ja, es gab Repression, es gab die gewaltsame Kollektivierung der Bauernschaft, aber dann haben wir gewonnen und haben Europa gerettet. Niemand fragte sich: »Aber zu welchem Preis? Und war soviel Leiden unvermeidlich? Und warum sollten wir nicht auch ohne diese Verbrechen gewonnen haben?«

Ich erwähnte auch die Tatsache, daß die militärische Kaste versuchte, die Leistung einer ganzen Nation sozusagen zu »privatisieren«, und daß sie auch deshalb die alten Legenden verteidigte. Aus diesem Grunde brauchten sie eine offiziell kanonisierte Geschichte des Krieges und eine Apologie, damit sie jeden zivilen Anspruch, sich in ihre militärischen Dinge einzumischen und sie zu beurteilen, abwehren konnten. Also sollten nur Marschälle und Generäle über militärische Dinge mitreden dürfen.

Während dieses Interviews erklärte ich auch offiziell, daß ich mich aus dem Redaktionskollegium zurückzöge und daß ich meine Kollegen, zumindest die zivilen Mitarbeiter, auffordere, die Arbeit ebenfalls niederzulegen. Unter solchen Umständen sei es unmöglich, eine authentische Geschichte des Krieges zu schreiben. Heute bin ich beschämt darüber, daß ich an der Herstellung der vorhergehenden zwölfbändigen Geschichte teilgenommen habe – daß ich nach den Regeln jener Tage gelebt habe –, wenn ich auch zu protestieren versuchte. Aber ich war nicht konsequent genug. In einer solchen Lage möchte ich mich nie wieder befinden.

Wenn man einen genauen Bericht der wahrhaft unvergleichlichen Leistungen der Armee und der Nation während des Zweiten Weltkrieges schreiben wollte, müßte man viele bisher unbekannte Fakten ans

Tageslicht bringen und vor allem die kritische Frage klären: Warum befanden wir uns zweimal am Rande einer totalen Niederlage – erstmals 1941 und dann 1942? Warum mußten wir so schwere Verluste hinnehmen, unvergleichlich größere als die jeder anderen Macht?

Die Auseinandersetzungen um die Kriegsgeschichte waren aber nur ein Teil der Bemühungen, Stalin und den Stalinismus zu rehabilitieren. Das Thema der stalinistischen Säuberungen wurde wieder einmal aus allen Büchern und Zeitschriften verbannt. Anfangs umging man es in jenen Artikeln, die ab und zu über die unschuldigen Partei- und Regierungspolitiker erschienen, die von Stalin umgebracht worden waren. Aber zumindest ihre Todesdaten tauchten auf, und die Leser konnten aus ihnen ihre Schlüsse ziehen – prominente politische Führer starben in den Jahren 1937, 1938 und 1939 nämlich nur sehr selten eines natürlichen Todes. Aber auf diese Hinweise wurden die Zensoren auch bald aufmerksam, und daraufhin wurden die Todesdaten überhaupt nicht mehr gedruckt.

Die Rehabilitierung Stalins in diesen Jahren beschränkte sich nicht einfach auf Stalins Ruf als »Großer Führer«. Sie ging darüber weit hinaus, beabsichtigte vielmehr, die stalinistischen Mechanismen in der Gesellschaft zu erhalten und wieder aufzubauen, wenn auch in ihren exzessivsten Formen. Dieses strategische Ziel bedeutete natürlich, daß die konservative Offensive nicht nur auf dem Gebiet der Geschichte, sondern auch in allen anderen Gesellschaftswissenschaften geführt werden mußte.

Bald gab es auf dem Gebiet der Ökonomie offene Konflikte. Gegen Ende der sechziger Jahre wurde eine Debatte darüber geführt, welche der wirtschaftlichen Reformen von 1965 als verwirklicht gelten konnten. Trotz der allgemeinen Stagnation der späten Sechziger gab es einige Verbesserungen auf dem Gebiet der Wirtschaftsforschung.

Eine dieser Verbesserungen bestand in der Gründung eines neuen Instituts für Ökonomie in Nowosibirsk. Eine intelligente Gruppe von Wissenschaftlern arbeitete dort, unter ihnen Abel Aganbegjan und Tatjana Saslawskaja. Es war nur natürlich, daß die Wirtschaftswissenschaften als Disziplin in Sibirien aufblühten, weit entfernt von den dogmatischen Moskauer Institutionen. Aber auch unter diesen Umständen wäre eine solche Entwicklung ohne die mutigen, talentierten Leute, die dort forschten, nicht möglich gewesen. Trotz immer wiederkehrender Versuche, sie zu denunzieren, hielten sie durch und schaff-

ten es, zur Entwicklung der Wirtschaftswissenschaften in unserem
Lande einen signifikanten Beitrag zu leisten.

Eine weitere positive Entwicklung war die Gründung des Zentralin-
stituts für Wirtschaftsmathematik durch W. S. Nemtschinow, das später von Nikolai P. Fedorenko geleitet wurde und an dem der hervorragende Mathematiker und Ökonom L. W. Kantorowitsch tätig war, der
später den Nobelpreis erhielt.

Die konservativen und traditionalistischen akademischen Institutio-
nen leisteten diesen Zentren und Wissenschaftlern grimmigen Wider-
stand. Unter ihnen befand sich die wirtschaftswissenschaftliche Fakul-
tät der Moskauer Staatsuniversität, die schon seit Jahren geradezu eine
Kolonie für engstirnige Wissenschaftler und Dogmatiker gewesen war.
Dazu gehörte auch der I. I. Kosminow-Lehrstuhl an der Akademie für
Sozialwissenschaften des Zentralkomitees und bis zu einem gewissen
Grad das Institut für Wirtschaft an der Akademie der Wissenschaften.

Die allgemeine Verschiebung hin zum Stalinismus mußte Auswirkung auf die Wirtschaft haben. Es ist wahr, die Konservativen wurden
eine Weile durch die Tatsache behindert, daß es, politisch gesehen, klar
war, daß das Land aus seinen wachsenden ökonomischen Schwierigkeiten herausgeholt werden mußte. Und die Suche nach Lösungen für dieses Dilemma erforderte kreatives Denken. Durch die gemeinsamen Anstrengungen einer ganzen Anzahl von Experten stand die Diskussion,
wie man die wirtschaftliche Reform voranbringen und eine Struktur
für die Nationalökonomie entwickeln könnte, ganz oben auf der Tagesordnung des XXIV. Parteitages; aber praktisch führte das zu keinerlei
Resultaten.

Da ich an diesen Debatten teilgenommen habe, kann ich sagen, daß
die Initiative, neue Themen in die Debatte einzubringen, nicht von
den offiziellen Zentren für Ökonomie, Politik oder Wissenschaft kam.
Im Gegenteil, diese fuhren fort, traditionelle und absolut sterile Vorschläge zu machen, die im Grunde darauf abzielten, jede Veränderung
zu hintertreiben. Aber die Führung konnte nicht umhin zu sehen, wie
wenig diese Vorschläge für die Zukunft versprachen. Infolgedessen
begannen sich die politischen Führer an jene zu wenden, die mit den
Fragen der Weltwirtschaft vertraut waren – zum Beispiel an das Akademie-Mitglied Inosemzew und die Experten an seinem Institut, an
meine Kollegen und mich beim USA- und Kanada-Institut sowie an
den einen oder anderen Spezialisten für Außenpolitik. Auf die Art

und Weise entstand allmählich eine inoffizielle Arbeitsgruppe; der schlossen sich bald Alexander Bowin, Stepan Sitarjan und Boris Sucharewski an. Offizieller Vorsitzender dieser Gruppe war Georgi Zukanow, der in schwierigen Situationen auch die Verbindung zu Breschnew und anderen Mitgliedern des Politbüros herstellte. Die Gruppe selbst geriet oft in Konflikt mit den Funktionären des Zentralkomitees und des Ministerrats: mit Kossygin und insbesondere Tichonow, Kirilenko, Michail Solomenzew, dem ZK-Sekretär, der später Premierminister der RSFSR wurde, und anderen.

Da wir die Lobreden auf nur in der Phantasie bestehende ökonomische Erfolge, soweit wir konnten, ausmerzten und versuchten, die Aufmerksamkeit auf Probleme und Fehlschläge zu lenken, erfanden die Apparatschiks bald einen Spitznamen für uns: »die Verleumder«.*

Indem wir uns von vielen ernsthaften Wirtschaftswissenschaftlern in Moskau und Nowosibirsk beraten ließen, bildete diese Gruppe ein Gegengewicht zum alten Denken in der Ökonomie und half dabei, Vorschläge erneut zu formulieren und zu legitimieren, die seit langem als ketzerisch gegolten hatten, und viele neue anregende Ideen einzuführen. Die praktische Auswirkung unserer Arbeit, die nicht nur viel Mühe und Hartnäckigkeit erforderte, sondern auch mit einem gewissen Risiko verbunden war, war eine ganz andere Frage. Darin sollten wir tief enttäuscht werden. Reden wurden gehalten, Dokumente gedruckt – und dann passierte nichts, absolut nichts! Alle Versuche, in die dicken Mauern der administrativ-bürokratischen Festung einzubrechen, erwiesen sich als fruchtlos, trotz der Tatsache, daß es uns aufgrund von Instruktionen und Vorschlägen, die direkt von der obersten Führung kamen, oft gelang, diese Mauern zu erklimmen. Die reale Situation im Lande wurde unerbittlich schlechter.

Selbst wenn es erfolgreiche Durchbrüche gab und diese zu einigen

---

* Aber einige dieser persönlichen Attacken wurden sogar zu einem Vorteil für gewisse Gruppenmitglieder. Dies lag daran, daß eine der Lieblingsanklagen gegen uns lautete: Wie kam es, daß ein solcher »Niemand« aufgefordert wurde, verantwortungsvolle politische Aufgaben zu übernehmen? Akademische Grade, Veröffentlichungen, Reputationen bedeuteten für diese Kritiker in der Tat »nichts«. Für sie zählten allein die Aufnahme in das Zentralkomitee oder in den Obersten Sowjet. Daraus ergab sich aber, daß die Führung allmählich ein Interesse daran entwickelte, jene, die diese Aufgaben übernahmen, in einen höheren politischen Status zu versetzen.

konstruktiven offiziellen Entscheidungen führten, wurden sie von der Bürokratie durch die Macht der Trägheit sehr schnell zum Scheitern gebracht. Die völlige Wirkungslosigkeit der wirtschaftlichen Reform von 1965 ist ein Beispiel.

Ab den späten sechziger Jahren argumentierte mein Institut zusammen mit Inosemzew und verschiedenen anderen Kollegen sehr hartnäckig, daß es in der Welt draußen eine neue wissenschaftlich-technologische Revolution gäbe, die auch für die Sowjetökonomie enorme Signifikanz haben werde. Wir waren in Gefahr, zurückzufallen, was unser Land im Prozeß der Weltentwicklung marginalisieren würde. Wir mußten unbedingt etwas tun.

Zunächst wurden diese Alarmrufe ignoriert. Selbst der Begriff »wissenschaftlich-technologische Revolution« wurde bis in die siebziger Jahre hinein nicht gebraucht und nicht nur aus offiziellen Dokumenten sorgfältig getilgt, sondern auch aus Artikeln und Büchern. Aber später wurden die Fakten, die wir angesprochen hatten, so überwältigend sichtbar, daß es einfach unmöglich wurde, sie noch länger zu ignorieren. Kurz nach dem XXIV. Parteitag beschloß das Politbüro, ein ZK-Sonderplenum über die technologische Revolution abzuhalten. Wie gewöhnlich wurden die Vorbereitungen für diese Konferenz einer Kommission übergeben, die aus verschiedenen ZK-Sekretären bestand; Chef der Kommission war Andrej P. Kirilenko. Eine Arbeitsgruppe wurde zusammengestellt, die das Material vorbereiten sollte, darunter auch den Entwurf für die Rede des Generalsekretärs. Man ernannte Inosemzew und mich zum Leiter dieser Arbeitsgruppe. Einige prominente Ökonomen arbeiteten mit uns, darunter die Akademiemitglieder Fedorenko, Aganbegjan und Iwan D. Iwanow. Auf unsere Bitte hin gestand man der Arbeitsgruppe »außergewöhnliche Privilegien« zu – das Recht, Minister der Regierung einzuladen (einschließlich solcher aus dem Verteidigungssektor), dazu Fabrikdirektoren und prominente Wissenschaftler aus allen möglichen Bereichen, um sie »zu befragen«. Viele Monate intensiver Arbeit schufen ein hundertdreißig Seiten starkes zusammenfassendes Wirtschaftsreformprogramm, das für jene Tage recht fortschrittlich war. Wir waren zu dem Schluß gekommen, daß ein schnellerer Fortschritt in der Wissenschaft und in der Technologie einfach undenkbar war ohne radikale Veränderungen in der Wirtschaft.

Das Dokument wurde Kirilenko, Solomenzew, Wladimir Dolgich

und anderen im Mai 1973 überreicht, noch vor dem eigentlich vorgesehenen Termin. Es starb einen stillen Tod. Niemand kritisierte es; einige lobten es sogar. Aber die ganze Idee eines Plenums zu diesem Thema versank wie ein Stein im Wasser. Ich erinnerte Kirilenko mehrere Male an die Entscheidung des Politbüros und an unser Dokument. Einmal erkundigte ich mich bei Breschnew nach dem Plenum, aber ich bekam keine zusammenhängende Antwort. Wir mußten feststellen, daß selbst auf Fragen nach dem Plenum und seinem Schicksal mit einer gewissen Gereiztheit reagiert wurde. Später begriff ich, daß die Führung sich wichtigen Veränderungen in der Wirtschaft einfach nicht stellen wollte. In diesem Kontext konnte unser Dokument nur als irritierend empfunden werden. Die Behörden wollten etwas Glatteres, etwas Propagandistisches, das zu einigen administrativen Maßnahmen zugunsten von wissenschaftlichen und technologischen Entwicklungen führen würde; auf keinen Fall wollten sie eine grundlegende Wirtschaftsreform.

Zusammen mit den anderen noch lebenden Autoren des Dokuments habe ich unsere Ideen von damals mit den heutigen Gedanken und Diskussionen zu dem Thema oft verglichen. Unser Schluß ist einmütig: Wären die Vorschläge, die wir zu jener Zeit gemacht haben, in die Praxis umgesetzt worden, würden die Dinge heute ganz anders aussehen. Es war in der Tat sehr befriedigend, Michail Gorbatschows Wirtschaftsberater bei einer Konferenz im Oktober 1989 sagen zu hören, daß in den frühen siebziger Jahren ein interessantes Dokument vorbereitet worden sei, das aber unglücklicherweise zu keinen Konsequenzen geführt habe. Man erzählte mir, daß das Original des Dokuments nach Leonid Breschnews Tod in seinem Safe gefunden worden war und daß es von da offensichtlich in Gorbatschows Hände geriet. Gorbatschow war der Meinung, daß die Bedingungen für eine Reform vor fast zwanzig Jahren vorhanden gewesen seien und daß die richtigen Schritte in dem Dokument in der Tat vorgeschlagen worden seien. Da es aber damals unmöglich gewesen sei, sie auszuführen, hätten sich unsere Probleme ständig verschärft, und heute müßten wir versuchen, sie unter sehr viel schwierigeren Umständen zu lösen.

Ich stimme mit dieser Einschätzung vollständig überein. Es war damals einfach unmöglich, das Plenum abzuhalten und die Dinge, die wir vorgeschlagen hatten, in die Praxis umzusetzen. Die ökonomischen Forderungen und das theoretische Denken hinter unseren Vorschlägen

stießen mit den unüberwindlichen Realitäten der damaligen Zeit zusammen – den Barrieren der absoluten Macht des bürokratischen und
administrativen Systems und der Trägheit etablierter Mechanismen
und Konzepte. Diese Konfrontation konnte nicht für immer existieren.
Die Rigidität des politischen Systems unterdrückte originelles Denken
sowie jede Theorie und verdammte die nationale Wirtschaft zur Stagnation.

Und zur gleichen Zeit kam natürlich ein neuer Faktor ins Spiel, welcher Breschnew und der ganzen Führung erlaubte, die Reformvorschläge in der Schublade verschwinden zu lassen. Dieser Faktor war der
enorme Anstieg der Ölpreise infolge des Jom Kippur-Krieges von 1973.
Plötzlich hatten wir ein riesiges und unverdientes Vermögen geerbt –
und nichts verwöhnt und verdirbt mehr als unverdiente Reichtümer.

Der Reichtum, der auf uns herabregnete, verzögerte die ökonomische Reform. Die Stagnation der Wirtschaft und die endlose Verschiebung von Reformen verschärfte die ökonomische Krise und lud eine
konservative Attacke geradezu ein. Es gab einen erbitterten Kampf um
die Einführung gewisser Marktelemente. Die traditionelle, unter Stalin
festeingebürgerte Denkrichtung leugnete natürlich das Existenzrecht
des Marktes überhaupt. Die oberste Führung griff, soweit ich weiß, in
diese Auseinandersetzung überhaupt nicht ein, sondern zeigte eine Unentschiedenheit, die der Ökonomie des Landes sehr schadete.

Es waren schlechte Zeiten für unsere besten Wirtschaftswissenschaftler. Ein Problem nach dem anderen baute sich vor Abel Aganbegjan und Tatjana Saslawskaja auf. Fedorenko stand unter kontinuierlichem Druck von oben. (Ein weiterer Grund für Attacken gegen ihn war
die Tatsache, daß einige seiner Mitarbeiter in den Westen emigriert
waren – zu der Zeit ein politisches Verbrechen.) Immer wieder wurden
unsere bekannten Ökonomen Stanislaw Schatalin und Wladimir Antschischkin vom offiziellen Zorn schwer getroffen.

Am Ende dieser Periode, während der Jahre 1981 und 1982, versuchte die ZK-Abteilung für Wissenschaft, die Wirtschaft insgesamt
umzuorientieren, weg von der Analyse realer Fragen und Probleme der
Volkswirtschaft und zurück zu einer scholastischen Auseinandersetzung mit abstrakten Zitaten aus den Werken der Gründerväter des
Marxismus-Leninismus in ihrer primitivsten stalinistischen Interpretation.

# Das kurze, unglückliche Leben der Entspannung

Zwischen den späten sechziger Jahren und den mittleren Siebzigern erlebten wir einige beträchtliche Erfolge in der Außenpolitik. Aber ab Mitte der Siebziger bis zum Anfang der Perestroika vergeudeten wir die Früchte dieser Erfolge wieder und erlitten einige bittere Niederlagen. Die Lektionen dieser Erfolge und Fehlschläge sollten nicht vergessen werden.

Im Prinzip war es für die sowjetische Führung leichter, in der Außenpolitik die Richtung zu ändern als in der Innenpolitik, schon allein aus dem Grund, daß sehr viel weniger Menschen an der Ausformulierung und Umsetzung der Außenpolitik beteiligt waren. Aber von den ersten Tagen der Oktoberrevolution an wurde unsere Außenpolitik so eng an die Ideologie und an innenpolitische Fragen gebunden, daß ihre Entwicklung immer eine wichtige Komponente unseres allgemeinen politischen Rahmenwerks blieb.

Während der nachrevolutionären Periode gab es in unserem politischen Denken zwei einander bekriegende Pole. Die eine Gruppe sah die Russische Revolution als den ersten Akt der Weltrevolution und hielt den revolutionären Krieg und notfalls auch den Verlust der eigenen revolutionären Errungenschaften im Namen des Triumphes von Sozialismus und Kommunismus in der ganzen Welt für gerechtfertigt. Die Opposition machte innere Veränderungen zu ihrem Hauptziel und bot dem Kapitalismus die friedliche Koexistenz an, da sie glaubte, daß das sozialistische Beispiel die beste Art war, die Sache des Kommunismus in der Welt zu befördern. Aber es gab wahrscheinlich nicht einen einzigen sowjetischen Funktionär, der es nicht geschafft hätte, beide Sichtweisen miteinander zu verbinden.

Nach der Revolution und der Etablierung der sowjetischen Macht in Finnland und in den baltischen Staaten gab es vorübergehend eine sowjetische Herrschaft in Ungarn, und revolutionäre Bewegungen liefen durch Deutschland und Osteuropa. Nicht nur die Revolutionen, sondern auch die Konterrevolutionen, so schien es, hatten internationalen Charakter angenommen. Wurde das nicht durch die Intervention der Entente gegen das sowjetische Rußland bewiesen; durch die deutsche Unterdrückung der Revolution in Finnland und in den baltischen Ländern; durch die Teilnahme deutscher Truppen, zusammen mit England und Japan, an der Unterdrückung der Sowjetherrschaft in der Ukraine, in Transkaukasien und im Fernen Osten; und schließlich durch die Unterstützung des Westens für die Weiße Armee und die Kräfte der Konterrevolution während des Bürgerkrieges? All dies schien den traditionellen marxistischen Glauben zu stützen, daß die Revolution in Rußland die erste Phase des globalen revolutionären Prozesses sei.

Bei uns ist viel über Lenins Streit mit den »Linksabweichlern« geschrieben worden, den Anhängern Trotzkis während der Verhandlungen über den Frieden von Brest-Litowsk. Die Historiker haben in der Mehrheit angenommen, daß Lenins Politik von Anfang an auf die friedliche Koexistenz zielte und zum Export der Revolution in Opposition stand. Sorgfältigere Studien zeigen indessen, daß dies so nicht stimmt. Lenin war ein einzigartiger Realist, ihn interessierten konkrete politische Situationen viel mehr als abstrakte Theorien. Er war pragmatisch genug, in Verhandlungen mit dem »Klassenfeind« einzutreten. Er teilte die Ansicht gewisser Revolutionäre nicht, daß ein heroischer Selbstmord der russischen Revolution einem »schändlichen« Frieden vorzuziehen sei, da dieser Selbstmord die revolutionären Feuer in anderen Nationen wecken würde.

Ich meine, daß Lenin zugleich glaubte, daß die europäische Revolution, wenn nicht sogar die Weltrevolution, bereits begonnen hatte. Zusammen mit der alles beherrschenden Notwendigkeit, zunächst den Bürgerkrieg zu gewinnen, lenkte diese Überzeugung von der Herausforderung ab, eine neue sozialistische Gesellschaft universeller Gerechtigkeit aufzubauen und die Übergangsperiode und damit auch langfristige ökonomische Probleme in den Griff zu bekommen. Lenin hat oft gesagt, daß es an uns gewesen war, die Revolution zu beginnen, daß es aber für andere leichter sein würde, sie fortzusetzen. Vielleicht meinte er damit, daß es für die kapitalistischen Länder, nachdem die Revolution einmal stattgefunden hatte, leichter sein würde, die Rolle der Pfadfinder und Entdecker zu spielen, daß sie eher die Mittel zur Verfügung hätten, den Übergang vom Kapitalismus zum Sozialismus zu vollenden. Wenn es in anderen Ländern, zumindest in Deutschland, wenig später eine Revolution gegeben hätte, wäre es möglich gewesen, mit ihnen zusammen die politische, ökonomische und soziale Transformation zu bewältigen. Nach dem allgemeinen Ton von Lenins Reden und denen seiner Mitkämpfer zu urteilen, gab es noch bis in die Jahre 1921 und 1922 hinein Hoffnungen auf diese Entwicklung.

Die Haltung der Führung, der Partei, der Armee und der Öffentlichkeit während des Krieges mit Polen sind eine Bestätigung dieser Sicht. Das Land wurde durch die frühen Siege inspiriert; Michail Tuchatschewski führte seine Truppen unter dem Schlagwort »Vorwärts nach Warschau!« an, später auch unter »Vorwärts nach Berlin!« Viele Leute in der Partei, einschließlich der Führung, glaubten anscheinend, daß wir die Rote Armee nur über die Grenzen zu führen brauchten – und das polnische und deutsche Proletariat würde sich erheben und eine siegreiche sozialistische Revolution erkämpfen. Die Realitäten waren anders. Tuchatschewskis Truppen kamen niemals bis nach Deutschland, und ihr Eintreffen in Polen vereinigte dort die Bürger aller Klassen, um der Roten Armee eine bittere Niederlage zu bereiten. Wir mußten sogar einiges an Territorium in der Ukraine und Weißrußland aufgeben. Die Partei begriff anhand der Praxis, daß man den Sozialismus nicht auf der Spitze von Bajonetten in ein anderes Land exportieren konnte und daß die nationale Einheit angesichts einer äußeren Bedrohung eine größere Kraft sein kann als die Klassensolidarität. Die Illusion, daß man den Kommunismus durch militärische Macht ausbreiten und somit eine neue Gesellschaft des Wohlstands und der Gerechtigkeit für alle aufbauen könnte, wurde durch die harte Realität begraben.

Die Streitfrage, ob es möglich sei, den Sozialismus in *einem* Land zu errichten, wurde aus rein praktischen Gründen zu einem kritischen Punkt für die Innen- und Außenpolitik der UdSSR. Lenin und jene seiner Genossen, die mit ihm übereinstimmten, fanden eine Lösung in der Neuen Ökonomischen Politik (NEP) sowie in der friedlichen Koexistenz und im Handel mit den kapitalistischen Ländern. Zu Beginn betrachtete man beide politischen Richtungen sehr wahrscheinlich als zeitweilige Rückschritte, die dem Land eine Atempause erlaubten.

Dieser Eindruck erwies sich als kurzlebig. Wenn man sich Lenins letzte Werke ansieht, hat er wahrscheinlich selbst noch verstanden, daß dieser neue »vorübergehende« Zustand eine lange Zeit andauern würde und daß man sich diesem Problem stellen mußte. Unglücklicherweise gestand das Schicksal Lenin nur eine sehr kurze Periode zu, um die sowjetische Politik dieser Erkenntnis anzupassen. Stalin nutzte die früheren »revolutionären« und »linken« Überzeugungen geschickt und kraftvoll aus, sowohl in seinem Kampf um die Macht als auch in der Etablierung seiner eigenen politischen Richtung.

Die Neue Ökonomische Politik half Stalin immerhin, eine Militärwirtschaft zu schaffen, die man später als administratives Kommandosystem bezeichnete. Bald begannen die Leute, es mit dem Wesen des Sozialismus selbst zu identifizieren – und viele tun das noch heute –, obwohl es sehr viel mehr einem militärisch-feudalen oder einem bürokratischfeudalen Regierungssystem entspricht. Das Modell des »Sozialismus«, das unter Stalin Formen annahm, war das eines »Notstands«. In Kriegszeiten oder während der Vorbereitung auf den Krieg sowie in der Aufbauphase danach funktionierte es gar nicht schlecht, aber unter normalen Bedingungen war es ein hoffnungsloser Fehlschlag.

Wenn man ein totalitäres Regime aufbauen will, ist nichts nützlicher als der politische und psychologische Kontext des Notstands. Die angeblich bevorstehende Weltrevolution schob alle alltäglichen Probleme und Fragen der wirtschaftlichen Entwicklung und der sozialen Veränderung in den Hintergrund.

Diese Haltung setzte eine rigide Teilung in Schwarz und Weiß oder in zwei Hälften voraus – man selbst mit den Genossen auf der einen Seite und der unbarmherzige Gegner und seine Alliierten auf der anderen. Eine solche stark vereinfachte Sicht der Welt grub sich fest in unser Bewußtsein ein. Dieses Konzept entwickelte sich zu einer Theorie, nach der die Welt in zwei einander feindlich gegenüberstehende sozioökonomische Systeme zerfiel, deren unaufhörlicher Kampf die Hauptachse wurde, um die sich die Beziehungen zwischen den Nationen drehten. Dieses Konzept sollte ein langes Leben haben, es hielt sich bis Mitte der achtziger Jahre. Und in Stalins Zeiten erwies es sich als sehr nützlich für die Etablierung und Aufrechterhaltung einer persönlichen Diktatur und für die Einrichtung einer repressiven Ordnung.

Diese Wahrnehmung der Welt hatte auch Implikationen revolutionär-messianischer Art. Obwohl die kommunistische Sicht einerseits nominell den höchsten und edelsten menschlichen Idealen verpflichtet war, führte sie in der Realität unvermeidlich zur rapiden Ausbreitung von Gewalt.

Natürlich hatten diese Haltungen neben den messianischen Theorien noch weitere Wurzeln. Unter ihnen war die machtvolle Sehnsucht des

Volkes, eine besondere Bedeutung für sein beispielloses Leiden und für die Zerstörung der Grundlagen seiner Gesellschaft zu finden. Revolutionen werden oft von Messianismus begleitet. Das war so bei der großen Französischen Revolution; und die Amerikanische Revolution flößte den Amerikanern das tiefe Bewußtsein der Sonderrolle ihres Landes ein, was zur Theorie der »Manifest Destiny« führte. Man muß allerdings einschränkend sagen, daß der Messianismus, der in der Russischen Revolution geboren wurde, kein nationalistischer war. Er war zumindest am Anfang internationalistisch, getragen von dem Willen, alles für die Freiheit und das Glück einer Menschheit aufzuopfern, die das »Joch des Kapitalismus« zu tragen hatte.

Dieser Messianismus half zweifellos vielen Leuten, unglaubliche Härten zu ertragen und die schlimmsten Prüfungen zu überstehen. Und solche Haltungen trugen der Sowjetunion hohen Respekt in den Augen der Linken und der liberalen Intelligenz des Westens ein – obwohl diese Achtung und Sympathie aufgrund unseres Sektierertums nicht lange anhielt. Aber zugleich stärkte der Messianismus auch die Feindseligkeit des Westens. Die Vorteile und die Nachteile wogen einander wahrscheinlich auf. Hinzu trat aber ein weiterer großer und wahrlich schicksalhafter Nachteil – einer, der durch nichts aufgewogen werden konnte: Stalin manipulierte den Internationalismus, um seinem Nationalismus und seinen imperialen Ambitionen zu dienen. Das zeigte sich sehr deutlich in Stalins Außenpolitik, angefangen bei den Zusatzprotokollen des deutsch-sowjetischen Nichtangriffsvertrages vom 23. August 1939. Die weiteren Entwicklungen zeigten, wie entschlossen Stalin war, öffentlich proklamierte politische Prinzipien und moralische Grundsätze zu verletzen. Während Molotows Besuch in Deutschland schlugen die Deutschen vor, daß die Sowjetunion sich dem »Anti-Komintern-Pakt« anschließen sollte, der zuvor von seinen Mitgliedern – Deutschland, Italien und Japan – eilig in den Dreimächtepakt umbenannt worden war. Bald darauf wurde eine diesbezügliche Vereinbarung nach Berlin mit der Bedingung geschickt, daß sich Hitler nicht gegen unsere südliche Expansion an die Meerengen des Schwarzen Meeres und in Richtung auf den Indischen Ozean wandte. [*]

---

[*] Valentin Bereschkow, der zu der Zeit Molotows Dolmetscher war und ihn auf dieser Reise begleitete, beschreibt die Konferenz detailliert. Siehe *Meschdunarodnaja Schisn*, Nr. 8 (1989), S. 14, und Valentin Bereschkow, *Ich war Stalins Dolmetscher*, Universitas Verlag, München 1991, S. 290 ff.

Da sich diese »Relikte der Vergangenheit« in den Köpfen unserer
Führer und auch in Teilen der Bevölkerung festsetzten, hingen sie wie
Steine an den Nachfolgern Stalins. Sie hinderten das Land, aus der
gefährlichen Politik des Kalten Krieges auszubrechen, und auch daran,
sich effektiver mit den Gefahren des Wettrüstens auseinanderzuset-
zen, selbst als die Bedingungen für eine solche Wende günstiger wurden. Um eine Perestroika in unserer Außenpolitik zu unternehmen,
mußten wir mit einer Perestroika in unserem politischen Denken beginnen.

Sehr wahrscheinlich hat Chruschtschow das Problem in dieser Tiefe
nie erkannt, aber er begriff sehr schnell, daß wir zumindest einige der
Dogmen, die uns bei unserer Politik behinderten, aufgeben mußten.
Ganz zuoberst stand dabei das Dogma von der Unvermeidlichkeit eines
Krieges; zweitens der Glaube, daß eine sozialistische Revolution nur
mit Gewalt vollzogen werden könne. Drittens mußten wir den Gedanken an den »Export der Revolution« und an »revolutionäre Kriege«
aufgeben.

Auf dem XX. Parteitag sowie auch später im Zusammenhang mit
der Polemik gegen Mao Zedong schwor man diesen Dogmen ab. Ob
dies nun genau in das marxistisch-leninistische Konzept paßte oder
ob es offensichtliche Widersprüche enthielt – zumindest bekam das
sowjetische Volk mehr oder weniger zusammenhängende Antworten
auf brennende politische Fragen. Und da der größte Wunsch dieses
Volkes, das so viel in Krieg und Frieden erlitten hatte, der Friede
war, akzeptierte es diese Antworten auch. Die Beschlüsse des Parteitags machten auch dem Westen klar, daß die neue Führung nicht
länger bereit war, die Verantwortung für die Worte und Taten ihrer
Vorgänger zu tragen, und eine neue außenpolitische Plattform übernommen hatte.

Aber das Schreckgespenst des »Linksabweicherlertums« erwies sich
als sehr hartnäckig. Man jagte es zur Tür hinaus, und es kam durch das
Fenster zurück, oder durch den Kamin oder sogar durch das Schlüssel-
loch. Im Laufe unserer Geschichte erwies es sich als unglaublich
schwierig, für die meisten von uns (vor allem für meine Generation)
unsere alten Dogmen abzuschütteln, selbst wenn sie offensichtlich
keine Beziehungen mehr zur Realität hatten. Zum Beispiel waren viele
Leute, angefangen mit jenen an der Führungsspitze, durchaus in der
Lage, einige kühne Schritte in Richtung eines neuen Denkens in der

Politik zu machen, erkrankten dann aber an einer Seuche, die ich den »revolutionären Minderwertigkeits-Komplex« nennen würde.

Nachdem wir jene wenigen Schritte getan hatten, begannen wir fast sofort in unserer revolutionären Theologie nach Methoden zu suchen, um unseren Realismus irgendwie zu »kompensieren«. Wir waren völlig davon besessen, nicht »zu weit« zu gehen. Wir gaben zum Beispiel die Idee eines unvermeidlichen – bewaffneten und gewalttätigen – Pfades zur Revolution auf und verlegten uns auf eine Politik, die auf der friedlichen Koexistenz basierte; wir machten die ersten realistischen Schritte auf eine Abrüstung zu... Aber wir bekamen sofort Angst vor der eigenen Courage und entwickelten eine ganze Reihe von theoretischen und politischen Kunstgriffen, die es uns erlauben sollten, weiterhin einen pragmatischen Kurs in der Politik zu verfolgen, während wir gleichzeitig unsere ideologische Jungfräulichkeit erhielten und unseren revolutionären Glauben demonstrierten.

Später wurde evident, daß diese Kunstgriffe unserer Politik nur schaden und unsere neue politische Glaubwürdigkeit untergraben konnten. Man kann unseren »Feinden« im Westen wahrlich nicht die Schuld dafür geben.

So gab es zum Beispiel Versuche, nachzuweisen, daß der Krieg zwar nicht unvermeidlich sei, aber eine Bedrohung bleibe, solange der Kapitalismus existiere. Und sollte das kapitalistische Lager diesen Krieg beginnen, würde er mit seiner totalen Niederlage und daher mit dem universellen Triumph des Sozialismus enden. Was für ein Unsinn das war, verstanden wir erst, als die Chinesen dasselbe Argument in ihrer Polemik gegen die Sowjetunion benutzten.

Lange Zeit betonte unsere Führung immer wieder, daß die friedliche Koexistenz keineswegs das Ende des ideologischen Kampfes bedeutete. Diese Feststellung war das Hauptthema ihrer Propaganda. Ich muß zugeben, daß ich es sehr schwer zu verstehen fand, warum wir auf diesem Punkt so insistierten. Vielleicht führten wir das fort, um unsere Härte gegenüber dem Kapitalismus zu beweisen und vor allem, um die Feindseligkeiten gegen reale oder nur imaginäre ideologische Gegner im In- und Ausland zu rechtfertigen. Es war ein Konzept, welches das KGB in politischen Kreisen zirkulieren ließ.

Als sozialistische Macht und als Mitglied der Weltgemeinschaft konnten wir natürlich nicht in Isolation leben und vor allen Dingen nicht gegenüber dem Kolonialismus gleichgültig bleiben. Aber ich bin sicher, daß hinter unserer Hilfe für die Befreiungsbewegungen auch ein Element der Kompensation für einige Dogmen steckte, die wir abgelegt hatten. Um so mehr, als die Chinesen ständig auf diese wunden Punkte hinwiesen, uns unaufhörlich wegen unseres angeblichen »Verrats« der revolutionären Befreiungsbewegungen anklagten. Das Gefährlichste an dieser Konstellation war die Tatsache, daß wir uns durch unsere Hilfe an den Befreiungsbewegungen überall in der Dritten Welt in Konflikte mit den Amerikanern hineinziehen ließen. Wir trugen dadurch zur Internationalisierung regionaler Krisen bei und machten sie zu Schauplätzen des Kalten Krieges. Nichts davon nützte den internationalen Beziehungen oder den wahren Interessen der Länder der Dritten Welt. Das wurde besonders deutlich in der zweiten Hälfte der siebziger und zu Beginn der achtziger Jahre.

Niemand hat je bezweifelt, daß Breschnew ein schwacher Theoretiker war, was die Außenpolitik anging, aber während der ersten Periode seiner Führung verstand er zumindest aus dem Bauch heraus, daß die Priorität der Nation die Erhaltung des Friedens sein mußte. Diese Position nahm er bereits etwa 1967/1968 ein. Es war ihm völlig klar, daß ein erkennbarer Fortschritt an dieser Front einen sicheren Weg zu größerer Popularität für seine Politik und für sich selbst darstellte.

Gromyko sorgte dafür, daß es Kontakte mit den Vereinigten Staaten auf hoher Ebene gab. Ein Besuch Präsident Johnsons in der UdSSR war für den Herbst 1968 vorgesehen, aber die Ereignisse in der Tschechoslowakei zwangen die Amerikaner, das Treffen zu verschieben. Im allgemeinen hatte die Invasion in die Tschechoslowakei eine viel negativere Auswirkung auf die Innen- als auf unsere Außenpolitik – vielleicht weil sich der amerikanische Krieg in Vietnam zu jener Zeit auf seinem Höhepunkt befand. Unter diesen Umständen fiel es dem Präsidenten der Vereinigten Staaten sehr schwer, die moralische Pose einzunehmen, die die Amerikaner bei früheren Gelegenheiten so betont hatten.

Die Kontakte mit den Vereinigten Staaten wurden jedoch fortgesetzt, wenn auch in nicht sehr aktiver Form. Zur gleichen Zeit gab es einen wichtigen Durchbruch in unseren Beziehungen zur BRD; es waren die Deutschen, die dies initiiert hatten. Die Architekten der neuen deutschen Ostpolitik waren Kanzler Willy Brandt und sein Mitarbeiter Egon Bahr (den ich als einen der herausragenden politischen Denker unserer Zeit betrachte). Die sowjetische Seite unterstützte und verstärkte diese Initiative schnell. Andropow, Valentin Falin, unser damaliger Botschafter in Bonn, und Breschnews Mitarbeiter A. M. Alexandrow spielten dabei eine wichtige Rolle. Falin arbeitete direkt mit der sowjetischen Führung, überging manchmal sogar unser Außenministerium. Zu Beginn unterstützte Gromyko die deutsche Initiative nicht aktiv. Für ihn hatte unsere Außenpolitik gegenüber den Vereinigten Staaten größere Priorität, und er hatte sich daran gewöhnt, die BRD für seine Amerika-Politik zu instrumentalisieren, sie sozusagen als Sündenbock zu benutzen, um unseren »Klassenstandpunkt« und unsere »antiimperialistischen« Überzeugungen zu demonstrieren. Auf diese Art und Weise konnte er alle positiven Schritte, die wir in unseren Beziehungen zu den Vereinigten Staaten erreicht hatten, konterkarieren. Es gab in dieser Hinsicht offensichtlich scharfe Konflikte zwischen Breschnew und Andropow auf der einen und Gromyko auf der anderen Seite; ich erinnere mich, daß Breschnew mich während Egon Bahrs erstem Besuch in der UdSSR aufforderte, unseren westdeutschen Gast für einen Tag zu unterhalten, damit er die Zeit finden konnte, dafür zu sorgen, daß Gromyko »die Klappe hielt«. Damals lernte ich Bahr kennen, mit dem ich im Laufe der Jahre zu einer Freundschaft fand, die sich während unserer Arbeit in der Palme-Kommission weiter festigte.

Aber schließlich schloß sich auch das Außenministerium unserer Politik an. Die sogenannten Moskauer Verträge wurden am 3. September 1971 unterzeichnet. Gleichzeitig unterschrieben die Vier Mächte – UdSSR, USA, Frankreich und Großbritannien – ein Abkommen über die komplizierte Frage des Status von Berlin (West).

1969 hatten die sowjetisch-amerikanischen Gespräche über eine Begrenzung der strategischen Waffen begonnen, wenn auch etwas später, als ursprünglich geplant. Daher schien es, daß sowohl an der amerikanischen als auch an der westdeutschen »Front« sich wirkliche Gelegenheiten eröffneten, die wir hätten nutzen sollen. Aufgrund von Unterhaltungen mit Breschnew, Gromyko und Andropow kam ich indessen zu dem Schluß, daß es nach wie vor extrem schwierig für uns war, flexibel und weitsichtig zu reagieren – das heißt, die internationale Lage in einem neuen Licht zu sehen und eine adäquate Politik zu formulieren. Andropow erwies sich in vielen Streitfragen als Bremser (Westdeutschland war eine Art Ausnahme) und zeigte sich immer vorsichtig. Heute glaube ich, daß dies eine Taktik war, um Konfrontationen mit seinen Kollegen zu diesem Zeitpunkt zu vermeiden.

Ich sehe mindestens zwei Gründe für die geschilderten Schwierigkeiten. Der erste war im Prinzip ideologisch; er zeigte sich in einem Mangel an Entschiedenheit, sowohl bei Breschnew als auch bei anderen Mitgliedern des Politbüros, sie waren sich einfach nicht sicher, ob die neue Politik mit den marxistischen Prinzipien zu vereinbaren war. Sie fürchteten, daß ein nicht ausreichend fester »Klassenstandpunkt« dazu führen könnte, daß sich oppositionelle Kräfte innerhalb der Partei zusammenschließen und unter diesem Vorwand die Führung angreifen könnten. Das Oktober-Plenum und die darauffolgenden Debatten über die Außenpolitik waren noch frisch in jedermanns Erinnerung.

Der zweite Grund war unser Mangel an Vorbereitung für einen ernsthaften Dialog und später für ernsthafte Taten auf dem Gebiet der Rüstungskontrolle und Abrüstung. Wie beurteilte das USA-Institut die sowjetisch-amerikanischen Beziehungen und unsere politischen Möglichkeiten an dieser Front? Das Institut bereitete seine erste Analyse im April 1968 vor, während der politischen Unruhen in Amerika, die Präsident Nixon die tiefste Krise des Landes seit dem Bürgerkrieg nannte. Es war ein Präsidentschaftswahljahr, und wir unternahmen den Versuch, die Auswirkungen dieser extrem komplizierten Situation auf die sowjetisch-amerikanischen Beziehungen einzuschätzen. Wenn ich heute diese Analyse wieder lese (sie trägt den Stempel »geheim«, wie es damals üblich war), überrascht mich nicht so sehr die Tatsache, daß ihre wichtigsten Schlüsse und Vorhersagen sich als korrekt erwiesen, als vielmehr die Kühnheit und sogar die Rücksichtslosigkeit, die sich in dem Text ausdrückt. Gleich zu Beginn unserer Forschungsarbeit fällten wir einige recht entschiedene Urteile.

Unser Hauptargument lag darin, daß sich in den Vereinigten Staaten Veränderungen in der Außenpolitik ankündigten, die objektiv den Interessen der Sowjetunion entgegenkommen könnten.

»Zum ersten Mal ist eine Lage entstanden«, schrieben wir in diesem Dokument, das an die politische Führung weitergeleitet wurde, »in der die US-Regierung auf ernsthafte Opposition gestoßen ist, nicht nur international, sondern auch innenpolitisch. Zum ersten Mal stehen die Vereinigten Staaten der Gefahr schwerer innerer Unruhen gegenüber, die vor allem von höherer Besteuerung, Inflation, der Armut der Minderheiten und den Krisen der Städte verursacht werden. Die Lösung für diese zunehmend belastenden Probleme fordert beträchtlich mehr Aufmerksamkeit der Regierung und eine größere Konzentration ihrer Ressourcen auf die Innenpolitik.« Wir glaubten, daß die inneren Probleme der Amerikaner konstruktive neue Initiativen in ihrer Außenpolitik stimulieren würden. Wir glaubten auch, daß die UdSSR diesen Prozeß positiv beeinflussen konnte.

Zu Anfang des Jahres 1968 waren solche Schlüsse und Empfehlungen ziemlich ungewöhnlich. Als wir sie dem Zentralkomitee und dem Außenministerium vorlegten, waren wir uns der Tatsache bewußt, daß sie mit Stirnrunzeln und Gereiztheit aufgenommen werden könnten, da sich die Loslösung von der Psychologie des Kalten Krieges als ein schmerzlicher Prozeß erwies. In der zu der damaligen Zeit gängigen Einschätzung der US-Außenpolitik wurde die sowjetische Perspektive beherrscht von Formeln unversöhnlicher Feindseligkeit, so wurden die Vereinigten Staaten als der »Hauptfeind«, ihre Politik als »feindliche imperialistische Politik«, ihr Verhalten als »militärische Vorbereitung« bezeichnet. Zur gleichen Zeit aber wurden diese Einschätzungen gewöhnlich begleitet von rhetorischen Verneigungen vor unserer Politik der friedlichen Koexistenz.

Ich will das Niveau unseres Verständnisses der amerikanischen Innen- und Außenpolitik nicht übertreiben. Das Institut hatte mit seiner Arbeit gerade begonnen, und unsere erste Leistung war es, der Führung offen mitzuteilen – und auch in der Presse zu veröffentlichen –, was die Experten auf diesem Gebiet längst wußten, aber nicht laut zu sagen wagten. Wir waren kühn genug, um die ideologischen Scheuklappen abzulegen und uns an den praktischen Interessen der Sowjetunion zu orientieren. Im Laufe der Zeit wuchs das Wissen der Institutsmitglieder über die amerikanische Politik, und unsere Beiträge zu diesem Thema wurden substantieller.

Die Gelegenheit für nützliche Gespräche mit den Vereinigten Staaten existierte, aber Jahre vergingen ohne sichtbaren Fortschritt. Wir gaben den Amerikanern daran die Schuld. Sie gaben uns die Schuld. Ich glaube, daß wir beide einen gleichen Anteil zu tragen haben. Ein kritischer Faktor war ohne Zweifel, daß wir noch nicht in der Lage waren, in objektiver Form über Rüstungsbegrenzung zu sprechen, wenn auch nur deshalb, weil niemand jemals gefordert hatte, daß sich das Verteidigungsministerium oder die Verteidigungsindustrie mit Abrüstung beschäftigte. Deren einziges Interesse war es, die Amerikaner bei der Rüstung einzuholen, nicht etwa die Rüstung zu begrenzen. Überdies waren die Leute, die im Verteidigungsministerium und im militärisch-industriellen Komplex arbeiteten, intellektuell auf einen Dialog mit den Amerikanern nicht vorbereitet. Zumindest nicht für ernsthafte Gespräche, die über die Grenzen politischer Deklarationen hinausgingen. Zuerst waren sie überhaupt nicht in der Lage, die amerikanischen Konzepte und deren Terminologie zu begreifen. Ich erinnere mich sehr lebhaft daran, da ich mich mit den Mitgliedern unserer Delegation vor Beginn der Gespräche über die Begrenzung strategischer Waffen öfter traf. Sie waren deshalb natürlich auch nicht in der Lage, die Initiative zu ergreifen, gut begründete Vorschläge zu machen oder neue Ideen in die Gespräche einzubringen.

Aber hätte es irgendwelche Fortschritte gegeben, auch wenn die Delegation zu all diesen Dingen bereit gewesen wäre? Der militärisch-industrielle Komplex war ein Staat im Staate. All dies war von großer Geheimhaltung umgeben – und ist es in hohem Maße immer noch. Die Sphären, in denen diese Behörden operierten, waren absolut sakrosankt: Breschnew war dem Militär für seine Unterstützung verpflichtet und sah sich selbst gerne als Kriegsheld. Überdies hatte er die Verteidigungsindustrie als Zweiter ZK-Sekretär einige Jahre geführt und sich daran gewöhnt, den Generälen und den Industriellen des militärischen Komplexes alles zu geben, was sie wollten. Und das, was sie am meisten wollten, war Handlungsfreiheit, die nicht durch irgendwelche internationalen Verträge eingeschränkt wurde.

So brauchte es einige besondere Umstände, um diese Hindernisse zu überwinden und der Führung den Mut zu geben, die Grundlagen des Kalten Krieges durch ein neues, weniger gefährliches internationales System zu ersetzen. Das wiederum erforderte eine Form der Verhandlung, die über die bisherigen Grenzen der traditionellen Diplomatie hinausging. Zwei solcher Vorbedingungen waren schon lange zuvor aufgetaucht – die Unführbarkeit eines Nuklearkrieges und die Lasten der Militärausgaben. Chruschtschow hatte das begriffen, genauso wie Eisenhower und Kennedy. Sie machten die ersten kleinen Schritte, wie bescheiden auch immer, um Verhandlungen auf dem Gebiet der Rüstungsbegrenzung zu beginnen. Aber gegen Ende der Sechziger waren auch konkretere Gründe für einen Wandel aufgetaucht. Einer dieser Gründe war die Aussicht auf verbesserte Beziehungen zur Bundesrepublik Deutschland. Ein weiterer wichtiger Faktor war China. Im Laufe der späten sechziger und frühen siebziger Jahre waren unsere Beziehungen zu China völlig verfallen, es ging nun nicht mehr um theoretische Differenzen und Diskussionen, sondern um die wachsende Drohung eines Konfliktes. China war im Besitz von Atomwaffen und begann, Trägerraketen zu produzieren, wenn auch auf einer sehr primitiven Ebene. Die Sowjetunion verstärkte die Truppen an der chinesischen Grenze. Die Chinesen verkündeten laut, daß die Gefahr eines Angriffs aus dem Norden drohte; sie gruben sich ein, bauten Bunker, Grabensysteme, Tunnel, ganze Siedlungen unter der Erde. Wir deuteten dies unsererseits wiederum als Kriegsvorbereitung.

In solch einem Klima gewannen die chinesisch-amerikanischen Beziehungen eine neue Bedeutung. Zu Beginn der Siebziger fanden einige ernsthafte Veränderungen statt, die für die Sowjetunion große Signifikanz besaßen. Bekanntermaßen betrachtet Henry Kissinger noch heute das Ausspielen der »chinesischen Karte« als einen seiner größten diplomatischen Erfolge. Aber das Verdienst für diesen diplomatischen Coup gehört nicht ihm allein. Die Idee, die chinesisch-amerikanischen Beziehungen zu normalisieren, war schon lange zuvor latent vorhanden und schrie geradezu danach, auf Amerikas diplomatische Tagesordnung gesetzt zu werden. Ich will damit in keiner Weise Kissingers Geschick und seine außerordentliche Fähigkeit herabsetzen, eine Situation einzuschätzen und danach zu handeln, aber die politischen Realitäten waren trotz allem der Hauptfaktor. Gegen Ende der sechziger und zu Beginn der siebziger Jahre existierten einfach keine vernünftigen Gründe mehr, feindliche Beziehungen zwischen dem Westen und China aufrechtzuerhalten.

Noch war den Amerikanern allerdings unklar, wie die Chinesen auf die Idee der Normalisierung reagieren würden. Aber das konnte leicht geklärt werden. Ich habe nie verstanden, warum die Vereinigten Staaten so lange brauchten, um die ersten Kontakte herzustellen.

Die einzige Erklärung, die ich finden kann, liegt darin, daß die Amerikaner ebenfalls unter einem tiefen Minderwertigkeitskomplex litten. So hatten sie während der fünfziger und sechziger Jahre die Befürchtung (die dann fast zu einer Besessenheit wurde), sich nicht entschlossen genug dem Kommunismus entgegenzustellen, das heißt der Sowjetunion und insbesondere China. Einige Relikte dieser Haltung zeigten sich noch in den späten Siebzigern und frühen Achtzigern.

Dazu gehörte natürlich auch die stets präsente Angst, die man aus der McCarthy-Ära geerbt hatte, dem Kommunismus gegenüber »weich« zu erscheinen. Während der McCarthy-Ära wurden viele hervorragende amerikanische Experten und Diplomaten, die sich auf die

China-Politik konzentriert hatten, politisch und moralisch vernichtet. Noch lange Zeit danach betrachtete der rechte Flügel der amerikanischen Politik jeden Versuch, die Beziehungen zu China zu normalisieren, fast als Hochverrat.

Die zweite Komponente war das psychologische und politische Erbe des Korea-Krieges, als chinesische Truppen in den Krieg mit den Amerikanern eingriffen – und das nicht ohne einigen Erfolg. Antichinesische Gefühle in Amerika erreichten einen solchen Siedepunkt, daß sogar der Einsatz von Atomwaffen gegen China ernsthaft diskutiert wurde. Es ist wahr, das alles endete, als General MacArthur, der Urheber dieses Gedankens, in die Vereinigten Staaten zurückgerufen und in den Ruhestand geschickt wurde, aber das politische Erbe blieb bestehen.

Der dritte Faktor war Amerikas Sorge über die sehr aktive Rolle, die China in den Befreiungsbewegungen und Bürgerkriegen in Südostasien und anderen Regionen der Dritten Welt spielte. Ich glaube, diese Sorge wurde noch verstärkt, als die Chinesen uns anklagten, die revolutionäre Sache und die Befreiungsbewegungen zu verraten – sie glorifizierten unablässig den bewaffneten Kampf. Ich kann mir gut vorstellen, daß all dies die Amerikaner sehr besorgt machte; es bereitete ja auch uns Sorge! Damals tauchte sogar das Schreckgespenst auf, daß China dazu beitragen könnte, nukleare Waffen in der Dritten Welt zu verbreiten. Man muß dabei im Auge behalten, daß die USA ihre militärische Intervention in Vietnam vor allem mit der Gefahr einer chinesischen, nicht etwa sowjetischen, Expansion rechtfertigten.

Es gibt eine Menge Anhaltspunkte dafür, daß die Amerikaner damals, wenn sie sich zwischen der UdSSR und China hätten entscheiden müssen, China für das größere Übel hielten. Es wurde damals davon gesprochen, daß die Vereinigten Staaten auf inoffiziellem Wege in Moskau herauszufinden suchten, wie wir auf einen strategischen Luftangriff auf China reagieren würden. Aber eine solche Nachfrage kann auch eine bewußte Provokation gewesen sein; hätten wir irgendein Interesse gezeigt, hätten die Vereinigten Staaten das sofort benutzen können, um noch größere Reibungen zwischen der Volksrepublik und uns zu schaffen. Kissinger schreibt in seinen Memoiren, daß Breschnew bei dem Gipfeltreffen mit Nixon im Jahr 1974 eine Art von gemeinsamer Aktion gegen China vorschlug. Ich bezweifle das außerordentlich, wenn ich auch die Möglichkeit nicht ausschließen kann, daß

Breschnew die Politik Chinas kritisierte, und Nixon sagte, daß sie das Anliegen des Friedens und der Entspannung gefährdete. In jenen Jahren sprach Breschnew ständig über dieses Thema, auch bei Verhandlungen mit den Amerikanern, und auf die Weise kann es zu jener Interpretation seiner Worte gekommen sein.

Der vierte Faktor war sicherlich Chinas Hilfe für Hanoi und den Vietkong im Süden. Viele Amerikaner waren davon überzeugt, daß die Vereinigten Staaten diesen Krieg nicht würden gewinnen können – hauptsächlich aufgrund von Chinas direkter Hilfe an Vietnam. Sie glaubten, daß die Konkurrenz zwischen der UdSSR und der Volksrepublik um die Führung der revolutionären Kriege und Befreiungsbewegungen die Sowjetunion zwang, die Hilfeleistungen für Vietnam zu steigern.

Und der fünfte Faktor waren schließlich die schwierigen Hindernisse in den chinesisch-amerikanischen Beziehungen selbst – insbesondere das Problem Taiwan. Die Amerikaner wollten natürlich nicht den Eindruck erwecken, daß sie einen alten Verbündeten aufgaben, da sie fürchten mußten, daß dies andere Freunde Amerikas demoralisieren würde.

All diese Umstände mögen die Entstehung normaler Beziehungen zwischen den Vereinigten Staaten und China verzögert haben. Einer der Gründe, warum Nixon und Kissinger tun konnten, was ihre Vorgänger nicht gewagt hatten, war, so glaube ich, ihr Ruf einer harten antikommunistischen Haltung. Vor allem Nixon hatte sich diesen Ruf verdient; man darf auch nicht vergessen, daß die Freundschaft und Unterstützung Senator McCarthys ihm den ersten Schub in seiner politischen Karriere gegeben hatten. Solch eine Reputation immunisierte die Nixon-Administration gegen Kritik von rechts. Und das war in den Vereinigten Staaten sehr wichtig, genauso wie es in unserem Land viele Jahre lang wichtig war, gegen kritische Attacken von seiten orthodoxer Kommunisten und marxistischer Puristen geschützt zu sein.

Der bekannte amerikanische Wirtschaftler John Kenneth Galbraith hat einmal gesagt, daß zwei Ängste die amerikanische Politik lange Zeit dominiert haben: die Angst vor dem Kommunismus und die Angst, daß die Liberalen dem Kommunismus gegenüber als zu weich erscheinen könnten. Nixon und Kissinger waren zu erfahren, um sich von der ersten dieser Ängste beeindrucken zu lassen, und ihr Ruf als

Konservative und als Antikommunisten war makellos genug, um die zweite zu überwinden.

Nixon versprach, eine schnelle Lösung für das Vietnam-Problem zu finden, verursachte aber noch weitere Komplikationen, indem er Kambodscha bombardieren, die kambodschanische Regierung stürzen und das Land erobern ließ. Nixons und Kissingers Versuche, einen das Gesicht wahrenden Frieden dadurch zu erringen, daß sie den militärischen Druck erhöhten, während sie gleichzeitig die amerikanischen Bodentruppen und den amerikanischen Anteil an der Kriegführung reduzierten, waren vergeblich. Und ich glaube, daß sie beide dies auch gegen Ende des Jahres 1970 erkannten. Aber die Präsidentschaftswahlen von 1972 lagen vor ihnen, und sie brauchten sichtbare politische Erfolge.

Noch bevor er sich der Nixon-Administration anschloß, hatte Kissinger mir einmal erklärt, was in seinen Augen notwendig war, damit die Vereinigten Staaten diesen Krieg beenden könnten, ohne das Gesicht zu verlieren. Kissinger war zum ersten Mal im Dezember 1967 nach Moskau gekommen, damals im Auftrag der Johnson-Administration und des Verteidigungsministers Robert McNamara. Er kam in einer für ihn ungewöhnlichen Rolle, als Mitglied der Pugwash-Konferenz, einer wissenschaftlichen Vereinigung, deren Ziel die nukleare Abrüstung war. Aber seine wirkliche Mission war es, wie er mir privat mitteilte, festzustellen, ob man Moskaus Unterstützung für eine Lösung des Konflikts auf der folgenden Grundlage gewinnen könnte: einen Waffenstillstand, eine Friedensvereinbarung und dann Rückzug der US-Truppen. Hanoi seinerseits würde versprechen müssen, im Laufe der nächsten Jahre lediglich politische Maßnahmen zu ergreifen, und auch die nur allmählich. Was danach geschah, interessierte Washington nicht mehr. Da er keine anderen, höherrangigen Kontakte hatte, erklärte Kissinger mir diese Ideen (angeblich im Auftrag von McNamara). Ich versprach, daß ich sie an unsere Führung weitergeben würde, aber sie machten auf niemanden großen Eindruck. Immerhin wurde ich zu Kissingers erster Kontaktperson in Moskau. Im Februar 1969 fiel mir die Aufgabe zu, Kissinger dem sowjetischen Botschafter in den Vereinigten Staaten, Anatoli Dobrynin, vorzustellen.

1967 hatte ich den Eindruck, daß dieser Plan für eine Beendigung des Vietnam-Konflikts, ebenso wie die Idee, nach Moskau zu reisen, von Kissinger kam und daß er McNamara angeboten hatte, ihn auszuführen.

Das brachte aber erst 1973 Erfolg. Nach der Unterzeichnung der Übereinkunft mit der Demokratischen Republik Vietnam gewann deren Regierung Kontrolle über den südlichen Teil des Landes, und der US-Botschafter in Saigon mußte eilig mit dem Hubschrauber aus der Botschaft evakuiert werden – mit der amerikanischen Flagge unter dem Arm. Die Administration in Washington, auch Kissinger, reagierte sehr zornig und betrachtete das beinahe als einen Vertrauensbruch. Auch wir wurden kritisiert.

Vor 1972 aber, als Nixon und Kissinger für die bevorstehenden Präsidentschaftswahlen Erfolge brauchten, mußten sichtbare politische Ergebnisse vorgewiesen werden, und ihr Augenmerk galt daher vor allem der UdSSR und der Volksrepublik China. Eine Verbesserung der Beziehungen wäre eine akzeptable Alternative zu einem »ehrenvollen Frieden« in Vietnam gewesen. Warum entschlossen sie sich, mit China anzufangen? Zunächst, glaube ich, müssen Nixon und Kissinger zu dem Schluß gekommen sein, daß der Hauptfeind nicht länger China war, sondern die UdSSR. Und im Geiste von Kissingers seit langem gepflegtem Glauben an die Philosophie einer »Machtbalance«, die das Konzept einer »bipolaren« Welt ersetzen sollte, war es logisch, den Prozeß der Wiederannäherung mit Beijing zu beschleunigen – was gleichzeitig Druck auf Moskau ausüben würde.

Es war auch leichter, die Beziehungen mit China zu normalisieren, da die Gespräche über eine Begrenzung der nuklearen Rüstung dem Prozeß nicht im Wege standen. Die Beziehungen zur UdSSR waren schwieriger. Hier mußte man zunächst bei komplexen Rüstungskontroll-Verhandlungen anfangen, auf die keine der beiden Seiten gut vorbereitet war.

Es stellte sich bald heraus, daß Nixon und Kissinger, soweit es die Innenpolitik betraf, absolut richtig kalkuliert hatten. In der Folge des Gipfeltreffens von Beijing wurden China und alles Chinesische – vom Essen über die Kunst bis zu den Pandas – zu einer großen Mode in Amerika. Und die Popularität der Regierung stieg um so mehr, da die Rechte (von einer kleinen Gruppe von absoluten Fanatikern abgesehen) nicht in der Lage war zu protestieren – immerhin hatten die Vereinigten Staaten durch die verbesserten Beziehungen zu China ihre Position gegenüber der Sowjetunion gestärkt.

In welchem Maße sich allerdings der amerikanische Versuch, die »chinesische Karte« gegen die UdSSR auszuspielen, als effektiv erwies,

ist schwer zu beantworten. Persönlich habe ich nie an die Wirkung der
»chinesischen Karte« geglaubt; wenn wir nicht gerade riesige Fehler
machten, wurden sowjetische Interessen dadurch eigentlich nicht berührt. Die schlechten Beziehungen zwischen der Sowjetunion und
China und die Möglichkeit eines amerikanisch-chinesischen Paktes gegen die Sowjetunion waren allerdings ein Motiv für bessere Beziehungen zum Westen.

Aber man muß zugleich sagen, daß unsere Schwierigkeiten mit
China und unsere Sorge über einen chinesisch-amerikanischen Pakt
nicht das Hauptmotiv für unsere Suche nach besseren Beziehungen mit
dem Westen waren. Ein ehrliches Verlangen danach, die Gefahr eines
Krieges zu verringern, spielte eine sehr große Rolle; unsere politische
Führung redete oft darüber, aber seltsamerweise nahmen die Amerikaner das nie ganz ernst.

Im Lichte der bitteren Erfahrungen des sowjetischen Volkes war die
Erhaltung des Friedens keineswegs nur ein propagandistischer Slogan
oder ein populistischer Tribut an die öffentliche Meinung, sondern ein
ernsthaftes politisches Motiv. Selbst die großzügige finanzielle Ausstattung militärischer Programme auf Kosten auch der dringendsten
sozialen Notwendigkeiten geschah unter dem Vorwand, die Sache des
Friedens zu stärken. Viele der Leute in der Regierung glaubten ernsthaft daran. Ich habe von Breschnew häufig den Satz gehört: »Verteidigung ist heilig«, was seine Großzügigkeit gegenüber dem Militär erklärte. Zur gleichen Zeit aber begann man in der Spitze zu verstehen,
daß der Kalte Krieg und das Wettrüsten früher oder später zu einer
Katastrophe führen konnten, obwohl ich nach wie vor überzeugt bin,
daß die Führung nicht wirklich begriff, wie untragbar unsere militärische Bürde war. (Ich bin mir nicht einmal sicher, daß die Führung
heute in dieser Hinsicht klar sieht.)

Im Sommer 1971 wurde bekannt, daß Kissinger auf einem Treffen in
Beijing eine Übereinkunft erreicht hatte, 1972 ein chinesisch-amerika-
nisches Gipfeltreffen abzuhalten. Das verwirrte viele Mitglieder der sowjetischen Führung. Ich erinnere mich gut daran, weil viele hochge-
stellte Funktionäre mich um meine Meinung und meinen Rat baten.
Nie zuvor hatte es so viel allgemeines Interesse am USA-Institut und
seinen Analysen gegeben.

Die fast hysterische Reaktion auf das Gipfeltreffen schien mir unbegreiflich: Warum überraschte dieser politische Schritt der Amerikaner

so viele Leute bei uns? Es hatte reichlich klare Signale gegeben – zum Beispiel die »Ping-Pong-Diplomatie«, als eine chinesische Tischtennismannschaft mit außerordentlichen Ehren in den Vereinigten Staaten begrüßt worden war. Lange vor Glasnost hatte die offizielle Presse bei uns endlos über die Möglichkeit einer »Allianz zwischen der chinesischen Führung und dem Weltimperialismus« geschrieben und hatte sowohl die Chinesen als auch den Westen angeklagt, einen solchen Pakt zu planen. Es kann durchaus sein, daß wir in unserer Panik die Amerikaner überhaupt erst darüber belehrten, wie sie uns am schwersten treffen konnten.

Aber dann begann ich zu verstehen, daß es noch einen weiteren Grund für unsere Konfusion gab: Die Führung hatte nämlich begonnen, darüber nachzudenken, ob man sich auf Dauer durch das Dogma des »amerikanischen Imperialismus« die Hände binden lassen konnte. Wie lange durfte ein Land der Realität den Rücken kehren, nur um ideologische Vorurteile aufrechtzuerhalten und notwendige politische Entscheidungen zu vermeiden? In diesem Sinne halfen die Amerikaner uns, wahrscheinlich ohne es zu wissen, indem sie unser politisches Denken wachrüttelten und vielen unserer Politiker zeigten, wie unprofessionell sie sich in Wirklichkeit verhielten.

Ich machte mir über unsere Verwirrung und grundlosen Befürchtungen große Sorgen; sie konnten unserer Politik und unseren Interessen durchaus schaden. Dann tat ich den einigermaßen ungewöhnlichen Schritt, darum nachzusuchen, einen Artikel in der *Prawda* über das bevorstehende chinesisch-amerikanische Treffen veröffentlichen zu dürfen. Obwohl der Artikel natürlich von mir unterzeichnet sein würde, war mir klar, daß er im Ausland als offizielle Aussage gewertet werden würde.

Da Breschnew und Suslow sich in den Ferien befanden, besprach ich die Angelegenheit mit Kirilenko. Es lag durchaus im Bereich meiner Rechte und Kompetenzen als Direktor des USA-Instituts, ein solches »Signal« auszusenden. »Na gut, machen Sie's, schreiben Sie, und ich werde die *Prawda* informieren«, antwortete Kirilenko.

Ich schrieb den Artikel »in einem Zug« – an einem Tag und in einer Nacht, und er wurde am 11. August 1971 veröffentlicht. Er wandte sich vor allem an die sowjetische Öffentlichkeit, der ich erklären wollte, daß nichts Schreckliches, schon gar nichts Tragisches geschehen war und daß es keinen Grund gab, an eine Bedrohung der Sowjetunion oder an die Gefahr einer militärischen Allianz zwischen den Vereinigten Staaten und China zu glauben. Hier war etwas geschehen, was schon längst erwartet worden war, seit sich die Feindseligkeit zwischen den beiden Ländern vermindert hatte. Letztlich mußte unsere Einschätzung der amerikanischen Motive davon abhängen, in welchem allgemeinen politischen Kontext sich die Normalisierung der chinesisch-amerikanischen Beziehungen abspielte. Wenn ähnliche Verschiebungen in den Beziehungen zu anderen sozialistischen Ländern (dabei dachte ich natürlich vor allem an die UdSSR) folgten, einschließlich der Rüstungskontrolle und der Lösung regionaler Konflikte, dann konnten wir die amerikanische Initiative positiv deuten, als Teil eines allgemeinen Wandels ihrer globalen Politik. Wenn nicht, dann war es legitim, den amerikanischen Motiven mit Mißtrauen gegenüberzustehen und möglichen Schaden für andere Länder (einschließlich der UdSSR) zu befürchten. Die Amerikaner interpretierten den Artikel als einen Ausdruck, wenn nicht der offiziellen Meinung, so doch einer Position, die ihr nahestand (was korrekt war – der Artikel wurde vor seiner Veröffentlichung an das Außenministerium und das Zentralkomitee geschickt).

Natürlich war ich nicht so naiv zu denken, daß ich die Amerikaner von irgend etwas überzeugen konnte – sie mußten unsere panikartige Reaktion auf die Nachrichten aus Beijing bemerkt haben. Aber zu der Zeit besaßen das Institut und ich breite und ausreichend zuverlässige Kontakte in den USA, um zu erfahren, wie die Lage in Washington selbst eingeschätzt wurde. Uns war auch klar, welche Bedeutung die Amerikaner selbst der Normalisierung der sowjetisch-amerikanischen Beziehungen beimaßen. Amerikanische regionale Interessen hingen grundsätzlich von China ab. Und natürlich waren sich die Amerikaner des Drucks bewußt, den sie aufgrund unserer eigenen Kurzsichtigkeit und unserer Neigung zu panischen Reaktionen auf uns ausüben konnten. Die amerikanischen Beziehungen zur Sowjetunion wurden indessen von den globalen Interessen der USA bestimmt, sie betrafen die wichtigsten Fragen der nationalen Sicherheit. Ich glaubte, daß es für die Amerikaner sehr wichtig war zu wissen, daß wir uns der Hierarchie ihrer Interessen bewußt waren und daß wir uns durch das politische Spiel Washingtons mit China nicht unter Druck setzen ließen.

Der Artikel schlug außergewöhnliche Wellen in den Vereinigten Staaten und anderen westlichen Ländern. Er wurde weithin zitiert und oft auch nachgedruckt. Dieses Interesse und einige andere Signale bestärkten mich in meinem Verdacht, daß die Amerikaner sich sehr für die sowjetische Reaktion auf ihre verbesserten Beziehungen zu China interessierten. Und das deutete darauf hin, daß die ganze Operation vor allem dazu diente, Druck auf die Sowjetunion auszuüben.

Letztlich erwies sich die chinesisch-amerikanische Annäherung als ein versteckter Segen für die sowjetische Politik: Wir begannen uns in unseren Gesprächen über die Rüstungsbegrenzung mit den Vereinigten Staaten zu bewegen. Als Nixon seinen Besuch in Beijing abstattete, war eine Reise nach Moskau bereits für Mai 1972 angekündigt worden.

Kissinger kam in jenem Frühling nach Moskau, um vorbereitende Gespräche zu führen. Zu der Zeit besaßen unsere Führer, insbesondere Breschnew, nicht viel Erfahrung in Treffen mit Repräsentanten des Westens. Breschnew bereitete sich sorgfältig vor, und das USA-Institut übernahm in diesem Zusammenhang eine Menge Aufgaben.

Am 9. Mai, dem Tag des Sieges, verlebte ich ein feuchtes Regimentstreffen mit meinen ehemaligen Kriegskameraden. Ich kam gegen zehn Uhr abends nach Hause und hörte von meiner Frau, daß mehrere Leute aus den Büros der Führung – von Andropow, Gromyko und Breschnew – seit Mittag versucht hatten, mich zu erreichen. Ich rief sofort zurück, und man sagte mir, daß inzwischen alle zu Hause seien, daß ich aber um 9 Uhr am nächsten Morgen in Breschnews Büro im ZK kommen solle.

Ich schaltete das Radio ein und begriff sofort, warum man versucht hatte, mich zu erreichen. Die Vereinigten Staaten hatten am 8. Mai die Bombardierung Hanois wieder aufgenommen und den Hafen von Haiphong vermint. Es hatte viele Todesopfer gegeben. All das kurz vor dem ersten sowjetisch-amerikanischen Gipfeltreffen seit 1959!

Am nächsten Morgen gab es ein Treffen beim Zentralkomitee (geleitet von Breschnew in Anwesenheit von Andropow, Gromyko und, soweit ich mich erinnere, Ponomarjow sowie einer Gruppe von Experten und Beratern). Obwohl die grundlegenden Debatten schon am vorhergehenden Tag gelaufen waren, blieben die Gespräche sehr ernsthaft. Die Hauptfrage war natürlich, ob man den Gipfel absagen sollte. Wie wir wissen, wurde er nicht abgesagt, aber es war eine schwierige Entscheidung. Viele hohe Funktionäre, darunter einige ZK-Mitglieder, forderten eine Absage. Sie glaubten, daß wir politisch gedemütigt würden, wenn wir den Gipfel stattfinden ließen. Sie fürchteten einen Verlust an Autorität in den Augen der Welt, insbesondere im kommunistischen

Lager und bei den Befreiungsbewegungen; und daß wir den amerikanischen Imperialismus zu weiteren Abenteuern ermutigen würden. Die meisten der hohen Offiziellen blieben wie gewöhnlich still, warteten darauf, wie sich die Führer entscheiden würden. Andropow sagte mir später vertraulich, daß Breschnew unter großen Druck gesetzt wurde, Nixon einen »angemessenen Rüffel« zu erteilen. Der hätte natürlich in der Absage des Gipfels bestanden. Alle, denen es möglich war, einschließlich der Experten, die an den Diskussionen teilnahmen, taten ihr Äußerstes, um diesem Druck nicht nachzugeben. Sie schlugen vor, die amerikanische Herausforderung zu ignorieren und den Gipfel abzuhalten.

Wie sieht dies alles aus heutiger Sicht aus? Aus militärischer Perspektive war die amerikanische Entscheidung, die Bombardierung wieder aufzunehmen, ein nutzloses Abenteuer, das nichts am Verlauf der Ereignisse in Vietnam änderte. Die Entscheidung war ein Symptom von Amerikas unkontrollierten Emotionen, nicht das Resultat nüchterner Kalkulation. Da sie nicht den geringsten Grund hatten, auch nur an einen taktischen militärischen Erfolg zu glauben, riskierten Nixon und Kissinger ein ernstes diplomatisches Fiasko, hätte die UdSSR den Gipfel abgesagt. William Hyland, der damals Kissingers Assistent war und noch heute ein führender Experte für sowjetische Politik ist, schreibt in seinem Buch *Global Rivals*, daß die Mehrheit der Leute in Washington, darunter Nixon und Kissinger, durchaus mit der Möglichkeit rechneten, daß die Sowjetunion das Gipfeltreffen platzen lassen könnte, als sie die Entscheidung zur Wiederaufnahme der Bombardierung trafen.

Hyland merkt an, daß die einzige Hoffnung darin bestand, daß Kissingers Politik der »Verknüpfung« *(linkage)* und vor allem der »chinesischen Karte« funktionieren würde. Aber das war ein Irrtum. Obwohl der chinesische Faktor während der Debatte der sowjetischen Führung um das Gipfeltreffen erwähnt wurde, spielte er, soweit ich mich erinnern kann, keine bedeutende Rolle. Die Sorge um das Schicksal der Verträge mit der Bundesrepublik Deutschland, die ein paar Tage vor Nixons Ankunft in Moskau ratifiziert werden sollten, spielte eine unvergleichlich größere Rolle bei der Entscheidung. Moskau verstand sehr wohl, daß eine Verschlechterung der Beziehungen mit den Vereinigten Staaten die Ratifizierung aufschieben könnte, die bereits durch den aktiven Widerstand der westdeutschen konservativen Opposition gefährdet war.

Zugleich schuf die Lage in Vietnam zusätzliche Ungewißheiten für die Amerikaner, da sie ernste Sorgen bei ihren Alliierten weckte. Die Vereinigten Staaten spielten ein sehr riskantes Spiel und liefen Gefahr, die Kontrolle über die Situation zu verlieren. Sollte es darum gegangen sein, die Sowjetunion zu demütigen und zu demonstrieren, daß Amerika auf provokatives Verhalten zu antworten wußte, dann war auch das ein Fehlschlag. Die Gespräche auf dem Gipfel liefen zwischen zwei gleichberechtigten Mächten ab, und die Menschen im Westen – insbesondere in den Vereinigten Staaten, wo die Unzufriedenheit über den Vietnamkrieg immer noch anwuchs – betrachteten die sowjetische Reaktion auf diese Herausforderung nicht als Schwäche, sondern als politisch vernünftig.

Es kann heute kaum einen Zweifel daran geben, daß unsere Entscheidung richtig war. Die Absage des Gipfels hätte dem vietnamesischen Volk nicht geholfen. Sie hätte den Vereinigten Staaten freie Hand gegeben, und die hätten sich vielleicht auf weitere Abenteuer eingelassen. Die Entspannung im Verhältnis zwischen der UdSSR und den Vereinigten Staaten wäre auf lange Zeit aufgeschoben worden. Die beiden Mächte hätten sich weiterhin in einer sehr ernsten militärischen Rivalität befunden. Das hätte sich auch auf die regionalen Krisen und vor allem auf die Konflikte im Nahen Osten ausgewirkt. Auch so erwies es sich als außerordentlich schwierig, den Jom Kippur-Krieg einzudämmen, der weniger als anderthalb Jahre später ausbrach, gerade als wir uns auf dem Höhepunkt der Entspannung und in ständiger Kommunikation befanden. Man wird sich erinnern, daß die Vereinigten Staaten während dieses Krieges eine nukleare Alarmstufe auslösten. Der Konflikt hätte sich in einer Atmosphäre der Spannung als sehr viel gefährlicher erweisen können. Ein weiteres Opfer der Absage hätten unsere Verhandlungen über die Sicherheit in Europa werden können. Und schließlich wären wichtige Abkommen zwischen der Sowjetunion und Westdeutschland wahrscheinlich nicht ratifiziert worden.

Ein Argument, das unter den Hardlinern in Moskau sehr populär war, daß nämlich eine Absage des Gipfels alle Hoffnungen Nixons, wiedergewählt zu werden, zerstört hätte, wurde von vielen Gegnern des Treffens verbreitet, und ich hatte gemeinsam mit anderen Amerika-Experten hart zu arbeiten, um es zu widerlegen. Damals wie heute erscheint mir dieses Argument nicht nur aus Sicht der innenpolitischen Lage in den USA, sondern grundsätzlich falsch. Man kann die eigenen politischen Entscheidungen über die wichtigen Sicherheitsfragen nicht einfach von inneren Abläufen in einem anderen Land abhängig machen und die eigenen Interessen dafür opfern. Man kann so etwas schon deshalb nicht tun, weil die Ereignisse letztlich nicht voraussagbar und schon gar nicht kontrollierbar sind. Auch kann man die Konsequenzen nicht vorhersehen: Selbst wenn Nixon nach der Absage des Gipfeltreffens von 1972 die Wahl verloren hätte, wie wollte man sicher sein, daß das für uns eine gute Entwicklung gewesen wäre?

Damals begriff ich, daß eine gemäßigte Entscheidung, eine Konzession, sehr viel größere politische Courage erfordert als Konfrontation und negativer »Radikalismus«. Dies trifft insbesondere dann zu, wenn es um die Beziehungen zu einem politischen Gegner geht. Die Erfahrung hat diese Erkenntnis unglücklicherweise viele Male bestätigt.

Wie auch immer, nachdem die sowjetische Führung beschlossen hatte, das Gipfeltreffen nicht abzusagen, berief sie ein ZK-Plenum ein, um die ganze Frage zu diskutieren. Die Furcht, nicht ausreichend »revolutionär« zu erscheinen, regte sich wieder einmal. Obwohl er die richtige Entscheidung getroffen hatte, war Breschnew sich nicht absolut sicher, und vor allem wollte er, daß das Plenum den Entschluß offiziell billigte.

Viel später fragte ich mich, warum es eigentlich kein ZK-Plenum gegeben hatte, als die Entscheidung getroffen wurde, in der Tschechoslowakei, oder, was das betrifft, in Afghanistan einzumarschieren – vielleicht, weil in jenen Fällen niemand die marxistische und »revolutionäre« Orthodoxie der Entscheidung anzweifeln konnte. Das soll indessen nicht heißen, daß ich damals die Einberufung des Plenums nicht begrüßte. Eine Diskussion der Außenpolitik war schon lange fällig: nicht nur wegen der amerikanischen Politik in Vietnam und des bevorstehenden Gipfels, sondern aufgrund der Notwendigkeit, viele politische Streitfragen abzuklären und die neue internationale Lage einzuschätzen. Auch führten die Stalinisten nach wie vor einen entschlossenen Kampf, um das politische Denken der Gesellschaft und der Partei in einem neuen Dogmatismus zu ersticken. Es war daher sehr wichtig, daß die politische Atmosphäre unter der Ägide der Führung geklärt wurde. Und das tat man gewöhnlich, indem das ZK-Plenum die neue politische Linie billigte.

Das Plenum war ein Sieg über die regressive Politik, die uns nun seit einigen Jahren verfolgt hatte. Es sanktionierte nicht nur das Gipfeltreffen, sondern die gesamte Entspannungspolitik. Wir setzten unser Vertrauen auf die Prinzipien der friedlichen Koexistenz. Nun endlich hatten wir Mut genug, um offen zu proklamieren, daß wir zu Absprachen mit den Westmächten kommen konnten und wollten, daß wir unsere Beziehungen zu ihnen verbessern und uns nicht erlauben würden, durch Beharren auf dem Klassenstandpunkt aus dem Gleis geworfen zu werden.

Zugleich aber muß man zugeben, daß das Plenum in der Abrechnung mit einigen alten Dogmen der Außenpolitik nicht weit genug ging. Es versuchte nur, die Kluft zwischen den alten Theorien und der neuen Politik zu überbrücken.

Ich erinnere mich sehr lebhaft an das Gipfeltreffen. Viele der Mitglieder der amerikanischen Delegation waren mir persönlich bekannt, aber ich muß sagen, daß sie ohne große Zuversicht und in einem merkwürdigen Zustand der Konfusion, sogar der Angst, nach Moskau anreisten. Am ersten Tag trafen sich Nixon und Breschnew zu einem Gespräch unter vier Augen – das heißt, es waren außer ihnen nur Dolmetscher anwesend. Die sowjetische Führung gab an dem Abend im Facettensaal des Kreml ein Staatsdiner. Nach dem Protokoll jener Zeit blieben die Amerikaner auf einer Seite des Raums und die Sowjets auf der anderen. Wir mußten eine lange Zeit auf unsere Führer warten. Allmählich wurde klar, daß Nixon und Breschnew eine sehr ernste und lange Unterredung hatten. Viele der Amerikaner, besonders Kissinger, waren nervös. Er kam zu mir und fragte: »Was glauben Sie, wie wird es laufen, was sind eure Absichten?« Ich sagte, daß ich recht optimistisch sei.

Am nächsten Tag hörte ich von Journalisten, warum die Amerikaner so besorgt waren. Offensichtlich war ein Gerücht umgelaufen, daß die Sowjetunion dem Treffen nur zu einem einzigen Zweck zugestimmt hatte: um Nixon zu demütigen.

Tatsächlich aber brachte das Treffen einen wirklichen Durchbruch in den sowjetisch-amerikanischen Beziehungen. Und das, obwohl Breschnew die Streitfrage Vietnam nicht ausgeklammert hatte. Der Gipfel markierte den Beginn der Entspannungsperiode.

Wenn man diesen diplomatischen Erfolg noch einmal Revue passieren läßt, muß man im Auge behalten, daß zur gleichen Zeit ebenso

wichtige Veränderungen in Europa stattfanden. Ohne sie wäre die Normalisierung der Beziehungen zu den Vereinigten Staaten kaum möglich gewesen. Ich habe die Verträge mit der Bundesrepublik Deutschland bereits erwähnt, aber insgesamt verbesserten sich unsere Beziehungen zu praktisch jedem westeuropäischen Land und auch zu Kanada. Auch die Entwicklungen unserer Kontakte mit den sozialdemokratischen Parteien und die radikalen Veränderungen in unseren Beziehungen zur internationalen sozialdemokratischen Bewegung und zur
Sozialistischen Internationale erscheinen mir wichtig. Der sogenannte
KSZE-Prozeß – die Verhandlungen über Sicherheit und Zusammenarbeit in Europa, die in der Unterzeichnung der berühmten Schlußakte von Helsinki im Jahre 1975 gipfelten – ging ebenfalls erfolgreich
voran.

Warum sich die Entspannung als so kurzlebig erwies und bis zu den
späten siebziger Jahren wachsenden Spannungen weichen mußte, sogar
einem »Zweiten Kalten Krieg«, ist eine Frage, die sowohl in der UdSSR
als auch in den Vereinigten Staaten noch erforscht werden muß. Historiker brauchen dazu viele Dokumente, die heute noch unzugänglich
sind, aber ich kann die eine oder andere Spekulation zu diesem Thema
anstellen.

Als erstes fällt einem dazu eine alte Frage ein: Wer hatte die Schuld?
Eine lange Zeit hindurch häuften unsere Journalisten und Historiker
die ganze Schuld auf die Amerikaner. In den letzten Jahren haben viele
von ihnen eine 180-Grad-Wendung vollzogen und suchen nun die gesamte Schuld bei uns und in der Periode der Stagnation.

Aber die Lage war komplizierter. Und das nicht nur in dem Sinne,
daß die Schuld für den Zusammenbruch der Entspannung auf beiden
Seiten gesucht werden sollte (zu welchen Teilen, werden erst die Historiker festlegen). Wichtiger und relevanter im Verständnis der Vergangenheit und der Zukunft ist die Tatsache, daß ein Wandel in den Beziehungen überfällig war, und daß sogar Chruschtschow* und Eisenhower
das am Ende der fünfziger Jahre begriffen hatten. Aber selbst zwanzig

---

* Als sich die Beziehungen zwischen der UdSSR und den Vereinigten Staaten nach
1985 wieder verbesserten, erzählte mir ein indischer Experte, der mit Nehru zusammengearbeitet hatte, von einer Aussage Chruschtschows. Er soll bei einem Treffen
der Staatsoberhäupter in Genf zu Indiens damaligem Premierminister gesagt haben:
»Jetzt, da der Kalte Krieg vorüber ist . . .« Worauf, nach Aussage meines Informanten, Nehru lakonisch antwortete: »Da bin ich nicht so sicher.«

Jahre später waren weder die Regierungen noch beträchtliche Teile der sowjetischen und amerikanischen Gesellschaften intellektuell oder politisch auf einen solchen Wandel vorbereitet.

Natürlich kann man die Möglichkeit nicht ausschließen, daß hier auch historische Zufälle eine Rolle gespielt haben: Nixons Rücktritt und Breschnews Krankheit gegen Ende 1974. Vielleicht wäre die Entspannung ohne diese Störfaktoren weitergegangen. Vielleicht hätten die beiden politischen Führer sich den Realitäten gestellt, und das wiederum hätte zu einem tragfähigen Fundament für eine neue Politik führen können. Aber die Geschichte erkennt unglücklicherweise den Konjunktiv nicht an. Sie toleriert keine Prämissen, die mit »wenn...« beginnen.

Ich habe ernsthafte Zweifel, ob Nixon und Kissinger überhaupt jemals planten, einen wirklichen Wandel in den Beziehungen zur Sowjetunion herbeizuführen, um den Kalten Krieg zu beenden. Beide Politiker waren in ihrer intellektuellen Grundauffassung, ihrer ideologischen Einstellung, ihrer gesamten Erfahrung Produkte des Kalten Krieges, wenn sie auch inzwischen eine realistische und pragmatische Position entwickelt hatten. Aber ich habe den Verdacht, daß ihnen noch nicht einmal der Gedanke kam, daß man das Ende des Kalten Krieges, die Einstellung des Wettrüstens und den Verzicht auf eine Politik der Stärke auch nur als langfristige Ziele betrachten konnte. Soweit ich sehe, waren solche Ideen für sie jenseits der Grenzen praktischer Politik.

Ich habe gelesen und analysiert, was sie geschrieben und was sie gesagt haben, und ich habe auch mit vielen führenden Politikern der USA gesprochen. Ich bin absolut überzeugt, daß bei der Planung der amerikanischen Sowjetpolitik die Frage überhaupt nicht aufkam, ob es einen Kalten Krieg oder ein Wettrüsten geben bzw. nicht geben sollte. Alle ihre Gedanken galten der Lösung von Amerikas dringendsten politischen Problemen, und das erste war, wie man den Vietnam-Krieg so schnell wie möglich beenden konnte. Sie dachten darüber nach, wie man auf dem Gebiet der verschiedenen strategischen Waffengattungen in der Korrelation der Kräfte zwischen den Vereinigten Staaten und der Sowjetunion auf ein hohes Sicherheitsniveau kommen konnte. Und sie konzentrierten sich auf die Restauration und Stärkung von Amerikas Position in der Welt, die durch den Vietnam-Krieg, durch den inneren Verfall des Landes und durch die Erfolge von Amerikas wirtschaftlichen Konkurrenten untergraben worden war. Im Rahmen dieser Ziele und Prioritäten waren die Verhandlungen mit der Sowjetunion Instrumente, um den Kalten Krieg und das Wettrüsten zu kontrollieren, nicht um sie zu beenden. Zu der Zeit wandte sich nur eine sehr kleine Minderheit amerikanischer Politiker, ob nun Republikaner oder Demokraten, Konservative oder Liberale, aus Prinzip gegen den Kalten Krieg oder unterstützten ein Ende des Wettrüstens. Jene, die schon gegen die kleinste Verbesserung in den Beziehungen zwischen den USA und der Sowjetunion protestierten, bildeten während der Nixon-Administration bei weitem die Mehrheit.

Ich glaube, daß die bittere Erfahrung des Vietnam-Kriegs einen beträchtlichen Teil von Amerikas politischer Elite und auch die amerikanische Öffentlichkeit im ganzen von einigen Symptomen der imperialen Ambitionen befreit hat. Sie trieb diese Symptome unter die Oberfläche, aber sie eliminierte sie nicht ganz. Es gab eine anhaltende Nostalgie für die Nachkriegs-Ära und das, was damals als das amerikanische Jahrhundert erschien. Darin lag wahrscheinlich der Grund für die enorme Attraktion von Ronald Reagans neuem Patriotismus.

In der Sowjetunion wurden die Entspannung und der Kurs der Außenpolitik, der in den siebziger Jahren forciert wurde, als beispiellose Erfolge unserer Nachkriegsgeschichte betrachtet. Aber sie erwiesen sich als unvollständig und nicht von Dauer. Aus der Analyse dessen, was nicht geschafft wurde, was die Entspannung daran hinderte, unumkehrbar zu werden und sie auf sehr enge Bereiche begrenzte, kann man wichtige Lehren ziehen.

Zwei Faktoren, beides Fallen, die wir uns in den späten Siebzigern selber stellten, machten den Kampf um eine konsistente Außenpolitik schwierig. Der eine Faktor war unser ideologischer Mangel an Vision – der bereits erwähnte »revolutionäre Minderwertigkeitskomplex«, der in unserem Bewußtsein so tief verwurzelt war. Er wurde kompliziert durch die Überbleibsel der Großmachtansprüche und imperialen Ambitionen. Diese Kombination aus Unsicherheit und Arroganz stellte unsere Politiker immer wieder vor unlösbare Probleme.

Der zweite Faktor besteht darin, daß Militärpolitik und Rüstungsindustrie bei uns der politischen Kontrolle völlig entglitten waren. Die Führung traf die Entscheidungen, aber der militärisch-industrielle Komplex soufflierte sie und schaffte es sogar, die politische Führung

»vorzuprogrammieren«. In großer Geheimhaltung entwickelt und aus-
geführt, hörte die Militärpolitik auf, ein Instrument unserer Außenpolitik zu sein und führte ein Eigenleben. Natürlich konnte die Entspannung unter solchen Bedingungen nicht lange anhalten.

# Die Jahre des Verfalls (1975–1982)

Wenn man an die Entwicklung der Gesellschaft sehr hohe politische und ökonomische Maßstäbe anlegt, könnte man die Jahre zwischen Chruschtschows Sturz und Breschnews Tod als eine Periode der Stagnation betrachten. In jenen achtzehn Jahren gab es keine nennenswerten historischen Meilensteine an unserem Weg zu einer allgemeinen Verbesserung der Gesellschaft. Dasselbe kann man für einen beträchtlichen Teil von Chruschtschows Ära sagen. Aber nach nützlicheren Standards, die unser stalinistisches Trauma in die Betrachtung einbeziehen, erscheinen diese achtzehn Jahre nicht so einförmig grau. Es gab beachtenswerte Leistungen in der Wirtschaft, in der Außenpolitik und in anderen Bereichen.

Im allgemeinen würde ich die Zeit nach der Absetzung Chruschtschows in zwei Perioden unterteilen. Die erste war eine direkte Fortsetzung der Chruschtschowschen Periode in unserer gesellschaftlichen Entwicklung. Unsere Gesellschaft mußte lange Jahre inneren Kampfes aushalten, um einen Ausweg aus der ökonomischen, außenpolitischen und inneren Lähmung zu finden, die von der totalitären Herrschaft verursacht worden war. In einigen Bereichen war diese Suche erfolgreich; unglücklicherweise erwies sich das meistens als nur temporär. Wir besaßen kein umsetzbares und umfassendes Reformkonzept oder ausreichendes Verständnis, um uns von den Deformationen der Vergangenheit zu befreien. Nichtsdestoweniger schafften wir es, uns in einigen Bereichen vorwärtszubewegen. In anderen war unser Bemühen völlig erfolglos, und wir mußten einen hohen Preis dafür bezahlen. Aber die Bewegung hörte nie auf. Die wirkliche Periode der Stagnation trat erst in den mittleren siebziger Jahren ein.

Die neuen Funken von Energie, die der XX. Parteitag geschlagen hatte und die die Feuerwehrbrigaden des Konservatismus fleißig zu löschen versuchten, waren verglommen. Die Führung, die 1964 an die Macht kam, machte nicht einmal den Versuch, die Innenpolitik neu zu beleben. In der Wirtschaft erwies sich der Reformversuch als kurzlebig und wurde schnell durch die größten bürokratischen Auswüchse unserer Geschichte ersetzt.

Die persönliche Geschichte des Parteichefs war ein wahrhaft symbolischer Ausdruck dieses Prozesses der Degeneration. Im Dezember 1974 wurde Leonid Breschnew krank. Acht Jahre lang lebte unser Land unter anormalen Bedingungen. Während die Struktur der politischen Macht erhalten blieb, war Breschnew nicht einmal mehr fähig, die elementarsten Funktionen eines Regierungschefs zu erfüllen. Die Struktur, die wir von Stalin geerbt hatten, war ganz auf einen Entscheidungsprozeß ausgerichtet, der von der Spitze ausging. Die existierenden Mechanismen und Traditionen sowie die politische Atmosphäre schlossen die Möglichkeit einer »normalen« Nachfolge in der Führung aus. Außerdem, wer hätte Breschnew ersetzen sollen? Bis zum Mai 1982* waren die potentiellen Erben und Kandidaten Suslow, Kirilenko, Grischin und Tschernenko. Ein solcher Mangel an Alternativen war keinesfalls zufällig. Die Mechanismen, die zusammen mit dem Personenkult geschaffen worden waren, konzentrierten nicht nur die Macht in den Händen des Führers, sondern beseitigten auch bereits in den frühen Runden konsequent und zielsicher die meisten seiner potentiellen Rivalen.

Für lange Zeit blieb Breschnews Krankheit ein Staatsgeheimnis. Hier ist, was ich über die damalige Situation weiß: Im Dezember 1974 erkrankte Breschnew, während er Präsident Ford verabschiedete, auf einem Luftwaffenstützpunkt in der Nähe von Wladiwostok. Die Sache war so ernst, daß Breschnews Stadtrundfahrt abgesagt wurde, obwohl sich die Menschen bereits in den Straßen versammelt hatten, um ihn zu begrüßen.

Der Patient wurde intensiv behandelt und flog trotz seines schlechten Zustands am nächsten Tag in die Mongolei, wo er bei dem dortigen Parteikongreß eine Rede hielt. Als er nach Moskau zurückkehrte, blieb

---

* Ich erwähne dieses Datum, weil Andropow erst auf dem Mai-Plenum als Sekretär in das Zentralkomitee zurückkehrte. Die Wahl eines Führers, der direkt vorher die Position des Vorsitzenden des KGB innegehabt hatte, wäre beispiellos gewesen und fast sicher vom Apparat gestoppt worden. Auch wurde Andropow nicht als ein Kandidat für die oberste Führung gehandelt. Was Gorbatschow betrifft, so war er zu der Zeit einfach zu unbekannt und hatte weder die notwendige Unterstützung im Apparat noch in der Öffentlichkeit.

er auf so lange Zeit krank, daß die ersten Gerüchte über seine schlechte Gesundheit umgingen.

Im Laufe der nächsten acht Jahre gab es immer mal eine Stabilisierung seines Zustandes, aber Breschnew wurde nie wieder ein gesunder Mann. Die Sache wurde durch die Gewohnheit noch weiter verschlechtert, abends und manchmal auch während des Tages, wenn er sich ausruhen wollte, viele Schlaftabletten zu nehmen (worüber er willig und bis ins Detail mit jedem sprach). Das machte sich manchmal in seinem Erscheinungsbild und in seiner Aussprache bemerkbar. Er wurde schnell müde, verlor das Interesse am jeweiligen Thema; seine Sprache wurde schleppend, und seine Erinnerung begann nachzulassen. Gegen Ende seines Lebens mußte selbst die elementarste Information, die er für eine Unterhaltung oder für eine protokollarische Handlung brauchte, niedergeschrieben werden. Er konnte ohne diese Hilfen gar nicht mehr auskommen.

Im Laufe dieser Periode beförderte Breschnew eine Reihe von sehr schwachen Leuten – Tschernenko, Tichonow und andere –, während er sich von vernünftigeren Mitarbeitern distanzierte oder sich sogar mit ihnen stritt: mit Zukanow zum Beispiel. Ein normales Funktionieren der Regierung war nicht mehr möglich, selbst wenn man die bescheidenen Maßstäbe anlegt, die auf Breschnews eher geringe Fähigkeiten zugeschnitten sind. Unter solch extremen Bedingungen wuchs die Gefahr, daß ernsthafte politische Fehler geschahen.

## Von der Entspannung zum Zweiten Kalten Krieg

Gegen Mitte der siebziger Jahre begannen die Verhandlungen über die Begrenzung der strategischen Waffen aus dem Ruder zu laufen. Natürlich war das nicht nur unsere Schuld. 1975 und 1976 war es Präsident Ford, der zögerte – vielleicht wartete er auf die bevorstehende Präsidentschaftswahl. Außenminister Kissinger verkündete zwar lautstark, die SALT II-Verträge würden noch vor der Wahl unterschrieben, aber dann schwieg er und verlor offenbar das Interesse an dem Thema.

Als Jimmy Carter im Januar 1977 inauguriert wurde, beschloß er, die Verhandlungen wieder aufzunehmen. Einige US-Kongreßabgeordnete und Teile der amerikanischen Medien brachten uns in die Defensive, indem sie die Menschenrechts-Argumentation benutzten, um politischen Druck auszuüben. (Wir hatten ihnen dazu natürlich reichlich Gelegenheit gegeben; die ganze Streitfrage wurde allmählich ein bedeutendes Hindernis in den sowjetisch-amerikanischen Beziehungen.) Aber die sowjetische Seite beging noch mehr Irrtümer und politische Fehlkalkulationen, die sich ab Mitte der siebziger Jahre auswirkten. Ein Fehler war unsere Politik in der Dritten Welt, insbesondere unsere Hilfe für die Befreiungsbewegungen; wir gingen soweit, ihnen direkte militärische Hilfe zu leisten. Diese Politik war mit revolutionären Vokabeln überfrachtet und eng verknüpft mit unseren imperialen Ambitionen.

Das führte zu ernsthaften Komplikationen. Die erste entstand, als wir kubanische Truppen nach Angola brachten, um die MPLA (Movimento Popular de Libertacão de Angola) nach dem Abzug der Portugiesen in ihrem Kampf um die Macht zu unterstützen. Soweit ich weiß, ging die Initiative dafür von den Kubanern aus, aber wir ließen uns mithineinziehen. Wir unterstützten die Kubaner politisch und lieferten ihnen Waffen, wir transportierten die kubanischen Streitkräfte nach Angola und versorgten sie dort, wir schickten Waffen und Militärberater an die MPLA-Regierung.

Auch die Vereinigten Staaten griffen in Angola ein, auf geheimen Wegen allerdings, durch die CIA; dasselbe taten China und eine ganze Reihe anderer Länder. Aber unsere Politik war falsch, sie widersprach unseren erklärten Prinzipien in der Außenpolitik, und sie hatte negative Konsequenzen. Davon bin ich nicht erst heute überzeugt – bereits damals versuchte ich mehrere Male, mit Mitgliedern der Regierung über diesen Fehler zu sprechen.

Ich machte mir Sorgen darüber, daß wir uns auf einen gefährlichen Weg begeben hatten, als wir uns gemeinsam mit den Kubanern auf diese Aktion einließen. Überdies verpflichteten wir uns, reguläre Truppen für diese Operation bereitzustellen. Im Gegensatz dazu hatte sich der US-Kongreß geweigert, weitere Unterstützung für die pro-amerikanischen Parteien und Fraktionen in Angola zu finanzieren. Ich glaubte, daß unser Verhalten nicht nur unsere Beziehungen mit den Vereinigten Staaten und dem Westen im ganzen belasten mußte, sondern auch einen potentiell gefährlichen Präzedenzfall schaffte.

Mir schien, daß wir auf die Art und Weise ein neues Beispiel setzten. Was auf dem Höhepunkt des Kalten Krieges vielleicht selbstverständlich gewesen war, wurde in der Periode der Entspannung und der Nor-

malisierung internationaler Beziehungen unakzeptabel. Ich war nicht
der einzige, der das so sah. Ich erinnere mich gut daran, daß dies in der
zweiten Hälfte des Jahres 1975 eines der wichtigsten Gesprächsthemen
unter unseren Experten war. Viele von ihnen verstanden, daß unsere
Verwicklung in Angola die Entspannung ernsthaft gefährden konnte.

Ich sprach mehrere Male mit Andropow darüber. Er hörte genau zu,
widersprach nicht, äußerte aber auch keine Zustimmung. Ich hatte
auch längere Gespräche darüber mit Andrej Gromyko.

Dann kam die Chance, mit Breschnew selbst über Angola zu diskutieren. Dies allerdings in Gegenwart einer ganzen Gruppe von Experten
und Offiziellen des Zentralkomitees und des Außenministeriums, welche die Dokumente für den XXV. Parteitag vorbereiteten. Als wir über
den außenpolitischen Teil der bevorstehenden Rede Breschnews sprachen, tauchten dort natürlich Angola und die neuesten Entwicklungen
als Themen auf. Ich sagte Breschnew, daß uns meiner Meinung nach
die Verwicklung kubanischer Truppen in Angola und unsere Unterstützung der dortigen Operationen teuer zu stehen kommen würden
und die Grundlagen der Entspannung untergraben könnten.

Mein Hauptgegner bei dieser Gelegenheit war Andrej M. Alexandrow. Meine Beziehungen zu ihm waren ziemlich kompliziert. Er war
ein außenpolitischer Experte, der an der Entspannung sehr interessiert
war; aber er war zugleich Mitglied der Intelligenzija, der unter unserem »revolutionären Minderwertigkeitskomplex« litt. Dieser Wesenszug zeigte sich recht oft, auch bei dieser Gelegenheit. Zur gleichen Zeit
aber war er einer der wenigen, die den Mut hatten, Breschnew offen
und eindeutig in wichtigen Fragen zu widersprechen. Alexandrow ging
sofort in die Offensive und verglich Angola mit dem Spanien von 1935.
Er bestand darauf, daß wir nicht einfach zuschauen könnten. Breschnew sagte: »Stellt euch vor, ihr wäret Mitglieder des Politbüros. Diskutiert miteinander, und ich höre zu.« Diese Methode wandte Breschnew
öfter an. Andropow, Inosemzew, Bowin und Sagladin waren anwesend.
Bowin wollte sich dem Streitgespräch anschließen, aber er war gerade
durch eine lange Periode der Ungnade gegangen, daher bedeuteten Inosemzew und ich ihm, sich still zu verhalten.

Ich argumentierte, daß wir das Recht und sogar die moralische
Pflicht hatten, der nationalen Befreiungsbewegung zu helfen, daß es
aber verschiedene Formen der Hilfe gab. Zweifellos mußten wir politische Unterstützung leisten. Auch wirtschaftliche Hilfe war möglich.

Und die Lieferung von Waffen sollte man nicht ausschließen. Aber die Teilnahme an direkten militärischen Operationen durch reguläre Militäreinheiten in einem fremden Land mußte die Lage radikal verändern. Die Amerikaner hatten Vietnam gerade verlassen, und nun – mitten in der Entspannung – versuchten wir und unsere Verbündeten, die schlechtesten Traditionen militärischer Intervention im Ausland wiederzubeleben.

Alexandrow sprach im Sinne einer ideologischen Begründung gegen meine Argumente; er sagte, daß wir uns unserer internationalistischen Pflicht nicht entziehen könnten. An einem Punkt unterbrach Breschnew uns und sagte, er verstehe, was ich sagen wollte: Der Einsatz regulärer Militäreinheiten im Ausland sei eine Verletzung der Schlußakte von Helsinki. Natürlich unterstützte ich diese Feststellung energisch, obwohl sie mir vorher nie in den Sinn gekommen war. An dem Punkt brachte Alexandrow ein Argument auf, das mich vollständig überraschte: »Aber erinnern Sie sich daran, Leonid Iljitsch, wie sich die Amerikaner im Konflikt zwischen Indien und Pakistan benommen haben?« Breschnew reagierte darauf sehr emotional und sagte etwas Wütendes über die amerikanische Politik. Dann verfiel er plötzlich in Schweigen und »schaltete ab«, dem Rest der Debatte hörte er offensichtlich nicht mehr zu. Dies geschah immer öfter, seit er krank war. Und dann sagte er nach einigen Minuten: »Machen Sie ruhig weiter, diskutieren Sie, ich gehe in mein Büro.« Damit war unser Streitgespräch beendet.

Unglücklicherweise löste Angola eine Kettenreaktion ähnlicher Krisen aus. Wie es oft in der Politik passiert, hat ein scheinbarer Erfolg etwas Verführerisches, was gleichsam dazu verurteilt, jene Politik zu wiederholen. Man tut es so lange, bis man in wirklich ernsthafte Schwierigkeiten gerät. Das passierte in Angola. Zu der Zeit erwarteten wir noch keine großen Schwierigkeiten, weil die Amerikaner ganz damit beschäftigt waren, mit den Nachwirkungen von Watergate fertig zu werden und sich auf eine neue Präsidentschaftskampagne vorzubereiten.* Natürlich protestierten sie und gebrauchten einige starke

---

* Dies ist genau, was einige unserer kurzsichtigeren Offiziellen erhofften. Ich erinnere mich daran, daß mein neu ernannter Vertreter Radomir Bogdanow eines Tages sehr aufgeregt in mein Büro kam. Er berichtete, daß er am Tag zuvor zu Andropow gerufen worden war und eine Stunde im Empfangsraum warten mußte, wo

Worte, sowohl durch die diplomatischen Kanäle als auch in den Medien. Aber die Beziehungen blieben mehr oder weniger intakt. Die Tatsache, daß die Sowjetunion viel an Vertrauenswürdigkeit verloren
hatte, blieb unter der Oberfläche verborgen, wurde von einer scheinba-
ren Rückkehr zum Alltag verdeckt.

Auf den ersten Blick hätte man annehmen können, daß die Operation in Angola ein riesiger Erfolg war. Das machte die Amerikaner sogar noch zorniger. Die MPLA kam an die Macht. Das Land schien nun
eine stabile Regierung zu besitzen. Der Weg zur Unabhängigkeit und
zu erfolgreicher Entwicklung schien offen. Es sah auch so aus, als ob die
kubanischen Truppen sich bald wieder zurückziehen würden. Damals
hätte niemand vorausgesehen, daß sie noch fünfzehn Jahre lang im
Lande bleiben und kämpfen würden.

Ich machte mir große Sorgen darüber, daß unsere Regierung nur die
Erfolge der Aktion im Gedächtnis behalten würde. Und in der Tat ebnete die Operation in Angola den Weg für weitere Interventionen in
anderen Ländern. Sie führte uns nach Äthiopien, in den Jemen, in eine
ganze Reihe von afrikanischen Ländern und schließlich nach Afghanistan.

Alle diese Eingriffe hatten gemeinsame Züge. Grundlegend für sie
alle war, glaube ich, das Verlangen danach, am »antiimperialistischen
Kampf« teilzunehmen. Ich komme immer wieder darauf zurück, weil
die Motive, die unser Gewissen beruhigten, auch unsere Wachsamkeit
und grundlegende Vorsicht einschläferten und uns für unwiderlegbare
Fakten blind machten. Eine dieser Tatsachen bestand darin, daß wir
einfach in die inneren Angelegenheiten anderer Länder eingriffen,
ohne daß das mit irgendeiner Befreiungsbewegung etwas zu tun hatte.
Wir wurden in verschiedenste Machtkämpfe hineingezogen, in territoriale Auseinandersetzungen und in Stammeskonflikte.

Die Revolution in Afghanistan von 1978 geschah ohne unsere Beteiligung; wir hörten von ihr durch die westlichen Nachrichtenagenturen.
Unsere Sorgen über eine Region, mit der wir eine Grenze gemeinsam
hatten, waren echt. Es traf auch zu, daß die Regierung von Afghanistan

---

er zufällig einige andere Besucher traf, unter ihnen der erste Stellvertreter Andropows, Semjon Zwigun, und einige Generäle vom Generalstab. Sie diskutierten aufgeregt über das Abenteuer in Angola. Alle waren sich einig, daß die Sowjetunion
nichts zu befürchten hatte. »Die Amerikaner werden es schlucken.«

uns im Jahr 1979 viele Male um Hilfe gebeten hatte. Sie hatte allen Grund, das zu tun, da ihre Gegner ebenfalls Unterstützung von ausländischen Regierungen empfingen. Aber das kann weder das rechtfertigen, was wir taten, noch den hohen Preis, den wir in Menschenleben zahlten – sowohl auf unserer Seite als auch auf Seite der Afghanen. Für mich und viele meiner Kollegen war dies von dem Moment an absolut klar, als wir im Dezember 1979 Truppen nach Afghanistan hineinschickten.

Die Invasion kam für mich als eine große Überraschung. Ich war im Krankenhaus, wo ich mich seit einem Monat von einem Herzinfarkt erholte. Mir erzählte Anatoli Dobrynin davon, der im selben Krankenhaus behandelt wurde und die Nachricht am frühen Morgen im Radio gehört hatte.

Im Herbst des Jahres 1989 war ich Vorsitzender des Unterausschusses für Politische Fragen und Verhandlungen des Komitees für Internationale Angelegenheiten des Obersten Sowjet. Wir bereiteten für unser Parlament einen Bericht vor, mit dem Titel »Eine politische Einschätzung der Entscheidung, Sowjettruppen nach Afghanistan zu entsenden.« Durch diese Arbeit erfuhr ich einiges an Details darüber, wie es zu dieser Entscheidung gekommen war. Ich betone »einiges«, da dies keine wirkliche Untersuchung war; um so mehr, als wir von vornherein wußten, daß wir zu einem negativen Urteil über die Entscheidung kommen würden.

Vieles bleibt undokumentiert. Es war sogar unklar, ob die Invasionsentscheidung auf einer Sitzung des Politbüros getroffen wurde oder durch eine Gruppe ad hoc versammelter Führungsmitglieder. Waleri Boldin, der damals alle Dokumente und Archive des Zentralkomitees überwachte, teilte Alexander Dsasochow, dem Vorsitzenden des Außenpolitischen Komitees, offiziell mit, daß die Entscheidung nicht auf einer Sitzung des Politbüros gefallen sei; aber ich habe meine Zweifel daran, insbesondere nach dem Putsch vom August 1991, bei dem sich Boldin als Verschwörer erwies. Existierende Dokumente (zum Beispiel die Einschätzungen und Vorschläge der eingeschalteten Regierungsbehörden am Vorabend der Entscheidung) wurden uns nur unter großem Zögern oder gar nicht ausgehändigt.

Ich erinnere mich an die recht offenen mündlichen Aussagen, die der ehemalige sowjetische Botschafter in Afghanistan, F. M. Tabejew, und Marschall Achromejew (1979 der Erste Stellvertretende Generalstabs-

chef) vor dem Komitee machten. Achromejew erinnerte sich, daß der
Verteidigungsminister, Dmitri Ustinow, am 13. Dezember 1979 von
einer entscheidenden Konferenz zurückkam, genau was für einer Konferenz wußte Achromejew nicht. Ustinow rief drei Leute zu sich –
Stabschef N. W. Orgakow, Achromejew und General W. Warennikow – und befahl ihnen, die Operation für den 28. Dezember vorzubereiten. Achromejew sagte uns, daß er und andere Generäle dagegen
waren. Als wir nach den Gründen fragten, antwortete er, daß unsere
Truppen noch nicht bereit gewesen seien und in solch kurzer Zeit nicht
hätten vorbereitet werden können.

Tabejew, der im November 1979 zum Botschafter in Afghanistan ernannt worden war, erzählte uns seine Version. Daraus ergab sich, daß
zum Zeitpunkt seiner Ernennung die Entscheidung, Truppen nach Afghanistan zu schicken, bereits getroffen worden war. Ihm wurde nämlich befohlen, nichts nach Moskau zu melden, keine Einschätzung der
Lage in Afghanistan abzugeben und keine Vorschläge zu machen, bis er
Sonderinstruktionen bekam.

Das Verdikt des Ersten Volksdeputiertenkongresses des Jahres 1989
ist bekannt: Die Entscheidung, die Truppen zu entsenden, wurde verurteilt. Als Verantwortliche wurden – neben Breschnew – Ustinow,
Gromyko und Andropow genannt.

Über die Verantwortung Breschnews gibt es keinen Zweifel, obwohl
ich nicht sicher bin, daß er physisch in der Lage war, die Situation in
Afghanistan oder die Konsequenzen der Entscheidung zu überblicken.

Sehr wahrscheinlich ließ er sich von der »großen Troika« – Ustinow,
Gromyko und Andropow – überreden. Nach Breschnews Erkrankung
waren sie es, die fast alle außenpolitischen Angelegenheiten entschieden, oder vielleicht sollte man besser sagen, vorentschieden, und sich
dann die Zustimmung bei Breschnew holten.

Offenbar unterstützte das Verteidigungsministerium die Intervention aktiv. Dies wird von einem pensionierten KGB-General, Oleg Kalugin, bestätigt, der sich daran erinnert, daß »der Chef der Militärauf-
klärung, Iwaschutin, auf einer militärischen Intervention bestand«[*].
Andere Informationen beweisen, daß das Ministerium und insbesondere Ustinow eine solche Position einnahmen. Ich will ihn nicht als den
Bösewicht in diesem Stück darstellen, aber er spielte eine entscheidende

---

* Siehe *Moscow News*, 24. Mai 1990, S. 11.

Rolle. Es handelt sich hier offensichtlich um eine recht typische Eskalation militärischer Hilfe. Wir begannen damit, Waffen zu liefern. Dann folgten Militärspezialisten und Berater. Indem sie darauf bestanden, daß die afghanischen Truppen mit Waffengewalt gegen die Bevölkerung vorgingen, die gegen die neue Ordnung protestierte, trugen sie dazu bei, die Ereignisse vom Frühjahr 1979 in Herat in einen ernsthaften Konflikt zu verwandeln.* Wie mir ein Zeuge eines Telefongesprächs berichtete, befahl Ustinow seinen Repräsentanten in Kabul, »die Arbeiterklasse zu bewaffnen«. Dann bekamen wir die ersten Bitten, Truppen zu entsenden. Die sowjetische Führung konnte sich dazu nicht entschließen, aber die Ereignisse entwickelten ihre eigene Dynamik. Wir mußten unsere Berater beschützen, unser militärisches Prestige und unsere Interessen wahren, und wir trugen nun die Verantwortung für eine uns freundlich gesonnene Armee in einem benachbarten Land.

Mir scheint, daß Gromyko kein aktiver Parteigänger einer Intervention gewesen sein kann, aber er scheint sich auch nicht prinzipiell gegen sie gewandt zu haben. Nach Meinung aller, die ihn kannten, fürchtete er Ustinow und das Militär sehr. Vielleicht ließ er sich davon überzeugen, daß die Operation kurz und erfolgreich sein würde. Gromyko war schließlich ein Produkt seiner Zeit, er hatte die Karriereleiter unter Stalin erstiegen und sich später unter seinen westlichen Kollegen den Spitznamen »Mr. Njet« verdient. Aber für seine Vorgesetzten war er immer der »Genosse Ja«. Wenn er die Entspannung hätte bejahen können, insbesondere in den Beziehungen zu den Vereinigten Staaten, wäre ihm das sicher lieber gewesen. Wenn sein »Ja« dem Kalten Krieg gelten mußte, war er bestimmt enttäuscht, aber er hätte den Befehl auf jeden Fall befolgt. Im Falle Afghanistans kam ihm wahrscheinlich nie in den Sinn, daß die militärische Intervention jenen politischen Idealen widersprach, welche wir in der Theorie predigten.

Andropows Position war komplizierter. Er war mit Ustinow befreundet. Bis zu jenem Herbst war Andropow definitiv ein Gegner jeder militärischen Intervention gewesen. (Oleg Kalugin und andere Quellen bestätigen dies.) Dann änderte er seine Position. Warum? Ein Grund war sicher die Machtergreifung durch Hafizullah Amin, der seinen

---

*  Im März 1979 wurden über 100 sowjetische Bürger bei einem schiitischen Aufstand in Herat getötet (einige wurden gefoltert). Regierungstruppen nahmen Herat ein und töteten dabei mehrere tausend Menschen.

Vorgänger, Nur Mohammed Taraki (dem unsere Regierung vertraute),
töten ließ. Amin war ein blutrünstiger Killer und ein prinzipienloser
Politiker. Es gab Zweifel über seine Loyalität, die zum Teil auf Gerüchte zurückgingen, er sei von der CIA angeworben worden, als er in
den Vereinigten Staaten studierte. (Vielleicht hat der US-Geheim-
dienst diese Gerüchte bewußt verstreut.) Dies und Amins Innenpolitik,
die von extremer Grausamkeit und Sektiererei gekennzeichnet war, boten keine Aussicht auf eine akzeptable Entwicklung, und deshalb änderte Andropow offensichtlich seine Meinung.

Ein weiterer Grund für Andropows Wende war die Tatsache, daß er
Babrak Karmal zu sehr vertraute. Dafür gab es Gründe. Karmal, einer
der gemäßigteren Führer der afghanischen Revolution, war von Taraki
und Amin vertrieben worden. Andropow glaubte, daß Karmal, der von
der Sowjetunion politisches Asyl erhalten hatte, als Führer die wider-
streitenden Fraktionen im Land versöhnen könnte. Vielleicht sah Andropow zwischen ihm und János Kádár im Ungarn von 1956 einige
Parallelen. Ich glaube, daß dies durchaus Andropows größter Fehler
überhaupt gewesen sein mag. Selbst wenn seine Hochachtung für Karmal gerechtfertigt gewesen wäre (was angesichts der folgenden Ereignisse schwer zu glauben ist), hätte Andropow in seine Berechnungen
miteinbeziehen müssen, daß Karmal nur mit Hilfe ausländischer Bajo-
nette in die Führung des Landes hätte zurückkehren können. Das
schloß eindeutig die Möglichkeit eines inneren Friedens aus, insbesondere in einem Land wie Afghanistan. Im Gegenteil, der Bürgerkrieg
konnte durch die Invasion ausländischer Streitkräfte nur verschärft
werden. Aber Andropow klammerte sich eine lange Zeit an diesen Illusionen fest.

Ende Mai 1980 gelang es dem *Prawda*-Leitartikler Juri Schukow und
mir, einen Termin bei Breschnew zu bekommen. Wir berichteten ihm
darüber, daß die Intervention in Afghanistan die Entspannung ruinierte und der amerikanischen extremen Rechten bei den bevorstehenden Wahlen half. Wir überredeten ihn, eine symbolische Geste zu
machen und etwa 10 Prozent unseres Kontingents aus Afghanistan zu-
rückzuziehen. Andropow hörte von irgend jemandem über dieses Gespräch und beschimpfte mich am nächsten Tag. Er hoffte offensichtlich
immer noch auf einen schnellen Sieg.

Von den vier Leuten, die die Entscheidung zum Einmarsch in Afghanistan trafen, waren zwei vollkommen unfähig, die Folgen zu erken-

nen – Breschnew, wegen seiner Krankheit, und Ustinow. Aber was
Gromyko und insbesondere Andropow betrifft, so handelte es sich bei
ihnen um einen politisch einfach unverzeihlichen Fehler – von der extremen Amoralität der Entscheidung abgesehen.

Allgemein gesprochen waren die Entwicklungen in Afghanistan für
mich und viele Leute um mich herum eine große persönliche Enttäuschung. Seit den Ereignissen von 1968 in der Tschechoslowakei hatten
wir angesichts unserer Politik nicht mehr soviel Schmerz empfunden.
Nach ein paar Jahren nahm ich die Ereignisse etwas philosophischer,
brachte sie in Verbindung mit der Krise in Polen. Hätten wir uns in
Afghanistan nicht hoffnungslos festgefahren, wären wir wahrscheinlich während der politischen Krise von 1980 auch in Polen einmar-
schiert. Und das hätte wahrhaft katastrophale Konsequenzen haben
können.

Aber warum wurden wir in den Augen der Welt in der zweiten
Hälfte der siebziger Jahre zu einer expansionistischen, aggressiven
Macht? Meine Einschätzung wäre, daß der militärisch-industrielle
Komplex zu solchen Dimensionen herangewachsen war, daß er sich
von jeder politischen Kontrolle befreit hatte. Er hatte Kraft und Einfluß
gesammelt und Breschnews Schwächen geschickt ausgenutzt. Überdies
hatten die Militärchefs jener Zeit fast ein Monopol auf Zugang zur
politischen Führung. Natürlich hatte dieser Verlust an politischer Kontrolle im militärischen Bereich seine Gründe. Es reicht nicht, nur die
Generäle, die Admiräle und die Verwalter des militärisch-industriellen
Komplexes anzuklagen; die politischen Wurzeln dieser Situation müssen bloßgelegt werden.

Von seinen ersten Tagen im Amt an behandelte Breschnew das Militär als eine entscheidende Machtbasis. Für ihn war das allein schon
Grund genug, dem Militär praktisch alles zu geben, was es forderte.
Wie ich schon vorher gesagt habe, glaube ich, daß seine frühere Tätigkeit als für die Verteidigungsindustrie zuständiger ZK-Sekretär zu dieser Haltung beigetragen haben muß. Von da an stand er unter dem
starken Einfluß ihrer führenden Vertreter. Dem darf man sicherlich
rein sentimentale Gründe hinzufügen, die mit seinem Alter und seiner
fortschreitenden Krankheit zunahmen. Breschnew erinnerte sich besonders gerne an seine Jahre bei der Armee. Er war sehr stolz auf diese Zeit
und betrachtete sich selbst fast als einen Berufssoldaten. Er zeigte geradezu eine Leidenschaft für militärische Ränge und Medaillen, insbeson-

dere Militärorden, was ihn manchmal bis an den Rand der Lächerlichkeit brachte.

Dmitri Ustinow kam, besonders nachdem er Verteidigungsminister geworden war, in seiner Hörigkeit gegenüber dem Militär, Breschnew fast gleich. Es schien fast so, als wolle er beweisen, daß ein Zivilist als Verteidigungsminister noch mehr für das Militär tun konnte als ein Berufsoffizier. Solange er noch für das Zentralkomitee arbeitete, kontrollierte Ustinow den Verteidigungskomplex bis zu einem gewissen Grade und stritt manchmal mit Marschall Gretschko, insbesondere über das Thema der Rüstungskontroll-Verhandlungen mit den Vereinigten Staaten. Ich weiß das aus eigener Beobachtung. Die anderen Mitglieder des Politbüros (einschließlich Gromyko und, soweit ich weiß, auch Andropow) wagten es einfach nicht, sich in militärische Dinge einzumischen.

Bei all dem spielte auch Breschnews Krankheit eine gewisse Rolle. Bei einigen früheren Gelegenheiten hatte er nicht nur widersprochen, sondern war sogar in Konflikte mit dem Militär geraten. Das geschah zum Beispiel während der Gespräche über den SALT I-Vertrag. Bei einem Treffen des Politbüros erklärte Marschall Gretschko, zu der Zeit Verteidigungsminister, daß er als der Mann, der für die Sicherheit der Nation verantwortlich sei, dem Text des Vertrages, über den bereits entschieden worden war, nicht zustimmen könne. Als Vorsitzender des Verteidigungsrates und Oberbefehlshaber fand Breschnew ganz zu Recht, daß *er* für die nationale Sicherheit verantwortlich war. Daher traf die Feststellung des Verteidigungsministers bei ihm eine empfindliche Stelle; Breschnew bestand auf einer Billigung des Textes und beschimpfte Gretschko. In meiner Gegenwart erzählte Breschnew etwa anderthalb Jahre später, daß der Marschall danach zu ihm gekommen war, um sich zu entschuldigen und zuzugestehen, daß er sich geirrt habe. Seinen eigenen Worten zufolge, sagte Breschnew: »Du hast mich im Politbüro angeklagt, die Sicherheitsinteressen des Landes zu vernachlässigen, vor vielen Anwesenden. Und jetzt kommst du nach Sawidowo, um dich privat zu entschuldigen, unter vier Augen.«

Auch während Präsident Fords Besuch in der Sowjetunion Ende 1974 hatte Breschnew über seine Sonderleitung eine lange und laute Auseinandersetzung mit der militärischen Führung. Zu der Zeit wurde der Entwurf des SALT II-Vertrages diskutiert. Ich habe von sowjetischen und auch amerikanischen Teilnehmern an den Verhandlungen gehört, daß Breschnew bei einem entscheidenden Moment der Verhandlungen alle bat, den Raum zu verlassen, und dann fast eine Stunde telefonierte. Er redete dabei so laut und aufgeregt, daß man ihn durch die Wände und Türen hören konnte.

Aber solche Anzeichen, daß Breschnew ab und zu durchaus willens war, sich mit dem Militär anzulegen, ändert nichts an der Tatsache, daß sie mit fast allem durchkamen – insbesondere während der zweiten Hälfte der siebziger und zu Beginn der achtziger Jahre.

Die Ideologie war ein Beispiel. Wir warfen uns in jenen Jahren in eine furiose Propaganda-Kampagne, versuchten praktisch, die Mentalität unseres Volkes zu militarisieren. Besonders schamlos waren dabei die Versuche, die Themen des Großen Vaterländischen Krieges ins Spiel zu bringen, der für das Sowjetvolk heilig war. Das Land wurde mit Memoiren und Romanen (meistens primitiver Natur) überschwemmt. Es entstanden Filme, Fernsehserien, und große Denkmäler wurden zu unglaublichen Kosten errichtet; jede Art von Zeremonie wurde zum festen Bestandteil des Alltags (darunter Ehrenwachen von Schulkindern, die militärische Uniformen trugen und mit Maschinenpistolen aus Holz bewaffnet waren). All das wurde uns einige Jahre so übergestülpt, obwohl nicht die Rede davon sein konnte, daß es eine militärische Bedrohung des Landes gab.

Das war ein Aspekt, aber nicht der negativste, in der militärischen Deformierung unserer Gesellschaft. Wichtiger war, was auf dem Gebiet der Rüstung geschah, sowohl was die Binnenwirtschaft anging als auch die internationalen Beziehungen. Natürlich ist vieles davon noch heute geheim. Aber die neuesten sowjetischen Publikationen, die auf den Grad unserer Aufrüstung eingehen, sowie westliche, insbesondere amerikanische, Daten machen klar, daß die Sowjetunion in den siebziger Jahren stärker aufrüstete als zu jedem anderen Zeitpunkt nach dem Kriege. Und diese Anstrengungen kamen zu einer Zeit, als wir in der Entspannung lebten, als wir die militärische Parität bei der nuklearen und der konventionellen Bewaffnung, bei den Land-, Luft- und Seestreitkräften bereits erreicht hatten. Infolgedessen erlangten wir einen absurd hohen Rüstungsgrad auf vielen Gebieten. Das betrifft so wichtige Bereiche der konventionellen Streitkräfte wie die Mannschaftsstärke, Panzer, Artillerie, taktische Raketen, viele Flugzeugtypen, Unterseeboote sowie viele andere Waffensysteme. Was die Atomwaffen anging, überholten wir die Amerikaner in der Zahl der Trägersysteme,

der Megatonnage, der Sprengkraft bei strategischen Waffen und auch
bei Mittelstreckenraketen.

Im Bereich anderer Waffen handelten die Amerikaner ebenso ver-
antwortungslos. Das Ganze sah oft aus wie ein absurdes Wettrennen.
Die fieberhafte Akkumulation von Waffen über jede vernünftige Zahl
hinaus ruinierte nicht nur die Wirtschaft des Landes, sondern hatte
auch unheilvollen Einfluß auf unsere politischen Interessen. Ganz im
Vordergrund steht die Tatsache, daß sie das Vertrauen des Westens zu
uns untergrub. Politiker vom rechten Flügel und Militaristen in den
Vereinigten Staaten und anderen NATO-Ländern initiierten eine er-
folgreiche Kampagne, um das öffentliche Mißtrauen gegen uns und die
Entspannung zu verstärken. Das wurde gegen Ende der siebziger Jahre
deutlich, als die Ratifizierung des SALT II-Vertrages im US-Senat in
Schwierigkeiten geriet. Nach Afghanistan wurden diese Schwierigkei-
ten unüberwindlich. Mehr noch, unsere Aktionen ermutigten die
Amerikaner, den Rüstungswettlauf als Reaktion auf die sowjetischen
Anstrengungen zu intensivieren, Anstrengungen, die nach westlicher
Schätzung »weit über die Grenzen vernünftiger Verteidigungsnotwen-
digkeiten hinausgingen«.

Eine zweite Folge war, daß wir im Verlauf dieser Periode den Amerikanern und den NATO-Ländern sehr viel klarer als je zuvor zeigten,
daß wir mit jedem ihrer neuen militärischen Programme mithalten
würden – und manchmal sogar zwei oder drei eigene Programme für
jedes der ihren initiierten. Die Amerikaner fanden bald heraus, daß das
Bruttosozialprodukt der UdSSR drei- oder viermal kleiner war als ihr
eigenes und das ihrer Alliierten, und das lieferte ihnen eine nahezu sichere Möglichkeit, die Macht der Sowjetunion zu untergraben, sie vielleicht sogar über eine wirtschaftliche Erschöpfung in die totale Niederlage zu treiben. Während der ersten Jahre der Reagan-Administration
entstanden das Konzept einer »kompetitiven Strategie« sowie Pläne für
eine Aufrüstung, die darauf zielte, wie es ein amerikanisches Dokument, das damals in die Presse lanciert wurde, ausdrückte, »frühere sowjetische Investitionen in der Verteidigung obsolet zu machen«. Das
Ziel der neuen amerikanischen Verteidigungsprogramme lag darin, uns
dazu zu zwingen, auf den für uns unvorteilhaftesten, teuersten und
zerstörerischsten Gebieten zu konkurrieren.

Obwohl all dies offensichtlich war, schien es, als hätten wir uns willig darauf eingelassen, den amerikanischen Spielregeln zu folgen, in-

dem wir uns nach einem primitiven Konzept der Parität richteten, das uns der Möglichkeit beraubte, eine unabhängige Militärpolitik zu entwickeln. Es schien, als gäbe dieses Konzept den Amerikanern den Schlüssel zu unseren Verteidigungsprogrammen, eine Garantie, daß wir jedwedem Kurs, den sie für uns setzten, folgen würden.

Zusätzlich machten wir einige ernsthafte politische Fehler, was unsere Verteidigung in Schlüsselregionen der Welt betraf. Einer dieser Fehler bestand in einer falschen Einschätzung der Bedrohung durch China, was uns dazu zwang, große Kräfte im Fernen Osten zu konzentrieren. Dies wiederum wurde von den Chinesen als eine Bedrohung durch uns aufgefaßt, was sie dazu veranlaßte, sowohl ihre nuklearen als auch ihre konventionellen Kräfte zu verstärken und ihre politische und militärische Zusammenarbeit mit dem Westen zu intensivieren.

Ein anderer Fehler betraf Europa. Wir brachten es fertig, zwei unterschiedliche, einander sogar ausschließende Strategien auf einmal zu verfolgen. Eine davon war die Entspannung und die Schaffung eines zuverlässigen kooperativen Sicherheitssystems. Ich meine damit den sogenannten Helsinki-Prozeß. Die andere war eine fieberhafte Aufrüstung, die über unsere Möglichkeiten hinausging und jede Vernunft überstieg. Zusätzlich betrogen wir sowohl die Öffentlichkeit als auch unsere Partner bei den Verhandlungen in Wien, was die wahre Größe unserer Streitkräfte anging. Natürlich wurde dadurch das Vertrauen in uns noch zusätzlich untergraben.

Um das alles zu krönen, begannen wir in der zweiten Hälfte der siebziger Jahre, neue Mittelstreckenraketen in Europa aufzustellen: die berühmten SS-20. Dieses Unternehmen kostete uns nicht nur viele Milliarden Rubel, es schloß auch die NATO zusammen, die nun eine sehr viel militantere Haltung gegenüber der Sowjetunion entwickelte. Die SS-20-Raketen provozierten die westlichen Länder zu weiteren militärischen Anstrengungen und führten ihrerseits zur Aufstellung amerikanischer Mittelstreckenraketen in Europa.

Da dieses Problem inzwischen durch die »Null-Option« gelöst worden ist, haben wir deutlich genug gezeigt, daß wir die Entscheidung, die SS-20 zu stationieren, heute als einen Fehler betrachten. Ich muß sagen, daß eine ganze Reihe von Experten dies bereits in den Siebzigern begriff, nachdem sie die Tatsache – meistens aus der westlichen Presse – erfahren hatten.

Ich war unter jenen, die damals die Entscheidung, mit der Stationierung der SS-20-Raketen zu beginnen, als einen Irrtum ansahen. Ich versuchte, meine Zweifel auf hoher Ebene zur Sprache zu bringen. Zunächst tat ich das während einer Unterhaltung mit Andrej Gromyko. Er hörte mich geduldig an, antwortete aber nicht. Wie ich später feststellte, schwieg er auch, als diese Streitfrage in der Führung diskutiert wurde oder sagte einfach ja. Viele Leute meinten damals, daß Gromyko Streitereien und Konflikte mit dem Militär vermied, weil er bereits an die Zeit nach Breschnew dachte.

Ich sprach auch mit Andropow, er hörte mich an und sagte dann überrascht: »Worüber regst du dich so auf? Wir ersetzen alte Raketen durch neue – das ist doch ganz normal.« Ich wies darauf hin, daß Raketen mit nur einem Sprengkopf durch Raketen ersetzt wurden, die Dreifach-Sprengköpfe trugen, die darüber hinaus eine andere Reichweite hatten, und daß dies ernsthafte Sorgen im Westen weckte, auch wenn diese Sorge durch einige Leute künstlich angefacht wurde. Dies, fügte ich hinzu, konnte einfach nicht mit unseren Entspannungsbemühungen vereinbart werden, mit der Schlußakte von Helsinki, den Abrüstungsverhandlungen – und ganz allgemein mit der Tatsache, daß wir in einen Dialog mit dem Westen eingetreten waren. Als ich sah, daß Andropow nicht zu bewegen war, gab ich auf und schlug vor: »Na gut, wenn wir die alten Raketen wirklich ersetzen müssen, dann sollten wir es zumindest nicht still und heimlich machen, wie wir es früher getan haben. Wir müssen dem Westen irgendwie erklären, was wir tun, was unsere Ziele sind und ungefähr wie viele Raketen wir aufstellen werden. Wir können nicht einfach das tun, was wir früher getan haben, wir sind jetzt in einer Periode der Entspannung und der Verhandlungen mit dem Westen. Wir können nicht einfach immer weiter große neue Verteidigungsprogramme initiieren, ohne etwas darüber zu sagen und ohne dem Westen oder der Weltgemeinschaft zu erklären, was wir bezwecken.«

An dem Punkt ging Andropow in die Luft: »Was sollen wir denn deiner Meinung nach machen – der NATO unsere Pläne erläutern? Das ist ja fast so, als würden wir sie um Erlaubnis fragen. Wir tun das heute nicht, und wir werden das auch in Zukunft nicht tun.« Die Unterhaltung hinterließ bei mir einen schalen Geschmack. Ich verstand Andropows Ausbruch nicht, und später kam ich zu dem Schluß, daß er wütend wurde, weil er selbst keine überzeugenden Antworten hatte und zugleich sehr wohl wußte, wie hoffnungslos es war, diese Frage in der

Führung zu diskutieren. Ich schließe auch nicht aus, daß er taktische Gründe dafür hatte, die Aufstellung der Raketen zu unterstützen. Vielleicht wollte er seine Beziehung zu Ustinow nicht zerstören. Ich muß sagen, daß zu der Zeit die persönlichen Beziehungen zwischen den Mitgliedern des Politbüros eine große Rolle spielten – eine zu große Rolle, oft zum Schaden des Landes.

Ich brauche kaum zu erwähnen, daß ich weder Gromyko noch Andropow in dieser Frage bewegen konnte. Sie wurde in der Führung diskutiert. Zu dem Zeitpunkt hatte die westliche Presse die Geschichte bereits aufgegriffen, und sie wurde bei offiziellen Kontakten mit Politikern aus dem Westen besprochen. Aber der Gedanke der Zurückhaltung, der Mäßigung in Militärdingen, war unseren Führern wahrscheinlich absolut fremd. Vielleicht war unser tiefverwurzelter Minderwertigkeitskomplex die treibende Kraft hinter unseren Anstrengungen, die Vereinigten Staaten im nuklearen Rüstungswettlauf einzuholen. Ich bekam sogar den Eindruck, daß die Einführung jedes neuen Waffensystems, das einen Aufschrei im Westen verursachte, bei uns Grund zur Freude war. Es war, als sagten wir uns selbst: »Seht mal, wie stark und intelligent wir sind. Wir haben es sogar geschafft, den Amerikanern und der NATO einen Schrecken einzujagen.« Während jener Jahre rüsteten wir wie Süchtige, ohne jegliche politische Notwendigkeit. Wir taten es nicht, weil wir mit einem Krieg rechneten oder eine Aggression aus dem Westen fürchteten. Ich erinnere mich an eine Unterhaltung, die ich 1976 oder 1977 mit einem unserer führenden Waffentechniker hatte. »Warum machen wir das?« fragte ich ihn. »Erwarten die Generäle wirklich einen Atomkrieg?« »Nein«, antwortete er, »wenn überhaupt, sind die Militärs davon überzeugt, daß es zu keinem Atomkrieg kommen wird. Das ist genau der Grund, warum sie so freudig dabei sind, die gefährlichsten neuen Waffensysteme zu bauen, die man sich vorstellen kann.« Auch der Chef des Generalstabs, Marschall Kulikow, bestätigte diesen Verdacht. Während einer vertraulichen Unterhaltung beschrieb er die Explosion einer Atombombe und sagte, er sei überzeugt, daß jeder, der wisse, was für eine Art Waffe das sei, sie niemals einsetzen würde, einschließlich der Amerikaner. Aber als ich ihn fragte, warum wir dann solche großen Mengen nuklearer Waffen herstellten, konnte er keine vernünftige Antwort geben.

Diese »Sucht« zu heilen, erwies sich als außerordentlich schwierig – und das ist auch heute noch so. Ich erinnere mich daran, wie ich vergeblich versuchte, Georgi Kornijenko und Achromejew – das war schon zu Gorbatschows Zeit – zu überreden, die Zahl der aufzustellenden SS-20-Raketen zu vermindern, und sei es auch nur geringfügig. Mein Hauptargument war dabei, daß die Niederlande sich darauf verpflichtet hatten, die Stationierung amerikanischer Cruise Missiles auf ihrem Territorium zu verhindern, wenn die Zahl unserer SS-20 ein gewisses Niveau nicht überstieg.

Wie ich bereits angeführt habe, war ein weiterer Faktor, der die Entspannung in der zweiten Hälfte der siebziger und in den frühen achtziger Jahren untergrub, Breschnews Krankheit. Ich bin überzeugt, daß Breschnew, wenn er gesund gewesen wäre, nicht zugelassen hätte, daß wir die Radarstation von Krasnojarsk bauten – insbesondere da das Verteidigungsministerium, als es die Planung der obersten Führung unterbreitete, gar nicht verheimlichte, daß der Ort für diese Station einen direkten Bruch des SALT I-Vertrages bedeutete.* Breschnew hielt nämlich diesen Vertrag für eine große Leistung – und darin hatte er recht.

Ich glaube, daß der Fehlschlag der ersten Kontakte mit der Carter-Administration zu einem großen Maße der Tatsache zugeschrieben werden kann, daß Breschnew krank war, daß er viele Entscheidungen liegen gelassen hatte und daß er an den Verhandlungen selbst nicht mehr direkt teilnehmen konnte. Das wurde während des Moskau-Besuchs von Außenminister Cyrus Vance im März 1977 klar.

Natürlich trifft ein Teil der Verantwortung für das Mißlingen dieser Mission auch die Amerikaner selbst. Großen Schaden verursachte die plötzliche Aufhebung der Übereinkunft von Wladiwostok im Jahre 1974, und auch die Kontakte des Präsidenten der Vereinigten Staaten mit prominenten Dissidenten führten zu einer sehr nervösen Reaktion in Moskau. Aber amerikanische Fehler entheben uns nicht der Verantwortung für unsere eigene Starrheit, für unsere Unfähigkeit, uns schnell auf eine sich wandelnde Situation einzustellen. Wir hätten den Eindruck eines Fehlschlags während unserer ersten Verhandlungen mit der neuen amerikanischen Administration unbedingt verhindern müs-

---

* Das Akademiemitglied Jewgeni Welichow und ich hörten das 1986 von Marschall Achromejew. Wir waren zu der Zeit dabei, für die Kommission des Obersten Sowjet zur Außenpolitik Material über die sowjetische Einhaltung internationaler Verträge zusammenzustellen.

sen. Es waren die ersten Gespräche mit den Vereinigten Staaten auf hoher Ebene, an denen Breschnew selbst nicht teilnahm; sie wurden von Gromyko, Ustinow und Andropow geführt. Als sie Breschnew von den Resultaten unterrichteten, antwortete er, wie Andropow mir später erzählte, bitter:»Hier habe ich euch nun zum ersten Mal dazu ernannt, die Gespräche selbst zu führen, und ihr habt sie ruiniert.«

Die Treffen zeigten, daß es sehr schwierig war, ohne einen politischen Führer, der in der Lage ist, die volle Verantwortung auf sich zu nehmen, zu Entscheidungen zu kommen. Dies trifft insbesondere zu, wenn es um Verhandlungen geht, denn Verhandlungen setzen die Möglichkeit von Kompromissen voraus, und Konzessionen sind immer schmerzlich. Ein Führer aber wird eher bereit sein, Konzessionen zu machen als eine Gruppe, denn er hat die Macht und trägt die persönliche Verantwortung für das Ganze.

Die Gespräche verliefen äußerst unbefriedigend. Es stimmt, wir waren später in der Lage, die Situation durch gemeinsame Anstrengung wieder zu bereinigen. Meine Kollegen und ich am Institut nahmen informellen Kontakt mit Dr. Marshall Shulman auf, der damals als Berater des Außenministers Cyrus Vance fungierte, und sagten ihm, daß die sowjetischen Beiträge in Moskau nicht das letzte Wort gewesen seien und daß die Verhandlungen fortgesetzt würden. Zur gleichen Zeit versuchten wir, unsere eigenen Entscheidungsträger zu bearbeiten. Aber kostbare Zeit war verloren; vielleicht hätten wir in jenen sechs oder sieben Monaten, die uns 1979 fehlten, um das SALT-Übereinkommen zu ratifizieren, gefährliche politische Situationen vermeiden können, darunter die Entscheidung, Truppen nach Afghanistan zu schicken.

Zugleich geschahen in vielen Bereichen des täglichen Lebens sehr merkwürdige, manchmal lächerliche Dinge – beispielsweise in bezug auf die Zivilverteidigung, die fast absurde Züge annahm. Gewaltige Summen wurden in diesen Bereich transferiert, die Bevölkerung wurde zu Übungen für den Ausbruch eines Atomkrieges aufgefordert, auf allen Gebieten, in jeder Institution und in jedem Unternehmen wurden militärische Funktionäre ernannt. Es schien so, als stünde der Krieg jeden Tag bevor – ein Krieg, der aber offensichtlich nichts mit einem nuklearen Krieg zu tun hatte, denn für den wären die vorgeschlagenen Übungen völlig lächerlich gewesen. Diese Idiotien waren nicht nur teuer, sondern auch gefährlich. Sie provozierten das übliche Aufwallen

der Propaganda in den Vereinigten Staaten. Zunächst glaubte ich, daß
diese Propaganda völlig grundlos sei. Ich stritt mit den Amerikanern,
bis ich heiser war, dann entdeckte ich unglücklicherweise, daß sie in
vielem, was sie sagten, recht hatten; die Dinge liefen tatsächlich so bei
uns ab.

Unser Militär schien inzwischen jeder Laune zu folgen. Das Folgende
ist ein kleines Beispiel, das mit unserer Arbeit für die Palme-Kommission zu tun hat. Eine der interessantesten Ideen, die sich in dem Ab-
schlußbericht der Kommission befinden, war der Vorschlag von atom-
waffenfreien Zonen in Mitteleuropa, entlang der Grenzlinie zwischen
den Truppen der NATO und des Warschauer Pakts. Ich versuchte, die
Zustimmung unserer Militärs zu bekommen, insbesondere die von
Marschall Ogarkow und Marschall Ustinow. Ohne irgendeine Erklärung abzugeben, antworteten sie mit einem kategorischen Nein. Ich
versuchte, Andropow um Hilfe zu bitten, aber er winkte nur ab: »Was
verlangst du von mir, soll ich deinetwegen mit Ustinow streiten?«

Der Vorschlag wurde trotz der Tatsache, daß er im Interesse der
Sicherheit in Europa und auch in unserem eigenen Interesse lag, abgelehnt. Die Hauptsache war, daß man nicht allein die Sowjetunion für das
Scheitern dieser Idee verantwortlich machte. Ich versuchte also, einen
Ausweg zu finden, indem ich eine relativ unschuldige Fußnote in den
entsprechenden Abschnitt des Palme-Berichts einfügte. Die Fußnote
sagte aus, daß der Vorschlag nicht effektiv genug war: Jede Seite konnte
im Fall einer Krise die Waffen schnell in die jeweiligen Zonen zurückver-
legen. Wie ich später herausfand, waren unsere Generäle darüber sehr
aufgebracht, und ich hätte in große Schwierigkeiten geraten können,
wenn Breschnew nicht ein paar Monate später gestorben wäre.

Kurz darauf unterstützten wir jedoch den Gedanken eines atomwaf-
fenfreien Korridors in Europa und waren sogar bereit, noch weiter zu
gehen. Wir stimmten dem Rückzug einer ganzen Reihe anderer Waffensysteme aus dieser Zone ebenfalls zu. Und 1991 erklärten wir uns
bereit, überhaupt alle taktischen Atomwaffen abzuschaffen.

Unglücklicherweise konnte die Palme-Kommission ebensowenig wie
jede andere internationale Organisation den Anstieg der Spannungen
in der Welt verhindern. In den Vereinigten Staaten gab es einen
Rechtsruck, und einige andere NATO-Länder vollzogen das nach. Unsere Außen- und Militärpolitik setzte nicht nur dem Verfall der internationalen Lage gegen Ende der siebziger Jahre und zu Beginn der

Achtziger nichts entgegen, sie beschleunigte ihn sogar noch. Wir nahmen eifrig daran teil, eben jene Entspannung zu zerstören, die wir selbst ein paar Jahre zuvor eingeleitet hatten. Wir halfen den Feinden der Entspannung in den Vereinigten Staaten und den anderen NATO-Ländern dabei, einen zweiten Kalten Krieg zu beginnen. Überdies hatte das Scheitern unserer Außen- und Innenpolitik in jenen Jahren einen sichtbaren Effekt auf die politische Lage in den Vereinigten Staaten; es stärkte die Position der extremen Rechten und des Militärs. Wir waren nicht unschuldig an dem zunehmend erschreckenden Bild, das wir in den Augen des Durchschnittsbürgers im Westen abgaben. In diesem Sinne halfen wir Ronald Reagan – dem »frühen« Ronald Reagan – an die Macht. Die Stärkung und Festigung der konservativen Kräfte in den Vereinigten Staaten wiederum beeinflußte die politische Lage in der Sowjetunion. Das zwang uns, die Aufwendungen für unsere Verteidigung zu erhöhen, und vermehrte die Macht unseres Militärs.

Um es in einem Wort zusammenzufassen – 1982 standen wir mit unserer Außenpolitik vor einem Scherbenhaufen. Auch 1985, als die Perestroika begann, hatte sich die Lage noch nicht verbessert. Wir befanden uns wieder im Kalten Krieg, und das Wettrüsten hatte beispiellose Dimensionen angenommen – im ganzen eine sehr schwere Niederlage für die Vereinigten Staaten, für uns und für die Weltgemeinschaft.

Trotzdem glaube ich heute, daß die Entspannung der siebziger Jahre nicht vollständig vergeblich war. Zum erstenmal in den Nachkriegsjahren mußten sich die Politiker und die Öffentlichkeit einer sehr wichtigen Frage stellen: Was sollten wir als normale internationale Beziehung betrachten? Was waren »normale« Beziehungen zwischen der UdSSR und den Vereinigten Staaten? War es die uneingeschränkte Feindseligkeit, die sich in einem »heißen« oder einem »kalten« Krieg ausdrückte? Oder konnten zivilisiertere Beziehungen – die Widersprüche, Auseinandersetzungen, sogar Konflikte nicht ausschlossen – die Norm werden? Solche Beziehungen mußten auf einer realistischen Einschätzung gemeinsamer Interessen gründen, auf dem Willen, nicht nur in Frieden miteinander zu leben und den Gegner zu tolerieren, sondern auch im Rahmen einer Zusammenarbeit gleichberechtigter Partner zum beiderseitigen Nutzen.

Zumindest schaffte es die Entspannung, die Überzeugung zu widerlegen, daß wir unerbittlich zu schlechten Beziehungen verurteilt waren, zum Kalten Krieg und zur militärischen Konfrontation. Die

Entspannung führte nicht nur zu der Hoffnung, sondern sogar zu dem Glauben, daß die Suche nach einer Alternative nicht sinnlos, sondern realistisch war. Und selbst in den kritischsten Momenten dieser neuen Phase unserer Beziehungen betrachteten viele Leute den neuauflebenden Kalten Krieg nicht länger als eine Rückkehr zur Norm.

Diese Atmosphäre wurde auch im Westen spürbar. Zuerst gab es einen turbulenten Aufstieg der Antikriegs- und Anti-Atom-Bewegungen, die ihren Höhepunkt in den Jahren 1980 bis 1982 hatte. Der scharfe Rechtsruck in der amerikanischen Politik, der wachsende Militarismus, die ansteigenden Spannungen und Reagans Rhetorik machten selbst westlichen Politikern Angst. 1981 fand die größte Anti-Atomkriegs-Demonstration aller Zeiten − mit fast einer Million Teilnehmern − in New York statt.

Die Vereinigung Internationale Ärzte gegen den Atomkrieg wurde 1981 gegründet. Die beiden Vorsitzenden waren Dr. Bernard Lown aus den USA und Dr. Jewgeni Tschasow aus der UdSSR. Die Aktivitäten dieser Organisation hatten eine dramatische Auswirkung auf die Meinung der Weltöffentlichkeit, und 1985 erhielt sie den Friedensnobelpreis.

Selbst die offizielle Außenpolitik fiel nicht ganz auf die alten Positionen des klassischen Kalten Krieges zurück. Einige Elemente der Entspannung wurden in Europa bewahrt. Vor allem aber schafften wir es, eine der bedeutendsten Leistungen der siebziger Jahre zu erhalten, unseren Dialog mit den europäischen Sozialdemokraten; wir hielten sogar ein bestimmtes Niveau der politischen Zusammenarbeit mit ihnen aufrecht. All das erleichterte später die wichtigen Veränderungen in den internationalen Beziehungen, die sich in den Jahren der Perestroika ereigneten.

Dem würde ich ein weiteres Erbe der Entspannung hinzufügen, das eine nicht geringe Rolle in der Sowjetunion spielte: die Evolution eines sowjetischen außenpolitischen Denkens. Sie hatte ihren Ursprung in früheren Jahren, wenn sie auch in den Jahren erhöhter Spannungen in große Schwierigkeiten geriet. Hier kann man, so glaube ich, am klarsten eine direkte Kontinuität zwischen den Gedanken des XX. Parteitags, der Entspannung und dem neuen politischen Denken der Perestroika verfolgen.

Wie ich vorher erklärt habe, war das Institut für Weltwirtschaft und Internationale Beziehungen bei der Akademie der Wissenschaften in den frühen Fünfzigern und Sechzigern eine Oase kreativen Denkens. Während der sechziger Jahre wurden weitere Institute, die sich mit Afrika, Lateinamerika und dem Fernen Osten, schließlich auch mit USA- und Kanadastudien befaßten, gegründet. Nicht alle diese Institute waren gleichermaßen erfolgreich. Nichtsdestoweniger begann sich ab den sechziger Jahren eine moderne Politikwissenschaft in der UdSSR zu entwickeln. Zum ersten Mal wurde dieser Bereich nicht der bloßen Gelehrsamkeit oder dem Dogmatismus überlassen, sondern zielte auf das reale Leben, auf die politische Praxis, und erweiterte den Forschungsbereich auf Themen, die in der Vergangenheit niemals aufgenommen wurden oder sogar verboten gewesen waren. Damit meine ich die Untersuchung von Konflikten und internationalen Krisen und auch den breiten Bereich der militärisch-politischen Probleme, der Ökonomie und der Politik anderer Länder.

## Verfall im Lande

Es ist schwierig, Momente des Triumphs auf dem Weg des Fortschritts in der nachstalinschen Geschichte zu identifizieren. Es gab Perioden wirtschaftlichen Wachstums und politischen Erfolges, aber sie waren kurz, und die Zyklen der politischen und kulturellen Fortschritte fielen nicht immer mit ihnen zusammen. Aber es ist möglich, eine Periode zu benennen, in der es einen bemerkenswerten Verfall in allen diesen Bereichen gab. Das war die zweite Hälfte der siebziger und die frühen achtziger Jahre.

Die bescheidenen Wirtschaftsreformen, die 1965 begonnen wurden, waren im Sand verlaufen. Trotz ihrer Unbeständigkeit hatten sie einige Resultate erzielt, aber sie konnten aufgrund ihrer Anfangsbedingungen nicht lange vorhalten. Sie hätten weiterentwickelt und gefördert werden müssen, und das geschah nicht. Die Konservativen versuchten bei jeder Gelegenheit, Reformen zu verhindern, wobei sie selbst so hinterhältige Methoden einsetzten wie das Ausspielen von Breschnews und Kossygins Rivalität, da Kossygin mit der ökonomischen Reform identifiziert wurde.

Es ist sogar möglich, einen exakten Zeitpunkt zu bestimmen, zu dem die Dynamik der wirtschaftlichen Entwicklung nach unten zeigte. Der achte Fünf-Jahres-Plan war ein Erfolg. Der Niedergang begann mit

dem neunten Fünf-Jahres-Plan, und der Wendepunkt war genau 1972.
Das hatte niemand erwartet, weder die Experten noch die politische
Führung. Die Debatte über die Ökonomie lief im Grunde seit Anfang
der sechziger Jahre. Sie führte zu einigen Reformansätzen. Trotz des
Erfolges des achten Fünf-Jahres-Plans waren einige Fragen der Wirtschaftsreform auf dem XXIV. Parteitag heftig umstritten. Dazu gehörten die Notwendigkeit der Einführung von ökonomischen Anreizen
und andere dringende Probleme, die eine Verbesserung der Planung
und der Management-Methoden betrafen. Wie bereits erwähnt, wurden kurz nach dem Ende des Parteitags die Vorbereitungen für ein
Plenum zur technologischen Revolution eingeleitet. Dieses Plenum
hätte eine wichtige Rolle in unserer wirtschaftlichen Entwicklung spielen können, aber die Führung sagte es aus Angst vor der Diskussion
einfach ab.

Wie die Reformen von 1965 wäre dieses Plenum eine weitere historische Möglichkeit gewesen, sich auf eine ernste und radikale Umgestal-
tung unter den Bedingungen eines relativ normalen, sogar günstigen
Klimas zu einigen, und diese aus einer Position der Stärke zu beginnen.
Aber man ließ die Gelegenheiten verstreichen. Es ist schwer zu sagen,
ob das unvermeidlich war; aber vielleicht haben die Leute recht, die
glauben, daß wir nur durch tiefe Krisen zu radikalen Veränderungen
gezwungen werden können. Natürlich ist das ein schmerzlicher, ein
schwierigerer und in vieler Hinsicht gefährlicherer Weg, Probleme zu
lösen.

Trotzdem, die Frage bleibt: Warum wurden diese Gelegenheiten
ausgelassen? Warum haben wir in so unverzeihlicher Weise versäumt,
unser wirtschaftliches Haus in Ordnung zu bringen? Der Hauptgrund
ist meiner Meinung nach die Tatsache, daß die Führung auf einen radikalen Wandel nicht vorbereitet war. Das könnte man allerdings auch
über einen signifikanten Teil der Bevölkerung sagen – eine Tatsache,
die heute besonders deutlich ist, da wir einem geschichtlich beispiellosen Wandel gegenüberstehen.

Soweit es die Führung betraf – und ich schließe damit die ganze
Ebene der zentralen Wirtschaftslenkung ein –, muß man sich daran
erinnern, daß das System, das Stalin schuf, eine bestimmte Art von
ökonomischem und organisatorischem Denken hervorbrachte sowie
einen eigenen Typ des ökonomischen Verwalters. Es war in der Tat
nichts Geringeres erforderlich, als das gesamte Wirtschaftsmodell, des-

sen Wurzeln in den »Kriegskommunismus« zurückreichten, fallenzulassen, obwohl nur wenige Leute das zu der Zeit begriffen. Wir mußten ein neues Modell aufbauen, das ökonomische Komponenten und Institutionen enthielt, die man damals als dem Sozialismus fremd und sogar als kapitalistisch betrachtete – zum Beispiel die Marktwirtschaft. Wir mußten dahin kommen, den öffentlichen Besitz, der angeblich jedem einzelnen Bürger gehörte, als das zu erkennen, was er war – nämlich Staatsbesitz, der von der Bürokratie verwaltet wurde. Wir mußten das Privateigentum einführen. Dies erwies sich als ein enorm komplizierter und schmerzlicher Prozeß, weil er gegen die verzweifelte Opposition der Bürokraten und ideologischen Fanatiker der Partei durchgeführt werden mußte. Hinzu kamen die Ignoranz, die Vorurteile und das Mißtrauen der Öffentlichkeit. Das wahre Ausmaß des Widerstands wurde uns erst später klar – in den späten achtziger und frühen neunziger Jahren.

Daher fanden die Gedanken, welche die progressivsten Reformer seit langer Zeit vorschlugen, wenig Unterstützung in der Gesellschaft, und sie wurden oft mißverstanden. Die Menschen waren seit Jahrzehnten konditioniert worden, ein mehr als bescheidenes, aber sicheres Leben, das frei von jedem Risiko war, vorzuziehen. Wenn man die Prüfungen und Qualen unserer Geschichte ansieht, mag diese Haltung sogar gerechtfertigt sein. Trotzdem, da sich die Fehler und Unzulänglichkeiten der existierenden ökonomischen Mechanismen immer deutlicher zeigten, bleibt die Frage, warum man nicht zumindest bescheidene Reformen einleitete.

Die Antwort liegt zunächst einmal darin, daß nicht nur die Gesellschaft, sondern sogar die Regierung kein wirklich realistisches Bild der wirtschaftlichen Lage besaß. Die totalitären Traditionen, die allgegenwärtige Propagandamaschinerie, die unablässig unsere Erfolge verkündete, das ungebrochene Verlangen, den Vorgesetzten zu sagen, was sie hören wollten – all das nahm grausam Rache an uns.

Natürlich wurde der Führung sehr viel mehr gesagt als der allgemeinen Öffentlichkeit. Aber trotzdem – es war einfach schwierig, diesen Führern die Wahrheit zu sagen, selbst wenn man es wollte. Nicht nur, weil die Praxis, alle Tatsachen zu verbiegen, bereits ganz unten begann – mit der Verfälschung der Zahlen am Arbeitsplatz, vor allem in den großen Fabriken und Betrieben, in den Sowchosen und Kolchosen. Die Statistik selbst, das System der Datensammlung, die Auswahl der

Indikatoren und insbesondere ihre Analyse, waren alle darauf zugeschnitten, das existierende System und das bestehende Modell der
Wirtschaftsverwaltung zu bestätigen. Ich will nicht alles auf Fragen der
Statistik reduzieren, auf Daten, die zusammengestellt wurden, um den
unauslöschlichen Hunger nach Erfolgen zu befriedigen. Ein weiterer
Aspekt des Systems war, sich ganz auf die quantitativen Indikatoren zu
beschränken, ohne Fragen der Qualität, des Materialeinsatzes und der
Kosten einzubeziehen. Das Interessanteste an dem Ganzen war vielleicht, daß viele Leute in der Führung wußten, oder zumindest ahnten,
daß das wirtschaftliche Bild, das ihnen von der Bürokratie vermittelt
wurde, grundlegend geschönt worden war, daß sie aber keinerlei Entschlossenheit zeigten, den Dingen auf den Grund zu gehen. Sie spürten, daß etwas nicht in Ordnung war, daß es ernsthafte Widersprüche
gab, aber sie lebten in einer Welt künstlicher Konzepte und Konventionen. Eines der heiligsten Kriterien des Erfolgs war zum Beispiel die
hundertprozentige Erfüllung eines ökonomischen Plans. Aber was bedeuteten diese hundert Prozent in der Realität? Meistens waren sie einfach ein bürokratischer Kompromiß, der nichts mit den wirklichen
Bedürfnissen der Gesellschaft zu tun hatte. Auch sagt eine solche Methode nichts darüber aus, zu welchen Kosten diese hundert Prozent erreicht wurden.

Schließlich gab es in der Führung keinerlei Gespür für die Tatsache,
daß wir auf eine Krise zusteuerten. Meine Kollegen und ich, die wir seit
vielen Jahren an den Vorbereitungen des traditionellen jährlichen ZK-
Plenums zu Plan und Haushalt des jeweils folgenden Jahres teilgenommen hatten, erkannten das selbst in den durchweg zensierten Dokumenten, die uns zugänglich waren, und schlossen es aus der Art, wie
der Plan im Politbüro diskutiert wurde. Die wichtigsten und funda-
mentalsten ökonomischen Fragen wurden dort selten auch nur angesprochen. Meistens kreiste das Gespräch um relativ unwichtige Dinge,
Streitereien zwischen verschiedenen Behörden und vor allem um den
alles überragenden Imperativ, daß es in der Zahlungsbilanz keine Defi-
zite geben dürfte. Wenn es eine Diskrepanz von acht bis zehn Milliarden Rubeln gab oder auch nur von 5 Milliarden, wurde das für
N. K. Baibakow*, Kossygin (der später von Tichonow ersetzt wurde)

---

* Baibakow war damals Vorsitzender des Staatlichen Plankomitees der UdSSR. Er
war ein intelligenter Mann, wenn auch eher ein Ingenieur als ein Ökonom.

und Breschnew selbst zu einem riesigen Problem. Jahr um Jahr wurden neue Pläne für Notstandsmaßnahmen geboren, die Preiserhöhungen auf verschiedene Güter vorsahen, um den Haushalt auszugleichen. Um fair zu sein, muß man sagen, daß selbst das besser war als die Haushaltsanarchie, die später unter Premierminister Nikolai Ryschkow und Valentin Pawlow einriß. Aber das Problem auf fiskalische Disziplin zu reduzieren, konnte niemals einer ernsthaft kranken Wirtschaft auf die Beine helfen. Kaum jemand in der Führung kümmerte sich um die Tatsache, daß Jahr um Jahr viele Milliarden aus dem Fenster geworfen wurden, weil es in der Produktion oder beim Transport schreckliche Verluste gab, oder weil die »Bauprojekte des Jahrhunderts« scheiterten oder unvollendet liegen blieben, oder weil enorme Summen für die Produktion von Gütern verschwendet wurden, die niemand brauchte. Die Militärausgaben, welche die Wirtschaft ausbluteten, waren so entsetzlich hoch, daß sie unter der Decke gehalten wurden und wahrscheinlich nicht einmal der Führung in ihrem vollen Ausmaß bekannt waren.

Ein weiterer Grund, warum sowohl die Regierung als auch die Gesellschaft das Ausmaß und die Schnelligkeit der herannahenden ökonomischen Krise nicht begriffen, war die Tatsache, daß die immer größer werdenden Löcher in unserer Wirtschaft durch die barbarische Ausplünderung unserer enormen, aber nicht grenzenlosen natürlichen Ressourcen gestopft wurden, durch den Verzicht auf jeden Umweltschutz und durch die Verringerung der Sozialausgaben. Dies zeigt sich am deutlichsten im Ölexport (und später auch im Export von Erdgas) – der Hauptreserve, die dafür eingesetzt wurde, um besagte Löcher zu stopfen, insbesondere nach dem Jom Kippur-Krieg von 1973 und der Bildung der OPEC.

Nach 1973 mußten viele der entwickelten Staaten, einschließlich der USA, hohe Ölpreise hinnehmen, und zeitweise erlebten sie sogar Knappheiten und Lieferschwierigkeiten. Schon der Name »OPEC« erregte im Westen Schrecken. Aber als ich diese Ereignisse viele Jahre später rückblickend analysierte, kam ich zu dem unvermeidlichen Schluß, daß das Hauptopfer der OPEC die Sowjetunion war. Dies traf insbesondere deshalb zu, weil die hohen Ölpreise mit unserer Erschließung des Öl- und Gasvorkommens bei Tjumen zusammenfielen. Wir sahen den Export dieser unersetzlichen Ressourcen als ein Allheilmittel an. Und niemand, auch ich nicht, verstand, daß das alte

Sprichwort, daß nichts so sehr korrumpiert wie unverdienter Reichtum, sich auf Länder ebenso bezieht wie auf Individuen.

Warum sollte man sich die Mühe machen, eine eigene Wissenschaft und Technologie zu entwickeln, wenn man im Ausland ganze Fabriken kaufen konnte? Wer sollte sich bemühen, radikale Lösungen für das Ernährungsproblem zu finden, wenn es so leicht war, Millionen Tonnen von Getreide und große Mengen an Fleisch, Butter und anderen Produkten aus Amerika, Kanada und Westeuropa zu kaufen? Warum sollte man die schrecklich rückständige Bauindustrie reformieren, wenn es finnische, jugoslawische oder schwedische Baufirmen gab, welche die wichtigsten Bauprojekte übernahmen; wenn man knappe Materialien importieren konnte, die Leitungen und Installationen aus Westdeutschland, Tapeten und Möbel aus anderen westlichen Ländern?

Das heißt nicht, daß ich in irgendeiner Weise die Meinung jener teile, die überhaupt keinen Export von Öl und anderen wertvollen und nicht erneuerbaren Ressourcen zulassen wollen. Man muß realistisch sein. Natürlich ist es besser, Fernsehgeräte, Radios, Flugzeuge, Autos, Werkzeugmaschinen und Geräte zu exportieren. Aber wenn man keine konkurrenzfähigen High-Tech-Güter oder auch nur industrielle Produkte besitzt, dann gibt es zum Export von Naturschätzen keine Alternative.

Aber man darf sich natürlich nicht dazu verführen lassen, gar nichts mehr zu tun, weil man mit diesen Exporten der Bodenschätze vorübergehend gut auskommt. Ein solcher massiver Export von Rohmaterialien wird nicht für immer anhalten. Man muß diese Gelegenheit, harte Währung zu verdienen, als eine Chance betrachten, die eigene Wirtschaft in Ordnung zu bringen. Das schließt natürlich besondere Bemühungen ein, Hunger und Bedürftigkeit zu mindern, aber man darf den Import von Getreide, Nahrungsmitteln und Industriegütern nicht zu einer permanenten Politik machen. Zuallererst hätte man das Geld aus den Ölexporten für eine Modernisierung unserer Landwirtschaft und Industrie einsetzen müssen. Man hätte versuchen müssen, eine Exportindustrie in Gang zu bringen, um Devisen zu verdienen. Aber das geschah nicht, auch weil jener Ölreichtum, der plötzlich auf uns herabregnete, uns scheinbar der Notwendigkeit enthob, etwas zu untenehmen. Schließlich gaben wir alle Bemühungen auf, die Wirtschaftsreformen voranzutreiben, und wir sagten das ZK-Plenum über die technologische Revolution einfach ab.

Zweitens hätten wir diese unbezahlbare Ressource klüger nutzen müssen, sie nicht mit dieser halsbrecherischen Geschwindigkeit ausbeuten dürfen. Wir hätten niemals zulassen dürfen, daß Millionen Kubikmeter Gas auf den Ölfeldern abgefackelt wurden und die Luft vergifteten. Wir hätten die Region und ihre Infrastruktur vernünftig entwickeln sollen, so daß die Menschen dort ein normales Leben führen konnten. Neben der Erhöhung der Ölförderung hätten wir die Raffineriekapazitäten ausbauen können. Wir hätten solide und sichere Öl- und Gaspipelines bauen sollen, um aus den Bodenschätzen den höchsten wirtschaftlichen Ertrag zu ziehen und zugleich der Politik der Energieerhaltung zu folgen, die in Japan und Westeuropa nach 1973 so erfolgreich umgesetzt wurde. In dieser Hinsicht waren wir wahrscheinlich die rückständigste Nation der Welt.

Wir waren größter Ölförderer der Welt, aber jedes Jahr gab es ernsthafte Lieferschwierigkeiten bei Benzin, obwohl wir nur eine verhältnismäßig geringe Zahl an Automobilen zu versorgen hatten. Hinzu kam, daß wir einen substantiellen Teil unseres dringend benötigten Getreideertrags verloren, weil wir unsere Traktoren und Lastwagen nicht kontinuierlich mit Benzin versorgten. Das zwang uns dazu, noch mehr Öl ins Ausland zu verkaufen, um Getreide einzuführen. Ich nenne hier nur ein Beispiel, um das Ausmaß unserer versteckten Reserven zu beschreiben. Das japanische Forschungsinstitut Torai berechnete, daß die sowjetische Hüttenindustrie, wenn sie dieselbe Technologie einsetzte wie die Japaner, eine Energieersparnis erzielen könnte, die in etwa der gesamten Energieproduktion der sowjetischen Nuklearenergie-Industrie entspräche. Ich gab diese Tatsache an die Führung weiter, aber das Ministerium für Hüttenindustrie hielt die Ergebnisse geschickt unter Verschluß. Das geschah nicht während der »Jahre der Stagnation«, sondern noch 1988.

Gegen Ende der siebziger und zu Beginn der achtziger Jahre glaubten ich und viele meiner Kollegen, daß das Öl von Westsibirien die Ökonomie des Landes retten könnte. Dann aber kamen wir allmählich zu dem Schluß, daß dieser Reichtum die Wirtschaft ernsthaft schädigte, weil er ständig längst überfällige Reformen verzögerte. Im Lichte dieser bitteren historischen Lektion begann ich zu begreifen, daß es nur sehr wenige Länder gab, die dank ihrer reichlichen natürlichen Bodenschätze wirkliche Fortschritte gemacht hatten. Es gibt ein paar Ausnahmen, zum Beispiel einige Länder am Persischen Golf, die kleine Bevölkerungen besitzen, aber reich an Öl sind, und die es geschafft haben, ihren

natürlichen Reichtum weise einzusetzen. Aber das sind die Ausnahmen, die die Regel bestätigen. Und diese Regel findet sich in Nigeria, in
Venezuela und in vielen anderen Ländern, die ebenfalls reich an Öl
sind, aber keineswegs in der Lage, einen entsprechenden Wohlstand
herzustellen. Auf der anderen Seite besitzen weder Japan noch Westdeutschland noch Südkorea noch viele andere industrialisierte oder sich
schnell entwickelnde Länder bedeutende Naturressourcen. Unser Land
hat eine ideale Kombination reicher Bodenschätze und eines hohen wissenschaftlichen und kulturellen Niveaus, eine ausgebildete Arbeitneh-
merschaft und eine Bevölkerung, die, da bin ich sicher, arbeitswillig
und arbeitsfähig ist. Nur müssen die richtigen materiellen und moralischen Anreize geschaffen und natürlich eine Unternehmenskultur und
der Wettbewerb eingeführt werden.

Einer der Hauptgründe für den Niedergang unserer Ökonomie war
offensichtlich der allmächtige Apparat. Es gab einen scharfen Anstieg
in der Zahl der Ministerien und wahrscheinlich damit einhergehend ein
entsprechendes Nachlassen in ihrer Qualität. Unsere Management-
Strukturen waren alle kopflastig. Die Entscheidungen wurden an der
Spitze dieser Apparate getroffen, aber die Spitze konnte sich dabei auf
keine realen Informationen stützen. Jede Entscheidung mußte durch
Dutzende von Bestätigungen abgesegnet werden, manchmal auch
durch Hunderte. Überdies hing die Umsetzung jeder Regierungsent-
scheidung von dem Wohlwollen und der willkürlichen Kontrolle des
Apparats ab. Es gab jede Menge Funktionäre, die zu jeder Zeit auch das
beste Projekt zerstören konnten, und es gab nur sehr wenige, die
arbeitswillig und hilfsbereit waren; praktisch keiner von ihnen trug für
irgend etwas eine wirkliche Verantwortung. Auf der unteren Verwal-
tungsebene wuchs der bürokratische Apparat in unglaubliche Proportionen hinein. Allein in der Landwirtschaft erreichte die Zahl der Bürokraten drei Millionen – mehr als alle Farmer der USA zusammen! Mit
einem Wort: Die Wirtschaft entwickelte sich nicht nach den Gesetzen
des Sozialismus, wie die Hohen Priester der Politökonomie an jeder
Straßenecke verkündeten, sondern – wie von Parkinsons Gesetz vor-
hergesagt – nach Maßgabe der selbstsüchtigen Interessen von Behörden und der Bürokratie.

## Politik, Staat und Partei

Ich glaube, daß nach Stalin ein grundlegender Widerspruch in unserer gesamten politischen Orientierung und in unserer Wirtschaft zunehmend sichtbar wurde. Das Wirtschaftsmodell und die Struktur der politischen Macht, die in Notstandszeiten und praktisch unter den Bedingungen einer Belagerung geschaffen worden waren, fanden sich plötzlich in mehr oder weniger normaler Umgebung wieder. Es gab keinen Krieg mehr, und die Möglichkeit des Ausbruchs eines neuen Konflikts war zumindest für die vorhersehbare Zukunft sehr gering. Der Nachkriegswiederaufbau war vollendet. Die feindselige »kapitalistische Einzingelung« existierte nicht mehr. Auch gab es keinen gottgleichen Führer mehr, dessen Wille, Wunsch oder sogar Laune alles auf den Kopf stellen konnte.

Sehr schnell wurde offenkundig, daß das existierende politische System unter normalen Bedingungen nicht funktionierte. Schlimmer noch – das ursprüngliche System war völlig verzerrt worden, manchmal bis hin zu einer politischen Monstrosität. Es gab Züge in dieser Struktur, die auch aus dem Blickpunkt der »sozialistischen Prinzipien« und erst recht aus dem des gesunden Menschenverstandes völlig aberwitzig waren.

Unter diesen normalen Bedingungen wurde zunehmend deutlich, daß die politischen Mechanismen, die wir geschaffen hatten, darauf zugeschnitten waren, sich die Macht zu erhalten, nicht aber darauf, den Staat im Sinne des Allgemeinwohls zu regieren. Diese Realität konnte niemandem verborgen bleiben. »Auch der Dualismus« dieser Mechanismen wurde immer deutlicher – ihre Aufteilung in Körperschaften, die wirkliche Macht innehatten (die Parteibürokratie, die Zentralbehörden und die Straforgane des Gesetzes), und in jene, welche lediglich eine demokratische Fassade lieferten (die gewählten Sowjets, die Gewerkschaften und die öffentlichen Organisationen).

Der existierende politische Überbau zwang das politische Leben in sehr enge Grenzen. Er war einfach nicht gerüstet, um die sich wandelnde gesellschaftliche Wirklichkeit zu analysieren oder die Interessen und Meinungen verschiedener gesellschaftlicher Gruppen zu artikulieren, noch konnte er das intellektuelle Potential des Landes mobilisieren, um Probleme zu lösen. All das verschärfte sich dadurch, daß die Entscheidungsträger im Zentrum sich praktisch nur noch auf eine dumpfe Verteidigung gegen jeden Wandel konzentrierten, und ihre ganze Energie dafür einsetzten, um den Status quo um jeden Preis zu erhalten. Dieser Ehrgeiz schien alles andere zu überschatten. Eben darin bestand der von der Führung erteilte »soziale Auftrag« an die Organe von Staat und Partei an die verschiedenen Ebenen der Massenmedien und an die Sozial- und Politikwissenschaften, insbesondere seit Mitte der siebziger Jahre. Sie alle halfen dabei mit, die wachsenden ernsten Probleme durch die Illusion der Stabilität, des Erfolgs und des Fortschritts zu verbergen. Unter dieser Anstrengung verschwanden die letzten kleinen Inseln der offenen Diskussion, und die Sphäre der Geheimhaltung breitete sich unerbittlich aus. Jedes Mal, wenn eine Debatte für die Führung unangenehm zu werden drohte, wurden ganze Bereiche als »geheim« eingestuft. Nachdem Artikel über die Verschmutzung des Baikal-Sees erschienen waren und weit und breit diskutiert wurden, war die Ökologie zum Beispiel plötzlich ein unter die Geheimhaltung fallender Bereich. Die Zensur wurde strenger, insbesondere da Herausgeber, Redaktionen, Künstler- und Schriftstellerverbände, Ministerien und andere Behörden selbst die Rolle der Zensoren übernahmen, um sich Ruhe und Frieden zu erhalten.

Durch eine solche Politik wurde der große und mächtige Apparat der politischen Macht, sowohl die Partei als auch die Regierung, in den Dienst der Verhinderung des Wandels und der Erhaltung von Immobilität und Stagnation gestellt. Infolgedessen entwickelte sich in dieser Periode ein spezifischer politischer Stil, der von extremer Vorsicht, Langsamkeit und Entscheidungsscheu gekennzeichnet war. Es war, als existierten die sozialen und nationalen Probleme, die ökologische Bedrohung, der Verfall des Erziehungswesens und der Gesundheitsversorgung sowie die Armut eines beträchtlichen Teils der Bevölkerung einfach nicht. Primitive Propagandastereotypen wurden an die Stelle einer wirklichen Auseinandersetzung mit diesen Problemen gesetzt.

Was die Institutionen der Macht anging, so bedeutete die konservative Politik der Bewahrung des Status quo vor allem die Machtlosigkeit aller gewählten Körperschaften, die eigentlich die Öffentlichkeit repräsentieren sollten, aber in Wirklichkeit rein dekorative und zeremonielle Funktionen erfüllten. Diese Körperschaften hatten sehr wenig Einfluß auf das wirkliche Leben der Gesellschaft, obwohl sie in einem gewissen Sinne wichtig blieben, da in einer Periode, die nicht vom Notstand gezeichnet ist, die Frage der Legitimität eine neue Bedeutung annimmt.

Die Öffentlichkeit will wissen, warum eine bestimmte Gruppe von Menschen das Land regiert, warum sie über ihr Schicksal bestimmt; wer sie dort einsetzte, und wer den Kurs angibt, den das Staatsschiff steuert.

Unter all den unterschiedlichen Arten, wie man die Frage der Nachfolge löst (durch göttliches Recht; durch das Recht einer Idee; durch das Recht des Volkes usw.), blieb uns, die wir die Diktatur einer Klasse erfahren hatten, die schnell zur Diktatur eines Tyrannen geworden war, nur eine Option: die Ausübung der Macht durch jene, die in freier Wahl durch das Volk bestimmt wurden. Aber weder die Führung noch die Öffentlichkeit waren darauf richtig vorbereitet. Die realen Mechanismen der Demokratie existierten nicht. An dieser Stelle spielten die repräsentativen Körperschaften und das Wahlsystem, das zu Stalins Zeiten für rein dekorative Zwecke geschaffen worden war, eine gewisse Rolle. Wenn diese Mechanismen auch kaum überzeugten, so waren sie zumindest vertraut und in gewisser Weise beruhigend.

Drei Legislaturperioden hindurch war ich Abgeordneter des alten Obersten Sowjet der UdSSR, und ich kenne seine Funktionsweise und sein Wahlsystem sehr genau. Für die Wahl zum Obersten Sowjet vorgeschlagen zu werden – im Grunde eine Ernennung – wurde als eine Ehre betrachtet, und eine Anerkennung der Leistung des Kandidaten durch die Führung.[*]

Die repräsentativen Körperschaften, einschließlich des Obersten Sowjet, hatten einfach kein Mandat, reale Politik zu formulieren oder auch nur zu diskutieren. Manchmal rief vor der Sitzung jemand aus dem Apparat an und bat einen, eine Stellungnahme abzugeben. (Dasselbe traf auf die Kommission für Außenpolitik zu, deren Mitglied ich ebenfalls war.) Und gleich darauf wurde einem durch einen unbekannten Bürokraten der Entwurf der Stellungnahme zugesandt. (Allerdings mußte man diesen Entwurf nicht unbedingt benutzen.) Eine ähnliche

---

[*] Ich und ein paar andere wurden aus noch einem anderen Grund auf diese Weise geehrt. Während der Entspannung hatte unser Land begonnen, Kontakte und Austauschprogramme zwischen Parlamentariern aufzubauen. Um das tun zu können, brauchte man ein paar Leute, die sich in internationalen und außenpolitischen Fragen mehr oder weniger auskannten. Also kamen sie auf ein paar von uns; Inosemzew, Jakowlew, Jewgeni Primakow begannen auf diese Weise ihre parlamentarische Karriere. Das gleiche gilt für Jewgeni P. Welichow und Roald S. Sagdejew, als das Thema der Rüstungskontrolle eine Rolle zu spielen begann.

Prozedur lief übrigens vor den Plenumssitzungen des Zentralkomitees ab; der Unterschied lag nur darin, daß sie einem vorher nicht Redeentwürfe zusandten, sondern nur die Erlaubnis, eine Rede zu halten. Dann war man frei zu sagen, was man wollte. Wenn man aber das Falsche sagte, konnte es Konsequenzen geben; ganze Karrieren sind durch Reden ruiniert werden, welche die Führung ungnädig aufnahm.

Aber das Dekorum eines Parlaments, von allgemeinen Wahlen durch geheime Stimmabgabe bis hin zu dem Gerede vom »Willen des Volkes«, wurde aufrechterhalten. Der Anschein blieb bestehen, und vor allem gab es eine legitime Fassade. Früher oder später »salbte« dann dieses einzigartige Parlament den wahren Führer des Landes im Namen des Volkes – den Generalsekretär des Zentralkomitees, das heißt die Person, die für diese höchste Stelle von der Partei ernannt worden war. Zu diesem Zweck wählte der Oberste Sowjet den Parteiführer entweder als Vorsitzenden des Ministerrats (das war so bei Stalin und Chruschtschow) oder als Vorsitzenden des Präsidiums des Obersten Sowjet, wie im Falle Breschnews, Andropows, Tschernenkos und dann für eine Weile Gorbatschows.

Neben den Treffen mit ausländischen Parlamentariern hatte ein Abgeordneter in gewissen Grenzen die Möglichkeit, Einfluß zu nehmen, wenn auch nur in kleinen Dingen und wenn er willens war, sich einige Mühe zu geben. Der Abgeordnete konnte seinem Wahlkreis bei der Lösung örtlicher Probleme helfen, Menschen unterstützen, die zu Unrecht verhaftet worden oder von ihrem Vorgesetzten schikaniert worden waren oder denen sonst irgendwelches Unglück zugestoßen war. Ich steckte einen großen Teil meiner Zeit in solche Angelegenheiten. Jedes erfolgreich gelöste Problem zog einen großen Anstieg in der Zahl der Petitionen und Anfragen nach sich. Natürlich war ich auch ein geschäftiger Lobbyist für die sozialen und ökonomischen Interessen meines Wahlkreises. Ich versuchte zum Beispiel, den Bau einer Schule oder eines Hospitals, einer Brücke, einer Straße oder einer Eisenbahnlinie zu beschleunigen.

Die erbärmliche Schwäche der repräsentativen Körperschaften stand in scharfem Kontrast zu dem rapiden Wachstum und der Konsolidierung der exekutiven Gewalt. Ich sah mit eigenen Augen, daß die Sitzungen des Obersten Sowjet ab Mitte der siebziger Jahre immer kürzer wurden und daß die Konferenzen der Kommissionen sich zu einer Seltenheit entwickelten. Die Anzahl der Ministerien und Behörden und deren Angestellten wuchs hingegen ständig. Das war allein schon an der Zahl und an der Größe der Gebäude für Ministerien abzulesen. Eine Seite des Kalinin-Prospekts bestand praktisch nur noch aus Ministerien. Während der siebziger und achtziger Jahre wurden Dutzende alter vorrevolutionärer Gebäude für den Gebrauch der Ministerien umgebaut, und neue Häuser kamen hinzu. Ich meine damit nicht nur das gigantische Verteidigungsministerium und die KGB-Gebäude. Jedes Ministerium baute, was immer es konnte. Mit Geld wurde nicht gespart.

Der Komplex des Zentralkomitees wuchs besonders schnell und in gigantischem Maßstab. Als ich dort arbeitete, ließ sich der Apparat noch in drei Gebäuden am Staraja Ploschtschad, am Alten Platz, beherbergen. Ein Flügel sah auf die Kuibyschewstraße hinaus. Bis zum Jahre 1985 hatte sich das Komitee auf Dutzende von Gebäuden ausgebreitet, von denen einige von anderen Ministerien und Behörden übernommen worden waren; Teile des Apparats zogen auch in neue Gebäude, die hinter den alten errichtet wurden. Eine ganze Stadt entstand. Das alles war die physische Evidenz eines Phänomens – des unglaublichen Wachstums des Parteiapparats. Er wuchs aber nicht nur an Masse, auch seine Macht steigerte sich in diesen Jahren enorm.

Das war keine neue Erscheinung. Stalin verwandelte die Partei aus der »politischen Avantgarde der Gesellschaft« – das war nach den Parteistatuten ihre Aufgabe – in ein Machtinstrument, das alle Bereiche, alle Ebenen des gesellschaftlichen Lebens, alle Institutionen und Betriebe, alle Poren der Regierung und der Gesellschaft durchdrang. Die Tatsache, daß Stalin auch eine parallele und ebenso differenzierte Struktur der Staatssicherheitsorgane schuf, um seine Position – sogar gegen die Partei – abzusichern, änderte daran nichts. Er betrachtete den Parteiapparat als das Instrument totaler Macht.

Aber in den siebziger und achtziger Jahren fanden wichtige Veränderungen statt. Die Macht und die Methoden, die Macht zu erhalten, waren sehr viel weniger grausam geworden. Macht wurde jetzt nicht nur als ein politisches Instrument verstanden (die Fähigkeit, große politische Entscheidungen zu treffen), sondern als ein Mittel der direkten Verwaltung jedes einzelnen und jeden Bereiches, einschließlich der Ökonomie, der Kultur und der Wissenschaft. Parteiorganisationen begannen andere Behörden zu ersetzen. Dies führte unvermeidlich nicht nur zur Verdoppelung vieler Instanzen, sondern auch zu einer Abnahme der Qualifikationen in der Verwaltung und zum Anstieg der allgemeinen Verantwortungslosigkeit. Es gab die absurde Entscheidung, jeder örtlichen Parteiorganisation zu erlauben, die Administration aller Institutionen zu kontrollieren. Augenscheinlich leitete sich diese Entscheidung in anachronistischer Weise aus den schwierigsten Jahren der Revolution her, aber sie verstieß nicht nur gegen das Gesetz, sondern auch gegen den elementarsten Menschenverstand.

All das führte zu einem weiteren Verfall in der Qualität der Verwaltung. Leute, die die Parteileiter hinaufgeklettert waren, hatten ihre früheren Berufe, ihre Fähigkeiten und Interessen längst vergessen. Ihr neues Wissen begrenzte sich ganz auf die Erhaltung der Macht und auf das Kommandosystem; hochrangige Funktionäre konnten eigentlich nichts mehr, sie konnten nur noch »führen«.

Für diese Karriere wählte »das System« Leute aus, die nicht sehr talentiert (es gab natürlich hin und wieder Ausnahmen), sondern gehorsam, ehrgeizig und skrupellos waren – Leute, die sich durch die abstrakten Ideen des Gewissens oder der Moral nicht lange aufhalten ließen. Wer ging in jenen Jahren in die untersten Parteiorganisationen, das heißt zunächst einmal in den Komsomol? Es war meistens nicht der beste Schüler, der beste junge Agronom oder Ingenieur, Journalist oder Wissenschaftler. Aber gerade dadurch, daß er früh eintrat, geriet ein junger Mensch auf das Laufband, das ihn in seiner politischen Karriere höher und höher trug, zuerst die Komsomol-Leiter hinauf und dann weiter durch die Parteihierarchie.

Nachdem sich die Partei praktisch alle anderen Organisationen der Gesellschaft untertan gemacht hatte, beschäftigte sie sich immer weniger mit sich selbst. Im Laufe der Zeit verwirrte dieser Sachverhalt selbst die Parteifunktionäre. Praktisch alle Angelegenheiten im Staate waren Parteiangelegenheiten. Auf jeder Tagesordnung eines Treffens des Politbüros oder des ZK-Sekretariats standen Dutzende von Fragen. Die meisten von ihnen betrafen die Wirtschaft, die Verwaltung, die Außenpolitik oder die Verteidigung, aber nur selten wurden Fragen behandelt, die irgend etwas mit der Partei zu tun hatten, es sei denn, es ging um die Nominierung von Funktionären. Lange Resolutionen über alles mögliche von der Landwirtschaft bis hin zum öffentlichen Gesundheitsdienst wurden herausgegeben. Sie wurden dann schnell vergessen, selten überprüft und noch seltener erfüllt. Eines der Hauptlaster eines solchen Führungsmechanismus ist die absolute Verantwortungslosigkeit, die er institutionalisiert. Das beginnt ganz oben. Wer außer einem oder zwei Funktionären wußte auch nur den Namen des Initators der einen oder anderen Resolution? Wer tatsächlich dafür oder dagegen gestimmt hatte und warum, blieb ein ewiges Geheimnis, selbst für die Initiierten – sagen wir, die Mitglieder des Zentralkomitees, die Zugang zu den dicken Bänden der Protokolle des ZK-Sekretariats und des Politbüros hatten. Dies waren indessen nicht wirkliche Protokolle, sie enthielten nur Vorschläge, die für den Apparat vorbereitet worden waren oder von ihm gebilligt wurden. Ich kann mich an kein einziges Mal erinnern, daß irgend jemand für eine falsche Entscheidung zur Verantwortung gezogen wurde. Welche Argumentation stand hinter diesem unerbittlichen Wachstum des Verwaltungsapparats? Was war die Begründung für den Anstieg der Bürokratie zu einer Zeit, als die Dynamik der Entwicklung in der Wirtschaft und in anderen Sphären geschwunden war? Ich habe schon erwähnt, daß das Parkinsonsche Gesetz die Antwort liefert, die meiner Meinung nach der Wahrheit am nächsten kommt. Nach diesem Gesetz gehen soziale Ziele und das Allgemeinwohl in großen bürokratischen Strukturen unter, die nur noch für sich selbst arbeiten. Die Bürokratie als eine gesellschaftliche Institution nimmt dann eine vollständige Unabhängigkeit und Eigengesetzlichkeit an. Mit anderen Worten, sie entwickelt eine Triebkraft und Motivation für das eigene Wachstum, die keine Verbindung mit der Welt draußen oder mit den »Verwalteten« mehr haben. Das zeigte sich besonders deutlich in den Jahren der Stagnation.

Diese Jahre waren wahrhaft das Goldene Zeitalter des Apparats und der Bürokratie. Stalin verringerte den Apparat gelegentlich durch gnadenlose Säuberungen, und Chruschtschow erschütterte ihn wenigstens. Er reorganisierte unablässig und ersetzte häufig Leute in hohen Positionen. Breschnew verkündete das Schlagwort der »Stabilität« und diente selbst als Inkarnation und Sinnbild dieses Konzepts, wenn man unter Stabilität in erster Linie Immobilität versteht.

Ämter auf Zeit wurden in lebenslange Ernennungen verwandelt, und die Bürokraten wurden praktisch unabsetzbar. Viele Bezirkssekretäre, Minister und hohe Funktionäre der Partei und des Apparats hielten ihre Ämter auf fünfzehn bis zwanzig Jahre. Eine sehr komplizierte Technik wurde eigens entwickelt, um selbst total inkompetente Offizielle gegen jede Verantwortung für ihre Entscheidungen abzuschirmen. Wenn es Grund gab, bei der nächsten Wahl in einer Region eine unangenehme Situation zu befürchten, setzte man einen Regionalsekretär, der »gerettet« werden mußte, beispielsweise einfach auf einen Inspektorenposten in der ZK-Abteilung für Parteiorganisation. Nach zwei oder drei Jahren empfahl man ihn dann als Sekretär in einer anderen Region. Ein inkompetenter Minister wurde entweder von einem Ministerium zum nächsten geschleust, oder für ihn wurde eigens ein neues Ministerium geschaffen. Und wenn jemand sich als absolute Niete erwies, gab man ihm irgendein lebenslanges Amt, oder wenn kein solches zur Verfügung stand, schuf man eines für ihn. Oft ernannte man ihn irgendwo zum Botschafter, wie überhaupt in Breschnews Zeiten Leute, die bei ihm in Ungnade gefallen waren, oft ins Ausland geschickt wurden.

Auf diese Weise bildete sich schließlich eine besondere Kaste von hohen Offiziellen der Nomenklatura heraus, die sich in den Jahren der Stagnation vom Rest des Volkes absonderte. Dieselbe Entwicklung ergab sich bei den Funktionären auf den Republik-, Regional- und Distrikt-Ebenen, die ihre eigenen »Mini-Kasten« bildeten. Das war etwas Ähnliches wie eine Aristokratie – eine Lebensstellung, die mit Ehren, einem hohen Lebensstandard und einer Menge Privilegien verbunden war. Die Kluft zwischen dieser Kaste und dem Rest der Gesellschaft erweiterte sich ständig. Die Kaste isolierte sich vom Rest des Volkes, sie besaß ihre eigene Gesundheitsversorgung, ihre eigenen Erholungsorte, sie formte ihre eigenen Clanverbindungen, ihre Kinder spielten miteinander, wuchsen miteinander auf und heirateten oft untereinander. In den Jahren der Stagnation folgte dann der nächste logische Schritt. Der Apparat versuchte ein System vererbter Macht zu etablieren, oder zumindest ein System von Privilegien, die durch ein besonderes Erziehungssystem und dann durch ein Ernennungs- und Förderungssystem abgesichert wurden. Die Führer gingen dabei mit gutem Beispiel voran: Breschnews Sohn wurde der Erste Stellvertretende Minister für den Außenhandel, und sein Schwiegersohn wurde der Erste Stellvertretende Innenminister. Sie gingen nicht ganz so weit wie der Ceauşescu-Clan in Rumänien, dessen Herrschaft zu einer reinen Karikatur wurde. Aber es kann keinen Zweifel daran geben, daß eine privilegierte Kaste entstand. Diese willkürlichen und unverdienten Privilegien begannen nicht erst zu Breschnews Zeiten, sie waren bereits unter Stalin weitverbreitete Praktiken.

Natürlich waren das Asketentum vieler der alten Bolschewiki und das sogenannte »Partei-Maximum« (das heißt, ein sehr bescheidenes Einkommen für alle Parteimitglieder, unabhängig von ihrer Position, das bis zum Beginn der dreißiger Jahre existierte) eine Realität der ersten nachrevolutionären Jahre. Aber der fanatische Elan revolutionärer Idealisten schafft noch kein System. Die Armut der Gesellschaft machte Privilegien praktisch unvermeidlich. Spezielle Lebensmittelverteilungsstellen für Funktionäre in verantwortungsvollen Positionen tauchten schon sehr früh auf. Es gibt eine bekannte, sentimentale Geschichte, die zur Rechtfertigung der Versorgungsstelle im Kreml immer wieder erzählt wurde: Als der Volkskommissar für Ernährung Zurjupa an einer Sitzung des Rats der Volkskommissare – des späteren Ministerrats – teilnahm, fiel er vor Hunger in Ohnmacht. Darauf befahl Lenin angeblich die Schaffung eines »Schonkostspeisesaals«. Hinter diesem Namen verbarg sich von da an eine Art besonderer Lebensmittelzuteilung, die bis 1988 existierte und die es selbst heute noch gibt, wenn auch unter anderem Namen und in viel kleinerem Umfang. Besondere Wohnungen gab es zuerst im Kreml selbst und in den sogenannten »Häusern der Räte«. Davon gab es mehrere in Moskau, die sich auf der Granowski-Straße, auf der Komintern-Straße (dem heutigen Kalinin-Prospekt) und anderswo befanden. Dabei handelte es sich nicht um Luxuswohnungen, aber sie waren unvergleichlich viel besser als alles, was gewöhnlichen Menschen damals zustand. Zu der Zeit tauchten auch die ersten Regierungsdatschas (mit Dienern) für die Führungsschicht auf. Später kamen Sonderkliniken, Krankenhäuser, Erholungsheime und Sanatorien hinzu sowie natürlich Dienstwagen mit Chauffeuren für den persönlichen Gebrauch.

Bis zu den dreißiger Jahren hatte sich all das zu einem ganzen System entwickelt, und das System hatte seine eigene Hierarchie: Mitglieder des Politbüros, Kandidaten und ZK-Sekretäre, Minister, Abteilungsleiter usw. Jede Kategorie besaß ihren eigenen Privilegienkatalog. Vor dem Krieg war die Anzahl der Menschen, die solche Privilegien genossen, recht klein, aber die Privilegien waren beträchtlich. Was die Spitze der Partei anging, so waren deren Privilegien geradezu unvorstellbar. Ich erinnere mich an einen Vorfall. Während der dreißiger Jahre besuchte einer meiner Klassenkameraden mit seinen Eltern öfter die Datscha des damaligen Politbüro-Kandidaten Jan Rudsutak. Seine Geschichten darüber, wie es dort aussah, worüber man sich unterhielt und was es zu essen gab, waren für mich einfach überwältigend.

Im Laufe des Krieges erweiterte sich die wirtschaftliche und soziale
Kluft zwischen der Führungsschicht und dem Rest der Bevölkerung
enorm. Dies traf besonders auf das Ende des Krieges zu, als Beute auftauchte und die amerikanische Hilfe ins Land zu fließen begann. Ein
beträchtlicher Teil dieser Hilfe – ob es die Organisatoren von Lend-
Lease, der Leih- und Pachtmaßnahmen, nun wußten oder nicht –
wurde genutzt, um die obere Schicht der sowjetischen Gesellschaft zu
ernähren. In der Zwischenzeit erreichte das Rationierungssystem immer neue Stufen der Komplexität. Das verdient besondere Hervorhe-
bung, weil einige unserer neuen Populisten kürzlich von der Rationierung gesprochen haben, als wäre sie der Gipfelpunkt sozialer Gerechtigkeit. Es gab verschiedene Kategorien von Rationierungskarten.
Nicht nur gab es Kategorien für Familienangehörige, für Angestellte,
für Arbeitende, daneben existierten verschiedene spezielle Kategorien
für leitende Funktionäre. Hinzu kam ein System von Berechtigungs-
scheinen und Talons für verschiedene Güter. Die Berechtigungs-
scheine für beispielsweise Wodka bildeten damals die stabilste Währung. Die Profitmacherei bei Kleidung, Schuhen und Stiefeln, die man
auf Berechtigungsschein bekommen konnte, wurde fast zu einem Teil
des täglichen Lebens für die Familien von hochgestellten Funktionären
und manchmal auch von jenen mittleren Ranges. Allmählich erweiterten die Spitzenmilitärs ihre Führung vor dem Rest des Feldes.
Einige Generäle gingen so weit, daß selbst Stalin, der sonst gegen
Korruption blind zu sein schien, sie zur Rechenschaft zog und einige
von ihnen verhaften ließ. Es war ein richtiges »Fest in den Zeiten der
Pest«, da die Nation absolut verarmte. Soweit ich es beurteilen kann,
kennzeichnete diese Periode einen Zusammenbruch jeden moralischen
Standards auf breiter Front. Obwohl es auf den ersten Blick absurd erscheint, senkte das Ende der Rationierung tatsächlich den Lebensstandard eines großen Teils der Nomenklatura und reduzierte ihre Privilegien.

Aber das hielt nicht lange an, bald begannen die Privilegien wieder
zu wuchern. Sie nahmen jetzt andere Formen an und bestanden aus
dem praktisch kostenlosen Gebrauch von Datschas, aus Dienstwagen,
freien Mahlzeiten, großzügigen Reisevergünstigungen für Fahrten in
Erholungsorte und Sanatorien und »Urlaubsgeld« (ein Monatsgehalt).
Zu Stalins Zeiten bestand die größte Vergünstigung in den sogenannten »Paketen«, das heißt in Bonuszahlungen für hohe Funktionäre.

Diese konnten sich auf mehrere hundert oder sogar mehrere tausend Rubel belaufen, je nach Position. Diese Bonuszahlungen, die in Umschlägen (»Paketen«) ausgegeben wurden, mußten vertraulich behandelt werden und waren steuerfrei – auf sie brauchte nicht einmal die Parteiabgabe gezahlt zu werden. Ein Minister zum Beispiel bekam zu der Zeit 20000 Rubel pro Monat, was etwa fünfzehnmal so hoch ist wie ein heutiges Durchschnittsgehalt. Wenn man die Inflation einbezieht und die Steuerbefreiung, dann war es das Mehrfache des kürzlich für den russischen Präsidenten festgesetzten Gehalts. Offizielle niedrigeren Ranges wurden entsprechend geringer bezahlt, hinzu kamen viele Vergünstigungen nichtfinanzieller Art.

Ich bin davon überzeugt, daß dies eine kalkulierte Politik Stalins war; sie zielte darauf, die Spitzen des Partei- und des Staatsapparats zu bestechen und diese Gruppe in eine Art von Prätorianer-Garde zu verwandeln. Oberster Zweck war der absolute Gehorsam der Regierungsangestellten. Die Privilegien, welche die verschiedenen Ebenen der Verwaltung nach dem Zweiten Weltkrieg genossen, hatte es in der UdSSR seit der Revolution nicht mehr gegeben. Aber es wurde nicht viel über sie gesprochen, und allgemein wußte man sehr wenig von ihnen. Viele Privilegien waren absolut geheim, und jeder, der ihre Existenz offenlegte, konnte streng bestraft werden. Ein weiterer Grund für die relative Verdecktheit dieses Zustandes war die Tatsache, daß die Zahl der Funktionäre, die die Privilegien genossen, bedeutend niedriger war als in späteren Zeiten – das galt auch für die Anzahl der Leute, die die Grenze zwischen den Bevorzugten und den Nicht-Bevorzugten überschritten. Oft wurden jene, die ihre Arbeitsstellen verloren, gleich nach ihrer Entlassung verhaftet. Und die, die man laufen ließ, hielten den Mund. In die Ränge der Privilegierten zu kommen, war sehr schwierig, und jene, die das schafften, führten in der Regel ein sehr abgeschlossenes Leben.

Chruschtschow initiierte seine erste Kampagne gegen die Privilegien aus eigenem Impuls und ohne Druck von unten. Als ich 1964 im ZK-Apparat zu arbeiten begann, hatten die alten Funktionäre den Schock darüber, einige ihrer Privilegien verloren zu haben, noch immer nicht überwunden. Offizielle des Apparats nannten die Abschaffung dieser Privilegien Chruschtschows Zehn Streiche, ein Begriff, der von Stalins Zehn Streichen hergeleitet worden war, den zehn größten Schlachten der Jahre 1943 und 1944. Trotzdem wuchs die Anzahl der Menschen,

die verschiedene Vergünstigungen unter Chruschtschow und Breschnew genossen, ständig an, entsprechend der Ausdehnung des Apparats
selbst. Die Leute mißbrauchten diese Privilegien schamlos, brüsteten
sich sogar mit ihnen. Oft bauten sie für sich selber Häuser, obwohl sie
Zugang zu einem ständig wachsenden Netz von Gästehäusern, »offiziellen« Hotels, Sanatorien und Erholungsorten hatten. Sie lebten in
einer unglaublichen Extravaganz und in einem Luxus, der ans Absurde
grenzte.

## Der Apparat der Strafjustiz

Der Apparat der Strafjustiz wurde in den revolutionären Jahren geboren, unter den »Bedingungen des Kriegskommunismus« und
des Bürgerkriegs, als die Sowjetregierung diktatorische Mittel einsetzte, darunter manchmal den sogenannten Roten Terror. Die ersten
Schritte, eine mehr oder weniger normale Strafjustiz aufzubauen, begannen erst in jenen Jahren, als man zur Neuen Ökonomischen Politik
überging und es eine radikale Reduktion der Streitkräfte gab, von mehreren Millionen Soldaten auf 500000. Zur Aufgabe der Außenpolitik
wurde es, eine friedliche Atempause zu sichern (mehr erwarteten die
politischen Führer zu der Zeit nicht) und normale Beziehungen zu anderen Ländern zu etablieren.
Aber unser Fortschritt auf dem Gebiet der Justiz kam nicht sehr weit.
Kurz darauf wurde ein gewaltiger politischer Polizeiapparat geschaffen,
und außergerichtliche Mittel und Methoden der Strafverfolgung wurden etabliert, obwohl die Gerichtshöfe ohnedies gehorsame Instrumente der administrativen und zu Zeiten willkürlichen Macht waren.
Die öffentlichen Schauprozesse der späten zwanziger und der frühen
dreißiger Jahre, die unheilvollen Jahre von 1937 und 1938, die Entkulakisierung, die Deportation ganzer Völker und die Wellen der Gesetzlosigkeit und der Unterdrückung, die einander bis zu Stalins Tod folgten,
waren alle integrale Teile dieses Prozesses. Dazu gehörten die Anwendung des Gesetzes und der Einsatz der Polizei, der Gerichte, des Straf-
systems, der Gefängnisse und der Lager zu wirtschaftlichen Zwecken.
Die Disziplin wurde durch Zwangsarbeit und Strafverfolgung aufrechterhalten; das schloß harte Strafen für den »Diebstahl« einer Handvoll
Weizen oder eines kleinen Eimers Kartoffeln von den Feldern ein, für

jedes Zuspätkommen, das mehr als zwanzig Minuten überschritt, für die Herstellung von Gütern schlechter Qualität, für das Hamstern in Betrieben, sei es von Rohmaterialien oder Gütern irgendeiner Art über die erlaubte Grenze hinaus usw.

Nach dem Tod Stalins und insbesondere nach dem XX. Parteitag wurden die politischen Unterdrückungsmaßnahmen stark eingeschränkt, wenn auch nicht ganz gestoppt. Zu der Zeit wurden die Strafen etwas liberalisiert, aber die Maschinerie selbst, mit ihren gesetzlichen, normativen und praktischen Bestandteilen, wurde nicht zerstört. Politische Unterdrückung, illegale Maßnahmen, Willkürhandlungen unter dem Vorwand der Strafverfolgung hörten weder unter Chruschtschow noch unter Breschnew auf, auch wenn sie in geringerem Maßstab vorkamen und geheimgehalten oder zumindest nicht bekanntgemacht wurden. Erst in den Jahren der Perestroika begannen die Menschen über eine radikale Gesetzesreform und über die Schaffung eines Rechtsstaats zu reden. Aber bis zum heutigen Tag, da diese Worte niedergeschrieben werden, hat es unglücklicherweise mehr Debatten als Taten auf diesem Gebiet gegeben.

Es liegt im Wesen einer konservativen Politik, die darauf zielt, den Wandel zu verhindern, daß sie die Strafverfolgung für den Zweck der Unterdrückung einsetzt. Und das geschah. Bis zu einem gewissen Grade nahm diese Unterdrückung direkte Form an. Die Menschen wurden wegen verschiedener Arten von »antisowjetischem Verhalten« vor Gericht gestellt – meistens wegen Propaganda und Verleumdung. Oft wurden sie zu Gefängnisstrafen verurteilt, in die Lager oder ins Exil geschickt. Nach dem XX. und dem XXII. Parteitag indessen und nach der Enthüllung von Stalins Verbrechen konnte die Regierung natürlich nicht mehr zur Methode der Massenunterdrückung greifen. Auch Breschnew wollte das nicht, der sich genau daran erinnerte, wie die Geschichte sich an Stalin gerächt hatte. Noch mehr traf dies auf Andropow zu. Als Chef des KGB hatte er keinesfalls den Wunsch, sich am Ende seines Lebens in derselben Kategorie wie Lawrenti Berija oder Nikolai Jeschow* wiederzufinden. Andropow klagte mir gegenüber zu verschiedenen Gelegenheiten über den fast ständigen Druck der ewig gestrigen Stalinisten, darunter Mitglieder des Politbüros, die »Leute

---

* Jeschow war zur Zeit der schlimmsten Säuberungen, 1937 bis 1938, Volkskommissar für Staatssicherheit. Er verschwand 1939 und wurde hingerichtet.

einsperren« wollten. Die Führung gab des öfteren nach, aber sie ließ es nicht zu, wieder in eine Politik der massiven Unterdrückung hineingezogen zu werden.

Massive Unterdrückung wird möglich, vielleicht sogar wahrscheinlich oder unvermeidlich, wenn die Öffentlichkeit etwas oder jemanden haßt, oder wenn sie jemandem oder etwas in blindem Glauben anhängt. In den Breschnew-Jahren traf beides nicht zu, obwohl es verschiedene Versuche gab, Kampagnen des Volkshasses zu organisieren – gegen die moderne Kunst, gegen Solschenizyn und Sacharow. Aber diese Kampagnen kamen nie richtig in Schwung.

Politische Massenunterdrückungen wurden so zu einer Sache der Vergangenheit, aber die Politik der Repression und der dazugehörige Apparat blieben am Leben. Nach wie vor gab es ab und zu Verhaftungswellen, als Strafe oder als Warnung. Die Öffentlichkeit bekam das entweder nicht mit oder sah darin nichts Falsches, fand es wahrscheinlich sogar normal.

Nichtsdestoweniger muß man effektive Maßnahmen des Zwangs und der Einschüchterung ergreifen, wenn man langfristig einen Wandel verhindern will, der seit langem fällig ist. Man muß diese Maßnahmen auch gegen eine stetig wachsende Zahl von Menschen anwenden. Wie sich herausstellte, verloren die Parteistrafen gegen Kommunisten bis hin zum Parteiausschluß, die sich in der Vergangenheit als so effektiv erwiesen hatten, viel von ihrer Bedrohlichkeit. Dasselbe traf auf die Entlassung von Leuten zu, die nicht Mitglieder der Partei waren. Der Apparat mußte nun etwas finden, was über diese Verwaltungsmaßnahmen hinausging, aber nicht an die massiven Repressionen der Stalinzeit heranreichte. Man muß zugeben, daß die neuen Zwangsmaßnahmen, die in den Breschnew-Jahren entwickelt wurden, recht einfallsreich waren.

Ein neues sozio-politisches Phänomen – der Dissident – wurde geboren, und mit ihm zusammen entstand ein neues Arsenal von Gegenmaßnahmen: die gesellschaftliche Isolation, die meisterhaft inszenierte Verleumdung, die ein Individuum vollständig zu kompromittieren versuchte, der Mißbrauch psychiatrischer Krankenhäuser, der Landesverweis und der Verlust der Staatsbürgerschaft, schließlich, in begrenztem Umfang, Verhaftung und Verurteilung.

Diese »neuen« und raffinierteren Unterdrückungsmethoden trafen mehr Leute als die Bedrohung durch Strafprozesse. Und bis zu einem

Mit Paul Nitze, dem amerikanischen Abrüstungsbeauftragten, 1978

Mit Papst Johannes Paul II. in Rom, 1981. Hinter mir steht Joop Den Uyl, der ehemalige niederländische Premierminister.

Im Gespräch mit Olof Palme, 1982

Beim Treffen der Olof-Palme-Kommission in Schloß Gymnich bei Bonn, 1982

Dieses Photo wurde 1984 in der sowjetischen Presse veröffentlicht, während des Besuches einer SPD-Delegation in Moskau. Es hat eine positive Rolle in meinem Leben gespielt, da es erschien, als ich politisch sehr angegriffen wurde, und bewies, daß ich entgegen Gerüchten noch nicht zu einer »Unperson« geworden war. Jakowlew, damals der Direktor des Instituts für Weltwirtschaft und Internationale Beziehungen (IMEMO),

sitzt als dritter von links auf der rechten Seite. Marschall Achromejew, der Chef des Generalstabs – später mein Hauptgegner –, sitzt links von ihm. Nach dem gescheiterten Putsch im August 1991 beging er Selbstmord. Ich sitze links von Achromejew. Tschernenko ist der zweite von rechts. Linke Seite (von links nach rechts): Egon Bahr (mit Pfeife), Hans-Jochen Vogel, Hans-Jürgen Wischnewski (verdeckt), Karsten Voigt.

An der Chinesischen Mauer, 1984. Vorne kniet einer meiner ehemaligen Studenten, Wladimir Lukin, heute der russische Botschafter in Amerika.

Während Richard Nixons Besuch im Institut für USA- und Kanadastudien, Sommer 1986

Mit Henry Kissinger im Institut für USA- und Kanadastudien, Januar 1992

Während eines Treffens des Außenpolitischen Rates. Von links: Wladimir Petrowski, heute der UN-Sekretär, ich selbst, Alexander Jakowlew, Gorbatschow und Anatoli Dobrynin.

Während einer Sitzung des von Boris Jelzin zusammengerufenen Konsultativrats, Dezember 1992 im Kreml

gewissen Grade waren sie effektiv, obwohl wir auf lange Sicht teuer für sie bezahlen mußten. Insbesondere hinsichtlich der Haltung der Weltgemeinschaft zur Sowjetunion war dieser Preis sehr hoch. Dies war ein Schlüsselelement unserer Beziehungen zu anderen Ländern während des Kalten Krieges. Man kann einen Kalten Krieg beginnen und ihn als das Kernstück der Beziehungen zur restlichen Welt ohne weiteres jahrzehntelang aufrechterhalten, wenn man eine Bedingung erfüllt: Die Leute müssen an die Existenz eines gefährlichen und, wenn möglich, abstoßenden Feindes glauben. Die Angst vor dem Feind muß groß genug sein, damit die Leute im Lande willens sind, die Kosten für ein Wettrüsten zu bezahlen, selbst einen Krieg zu riskieren, sogar ihre Rechte auf eine unabhängige Politik und ihre nationale Souveränität aufzugeben. Im Westen drückte das populäre Sprichwort »Lieber tot als rot« eine solche Angst aus.

Man muß bei all dem natürlich die Wirkung der feindlichen Propaganda auf uns berücksichtigen. Ihr Beitrag zum Anwachsen des Mißtrauens, der Angst und sogar des Hasses gegenüber der UdSSR war bedeutend, und wir waren in der Regel nicht sehr gut darin, uns gegen diese Propagandaattacken zu wehren. Ich billigte die Anstrengungen des Westens nicht, mit den grundlegenden Fragen der Menschenrechte ein politisches Spiel zu treiben. Diese Kampagne hatte eine Reihe negativer Nebeneffekte. Vor allem machte sie es unseren Konservativen leicht, die Demokraten bei uns im Lande und die Dissidenten mit ausländischen Mächten zu identifizieren – die der Sowjetunion in der Tat oft feindselig gegenüberstanden. Während dies die Beziehungen zusätzlich belastete, untergrub die Position des Westens auch oft die Reputation der Dissidenten in den Augen unserer weniger gut informierten Bürger. Aber hier, wie auf anderen Gebieten, kann man nicht alles der ausländischen Propaganda anlasten – letztlich kann eine Propaganda ohne eine gewisse Rechtfertigung kaum effektiv sein.

Die Kampagne gegen die Dissidenten betraf nur eine relativ kleine Anzahl von Menschen. Aber sie hatte eine beträchtliche negative Wirkung im Ausland, und sie vergiftete die politische Atmosphäre im Land; sie verstärkte zudem die Unterdrückung auf dem Gebiet der Kultur, des gesellschaftlichen Denkens und verschlechterte die Stimmung unter der Intelligenzija im allgemeinen. Das alles roch zu sehr nach einer Wiedergeburt der alten stalinistischen Praktiken, selbst wenn die Methoden milder waren und weniger Menschen betrafen. Auch für

jene, die nicht zu direkten Opfern der Kampagne wurden, bedeutete die
Unterdrückung der Dissidenten ein ernsthaftes persönliches Trauma.
Es wurde zu einer verbreiteten Praxis, prominente Wissenschaftler und
Kulturschaffende zu zwingen, Briefe zu unterschreiben, die andere
Wissenschaftler, Schriftsteller und Künstler verurteilten, welche die
offizielle Mißbilligung auf sich gezogen hatten. Jene, die sich weigerten
zu unterzeichnen, mußten mit Schwierigkeiten rechnen; dies war oft
der erste Schritt auf dem Weg in die Ächtung. Jene, die unterzeichneten, konnten mit der Verachtung ihrer Kollegen und Freunde rechnen.

Aber es ging nicht nur um den moralischen Schaden. Hunderte, vielleicht Tausende von Menschen wurden zu direkten Zielscheiben der
Antidissidenten-Politik. Die Suche nach Dissidenten und ihrer Verfolgung wurde zur Aufgabe einer ganzen Sektion der Geheimpolizei. Das
bedeutete, immer mehr verdeckte Agenten anzuheuern, Leute dazu zu
bringen, andere zu denunzieren, private Post zu öffnen und Telefone
anzuzapfen. Jeder im Land, einschließlich der Spitzenpolitiker, hatte
Angst davor, abgehört, überwacht oder denunziert zu werden. Hohe
Funktionäre, selbst ZK-Sekretäre, blickten in meiner Gegenwart
manchmal auf das Telefon, machten ein offensichtliches Zeichen und
legten den Finger an den Mund, wenn das Gespräch in ihrem Büro gefährlich zu werden drohte. Ein stellvertretender Chefredakteur einer
führenden Zeitung hatte irgend etwas gesagt, was er besser nicht gesagt
hätte – wahrscheinlich etwas Persönliches über Breschnew, was überhaupt am gefährlichsten war –, er wurde über die »Technologie« gestellt und sofort gefeuert. Dasselbe geschah angeblich zwei hochrangigen KGB-Offizieren, die während einer Unterhaltung in einem
Restaurant nicht vorsichtig genug gewesen waren; sie saßen an einem
»radioaktiven« Tisch. Infolge einer Denunziation wegen eines »unorthodoxen« Gesprächs wurde der Direktor einer bedeutenden Partei-
hochschule, Fjodor Ryschenko, der von vielen bewundert wurde, in den
Ruhestand geschickt.

Diese isolierten Ereignisse bestätigten nur, was die Menschen
ohnehin ahnten: daß die Lage schlechter wurde, daß man sich still verhalten mußte und in der Gesellschaft anderer Menschen besser vorsichtig war. Auf dem Höhepunkt der SALT II-Verhandlungen gaben zwei
meiner Kollegen einer amerikanischen Zeitung ein Interview, in dem
sie von der Möglichkeit eines Kompromisses sprachen. Es war einfach
eine spontane Bemerkung, aber sie kam der Position zu nahe, auf die

wir uns im Falle des Widerstands der Amerikaner einigen wollten. Bei einem Politbüro-Treffen gab es eine aufgebrachte Reaktion. Man vermutete ein Leck; eine besondere Untersuchungskommission wurde ernannt (zu den Mitgliedern zählten Ustinow, Andropow und der ZK-Sekretär Michail Simjanin). Und obwohl kein Leck entdeckt wurde, feuerte die Kommission trotz all meiner Proteste die beiden Männer wegen »überflüssigen Geredes«. Mir gelang es nur, diesen Prozeß ein Jahr hinauszuzögern.

Ein weiteres Beispiel: Alexander Pumpjanski war in jenen Jahren Amerika-Korrespondent für die *Komsomolskaja Prawda* – heute ist er der sehr erfolgreiche Chefredakteur von *Nowoje Wremja* (*Neue Zeit*). Pumpjanski zog Simjanins unkontrollierten Zorn auf sich, als er schrieb, daß es mehr als 100 000 Millionäre in Amerika gebe. Er wurde sofort in die UdSSR zurückgerufen und gefeuert.

Zu dem Ansteigen politischer Verfolgung in den Jahren der Stagnation trug auch bei, daß es zur allgemeinen Praxis wurde, den Polizeiapparat zu benutzen, um sich an Leuten zu rächen, die der örtlichen Parteileitung in die Quere gekommen waren. Sie hatten entweder Kritik geäußert oder waren mit den Behörden in Konflikt geraten oder sie stellten einfach eine Herausforderung der etablierten Ordnung dar, weil sie Veränderungen und unorthodoxe Lösungen forderten. Die erfolgreichen Aktionen eines solchen Menschen hätten als eine Verurteilung der Trägheit und Unfähigkeit der Bürokraten um ihn herum interpretiert werden können. Daher versuchte man, eine solche Person in ihrer Wirkung einzuschränken, sie abzuschieben oder zu vernichten. Wenn Gesellschaft und Regierung sich an kein Gesetz gebunden fühlen, wenn Nachforschung, Verfolgung und Prozeß nur den Parteichefs dienen, dann haben sie sehr viel mehr Gewicht und Wirkungsmöglichkeiten als alle Justiz. Also erlebten wir die Fälle von Iwan Chudenko, Iwan Snimschtschikow und Viktor Belokon, die Kolchosvorsitzende waren; die Fälle von Alim Tschebanow aus Tscherkassy und Wladimir Tschebanenko aus Gorki, die als Fabrikdirektoren gearbeitet hatten; die Fälle von prominenten Wissenschaftlern und Erfindern, zum Beispiel des Esten Johanes Hindt. Natürlich handelte man sie als Strafprozesse, nicht als politische ab; man dachte sich irgendein kriminelles Vergehen aus, das diese Leute angeblich begangen hatten. Bei unseren widersprüchlichen Gesetzen, unseren gehorsamen Vollzugsbehörden und Gerichten war es nicht schwer, mit solchen Anklagen zu Urteilen zu kommen. Aber die Motivation dahinter war fast immer politisch – es ging darum, den Status quo zu erhalten, das System zu bewahren.

Im allgemeinen entsprach dem Niedergang der Wirtschaft der Zustand von Politik und Justiz. Vor unseren Augen fiel die Verwaltung der öffentlichen Angelegenheiten auseinander. Mit Scham mußte man zugestehen, daß wir vor dem Rest der Welt sowohl in der Innen- als auch in der Außenpolitik unter intellektueller Unzulänglichkeit litten. Unaufhörlich sank die Qualität der politischen Führung, da die existierenden politischen Mechanismen eine natürliche Auswahl fähiger Menschen verhinderten. Es gab im Gegenteil eine Art »umgekehrter natürlicher Auslese«, die gerade die Leute förderte, die mittelmäßig, schwach und oft unehrlich waren. Bedeutende Entscheidungen wurden von einem sehr kleinen Kreis unterqualifizierter Menschen getroffen, oft auf der Basis von unzuverlässigen, unvollständigen und sogar falschen Informationen. Dazu kam die Tatsache, daß die Führer vor unseren Augen senil wurden.

## Kultur, Ideologie und Gesellschaftswissenschaft

Was die politische und ideologische Repression anging, so hatten wir in unserer leidensreichen Geschichte natürlich schon schlechtere Zeiten gesehen. Aber die Unterdrückung unseres intellektuellen Lebens war besonders abstoßend. In den Jahren seit Stalin waren wir klüger und vor allem weniger ängstlich geworden, so daß wir schnell begriffen, was da vor sich ging. Und obwohl das Leben sicherer war als unter Stalin und in mancher Hinsicht sogar sicherer als unter Chruschtschow, wurde in den Jahren der Stagnation durch die unerträgliche Propaganda die geistige Atmosphäre geradezu vergiftet. Wer konnte zum Beispiel glauben, daß I. Stadniuk oder M. Alexejew, servile Schreiberlinge, die die volle Unterstützung der ideologischen Zaren jener Zeit genossen, bessere Schriftsteller waren als Solschenizyn, oder daß Trapesnikow oder Fedossejew höheren Intellekt oder größere Aufrichtigkeit besaßen als Sacharow? Verschwunden war der Glaube oder vielleicht die Hoffnung, daß die Führung schon wisse, was sie tue, oder daß sie, wenn sie Fehler machte, nur für einen Moment verwirrt gewesen sei. Viele Leute begannen, alle Hoffnung zu verlieren.

Unter der Intelligenzija herrschte eine mit Zynismus kombinierte Verbitterung. Einige gaben den Kampf auf, andere suchten ein anderes Schlachtfeld, da sie zu dem Schluß gekommen waren, daß man nicht mehr darum kämpfen sollte, das System zu reformieren, sondern darum, es zu zerstören. Ich stimmte nicht mit ihnen überein, aber ich will sie hier nicht kritisieren. Zu der Zeit schien es, daß jene, die darum kämpften, das System zu verbessern, und jene, die gegen das System schlechthin kämpften, durch einen Abgrund getrennt waren. Andererseits sind mir selbst in den letzten Jahren zunehmend Zweifel gekommen, ob das System überhaupt reformierbar ist. Heute scheint es manchmal so, als ob man über den Abgrund doch einige Brücken bauen könnte.

Was die Gesellschaftswissenschaften angeht, so war die Stagnation nicht nur eine Periode des Abwartens, sondern eine spürbare Regression. Zu Beginn der achtziger Jahre verstärkten die Konservativen ihre Angriffe auch an der ökonomischen Front. Es gab noch einige »Oasen« des kreativen Denkens, aber sie gerieten nun in einen Zustand der Belagerung. Ich habe bereits Aganbegjans Institut in Nowosibirsk und das Institut für Weltwirtschaft und Internationale Beziehungen (IMEMO) bei der Akademie der Wissenschaften in Moskau erwähnt. Seit langer Zeit hatten einige Leute sich darauf vorbereitet, mit diesem Institut alte Rechnungen zu begleichen. Die Tatsache, daß es dort eine ganze Reihe von kreativen und fortschrittlichen Gelehrten gab, war nicht der einzige Grund. Das Institut und sein damaliger Direktor, Akademiemitglied Inosemzew, standen der Macht und den Leuten, die politische Entscheidungen trafen, sehr nahe. Daher stellte es eine besondere Gefahr in den Augen der Konservativen dar; es galt als Quelle »schädlichen Einflusses« auf die politische Führung.

Die wirklichen Schwierigkeiten begannen im letzten Stadium der Stagnation im Jahre 1982. Der stellvertretende Verwaltungsdirektor des IMEMO wurde festgenommen. Zur selben Zeit wurde eine Kommission gebildet, um die Verwaltung des Instituts zu überprüfen. Die Kommission fand nichts Politisches, nur ein paar Unklarheiten finanzieller Natur. Bald kam heraus, daß es dabei um alte Möbelstücke ging, die zurückgelassen worden waren, als das Institut in ein neues Gebäude umzog. Da es gesetzlich verboten war, Möbel zu verkaufen oder zu verschenken, mußte man sie zerstören, aber nun hatten sich Verdachtsmomente ergeben, daß jemand aus der Verwaltung des Instituts einige der Möbel an sich gebracht haben könnte.

Dies wäre eine einfache Routinesache gewesen, wäre die Untersuchung nicht von einem Sonderstaatsanwalt für Fälle mit hoher Priorität durchgeführt worden. Es fand sich indessen nichts, was die Verwaltung des Instituts wirklich kompromittiert hätte. Der Fall wurde geschlossen, der stellvertretende Direktor aus dem Gefängnis entlassen; man erlaubte ihm, an seine Arbeitsstelle zurückzukehren.

Wir erfuhren indessen bald, daß dies nur ein Vorspiel gewesen war. Im Frühjahr verhaftete das KGB zwei junge Forscher des Instituts – Fadin und Kudjukin. Sie gehörten angeblich einer Gruppe an, die unter anderem Pamphlete verteilt hatte, welche die offizielle Version der Ereignisse in Polen in Zweifel zogen und die Solidarność vorteilhaft darstellten. Kurz gesagt, nach dem Standard jener Zeit waren sie »Dissidenten«. Auch waren sie angeklagt, sich unautorisiert mit einem Sekretär einer lateinamerikanischen kommunistischen Partei getroffen zu haben, um mit ihm die Lage in der Sowjetunion und die Politik der Sowjetregierung »aus abweichender Perspektive« zu diskutieren.

In jenen Jahren war die Festnahme eines Dissidenten, der an einem akademischen Institut arbeitete, kein so ganz ungewöhnliches Ereignis. Normalerweise hatte dies keine ernsthaften Konsequenzen für das Institut oder seine Verwaltung. Der Fall der IMEMO-Mitarbeiter nahm aber einen vollständig anderen und beispiellosen Verlauf. Eine Kommission des Zentralkomitees, angeführt vom Politbüromitglied Viktor Grischin, wurde ausdrücklich gebildet, um den Fall des Instituts zu untersuchen. Der ZK-Sekretär Simjanin und eine Reihe von hochrangigen Offiziellen des Zentralkomitees und des Moskauer Stadtkomitees waren ebenfalls in der Kommission vertreten. Das Ziel der Kommission war ganz offensichtlich, das Institut und seinen Direktor öffentlich zu diskreditieren. Sie »untersuchte« alles – die persönlichen Angelegenheiten der Angestellten, die akademischen Veröffentlichungen des Instituts; Mitglieder der Kommission unterhielten sich mit Leuten in der Verwaltung, im Parteikomitee und mit den Chefs der verschiedenen Abteilungen. Sie wurden alle gefragt, ob sie glaubten, daß das, was geschehen war, ein bloßer Zufall sei. Andere Fragen galten der ideologischen Atmosphäre im Institut.

Die Kommission gab ein Dokument heraus und organisierte eine

Konferenz mit den Führungsmitgliedern des Institutsstabes. Das Dokument wurde laut vorgelesen, wobei niemandem eine Abschrift gezeigt wurde. In dem Text klagte man das Institut ideologischer Irrtümer an, einer Vergiftung der Mitarbeiter durch »zionistische Elemente« und der Irreführung der Regierung, was internationale Entwicklungen betraf. Während der Konferenz erklärte der Leiter des Sektors Wirtschaftswissenschaften in der ZK-Abteilung für Wissenschaften, Michail I. Wolkow, daß »unsere Feinde das Institut lobten«. Er dachte dabei offensichtlich an einen Artikel in der Auslandspresse, der einen gewissen Respekt für das IMEMO ausgedrückt hatte. In privaten Gesprächen rieten Parteifunktionäre (darunter zum Beispiel Ponomarjow, der Sekretär des Stawropoler Bezirkskomitees) den Leitern des Parteikomitees des Instituts, ihre Schuld einzugestehen und auf die Weise »ihre Haut zu retten«.

Inosemzew litt sehr unter diesen Ereignissen. Seine Herzbeschwerden verschärften sich, und seine Medikation mußte stark erhöht werden. Ich glaube, daß die Krankheit sein Verhalten beeinflußte. Er war passiv und vermied jeden entschiedenen Widerstand, obwohl er viele in der politischen Führung gut kannte, einschließlich Breschnew, und sich ihres Vertrauens sicher war. Bei der letzten Sitzung von Grischins Kommission im Gebäude des Zentralkomitees äußerte sich Inosemzew überhaupt nicht. W. N. Schenajew, der Sekretär des Parteikomitees des Instituts, wies viele der Anklagen zurück. Daraufhin sagte Simjanin zu ihm: »Die Dinge sind sogar noch schlimmer, als wir dachten. Sie haben wohl gar nichts begriffen.«

Im allgemeinen verlief der Fall nach dem klassischen Muster, was viele Leute, auch ich, erstaunlich fanden. Ich versuchte Inosemzew zu überreden, Breschnew, Andropow und sogar Suslow aufzusuchen. Gegen Inosemzews ausdrücklichen Wunsch redete ich selbst mit Andropow. Im Sommer entspannte sich die Situation ein wenig; vielleicht lag es auch daran, daß Andropow im Mai 1982 ins Zentralkomitee zurückgekehrt war. Keiner der Direktoren des Instituts und kein Mitglied seines Parteikomitees wurde entlassen. Kurz darauf wurde Inosemzew sogar aufgefordert, mit einer Delegation des Obersten Sowjet nach Brasilien zu fahren, und später bat man ihn, dem Politbüro über den Besuch Bericht zu erstatten. Sein Bericht wurde gut aufgenommen, und Inosemzew glaubte, daß die ganze Geschichte nun endgültig vorüber sei.

Aber das Institut hatte ernsthaft an politischem Prestige verloren, und die Motivation unter den Mitarbeitern war schwer erschüttert. Die Leiter der Abteilungen, Sektionen und der Parteiorganisation, bei denen die festgenommenen Personen gearbeitet hatten, wurden bestraft. Parteiverfahren wurden gegen sie eingeleitet. Im August 1982 starb Inosemzew an einer Herzattacke. Seine Ärzte sahen eine direkte Verbindung zwischen der Kampagne gegen sein Institut und seinem Tod. Kurz darauf gab es einen weiteren Angriff auf das IMEMO. Im Moskauer Parteikomitee wurde ein Plan entworfen, das Parteikomitee des Instituts aufzulösen. Das bedeutete eine fast beispiellose Mißtrauenserklärung gegen das ganze Institut; es markierte auch den Beginn einer weiteren Kampagne gegen die Verwaltung und die Mitarbeiter. Der Plan hätte sein Ziel fast erreicht. Ich erinnere mich, daß eines Sonntags in der zweiten Hälfte des Oktobers mich ein enger Freund anrief, der am IMEMO arbeitete, um mir zu sagen, daß für den folgenden Donnerstag eine Parteiversammlung einberufen worden war. Das Moskauer Parteikomitee hatte das Treffen gefordert, und Leute aus der ZK-Abteilung für Wissenschaft und aus dem Moskauer Stadtkomitee planten, es in ein lautes Spektakel zu verwandeln, in dessen Verlauf sie das Institut politisch diskreditieren wollten. Ich war damals nicht in der Stadt; ich arbeitete mit einer Gruppe, die für das nächste ZK-Plenum Papiere zum Haushalt des folgenden Jahres vorbereitete. Vor seinem Tod hatte auch Inosemzew regelmäßig an dieser Aufgabe teilgenommen. Am Montag dachten Alexander Bowin und ich uns einen Plan aus. Am nächsten Tag sollten wir Breschnew treffen, um den Wirtschaftsplan zu besprechen. Wenn der Gesundheitszustand des Generalsekretärs eine ernsthafte Unterhaltung erlaubte, wollten wir versuchen, mit ihm über die ganze Affäre zu reden.

Breschnew ging es einigermaßen gut, und nachdem der offizielle Teil des Gesprächs vorüber war, baten wir ihn, uns ein paar Minuten für eine »persönliche Sache« zu gewähren.

Georgi Zukanow und Nikolai Schischlin, die bis dahin an der Besprechung teilgenommen hatten, verließen das Zimmer. Wir erzählten Breschnew von den Schwierigkeiten, die man Inosemzew gemacht hatte und die offensichtlich seinen Tod beschleunigt hatten. Wir sprachen über die Tatsache, daß eine Parteiversammlung geplant war, bei der man versuchen würde, Inosemzews Andenken zu beschmutzen und eine Hetzjagd an dem Institut durchzuführen.

Nach seiner Reaktion zu urteilen, war Breschnew all das neu. Er fragte:»Wen soll ich anrufen?« Wir schlugen vor, daß er mit Grischin sprechen sollte, da dieser der Vorsitzende der Parteikommission war, die die Untersuchung führte, und weil die Anweisung, die Parteiversammlung abzuhalten, vom Moskauer Parteikomitee gekommen war. Breschnew gab uns ein Zeichen, nicht zu reden, und drückte den entsprechenden Knopf auf dem Haustelefon. Es verband ihn mit zwanzig oder dreißig Funktionären. Er brauchte den Hörer nicht abzunehmen, es hatte ein Lautsprechersystem. Grischins Stimme kam über das Telefon:»Guten Morgen, Leonid Iljitsch.«

Breschnew sagte ihm, ohne seine Quelle zu nennen, daß er gehört habe, es gebe irgendeine Geschichte um das IMEMO und Inosemzew, dazu eine Untersuchungskommission, die Grischin führe. Und nun sei auf Anweisung vom Moskauer Parteikomitee eine Parteiversammlung im Institut geplant. Auf diesem Treffen wolle man Inosemzew noch posthum kritisieren und das Institut überprüfen.»Also, was ist da los?« fragte er.

Obwohl wir alle möglichen Szenarien für die Unterhaltung durchgeprobt hatten, muß ich zugeben, daß Bowin und ich die Antwort, die Grischin gab, niemals erwartet hätten.»Ich weiß nicht, wovon Sie sprechen, Leonid Iljitsch«, antwortete Grischin.»Ich höre zum ersten Mal von einer Untersuchungskommission in Inosemzews Institut. Ich weiß auch nichts von einer Parteiversammlung.«

Ich explodierte fast vor Empörung. Voller Wut öffnete ich den Mund, um etwas zu sagen, aber Breschnew legte den Finger an die Lippen und sagte zu Grischin:»Viktor Wassiljewitsch, überprüf das alles. Wenn irgend jemand Instruktionen gegeben hat, den verstorbenen Inosemzew schlecht zu machen, dann sag die Sache sofort ab, und berichte mir anschließend darüber.« Dieser Anruf sorgte auf einige Zeit für Ruhe.*

---

* Vor kurzem hörte ich eine andere Version. Danach konnte sich Inosemzew nicht um Hilfe an die Führung wenden, weil die Kampagne gegen ihn von Breschnew zumindest sanktioniert, wenn nicht sogar initiiert worden war. Angeblich war Breschnew unzufrieden mit dem IMEMO, weil die Entspannungspolitik, die von dem Institut so aktiv unterstützt worden war, gescheitert war. Diese Interpretation ist indessen nicht aufrechtzuerhalten. Breschnew mußte die wahren Gründe für den Fehlschlag der Entspannung kennen. Neben den politischen Veränderungen in den Vereinigten Staaten waren dafür unsere außenpolitischen Abenteuer verantwortlich,

Warum griffen die Konservativen das IMEMO in so bösartiger Form an? Das war zu erklären. Das Institut versuchte, die politische Führung zur Anerkennung der Realität zu bringen. Es zog die Aufmerksamkeit immer wieder auf die notwendigen Veränderungen in der Wirtschaft und in der Innen- und Außenpolitik. Die Konservativen waren sehr daran interessiert, solche Stimmen zum Schweigen zu bringen. Darin liegt die Wurzel der Kampagnen gegen die Ökonomen in Nowosibirsk, gegen das Institut für Wirtschaftsmathematik in Moskau und gegen die sowjetische Soziologie, die noch jung war und gerade erst auf die Beine kam. Hierin liegen die Ursachen der Kritik und der Verfolgung einer beträchtlichen Anzahl von sowjetischen Experten und Wissenschaftlern, die versuchten, der Führung die Wahrheit zu vermitteln.

Ich war davon überzeugt, daß das nächste Angriffsziel nach dem IMEMO und Inosemzew das Institut für USA- und Kanadastudien sein würde. Die Attacken hatten in der Tat bereits begonnen. Im Januar 1982 erfuhr ich, daß Michail Suslow bei einer Konferenz des ZK-Sekretariats das Institut und mich (aufgrund meiner Artikel) kritisiert hatte. Offensichtlich bereitete der Apparat etwas vor.

Wie war die Lage im Lande zu jener Zeit? Wir alle sahen den Verfall sehr deutlich. Ich persönlich empfand ihn tief und litt sehr darunter. Ich war sehr pessimistisch, was die Zukunft betraf, zumindest bis zu dem Moment, als Andropow am politischen Horizont als möglicher Erbe der Macht auftauchte. Ich fürchtete, daß es nach Breschnews Tod einen stalinistischen Coup geben könnte.

Aber wo immer ich konnte, versuchte ich, soweit es in meiner Macht stand, dem Verfall entgegenzuarbeiten. Das beruhigte mein Gewissen, aber es verstärkte mein Vertrauen in die Zukunft keineswegs. Was immer wir taten, wir konnten nur hoffen, den Schaden zu begrenzen. Es gab einfach keine Aussicht auf einen grundlegenden Kurswechsel und noch weniger Hoffnung auf die Erholung einer sehr kranken Gesellschaft.

Natürlich hat niemand, der während der Jahre der Stagnation für die Regierung gearbeitet hat, ganz saubere Hände. Aber zugleich hing

die schließlich in Afghanistan gipfelten. Breschnew wußte ganz genau, daß weder das IMEMO noch Inosemzew irgend etwas mit dem Scheitern der Entspannung zu tun hatte. Sehr wahrscheinlich wurde diese Version von Leuten in Umlauf gebracht, die daran interessiert waren, die wirklich Schuldigen vor Kritik zu schützen.

viel davon ab, wie man sich in der gegebenen Situation verhielt. Hier gab es große Unterschiede. Ich habe oft an meinem geistigen Auge vorüberziehen lassen, was ich in jenen Jahren getan habe, am Institut und als politischer Experte während der Debatten und Streitereien mit Mitgliedern der Führung. Natürlich gibt es viele Dinge, die ich heute anders machen würde. Es gibt einige Dinge, die ich jetzt bereue. Aber ich kann mich an nichts erinnern, für das ich mich schämen oder wofür ich mich verstecken müßte.

Ich muß sagen, daß wir alle, die wir Chruschtschow geglaubt hatten, als er seine Rede auf dem XX. Parteitag hielt, hätten mutiger sein sollen. Das ist unser Versagen. Wir hätten es nicht zulassen sollen, daß man uns einschüchterte; wir hätten nicht soviel Angst davor haben sollen, in Schwierigkeiten zu geraten (insbesondere, da die Konsequenzen nicht mehr ganz so furchtbar waren wie früher). Und wir hätten den Abgrund, in den das Land langsam hineinglitt, klarer erkennen müssen. Die große Mehrheit zeigte nicht genug Mut, einschließlich jener, die nach dem Standard jener Zeit keineswegs Feiglinge waren.

Zugleich glaube ich nicht, daß es richtig ist, alle zu verurteilen, die nicht den Weg Sacharows, Solschenizyns, des Generals Pjotr Grigorenko und einiger anderer berühmter Dissidenten gingen. Und dies nicht nur, weil man solche Selbstaufopferung nicht von jedem verlangen kann. Die Menschen hatten verschiedene Überzeugungen und unterschiedliche Perspektiven. Ein gesellschaftliches System zu bekämpfen, das man für fundamental falsch hält, ist eine Sache. Ein System zu reformieren, an das man im Prinzip noch glaubt, ist etwas anderes.

Aber sowohl jene, die das System zu reformieren versuchten, als auch jene, die es bekämpften, spielten in den folgenden Jahren eine wichtige Rolle. In gewissem Sinne waren beide Wegbereiter für die radikalen Veränderungen, die ein paar Jahre später einsetzten. Es war kein Zufall, daß Gorbatschow und seine Mitstreiter, die mit der Entstalinisierung begannen und die Perestroika einleiteten, aus dem System kamen – nicht von außen. Sie waren Menschen, auf denen die Sünden und Beschränkungen der Vergangenheit lasteten, die ihnen von eben diesem System aufgezwungen worden waren.

Ich habe allergrößte Achtung vor dem Mut und der Furchtlosigkeit jener, die wie Andrej Sacharow es riskierten, eine kompromißlose Position einzunehmen. Diese Leute waren Helden, sogar Märtyrer, und wenn sie nicht getan hätten, was sie taten, wäre der Wandel in unserem Lande meiner Meinung nach nicht so schnell vor sich gegangen. Aber hätte es nicht die vielen Hunderte und Tausende gegeben, die innerhalb des Systems gearbeitet, die Routinekämpfe durchgestanden und versucht haben, dem Druck des Stalinismus zu widerstehen, die die Ideen der Demokratie und der friedlichen Wirtschaftsreform verteidigt und gefördert haben, wäre der Prozeß der Wiederbelebung des Landes überhaupt nicht möglich gewesen.

## Über einige politische Führer der Periode

Eine der erschreckendsten Konsequenzen eines jeden Despotismus, einer jeder totalitären Diktatur, insbesondere einer so langen und alles umfassenden wie der des Stalinismus, ist die Verarmung und der Verfall des intellektuellen Potentials einer Nation. Und je höher man sich in der Führung hinaufbewegt, desto größer ist der Verfall. Ein Diktator hat grundsätzlich Angst vor starken und klugen Menschen in seiner Umgebung. Aus ihnen könnten Rivalen entstehen, und man kann sich in keinem Fall darauf verlassen, daß sie zu gehorsamen und gedankenlosen Exekutoren seiner Befehle werden. Solche Leute verschwinden schnell aus dem engeren Führungszirkel. Die Lebensbedingungen und die politischen Regeln einer Diktatur verkrüppeln jedes Talent – insbesondere jedes politische Talent.

Aus diesem Grund war der natürliche Preis des Stalinismus die extreme Seltenheit von Talenten und starken Persönlichkeiten in der Führungsspitze. Das hatte langfristige Konsequenzen. Eine Welle menschlicher Opfer folgte der anderen, weil die totalitäre Herrschaft und ihre spezifischen Selektionsmechanismen gnadenlos dafür sorgten, daß begabte Köpfe auf allen Ebenen der Politik ausgemustert wurden – das begann ganz unten, auf der Ebene des Distriktkomitees, und endete im Politbüro. Es kam einem Wunder gleich, wenn intelligente, begabte Leute es schafften, all den Fallen zu entgehen, die an jedem Abschnitt ihres Weges aufgestellt waren – dazu brauchte es eine seltene Kombination von Glück und außerordentlicher Geschicklichkeit.

Das erklärt das extrem niedrige Niveau von intellektuellem und organisatorischem Können unter den Leuten, die Chruschtschow ins Politbüro brachte. Sie sind fast alle vergessen, die Frol Koslows, die Kiritschenkos, die Ignatows, die Muchitdinows und, Gott weiß, wer noch. Sie waren in Positionen geraten, die ihre Fähigkeiten bei weitem überstiegen. Dasselbe traf auf die Politiker in Breschnews inkompetenter Gefolgschaft zu. Diese Leute waren, mit seltenen Ausnahmen, absolut mittelmäßig. Die Ausbildung eines solchen »Führers« bestand gewöhnlich in einem bereits auf hohem Funktionärsposten absolvierten Fernstudium. (Man kann sich lebhaft vorstellen, wie solche Leute ihre Abschlußprüfungen ablegten!) Auf kultureller Ebene kann man wirklich nicht viel von jemandem erwarten, dessen Eltern kaum lesen und schreiben konnten, der auf eine zweitklassige Schule ging und die meiste Zeit seines Lebens unter langweiligen und halbgebildeten Bürokraten verbrachte. Dies waren objektive Umstände seines Lebens, deshalb kann man ihn nicht schuldig sprechen. Er wurde gerade deshalb für die Beförderung ausgewählt, weil es nur auf seinen Gehorsam und seine Disziplin ankam. Er schaffte es, all die Kehrtwendungen einer schwierigen, zerrissenen Epoche zu überleben, weil er keine festen Überzeugungen besaß. Er geriet in die politische Spitze, vor allem, weil die meisten Leute in seiner Umgebung in ihm keinen Rivalen sahen.

Vor einer solchen Kulisse wirkte Kossygin 1964 wie eine herausragende Persönlichkeit. Er war gebildet, er war erfahren, aber im Vergleich zu den führenden Politikern im Ausland war er mittelmäßig. Dasselbe gilt für A. N. Schelepin, der außer seinen Studentenjahren sein ganzes Leben im Apparat verbracht hat – zuerst im Komsomol und dann in der Partei. Nur einen kurzen Abstecher beim KGB hatte er hinter sich. Und Schelepin war immerhin auch ein »Thronprätendent«!

Die Lebensläufe und Karrieren anderer – insbesondere Kirilenko, Tschernenko, Poljanski, Schelest, Woronow, Solomenzew, Grischin, Demitschew – hatten alle eines gemeinsam. Sie waren mittelmäßige Leute, die es schafften, in einem sehr großen Land an die Spitze zu kommen, weil die historischen Umstände, die Stalins Despotismus geschaffen hatte, ihren Aufstieg erlaubten. Dies traf auf praktisch jeden von ihnen zu, trotz einiger Unterschiede in Charakter und Einstellung.

Wichtiger als der soziale Hintergrund war vielleicht die gesellschaftliche Position und die Art, wie sie die Welt wahrnahmen. Ich glaube, daß auch in dieser Hinsicht unsere nachstalinistische politische Elite ein Merkmal gemeinsam hatte: Im Grunde gehörten sie alle zum Kleinbürgertum, zum *meschtschanstwo*, um ein altes russisches Wort zu gebrauchen – dem entsprachen ihr Blick auf das Leben, ihre Ideologie, ihre Psychologie, ihre Ideale. Dennoch taten die meisten von ihnen ihr Bestes, um wie »große Revolutionäre« und »Kämpfer für die Sache der Arbeiter und Bauern« auszusehen.

## Leonid Iljitsch Breschnew

Wenn man einen politischen Führer einschätzen will, ist es wichtig, die eigenen Emotionen zu kontrollieren, sich an die Fakten zu halten und die Dinge in den richtigen Relationen zu sehen. Im Falle Breschnews ist eine negative Einschätzung als Partei- und Staatsführer vollkommen gerechtfertigt. Aber es ist sicher nicht richtig, ihn als so unheilvoll darzustellen wie Stalin. Der Ausdruck »Stalinismus-Breschnewismus« wird übrigens in Reden und Artikeln immer verbreiteter. Ich glaube, der Grund für diese emotionale Haltung ist ein Gefühl der Scham angesichts unseres Schweigens; obwohl wir es besser wußten, applaudierten wir gehorsam, als dieser sehr kleine Mann glorifiziert, gefeiert und in den Himmel gehoben wurde, auch als er gegen Ende seines Lebens längst der Senilität verfallen war. Das Hauptunglück jener Periode, die jetzt *Breschnewschtschina* genannt wird, liegt in der Tatsache, daß Breschnew durch die besonderen Umstände unserer Geschichte und durch die damals existierenden politischen Mechanismen in eine Position erhoben wurde, für die er ganz und gar ungeeignet war.

Es ist ein Paradoxon der Geschichte, daß trotz der überwältigenden Evidenz von Breschnews negativen Qualitäten selbst während der langen Periode seines Niedergangs und seiner Senilität keine Rivalen auftauchten. Das Land, die Partei und die Führung waren nicht fähig, einen geeigneteren Kandidaten hervorzubringen.

Ich habe bereits angeführt, daß Breschnew vor seiner Krankheit besser war als alle Alternativen, oder korrekter, daß er das geringere Übel war. Das hat nichts mit einer positiven Einschätzung seiner Herrschaft zu tun, es ist ein Kommentar zu den schrecklichen Konsequenzen des Stalinismus.

Also müssen wir eine unserer wichtigsten Lektionen aus den vierzig Jahren der poststalinistischen Ära lernen: Die alten politischen Mechanismen müssen zerschlagen und neue müssen geschaffen werden. Die

Demokratie, eine neue politische Kultur und ein aufgeklärtes gesellschaftliches Bewußtsein sind keine Luxusartikel, sondern Notwendigkeiten. Ich bin überzeugt, daß die Anerkennung dieser Tatsache das Hauptanliegen der Perestroika war. Unsere Zukunft als Weltmacht – selbst die Frage, ob wir überhaupt eine Zukunft haben – hängt davon ab, ob wir dieses Anliegen erfüllen oder nicht. Wir müssen den Tatsachen ins Auge sehen. Dasselbe trifft auf den Sozialismus und die sozialistische Idee zu, die wir bis in ihre Grundzüge entstellt haben.

Breschnew war ein typisches Produkt der politischen Elite jener Zeit. Er besaß einen Universitätsabschluß, war aber ohne großes Wissen und nicht wirklich gebildet. Seine Fähigkeiten waren höchstens durchschnittlich, sein kulturelles Niveau niedrig. Zu den Gelegenheiten, wenn er tatsächlich etwas aus eigenem Antrieb las, war es gewöhnlich eine Zeitschrift wie *Zirkus*.* Er liebte Natur- und Tierfilme. Nur selten sah er sich einen ernsthaften Film bis zum Ende an. Die vielleicht einzige Ausnahme war wohl »Der Bjelorussische Bahnhof«, der ihn tief bewegte. Ich glaube nicht, daß er in den Jahren seiner Herrschaft ein Theater betrat. Seine größten Schwächen als politischer Führer waren seine fast vollständige Ignoranz wirtschaftlicher Zusammenhänge, seine konservative Einstellung, sein Traditionalismus und seine ausgesprochene Allergie gegen alles, was neu war.

Das heißt nicht, daß Breschnew keine positiven Seiten hatte. Er hatte eine besondere Begabung für die Grabenkämpfe des Apparats. Da zeigte er eine gewisse Gerissenheit. Letztlich schaffte er es, all seine Rivalen und Gegner beiseite zu schieben. Er tat das langsam, ohne sich dem Risiko von Krisen und Konflikten auszusetzen und ohne blutige Repressionen im Stil Stalins zu unternehmen, sogar ohne seine Rivalen verbal in der Öffentlichkeit zu vernichten, wie Chruschtschow das gerne tat. Dennoch verschaffte sich Breschnew totalen Gehorsam und vollständige Unterwerfung von seinen Genossen und flößte ihnen sogar Angst ein. Selbst solche Menschen wie Andropow, Suslow und Gromyko fürchteten ihn; das zumindest war mein Eindruck.

Breschnew war ein äußerst geschickter Manipulator. Er hielt jede Person an dem Platz fest, wo sie ihm an nützlichsten erschien. Man nehme zum Beispiel den Posten des Zweiten Sekretärs des Zentralkomitees.

---

* *Zirkus (Zirk)* war eine unbedeutende Zeitschrift, die das Leben von Zirkusartisten beschrieb sowie Programme und Auftritte schilderte.

Diesem Amt wurde nie ein offizieller Status verliehen, aber es war wichtig, da das ZK-Sekretariat enorme Macht ausübte. Der mächtige Parteiapparat delegierte einen ganzen Bereich an den Zweiten Sekretär. Daher war die richtige Besetzung dieses Postens für den Generalsekretär (oder Ersten Sekretär) der Partei absolut entscheidend: Der Zweite Sekretär bildete einen starken Magneten für den Apparat und die Mitglieder des Zentralkomitees, der Gebietskomitees usw. Der Zweite Sekretär hatte nicht nur die Verantwortung für das ZK-Sekretariat, er mußte ständig mit den täglichen Angelegenheiten seiner Mitglieder fertigwerden. Da er hohe Funktionäre um sich sammelte, wurde der Zweite Sekretär unvermeidlich ein potentieller Rivale für den Ersten Sekretär, oder zumindest eine Person, mit der der Erste Sekretär die Macht zu teilen hatte.

Chruschtschow, der zunächst mit Koslow und Kiritschenko experimentiert hatte – und damit scheiterte –, etablierte ein System, unter dem der Posten des Zweiten Sekretärs rotierend von Politbüro-Mitgliedern wahrgenommen wurde. Als Chruschtschow gestürzt wurde, begann Nikolai Podgorny beim Oktober-Plenum darüber zu reden, die Position des Zweiten Sekretärs des Zentralkomitees fest zu besetzen. Breschnew, so scheint mir, verzieh ihm das nie und schickte Podgorny bald darauf in das Präsidium des Obersten Sowjet.

Kurz darauf organisierte er die Dinge in seinem Sinne. Er ernannte jeweils zwei Männer, die das Sekretariat führten oder zumindest dieses Recht zu beanspruchen schienen. Sie konkurrierten nicht mit dem Generalsekretär, sondern miteinander um die Macht des stellvertretenden Oberbefehlshabers. Zunächst waren diese Männer Suslow und Kirilenko, später, als Kirilenko krank wurde und praktisch aus dem System ausschied, wurde Konstantin Tschernenko an seine Stelle gesetzt. Als Suslow starb, übergab Breschnew postwendend Andropow dessen Posten. In den Begriffen der Machtpolitik im Apparat war Breschnew weit davon entfernt, ein schlechter Politiker zu sein. Im Gegenteil, er erwies sich in diesen politischen Schachspielen als Großmeister. Das verstand nicht jeder sofort, und später mußten einige für ihre verzögerte Erkenntnis bezahlen.

In den Fragen der Macht war Breschnew ein großer Realist, aber zugleich ein Mann, der das Leben in den politischen Parametern begriff, die unter Stalin geformt worden waren – das heißt, zu einer Zeit, als die Macht des Führers nicht von Erfolgen in der Wirtschaft, im Lebensstandard des Volkes, der Popularität der Führung, bestimmt wurde, sondern durch Gewalt – durch realen, brutalen, physischen Zwang.

Breschnew war sehr darum bemüht, die Armee und das KGB unter Kontrolle zu halten. Er hatte Ruhe an diesen Fronten, seit 1967 der loyale Andropow das KGB übernommen hatte und »sein« Mann, Dmitri Ustinow, nach dem Tod des nicht sehr verläßlichen Gretschko, Verteidigungsminister geworden war. Überdies hatte er auf verschiedenen Ebenen der beiden Bereiche noch weitere seiner Leute, wodurch sich die Leiter der beiden Bereiche täglich kontrolliert wußten und daher doppelt loyal waren.

Breschnew begriff auch die Bedeutung der Massenmedien für die Erhaltung der Macht, das galt besonders für die beiden wichtigsten unter ihnen – *Gosteleradio* und die *Prawda*. Er besetzte daher beide Chefredaktionen mit Leuten, die ihm hundertprozentig ergeben waren.

Wenn man von Breschnew selbst ausgeht, waren dies unverzichtbare Eigenschaften; aber besaß er irgendwelche positiven Qualitäten, die für die Gesellschaft im ganzen wichtig waren? Ich bin überzeugt, daß er sie besaß, zumindest in den ersten Jahren, bevor er krank wurde. An erster Stelle würde ich das Fehlen jeder Neigung zu extremen oder abenteuerlichen Entscheidungen nennen. In seiner Außenpolitik entwickelte sich das recht schnell zu einer aufrichtigen Unterstützung besserer internationaler Beziehungen.

In der Innenpolitik zeigte Breschnew dieselbe Mäßigung und dasselbe Zögern, eine härtere politische Haltung anzunehmen, selbst wenn diese Position durch Unentschlossenheit und Feigheit diktiert gewesen sein mag. Dies war immerhin zu einer Zeit, als viele in der Führung sich zu den alten Methoden hingezogen fühlten. Allerdings gab er manchmal diesem Druck nach. Nichtsdestoweniger erkannte er seine Verantwortung und war in gewissem Ausmaße um seinen Ruf besorgt. In vielen Fällen widerstand er dem Druck der Rechten.

Bis zu seiner Erkrankung war Breschnew nicht ohne eine gewisse Scham. Er war nicht grausam, obwohl er sich durchaus als nachtragend erweisen konnte. Er war ein einfacher Mann und neigte bei manchen Themen, insbesondere bei seinen Kriegserinnerungen, sogar zur Sentimentalität. Er hatte eine entschieden mißtrauische Seite; vielleicht war ihm das nicht angeboren, sondern stammte aus seinen vielen Jahren im Apparat. Daher kam, glaube ich, seine Fähigkeit, andere Menschen auszunutzen, um seine Ziele zu erreichen, insbesondere die weniger attraktiven.

Solange Breschnew gesund war, kamen seine negativen Eigenschaften nicht so zum Vorschein. Aber die Dinge änderten sich radikal, als er ernsthaft erkrankte. Ich habe immer gesagt, daß ich zwei Breschnews kennengelernt habe – den einen vor und den anderen nach seiner Erkrankung.

Nun gewannen das Mißtrauen und sein Hang zum Klatsch die Oberhand. Zunächst wurden diese Züge sorgfältig versteckt, aber bald traten sie unter dem Einfluß von Schmeichlern und Heuchlern deutlich hervor. Mehr als einmal schien mir, daß er vielleicht unter einer Krankheit litt, die den Verfall seiner Persönlichkeit beschleunigte.* Ich fragte mich, nachdem ich eine Abhandlung darüber gelesen hatte, ob es vielleicht die Alzheimersche Krankheit war.

Unglücklicherweise hatten andere schlechte Eigenschaften Breschnews Konsequenzen für die Gesellschaft. Es gab viele Gerüchte um die finanziellen Unregelmäßigkeiten, die man Breschnew zuschrieb. Ich glaube nicht, daß dies sehr begründete Gerüchte sind, aber Mitglieder seiner Familie nutzten zweifellos ihre Stellung aus.

Vor den Augen von Millionen von sowjetischen Fernsehzuschauern bewunderte er offen und mit deutlichem Entzücken den berühmten Diamantring, der ihm in Baku von Gejdar Alijew geschenkt worden war, dem Parteichef von Aserbaidschan. Man hörte von den Datschas, die für seinen Sohn und seine Tochter gebaut wurden. Und dann waren da natürlich die vielfach erwähnten »Zarenjagden« und die »Jagdhütten« (die in Wirklichkeit Anwesen mit einem Wintergarten, einem Swimmingpool und anderen Annehmlichkeiten waren, die aus dem Verteidigungshaushalt finanziert wurden). Bis heute werden Millionen von Rubeln für den enormen Komplex von Sawidowo aufgewandt, der dem Verteidigungsministerium zugeordnet ist.

All diese Tatsachen und mehr noch die Gerüchte und Phantasien, die mit ihnen einhergingen, untergruben die Autorität der Regierung

---

* Das bekam absurde und komische Züge, wenn dieser früher großzügige Gastgeber sich wie Pljuschkin benahm, eine krankhaft geizige Gestalt in Nikolai Gogols *Toten Seelen*. Zum Beispiel achtete Breschnew wachsam darauf, daß das Menü für eine Gruppe von Experten, die mit ihm in Sawidowo arbeitete, so spartanisch wie möglich war. Er instruierte die peinlich berührten Mitarbeiter, nur Suppe, einen Hauptgang und dann Brombeerpudding aufdecken zu lassen.

und der Partei. Aber man darf die finanziellen Mißbräuche und die Korruption, die uns wie eine gefährliche Krankheit verfolgt haben, nicht nur der politischen Willkür, der unbegrenzten Macht und dem Fehlen wirklicher politischer Führung zuschreiben. Mir scheint, daß diese Krankheit Teil des genetischen Codes unseres Systems ökonomischer Verwaltung ist, die zu Stalins Zeiten fest verankert wurde und die ihre Anfänge dem »Kriegskommunismus« verdankt.

Selbst jetzt noch gibt es in den Diskussionen über die Wege ökonomischer Reformen und die Einführung einer Marktwirtschaft Versuche, diese Erscheinungen der Korruption mit dem Kapitalismus in Zusammenhang zu bringen – entweder mit den Rudimenten des Kapitalismus in unserem System oder mit den Untergrundformen, die sich in unserer Schattenwirtschaft oder dem Schwarzen Markt manifestieren. In Wirklichkeit ist der Kapitalismus, obwohl es natürlich auch in ihm keine Garantie gegen Korruption und Wirtschaftsverbrechen gibt, mit der Korruption nicht so organisch verbunden wie die Kommandowirtschaft der Sowjetunion. Es war ein System, in dem einerseits alles dem Volk gehörte, in dem aber das Volk sich letztlich als ein Niemand herausstellte. Von den untersten Stufen dieser Gesellschaft bis ganz an die Spitze ergab sich die Versuchung, etwas an sich zu bringen. Auf der anderen Seite wurde ein riesiger, parasitärer Apparat geschaffen. Er gab oder nahm, genehmigte oder verbot, kümmerte sich um alles, konnte jeden entlassen, jeden degradieren, ins Gefängnis werfen oder befördern. Und wer könnte angesichts solcher Macht der Versuchung widerstehen?

Ich habe bereits erwähnt, daß in all den unanständigen Affären, die eine so breite Unzufriedenheit säten, die Familie Breschnew eine beträchtliche Rolle spielte. Man kann natürlich nicht bestreiten, daß Breschnew letztlich die Verantwortung trug – womöglich tolerierte er nicht nur, sondern ermutigte sogar die niedrige Moral der Mitglieder seiner Familie, insbesondere die seiner Kinder. Eine Kette der Korruption, die seine weitläufige Verwandtschaft und zahlreiche Leute aus seiner Umgebung verband, erstreckte sich von all den früheren Arbeitsstätten in der Ukraine und in Moldawien bis nach Moskau.

Einige Dinge muß er gesehen haben. Man hörte zum Beispiel oft, daß er sich bitter über das Verhalten seiner Tochter und über den Alkoholismus seines Sohns beklagte. Im allgemeinen versuchte er, so selten wie möglich zu Hause zu sein; ich hatte den Eindruck, daß seine häufigen Fahrten nach Sawidowo, wo er immer möglichst lange zu bleiben versuchte, hauptsächlich eine Flucht vor seiner Familie waren. Aber das hinderte ihn nicht, das skandalöse Benehmen seiner Tochter zu decken. Und ohne sein Wissen und seine Zustimmung hätte ihr letzter Ehemann – Tschurbanow – nicht eine solche schwindelerregende Karriere durchlaufen können.

Innerhalb nur weniger Jahre wurde Tschurbanow Generalleutnant, und von einem einfachen Beamten der politischen Polizei stieg er zum Stellvertretenden Innenminister auf. Er wurde in Spitzenpositionen der Partei gewählt und bekam Auszeichnungen, Autos, Datschas zugeschoben. Dasselbe trifft auf Breschnews Sohn zu, der zum Stellvertretenden Außenhandelsminister gemacht wurde. Während er bedeutende Verhandlungen zu führen hatte, trug er gewöhnlich eine Sonnenbrille, um die Spuren seiner allnächtlichen Trinkereien zu verbergen.

Diese Vetternwirtschaft war nicht auf Breschnews Familie begrenzt. Der ursprünglich positive Zug, seine Genossen zu unterstützen, entwickelte sich in einen negativen: Man protegierte einander in jeder Hinsicht. Bis zu einem gewissen Grade war dies Teil einer geschickten Personalpolitik. Breschnew wollte seine Leute in Schlüsselpositionen bringen und konnte das selbst dann tun, wenn sie offensichtlich ungeeignet für diese Posten waren. Das Wichtigste war, daß sie sich ihm gegenüber loyal verhielten. Hinzu kam ein Mangel an Willenskraft, wenn Verwandte, Freunde und Bekannte, die Macht und Privilegien suchten, ihn unter Druck setzten.

Entweder bewußt oder unwillkürlich vermied Breschnew starke, intelligente Persönlichkeiten, zog graue, mittelmäßige und moralisch extrem zweifelhafte Leute vor. Schtscholokow war von diesem Typus. Breschnew verstand sehr wohl, wo die Hebel der Macht lagen, und er ernannte sehr schnell einen Mann, der ihm absolut ergeben war, für den mächtigen Posten des Innenministers. Er kannte Schtscholokow seit langer Zeit und war offenbar überzeugt, daß dieser ihm unter allen Umständen treu bleiben würde. Schtscholokow war nicht nur eine mittelmäßige, unbedeutende Gestalt, sondern auch amoralisch und kriminell. So ist es erwiesen, daß er Museumsschätze an sich brachte, die Kriminellen abgejagt worden waren. Unter seiner Führung erreichte die Korruption des Innenministeriums einen absoluten Gipfelpunkt. Die wenigen ehrlichen Angestellten wurden verfolgt, und es gab zahlreiche Hinweise auf massive Unterschlagungen.

Offenbar spürte Schtscholokow, daß er zu weit gegangen war, und versuchte, wie ein Mann auf dünnem Eis so schnell wie möglich vorwärtszurutschen. Er sorgte sich nicht nur um seine Immunität unter Breschnew, sondern auch um eine Absicherung für die Zeit danach. Es war sein Traum, Chef des KGB und Mitglied des Politbüros zu werden. Vielleicht hätte Breschnew in irgendeiner Phase seiner Krankheit dem verzweifelten Druck seines alten Freundes nachgegeben und ihn für den Posten des KGB-Chefs nominiert. Aber die meisten Mitglieder der Führung waren über eine solche Möglichkeit entsetzt.

Mehrere Male hörte ich von Andropow, daß er plante, zusammen mit Arwid Pelsche, dem Leiter des Partei-Kontrollkomitees und Wachhund der Parteimoral, und Suslow die Frage Schtscholokow mit Entschlossenheit bei Breschnew anzusprechen. Sie wollten dessen Karriere unbedingt stoppen, oder ihn, wenn es irgend ging, ganz beseitigen. Ich weiß auch, daß die drei tatsächlich mit Breschnew sprachen, obwohl ich nicht sicher bin, daß ihre Argumente mit ausreichender Energie vorgetragen wurden. Immerhin mögen sie es geschafft haben, Schtscholokow zumindest nicht weiterkommen zu lassen, obwohl er mehr als genug erreichte: Er war Armeegeneral, ZK-Mitglied und Held der sozialistischen Arbeit, und er besaß sogar einen Doktorgrad in Wirtschaftswissenschaften. Erst nach Breschnews Tod verlor Schtscholokow seinen Posten und wurde dann in seinem Militärdienstgrad zurückgestuft. Seine Frau beging Selbstmord, und kurz darauf tat er dasselbe. Die Militärbehörde hatte ihn angerufen, um ihn darauf vorzubereiten, daß man kommen würde, um ihm das Rangabzeichen eines Armeegenerals (einen goldenen, mit Diamanten geschmückten Stern) abzunehmen. Aber er glaubte offenbar, man wolle ihn verhaften, und erschoß sich.

Schtscholokow war natürlich eine besonders üble Gestalt; er hatte kaum seinesgleichen. Aber Breschnew schob auch andere sehr unappetitliche Leute in Schlüsselpositionen. Er betrachtete es beispielsweise als notwendig, verschiedene ihm persönlich loyale, absolut vertrauenswürdige Leute im KGB zu haben, und hielt sie als Stellvertretende Vorsitzende in hohen Positionen. Obwohl er Andropow traute, kontrollierte er ihn ständig. Schließlich war Andropow nicht im echten Sinne ein Mann Breschnews, nicht jemand, den Breschnew zu dem gemacht hatte, was er war, wie etwa Semjon Zwigun und Georgi Zinew. Auch diesen beiden Männern wurden großzügig Auszeichnungen und Titel verliehen, und beide wurden von ehrlichen Leuten gehaßt und gefürchtet. Einer von ihnen – Zwigun – brachte sich noch zu Lebzeiten Breschnews um. Die westliche Presse brachte Zwiguns Selbstmord mit einigen Kriminalfällen in Verbindung, in die auch Breschnews Tochter verwickelt war, aber ich kann das nicht beurteilen. Zinew arbeitete noch einige Jahre für das KGB, nachdem Breschnew gestorben war, und ging schließlich als Armeegeneral in den vom Verteidigungsministerium bezahlten Ruhestand.

Ich bin tief davon überzeugt, daß die schädlichste Ernennung – die für das Land absolut schreckliche Folgen hatte – die Nikolai A. Tichonows auf den Posten des Vorsitzenden des Ministerrats der UdSSR war. Tichonow war ein halbgebildeter, untalentierter Mann und einer von Breschnews alten Kumpeln. Sein Beitrag zum wirtschaftlichen Verfall unseres Staates war nicht gering.

Breschnews Eitelkeit, immer schon ein hervorstechender Zug seines Charakters, nahm gegen Ende seines Lebens unglaubliche Proportionen an. Die absurdeste Manifestation war seine Leidenschaft für Auszeichnungen. Ich war verblüfft darüber, wie dieser Mann, der doch das Auszeichnungs- und Ordensystem unseres Landes so genau kannte und selbst so viele Orden vergeben hatte, ihnen eine solche Bedeutung zumessen konnte. Das erinnerte mich an das leidenschaftliche Verlangen junger Offiziere im Krieg, mit einem ganzen Kasten von Medaillen heimzukehren. Aber bei Breschnew wurde das fast zu einer Besessenheit – er verdrängte einfach das Wissen, daß er sich die Orden letztlich selbst verlieh, während seine schmeichlerische Umgebung ihm immer neue Vorwände zu liefern suchte, sich noch mehr Orden anzuhängen.

Breschnews literarische Großtaten waren eine weitere Folge seiner pathologischen Eitelkeit, die vom inneren Kreis seiner Gefolgschaft bestärkt wurde. Ich weiß nicht, wer es initiierte, aber Tschernenko und angeblich Ustinow sowie Leonid Samjatin und Witali Ignatenko spielten dabei eine große Rolle und profitierten selbst reichlich davon. Breschnew war kein schlechter Erzähler; bevor er krank wurde, hatte er ein gutes Gedächtnis und erzählte häufig witzige und fesselnde Geschichten aus seiner Jugend, aus seinen Jahren an der Front und seinem späteren Leben. Er wiederholte sich oft, aber seine Zuhörerschaft lachte natürlich trotzdem und drückte zuverlässig ihre Begeisterung aus. Da war es für diese Sykophanten nur ein logischer Schritt, ihm vorzuschlagen, er solle diese Geschichten doch niederschreiben. Der tatsächliche

Akt des Schreibens würde ihm natürlich nicht zufallen – er schrieb überhaupt nie etwas nieder –, er sollte die Episoden diktieren, und dann würde sie jemand in eine brauchbare Form bringen. Diese Idee blieb ein schlechter Witz, bis sie eine alptraumhafte Realität annahm. Eine kleine Gruppe von Schriftstellern wurde zusammengeholt und mit den Tonkassetten von Breschnews diktierten »Märchen« ausgerüstet. Das ganze Projekt wurde streng geheimgehalten, und ich hörte davon erst einige Wochen, bevor der erste Teil in der Zeitschrift *Nowy Mir* gedruckt werden sollte.

Der monströseste Teil dieser Affäre war nicht das »Ghost-Writing« an sich, sondern das, was auf die Publikation folgte. Alle drei Teile dieser berüchtigten Trilogie – *Kleines Land, Neuland* und *Wiedergeburt* – wurden mit einem betäubenden Aufschrei perfekt organisierter Ekstase begrüßt. Die Ausgaben von *Nowy Mir*, welche die drei Teile enthielten, wurden innerhalb der Ausbildungsmafia der Partei praktisch zur Pflichtlektüre. Der Schriftstellerverband nominierte das Werk auf der Stelle für den Lenin-Preis, der ihm auch eilig verliehen wurde. Eine beträchtliche Anzahl von berühmten Schriftstellern veröffentlichte hingerissene Rezensionen dieses Mülls, der von fremden und zumeist noch unbegabten Federn geschrieben worden war. Ich kritisiere diese Rezensenten nicht, aber ich kann sie auch nicht rechtfertigen. Man forderte sie auf, über Breschnews Werk zu schreiben, und sie hatten Angst, abzulehnen; sie wußten nur zu genau, daß solche Weigerungen früher oft zu einer völligen Isolation geführt hatten. Die Rezensenten betonten die literarischen Qualitäten des Werks, obwohl buchstäblich jeder Leser in unserem großen Land, selbst der einfältigste, wußte, daß nicht eine einzige Seite dieses literarischen Meisterwerkes von Breschnew geschrieben war.

Es gab Launen unserer Führer, die dem Land sehr viel teurer zu stehen kamen. In sich selbst waren die Kosten dieses literarischen Epos und seiner Folgen eher gering. Zugleich aber glaube ich, daß die moralischen Auswirkungen verheerend waren: Vor der gesamten Nation war ein schamloses Spektakel abgelaufen – ein Spektakel, an das weder die Zuschauer noch die Schauspieler selbst glaubten (vielleicht mit Ausnahme des einen, der die Hauptrolle spielte). Diese Episode trug viel zum allgemeinen Mißtrauen gegen die Regierung bei und verstärkte die Apathie und den Zynismus, der ohnehin bereits an den Seelen der Menschen in unserem Lande fraß. In symbolischem Sinne war die Episode ein Epitaph auf eine tragische Periode in unserem Leben. Dies war die Stagnation im wahrsten Sinne des Wortes, und ihr Höhepunkt ereignete sich – so sehe ich es – in den Jahren 1975 bis 1982.

## Juri Wladimirowitsch Andropow

Ich habe Andropows bemerkenswerten Verstand bereits erwähnt, seine politischen Talente und seine Neigung zur Intellektualität, die für einen politischen Führer jener Tage sehr ungewöhnlich waren. Obwohl er keine formale Erziehung genossen hatte, war Andropow in der herrschenden Klasse eine Ausnahme, obwohl einige von ihnen die Universität durchlaufen hatten und sogar wissenschaftliche oder akademische Grade besaßen. Man muß hinzufügen, daß diese Tatsache nicht immer förderlich für Andropows Karriere war.

Vielleicht weil er das verstand, vielleicht aus angeborener Bescheidenheit war er ein wenig schüchtern und versuchte sein Wissen zu verbergen, um einfacher und primitiver zu erscheinen, als er in Wirklichkeit war. Seine persönliche Selbstlosigkeit, die manchmal fast wie Asketentum wirkte, war weithin bekannt. Auch moralisch hob sich Andropow von den anderen Mitgliedern der Führung ab. In der Politik allerdings gelang es ihm, diese Eigenschaften, die sich in seinem persönlichen Leben zeigten, mit einer flexibleren Sicht der Realität zu vereinbaren; er war extrem permissiv, was die unattraktiven, sogar häßlichen »Spielregeln« der politischen Machtkämpfe anging. Auch der niedrige moralische Standard in der höheren politischen Gesellschaft schien ihn nicht zu stören.

Ich muß dazu anmerken, daß meine Einschätzung Andropows, obwohl ich mich um Objektivität bemühe, nicht ganz vorurteilslos sein kann. Zu Zeiten war meine Haltung ihm gegenüber so positiv, daß sie an Verehrung grenzte, andererseits war ich oft enttäuscht und bitter, wenn er in wichtigen Momenten ohne Widerstand nachgab. Ich war seinen Schwächen und seinen Irrtümern gegenüber nicht blind. Ich bemerkte sie nicht nur, ich wies ihn auch persönlich auf sie hin, und das führte gelegentlich zu einer Abkühlung unserer Beziehung, zu Verletzungen und sogar zu Streitereien.

Im ganzen aber hatten wir ein gutes Verhältnis, obwohl die Differenzen in unseren Positionen und Ansichten uns natürlich daran hinderten, besonders enge Freunde zu werden. In der Gegenwart anderer redete er mich immer mit Vornamen und Vatersnamen an – die formalste Form der Anrede in der russischen Sprache. Nur in unseren recht seltenen privaten Gesprächen nannte er mich lediglich beim Vornamen. Was mich angeht, so erlaubte ich mir solche Vertraulichkeiten mit ihm nie; nicht einmal die Versuchung tauchte auf. Aber ich habe einige Male sehr offen mit ihm geredet. Er verstand das, und wenn er mit einer ehrlichen Meinung konfrontiert werden wollte, versuchte er diese Offenheit aus mir herauszulocken – gewöhnlich mit Erfolg. Manchmal versuchte ich dasselbe Spiel bei ihm, aber mit, wie ich zugeben muß, sehr viel weniger Erfolg; an Lebenserfahrung und im Umgang mit Menschen war er mir weit überlegen.

Unsere Bekanntschaft, die Otto Kuusinen zu verdanken ist, reichte weit zurück. In den frühen sechziger Jahren wurde ich aufgefordert, an einer der Wissenschaftlergruppen, die Andropow leitete, teilzunehmen. Von 1964 bis 1967 arbeitete ich direkt unter ihm im Hauptquartier des ZK-Apparats, erst als Berater und später als Direktor einer Beratergruppe (was mich zu so etwas wie seinem Stellvertreter machte). Als Andropow zum Vorsitzenden des KGB ernannt wurde, hielt er sein freundliches Verhältnis zu mir und zu einigen anderen seiner früheren Mitarbeiter im Hauptquartier des Zentralkomitees aufrecht; er telefonierte oft und rief uns von Zeit zu Zeit in sein Büro. In meinem Fall geschah das gewöhnlich einmal oder zweimal alle sechs Wochen. Ich betrat die Lubjanka immer mit einigem Unbehagen, konnte mich der Erinnerung, was diese Wände gesehen hatten, nicht verschließen. Nachdem Andropow im Mai 1982 ins Zentralkomitee zurückgekehrt war, traf ich ihn öfter, sowohl auf seine Initiative hin als auch auf meine.

Diese mehr als zwanzigjährige Verbindung basierte auf einem ehrlichen Respekt. Trotz meines Wissens um Andropows Schwächen oder unserer Meinungsverschiedenheiten und sogar Streitereien zweifelte ich nie an ihm. Allerdings trieb mich auch mein Pflichtbewußtsein, seine Nähe zu suchen.

Ich glaubte, wenn ich ihm meine Ansichten erklärte oder Informationen lieferte, so könnte ich ihn in gewissem Maße dazu bringen, die korrekten Entscheidungen zu treffen, und daran hindern, Dinge zu tun, die mir falsch oder gefährlich erschienen. Und schließlich gab es auch Menschen, die ich aus bedrohlichen Situationen befreien oder vor ungerechter Verfolgung schützen wollte. Wo immer sich eine Möglichkeit ergab, versuchte ich, Leuten, die falschen Anklagen oder Denunziationen zum Opfer gefallen waren, Gerechtigkeit zu verschaffen. Durch ihn schaffte ich es, einige Haftstrafen zu verkürzen, darunter auch die Belokons, eines berühmten Kolchosvorsitzenden aus dem Odessaer Gebiet, der zu Unrecht verurteilt worden war. Belokon war Kriegsinvalide und Held der sozialistischen Arbeit. Es gelang mir auch, einer Anzahl von Menschen zu helfen, die Schwierigkeiten bekamen, weil sie Petitionen unterzeichnet hatten und als Dissidenten betrachtet wurden. Ich habe ihn nie um etwas für mich gebeten, obwohl Andropow gelegentlich verleumderische Aussagen gegen mich abwehrte. Er zeigte mir sogar einige dieser Denunziationen (wahrscheinlich um sicherzugehen, daß ich nicht zu unvorsichtig wurde).

Bei einer dieser Gelegenheiten rief er mich in sein Büro und übergab mir einen langen ungezeichneten Brief. Später erfuhr ich den Namen des Verfassers; er war ein prominenter sowjetischer Journalist und einer meiner langjährigen Bekannten. Ich will seinen Namen nicht nennen, da er inzwischen gestorben ist, aber er war ein KGB-Informant, was viele, die ihn kannten, schon früh geahnt hatten. In dem Brief, der Zitate seiner Unterhaltung mit einem gewissen Amerikaner enthielt, wurde ich als ein »Mann Rockefellers« bezeichnet und sogar als potentieller CIA-Agent. Der Text kam mir vertraut vor, und ich entdeckte, daß er eine Neuauflage eines Artikels aus einer Zeitung war, die von Lyndon LaRouche publiziert wird, einem Rechtsextremen – in meinen Augen einem Faschisten – aus den USA. Nachdem ich die Denunziation gelesen hatte, fragte ich Andropow, ob ich versuchen sollte, mich zu rechtfertigen. »Natürlich nicht«, antwortete er. »Ich wollte es ihnen nur zu Ihrer Information zeigen.« Ich antwortete: »Und ich möchte, daß Sie das wahre Wesen dieses Informanten kennen.« Ich erzählte ihm von der Quelle dieser Denunziation, und er war ein wenig verlegen. Am nächsten Tag schickte ich ihm eine Kopie des Artikels sowie eine Übersetzung. Lyndon LaRouches Organisation hat mich des öfteren verfolgt und belästigt. Sowohl in den Vereinigten Staaten als auch in Westeuropa schickte sie Leute in meine Vorträge, um zu stören.

Zu der Zeit machte ich mir um den Grund von Andropows Interesse an einem guten Verhältnis zu mir wenig Gedanken. Zunächst einmal wußte Andropow – und drückte dies auch manchmal aus –, daß ich ihm keine Lügen vorsetzen würde, nur um ihm zu gefallen (sicher wußte er auch, daß ich ihm nicht in allen Fällen die *ganze* Wahrheit erzählte). Damals war das eine ungewöhnliche Haltung für jemanden, der mit der politischen Führung regelmäßig zu tun hatte, und ich nehme an, daß er das schätzte.

Zweitens muß er ein gewisses Maß an Interesse für meine Urteile gehabt und ihnen vertraut haben (obwohl er sie öfters überprüfen ließ) – insbesondere bei Fragen der Außenpolitik. Drittens interessierten ihn meine Meinungen, weil er sich aus erster Hand über die Stimmung in der Intelligenzija informieren wollte. Offensichtlich wollte er sich nicht alleine auf die KGB-Berichte verlassen. Und schließlich liebte er wie die meisten Menschen ein offenes Gespräch unter vier Augen. Im Laufe der Zeit begriff er, daß ich ihn nie betrog und daß ich auch verstand, daß man in gewissen delikaten Fragen den Mund halten mußte.

Auf persönlicher Ebene führte er ein praktisch makelloses Leben. Er war dem Luxus gegenüber gleichgültig, und er war entschlossen, seine Familie aus dem Rampenlicht herauszuhalten. Sein Sohn arbeitete mehrere Jahre in meinem Institut, bekam ein Gehalt von 120 Rubeln, aber wann immer das Gespräch auf ihn kam, sagte Andropow unweigerlich: »Gib ihm ordentlich zu tun.« Einmal erwähnte er empört, daß die Ansprüche seines Sohnes den eigentlichen Bedürfnissen weit vorauseilten: Er hatte einen Antrag auf eine Drei-Zimmer-Wohnung gestellt, obwohl er und seine Frau nur ein Kind hatten. Man braucht gar nicht zu sagen, daß die Kinder anderer Politbüro-Mitglieder sehr viel geräumigere Wohnungen besetzt hielten.

Einmal erwähnte ich Andropow gegenüber, daß ein gewisser Schurke einen ganzen Schiffstransport mit Autos von Mercedes und Volvo aufgekauft hatte, welche er an die Kinder prominenter Politiker verkaufte. Die stolzen neuen Eigner fuhren in der Stadt herum, was zu Ressentiments und Neid bei jenen führte, die nicht in der Lage waren, sich solch einen Luxus zu erlauben. Andropow wurde rot und sagte: »Wenn Sie hier etwas andeuten wollen, möchte ich Ihnen sagen, daß ich nur einen hier bei uns gebauten Wolga für meine ganze Familie habe, und den habe ich vor acht Jahren gegen bares Geld gekauft.« Als er sich ein paar Augenblicke später wieder beruhigt hatte, fuhr er fort, daß solch eine Praxis nicht nur ein Beispiel reiner Degeneriertheit war, sondern auch ein Fall von politischer Indiskretion: »Aber Sie wissen na-

türlich selbst, daß es keinen Sinn für mich macht, darüber Streit anzufangen, wenn praktisch die ganze politische Führung darin verwickelt
ist.«

Andropow verstand es sehr gut, Leute, die er traf, zu entspannen und
mit ihnen in ein lockeres Gespräch zu kommen. Das war kein Spiel für
ihn, sondern spiegelte die angenehme Seite seiner Persönlichkeit wider.
Ich kenne kein Beispiel dafür, daß er jemals absichtlich irgendeine Bösartigkeit um ihrer selbst willen beging.

Zugleich aber war er fähig, einen Menschen aufzugeben, sogar jemanden, den er mochte. Er hatte andere negative Züge – Unentschlossenheit, Zaghaftigkeit und sogar Feigheit –, die nicht nur in politischen
Entscheidungen auftauchten, sondern auch dann, wenn er die eine oder
andere Person bzw. Idee durchaus energischer hätte verteidigen können. Ich glaube nicht, daß das eine angeborene Schwäche war. Ich
meine eher, daß er wie die Mehrheit seiner Generation, die ihre Karrieren unter Stalin machten, durch diese Erfahrung tief traumatisiert worden waren. Andropow litt unter diesem Trauma, wenn auch möglicherweise in einem geringeren Grade als viele andere Politiker; aber mir
scheint, daß diese Schwäche ihn dazu brachte, zu schnell auf zweifelhafte Kompromisse einzugehen.

Im Innersten schien Andropow dies auch zu erkennen; er versuchte,
es zu rechtfertigen. Solche Kompromisse, solche Konzessionen und
Rückzüge wurden als »taktische Notwendigkeiten« rationalisiert. Er
diskutierte so etwas recht offen. Des öfteren ermahnte er mich: »Du
siehst die Dinge zwar richtig, und du bist kein schlechter Stratege, aber
du bist ein lausiger Taktiker.« »Lausig« war einer der sanfteren Attri-
bute, die er gebrauchte. Manchmal stimmte ich seiner Kritik zu,
manchmal nicht. Bei einer Gelegenheit konnte ich mich nicht zurückhalten und sagte ihm, daß er sich mit seiner Methode immer in endlosen taktischen Kämpfen aufrieb und schließlich die Strategie völlig aus
den Augen verlor. Andropow war beleidigt; einige Zeit kühlten sich
unsere Beziehungen ab, aber später kam alles wieder ins Gleis.

Eine weitere von Andropows Schwächen war die Tatsache, daß er
Menschen oft völlig falsch einschätzte. Bei manchen Gelegenheiten
waren diese Fehleinschätzungen die Folge seiner eigenen widersprüchlichen politischen Ansichten. Manchmal fand er die richtigen Leute
(darunter einige wirkliche Funde!), manchmal machte er ernsthafte
Fehler. Als er im Zentralkomitee arbeitete, schaffte er es, eine starke

Beratergruppe um sich zu sammeln. Als kreative Person, die noch immer vom XX. Parteitag beeinflußt war, wollte Andropow eine Gruppe von intelligenten und gebildeten Leuten um sich haben, die mit ihm zusammen die Probleme lösen konnte, die ihn beschäftigten. Erst vor kurzem ist mir in den Sinn gekommen, daß er vielleicht auch eine Art Denkfabrik entstehen lassen wollte, um seine zukünftige politische Karriere zu fördern. Es fällt mir allerdings sehr schwer, mir vorzustellen, daß er sich bereits damals als zukünftigen Parteichef sah. Wenn man allerdings seine Ernennung betrachtet, mit der er in die politische Führung der Partei und des Landes aufrückte, steht man vor Widersprüchen, die schwer zu erklären sind.

Andropow war einer der ersten, der begriff, welch eine herausragende politische Gestalt Michail S. Gorbatschow war. Ich hörte seinen Namen zum ersten Mal im Frühjahr 1977 aus Andropows Munde. Ich erinnere mich an das Datum, weil wir die Ergebnisse des Besuchs von Cyrus Vance diskutierten und die Folgen von Breschnews Krankheit einzuschätzen versuchten. Zu dem Zeitpunkt bemerkte ich unverblümt, daß uns große Probleme bevorstanden, da nach allem, was ich wußte, unser Nachwuchs an hohen Parteifunktionären schwach und politisch recht zweifelhaft war. Dieser Kommentar machte Andropow wütend (vielleicht weil er im Grund mit meiner Einschätzung der Lage übereinstimmte), und er begann mir hart zu widersprechen: »Da redest du wieder solch einen Unsinn daher, aber du kennst diese Leute nicht und willst nur immer alles kritisieren. Hast du zum Beispiel jemals den Namen Gorbatschow gehört?« Ich mußte zugeben, daß er mir neu war. »Da, siehst du? Wir haben ganz neue Leute, Leute, die in der Zukunft unsere Hoffnungen tragen können.« Ich weiß nicht mehr, wie diese Unterhaltung endete, aber ich hörte Andropow im Sommer 1978 Gorbatschows Namen ein zweites Mal erwähnen, kurz nach dem Tod von Fjodor D. Kulakow, dem ehemaligen ZK-Sekretär für Fragen der Landwirtschaft.

Nach einer längeren, nüchternen Unterhaltung, die sich um meine Einschätzung der Lage in den Vereinigten Staaten und der amerikanischen Reaktion auf unsere Stationierung der SS-20-Raketen in Europa drehte, wandte sich das Gespräch innenpolitischen Fragen zu. An dem Punkt sagte Andropow plötzlich ohne direkte Verbindung zum Thema unserer Unterhaltung, als denke er laut: »Diese Hundesöhne wollen Gorbatschow nicht nach Moskau holen.« Auf meine verwirrte Frage erklärte er, daß er daran denke, Gorbatschow zu Kulakows Nachfolger zu ernennen. Dann wechselte er das Thema. Aber im Herbst jenes Jahres (ich weiß nicht mehr, unter welchen Umständen) bekam Gorbatschow den Posten. Wenig später traf ich ihn zum ersten Mal während der Vorbereitungen für ein ZK-Plenum.

Gorbatschows Auftauchen in Moskau als ZK-Sekretär war zweifellos ein Ereignis von historischer Tragweite. Und Andropows Rolle bei der Durchsetzung dieser Ernennung war einer seiner wirklichen Coups, obwohl das nicht die Möglichkeit ausschließt, daß ein so herausragender Mann wie Gorbatschow auch auf anderem Wege in die Führung gelangt wäre.

Aber Andropows glückliche Hand in diesem Fall fand ihr Gegengewicht in mehreren Fehlschlägen. Unter anderem holte er den äußerst dubiosen Grigori W. Romanow aus Leningrad in das Politbüro. Er machte Gejdar Alijew zu seinem Protegé. Offensichtlich wußte er nichts von der extremen Korruption und dem Machtmißbrauch, deren Alijew später angeklagt wurde; er konnte die Fähigkeiten dieses Mannes und seinen Charakter einfach nicht einschätzen. Schließlich war es Andropow, der Jegor Ligatschow aus Tomsk nach Moskau brachte und ihn zum Personalchef des Zentralkomitees ernannte. In seinen Memoiren schreibt Ligatschow diese Ernennung Gorbatschow zu, aber ich bin mir sicher, daß Andropow niemanden in diese entscheidende Position gebracht hätte, dem er nicht völlig vertraute, egal wer diese Person unterstützte. Andropow wählte Ligatschow offensichtlich deshalb aus, weil auch jener keine Korruption tolerierte.

Soweit ich es beurteilen konnte, litt Andropow nicht unter exzessivem Ehrgeiz, er wollte nicht unbedingt »der Erste« sein, obwohl er das Spiel nach klar definierten Regeln spielte und ständig an Macht und Karriere dachte. Ich würde die Möglichkeit nicht ausschließen, daß er sich deshalb allmählich als Breschnews Nachfolger zu sehen begann, weil er keinen anderen geeigneten Kandidaten finden konnte.*

Das Fehlen würdiger Kandidaten für die Führung muß ihn auf den Gedanken gebracht haben, daß er selbst der politische Führer der Partei

---

* Andropow litt sehr unter seiner schlechten Gesundheit. Bei einer Gelegenheit im Jahr 1981 bemerkte ich, daß er unter den Manschetten an beiden Handgelenken Bandagen trug. Erst später begriff ich, daß die Bandagen die Apparate verbargen, über die er an das Dialysegerät angeschlossen wurde.

und des Landes werden sollte, ohne Rücksicht auf seine persönlichen Wünsche. Angesichts unseres politischen Systems mit seinen grausamen Traditionen mußte außerdem jeder in der politischen Führung den nächsten Herrscher fürchten, der sich gegen ihn wenden konnte. Daraus ergab sich unvermeidlich, daß es, wenn möglich, besser und sicherer war, selbst an die Spitze zu gelangen.

Ich glaube, daß sich im Januar 1982, nach Suslows Tod, diese Möglichkeit für Andropow herauskristallisierte. Schon im Februar gingen Gerüchte um, daß Andropow darauf vorbereitet würde, an Suslows Stelle zu treten. Kurz darauf hatte ich die Gelegenheit, Andropow selbst zu fragen, ob diese Gerüchte zuträfen. Ich fragte ihn mit der witzig gemeinten Bemerkung, daß ich, seit ich meine Pflichten im ZK-Apparat aufgenommen hätte, nicht mehr an Gerüchte glaubte, und daß ich später, bei meiner Arbeit für die Akademie, in der Lage gewesen sei, meinen Mangel an Glauben wissenschaftlich zu untermauern: Gerüchte basierten auf dem gesunden Menschenverstand, aber die Personalentscheidungen des Zentralkomitees folgten anderen »erhabeneren« Pfaden. Andropow lachte und sagte, daß dieses Mal die Gerüchte stimmten. Nur ein paar Tage nach Suslows Tod forderte Breschnew Andropow auf, als Sekretär in das Zentralkomitee zurückzukehren. Breschnew formulierte sein Angebot so: »Wir entscheiden das bei der nächsten Politbürositzung, und Sie können Ihren neuen Posten dann in der folgenden Woche antreten.« »Ich dankte ihm für sein Vertrauen«, sagte Andropow mir, »aber ich erinnerte ihn daran, daß die ZK-Sekretäre vom ZK-Plenum gewählt werden mußten und nicht vom Politbüro ernannt wurden. Daraufhin schlug Breschnew einfach vor, daß ein Plenum für die folgende Woche einberufen werden sollte. Ich bemerkte, daß es wenig Sinn mache, eine Sondersitzung nur für diese eine Frage einzuberufen und daß die Wahlprozedur beim nächsten Treffen im Mai vollzogen werden könne. Breschnew grummelte ein bißchen, stimmte aber zu.«

Aus unserer Unterhaltung gewann ich den Eindruck, daß Andropow dem Vorschlag mit gemischten Gefühlen gegenüberstand. Ich konnte mir die Gründe vorstellen. Einerseits wollte er ins Zentralkomitee zurückkehren, wenn auch nur deshalb, weil er begriff, daß nach dem nächsten Führungswechsel (Breschnews Krankheit wurde immer ernster) sich der Vorsitzende des KGB in einer ausgesprochen verletzlichen Position befinden würde. Den Chef der Geheimpolizei zum Führer der

Partei und des Landes zu ernennen, war andererseits, wie ich schon an anderer Stelle gesagt habe, ein Verstoß gegen alle Tradition, und unsere politischen Führer waren sehr traditionelle Menschen. So würde nicht Andropow, sondern jemand anderes Breschnews Nachfolger werden. Aber wer immer es sein würde, er würde als allererstes den Vorsitzenden des KGB neu besetzen, da die Person, die diese Rolle beim Machtwechsel innehatte, zuviel wußte, darunter viele persönliche Informationen über ihn selbst. Außerdem würde der neue Führer es bei weitem vorziehen, einen eigenen Mann in dieser Position zu wissen. In diesem Sinne gab es viele Argumente für die Annahme der neuen Ernennung. Auf der anderen Seite sagte Andropow mir sehr direkt, daß er eigentlich über die Frage nach Breschnews Gründen, ein solches Angebot zu machen, sehr beunruhigt sein mußte. Breschnew schien nie an den eigenen Tod und an mögliche Nachfolger zu denken. Wollte Breschnew wirklich, daß Andropow das Zentralkomitee leitete, oder wollte er ihn im Grunde nur als KGB-Chef ablösen?

Hätte ich noch andere Details gekannt, wären mir weitere Zweifel über Andropows Haltung zu diesem Angebot gekommen. Ich meine damit die Tatsache, daß Breschnew Andropows Vorschlag, was seine Nachfolge beim KGB anging, nicht respektierte; statt Viktor Tschebrikow ernannte Breschnew Fedortschuk, den bisherigen Vorsitzenden des ukrainischen KGB. Hinzu kam der Umstand, daß gewisse, vom KGB verfolgte Straftaten Leute zu betreffen schienen, die der Familie Breschnews sehr nahestanden. Wie ich bereits erwähnt habe, gab es Leute, die den Tod von Andropows Stellvertreter Zwigun damit in Verbindung brachten, und Zwigun hatte sehr gute Beziehungen zu Breschnew.

Was immer die realen Motive hinter dieser Affäre gewesen sein mögen: Andropow wechselte im Mai den Posten und richtete sich in dem Büro im fünften Stock ein, das vorher Suslow gehört hatte (gegen Ende 1982 übernahm es Tschernenko, dann Gorbatschow, gefolgt von Ligatschow). Ich bin überzeugt, daß Andropow sehr wohl verstand, daß er nun in einer Position war, die ihn zum wahrscheinlichsten Nachfolger Breschnews als Generalsekretär des Zentralkomitees machte. Aber dann zwangen ihn die Ereignisse, die Position der Nummer zwei in der Führung anzustreben. Um die Ernennung entstand ein Kampf, obwohl Andropow keinen einzigen geeigneten Gegner zu haben schien.

Dies war eine seltsame Periode. Breschnew und seine Kohorten, von

denen einige aus Gründen der Selbsterhaltung und andere aus Angst
vor Leuten handelten, die früher mit Breschnew konkurriert hatten,
legten die Macht in die Hände einer kleinen Gruppe von Führern, die
bis zum Tod des Generalsekretärs von ihm selbst dominiert wurde. Jeder einzelne in dieser Gruppe besaß, solange er sich mehr oder weniger
auf den Beinen halten konnte, praktisch ein lebenslängliches Anrecht
auf seinen Posten. Sie waren so alt, daß die reine Physiologie begann,
eine kritische Rolle in der Politik zu spielen. Manchmal ging es einfach
um die Frage, wer wen überleben würde.

Wenn zum Beispiel Tschernenkos Gesundheit besser gewesen wäre,
oder wenn Suslow noch ein weiteres Jahr gelebt hätte, ist es durchaus
möglich, daß Andropow nie Generalsekretär geworden wäre. Ein Über-
wechseln in das Zentralkomitee war dafür eine wesentliche Vorausset-
zung gewesen. Aber es konnte natürlich nicht all diese Probleme automatisch lösen. Im Sommer und im Frühherbst des Jahres 1982 sprach
ich oft mit Andropow, obwohl er gewöhnlich sehr reserviert war, wenn
es um Sachen ging, die sich in der obersten Führungsspitze abspielten,
und insbesondere um innere Machtkämpfe.

Fast sofort, nachdem Andropow zum ZK-Sekretär ernannt worden
war, gingen Tschernenko und Breschnew in die Ferien. Andropow
nutzte das für seine Zwecke aus. Unter anderem setzte er durch, daß
Sergej Medunow, der damalige Erste Sekretär des regionalen Parteikomitees von Krasnodar, nach Moskau versetzt wurde; dies war ein
Mann, der zusammen mit Schtscholokow das Symbol ungezügelter
Korruption geworden war. Die Versetzung hatte enorme praktische
Bedeutung; während er in Krasnodar war, konnte Medunow sehr leicht
jede Untersuchung von Fehlverhalten oder Verbrechen in seiner Region abblocken. Auf der anderen Seite war Andropow sehr daran interessiert, diese Eiterbeule anzustechen, weil er auf diese Weise hoffte, die
politische Lage im ganzen zu verbessern und den Kampf gegen die
Korruption auch in anderen Gegenden zu ermutigen. Von ihren Erholungsorten im Süden des Landes schickten die Führer Signale ihres Un-
muts. Und solche Signale kamen nicht nur von Tschernenko, sondern
auch von Breschnew, obwohl Andropow behauptete, er habe Breschnews Billigung der Versetzung telefonisch erhalten.

Soweit ich es beurteilen kann, hatte Andropow zu dem Zeitpunkt
seinen früheren engen Kontakt mit Breschnew verloren und konnte
nicht sicher sein, daß seine Feinde nicht eine Intrige hinter seinem

Rücken vorbereiteten. Unter anderem initiierte der neue Vorsitzende des KGB, Fedortschuk, eine Umstrukturierung der Organisation, die Andropow besorgt machte. Warum, kann ich nicht sagen, aber er war deutlich nervös, wann immer wir dieses Thema ansprachen. Und es gab andere Dinge, die Andropow zornig machten. Er war im Sommer und Herbst des Jahres 1982 oft schlechter Laune.

Kurze Zeit später – ich glaube, es war der 20. Oktober – wurde ich in Andropows Büro gerufen. Ich hatte am Tag zuvor um ein Treffen gebeten, um die Frage eines Nachfolgers für Inosemzew zu besprechen, der gerade gestorben war. Ich hatte Andropow nie zuvor in einer solchen gehobenen, aufgekratzten Stimmung gesehen. Nur zwei Stunden zuvor hatte er ein Gespräch unter vier Augen gehabt. »Ich habe all meinen Mut zusammengenommen«, sagte er mir, »und direkt gesagt, daß ich meine Position nicht mehr verstünde und daß ich gerne wissen würde, was die Führung und Leonid Iljitsch persönlich von mir in dieser neuen Position erwarteten – ob sie mich nur aus dem KGB entfernen oder mir wichtigere Dinge im Zentralkomitee anvertrauen wollten.« Breschnew hatte geduldig zugehört und geantwortet, er wolle, daß Andropow die gesamte Parteihierarchie kontrolliere: »Du bist die Nummer zwei in der Partei und im Lande, also stell deine Handlungen darauf ab und gebrauch deine Autorität.« Und er versprach ihm seine volle Unterstützung. Das bedeutete, daß Andropow freie Hand hatte – im Politbüro, im Sekretariat und im Apparat des Zentralkomitees, wo Tschernenkos Position besonders stark und die Andropows nicht ganz einfach war.

Kaum drei Wochen nach dieser Unterhaltung starb Breschnew, und Andropow wurde im November 1982 sein Nachfolger. Vielleicht hatte Breschnew seinen eigenen Tod vorausgeahnt? Vielleicht war es reiner Zufall. Ich weiß es nicht.

Wichtiger indessen ist die politische Einschätzung von Andropows Rolle während der Periode, in der er die Führung innehatte. Ich werde meine eigene Auffassung und meine Vermutungen hier ausdrücken, aber es gibt eine ganze Menge Details, die ich einfach nicht kenne, insbesondere was Andropows Arbeit im KGB betrifft. Über das Thema sprach er fast nie mit mir, obwohl ich einige Dinge erschließen und sie mit dem vergleichen konnte, was ich anderswo erfahren hatte.

Andropows erste politisch einflußreiche Position war die des sowjetischen Botschafters in Ungarn. Er hielt diesen Posten von 1954 bis 1957. Alle meine sowjetischen Quellen stimmen darin überein, daß die Telegramme, die Andropow während der Monate vor dem bewaffneten Aufstand der Feinde des Rákosi-Regimes im Herbst 1956 nach Moskau sandte, ungewöhnlich offen und sogar ungewöhnlich scharf waren. Vielleicht retteten diese Berichte seine politische Karriere nach dem Einmarsch in Ungarn, als, in seinen eigenen Worten, alle Mitteilungen nach Hause »mit mikroskopischer Genauigkeit studiert wurden«. Unter anderem sprach Andropow sehr kritisch über Rákosi und andere ungarische Führer; er warnte davor, unsere Politik weiterhin auf sie zu stützen, das könne in einer Katastrophe enden. Zur gleichen Zeit kann ich die Möglichkeit nicht ausschließen, daß seine Empfehlungen auch Vorschläge enthielten, »Gesetz und Ordnung« zu stärken, möglicherweise durch eine Verstärkung unserer militärischen Präsenz in Ungarn.

Dies würde mich aus dem einfachen Grund nicht überraschen, weil es unserem imperialen Denken zu jener Zeit entsprochen hätte, insbesondere mit Blick auf die Länder Osteuropas, die wir zum Sozialismus gezwungen hatten. In den späten vierziger Jahren wurde diesen Ländern ein politisches Regime und ein Wirtschaftsmodell auferlegt, das unseren Ideen des Sozialismus entsprach. Dies war einer der wesentlichen Fehlschläge unserer Politik. Statt zu versuchen, gute Beziehungen zu unseren Nachbarn auf der Basis gegenseitigen Respekts aufzubauen, entschieden wir uns für eine militärisch-politische Union, die von groben Einmischungen in ihre inneren Angelegenheiten begleitet war. Der Preis für diese Entscheidung waren die Aufstände – 1953 in der DDR, 1956 in Ungarn und 1968 in der Tschechoslowakei. Aber die wahre Stunde der Abrechnung kam in den späten Achtzigern, als diese ganze Struktur wie ein Kartenhaus zusammenbrach.

Die abnorme und gefährliche Lage, die nach der erzwungenen »Sozialisierung« der osteuropäischen Länder in den späten vierziger Jahren entstanden war, blieb nicht unbemerkt. Schon in den ersten Jahren nach Stalins Tod entwickelte sich, wenn auch unter Schwierigkeiten, ein Verständnis, daß wir die ökonomischen und politischen Interessen unserer Alliierten zu berücksichtigen hatten. Dieses Verständnis hätte zu einer neuen Auffassung unserer Beziehungen zu unseren Nachbarn führen können.

Andropow war wahrscheinlich nicht in der Lage, sich von den Widersprüchen der stalinistischen und poststalinistischen Methoden zu befreien. Aber nach dem zu urteilen, was ich weiß, unterschied er sich von den anderen Botschaftern durch eine größere Offenheit für neue Ideen. Auch bemerkte er schneller als seine Kollegen, daß er sich in dem Land, in dem er als Botschafter diente, nicht benehmen konnte, als wäre er ein Parteichef in seiner Region zu Hause.

Die tragischen Ereignisse in Ungarn im späten Oktober und frühen November des Jahres 1956 machten einen tiefen Eindruck auf Andropow, denn er fand sich im Zentrum des Bebens wieder. Er verstand den Volksaufstand in Ungarn (das sagte er mir selbst) als eine bewaffnete Konterrevolution, die unterdrückt werden mußte, und diese Einschätzung beeinflußte sein politisches Denken. Zur gleichen Zeit aber bin ich sicher, daß er sehr viel besser als viele andere verstand, daß der Zusammenbruch der ungarischen Regierung und das Ausmaß der Massenunzufriedenheit nicht so sehr auf eine konterrevolutionäre Verschwörung und schmutzige Tricks ausländischer Agenten zurückgingen, als das Resultat der nach Ungarn exportierten stalinistischen Deformationen waren. Dort hatten sie, wenn das möglich war, eine noch häßlichere Form angenommen. Ihm war auch bewußt, daß die unausgewogenen und ungerechten Handels- und Wirtschaftsbeziehungen zwischen Ungarn und der Sowjetunion große Probleme schufen.

Andropows Haltung zu den Entwicklungen in Ungarn muß von persönlichen und tief emotionalen Eindrücken bestimmt gewesen sein. Er bekam eine Flut von Berichten über die Aktivitäten der Rebellen, darüber, wie gnadenlos sie mit Kommunisten, Parteifunktionären und Staatsangestellten abrechneten. Auch er selbst wurde mehrmals angegriffen. Ich weiß, daß die Ereignisse die ernsthafte lebenslange Erkrankung seiner Frau auslösten. Es gab Feuergefechte rund um die Botschaft, und auch Andropow geriet ins Feuer, als er zum Flugplatz fuhr, um Mikojan zu treffen.

Man sollte Andropows intellektuelle und politische Reife im Jahre 1956 nicht überschätzen. Er war ein zweiundvierzig Jahre alter provinzieller Parteifunktionär, der in der Stalin-Periode aufgewachsen war, noch keine internationale Erfahrung gesammelt hatte und ganz im Sinne der ideologischen Dogmen ausgebildet worden war. Ich hatte immer den Eindruck, daß die Besonderheiten von Andropows intellektueller Vorbelastung und die historischen Ereignisse, in deren Zentrum er sich fand, in ihm das geschaffen hatten, was Leute, die ihn später kennenlernten, sein ungarisches Syndrom nannten. Sie definierten es als eine äußerst überwachsame Haltung gegenüber innenpolitischen Schwierigkeiten in den sozialistischen Ländern. Ich würde es als eine exzessive Bereitschaft deuten, sehr radikale Entscheidungen früh zu treffen, um zu verhindern, daß diese Spannungen sich zu einer ernsten Krise auswuchsen. Zugleich muß man zugestehen, daß er im Gegensatz zu vielen anderen sowjetischen Politikern eine keineswegs primitive Haltung zu solchen Krisen einnahm, denn er erkannte ihre tieferen ökonomischen, politischen und ideologischen Komponenten, und während er die Anwendung von Gewalt nicht ausschloß, beschränkte er sich auch nicht darauf.

Diese letzte Eigenschaft steht mit einem anderen Merkmal in Verbindung, das Andropow von vielen seiner Kollegen abhob. Sobald die bewaffneten Gegner des Regimes niedergeschlagen waren, galt Andropows erster Gedanke nicht der Rache und der Abrechnung, sondern der schnellen Wiederherstellung des bürgerlichen Friedens. Deshalb unterstützte er soweit wie irgend möglich die Kandidatur von János Kádár als Parteichef, was zugleich bedeutete, daß Kádár der neue Regierungschef Ungarns sein würde. Rákosi hatte Kádár ins Gefängnis geworfen, ihn foltern lassen und ihm mit der Hinrichtung gedroht. Ich weiß, daß es viele Politiker in Moskau gab, die Andropows Empfehlung nicht verstanden. Die bloße Tatsache, daß Kádár im Gefängnis gewesen war und sich zu Unrecht verfolgt fühlen mußte, genügte in ihren Augen, um ihm eine negative Haltung gegenüber der Sowjetunion zu unterstellen, da er wußte, daß Rákosi ohne Moskaus Billigung seine Verhaftung nicht hätte befehlen können. Hieß das nicht, daß sich Kádár womöglich als ein unzuverlässiger Verbündeter herausstellen würde, der Ungarn wiederum auf einen Moskau-feindlichen Pfad führen könnte?

Es gab solche Zweifel im Kreml – sie ähnelten den Zweifeln, welche die sowjetische Führung gegen den polnischen Führer Gomułka hegte, dessen Schicksal dem Kádárs nicht unähnlich war. Es gelang Andropow indessen, Moskau davon zu überzeugen, daß Kádár Parteichef werden sollte. Kádárs Übernahme der Macht half, Ungarn aus seiner tiefen Krise herauszubringen und die Gesellschaft in gewissem Maße gesunden zu lassen.

Aus größerer Nähe konnte ich Andropows politisches Handeln in der ZK-Abteilung beobachten, wo er für die Beziehungen zu den anderen verbündeten Ländern verantwortlich war. Im ganzen, glaube ich, übte er einen positiven Einfluß auf unsere Politik in dieser Zeit aus. Man muß dabei berücksichtigen, daß er seine Politik innerhalb eines

Rahmens zu entwickeln hatte, der aus damals unumstößlichen Konzepten bestand.

Die Periode, die dem ZK-Plenum vom Oktober 1964 folgte, war äußerst komplex. Andropow, der in Ungnade gefallen und ernsthaft erkrankt war, unterstützte aktiv die fortschrittlichere Linie und versuchte Breschnew in diese Richtung zu ziehen. Ich glaube, daß seine Rolle in dieser Hinsicht innerhalb der Führung einzigartig war; ich kenne keine andere Person in ähnlicher Position, die in diesem historischen Moment dem Stalinismus offen entgegengetreten wäre und eine Politik der Reform und der friedlichen Koexistenz unterstützt hätte. Zugleich aber war Andropow sehr vorsichtig und beachtete alle Regeln der Taktik genau (übertrieb dies gelegentlich auch).

Seine Führungszeit beim KGB hatte, soweit ich es beurteilen kann, sowohl negative als auch positive Züge. Zunächst einmal muß man im Auge behalten, daß in dieser Periode die politische Spitze dazu neigte, zumindest partiell zum Stalinismus zurückzukehren, wenn auch nicht zu seinen extremen Formen. Mehrmals hörte ich von Andropow und auch von anderen vertrauenswürdigen Leuten, daß Mitglieder des Politbüros darauf bestanden, Dissidenten und Menschen, die das System kritisierten oder ihre abweichende Meinung offen ausdrückten, mußten verhaftet werden. Diese Forderungen wurden von harten Bemerkungen über die »liberale« Haltung der Offiziellen, die für die Ausführung der Gesetze und für die Staatssicherheit verantwortlich waren, begleitet.

Andropow wollte diesem Kurs nicht folgen, und er tat wahrscheinlich alles, was er konnte, um dem zu widerstehen. Teilweise motivierte ihn seine moralische Überzeugung, denn er war aus anderem Stoff als die Jagodas, Jeschows und Berijas, die vor ihm in diesem Amt gewesen waren. Und er war vorsichtig, denn er hatte die Lektionen des XX. Parteitags verinnerlicht, der den Mißbrauch der Macht durch den Sicherheitsapparat bloßgestellt und scharf kritisiert hatte. Er schützte seinen guten Namen, und er dachte an die Zukunft.

Nichtsdestoweniger verhaftete und überführte das KGB nicht nur Leute, die sich später als unschuldig erwiesen und rehabilitiert wurden, es initiierte auch neue, abstoßende Praktiken, um die Dissidenten zu unterdrücken; diese neuen Methoden wurden weithin bekannt. Dafür mußte Andropow die Verantwortung übernehmen. Und es ist extrem schwierig – selbst für Menschen, die ihn respektierten –, dies mit dem

Argument zu rechtfertigen, daß er solche Praktiken nur anwandte oder sanktionierte, um härtere Maßnahmen zu vermeiden, wie sie von einigen seiner Kollegen gefordert wurden. Es ist wahr, solche Forderungen wurden erhoben, und Andropow mag auf diese Art und Weise in der Lage gewesen sein, seine Aktionen vor sich selbst zu rechtfertigen. Ich will hier nicht die Rolle des Moralisten spielen. Ich habe zum Beispiel keinen Zweifel daran, daß er die Führung des KGB 1967 nicht nur aus Loyalität gegenüber Breschnew und wegen seiner eigenen Ambitionen übernahm, sondern auch, weil es gefährlich gewesen wäre, diese kritische, strategische Position jemand anderem zu überlassen. Er muß gewußt haben, daß er für diese Entscheidung einen Preis zu zahlen haben würde. Als Chef des KGB mußte Andropow einige sehr harte Aktionen gegen Spione, Verräter und unversöhnliche Feinde des Regimes durchführen.

Aber es bleibt eine Tatsache, daß sich Andropow, ob nun passiv oder aktiv, in einige sehr häßliche Affären hineinziehen ließ. Trotz allem, was er über die korrumpierende Wirkung der Macht gesagt oder geschrieben hat, war er keine Ausnahme der allgemeinen Regel; auch er verfiel der moralischen Korruption, die von einer hohen, einflußreichen Position ausgeht.

Ich muß ein Projekt erwähnen, das ihm sehr wichtig war – die Idee, innerhalb der KGB-Struktur eine sogenannte Fünfte Abteilung zu organisieren. Ich glaube, der Gedanke kam ursprünglich von einem der älteren Mitarbeiter des KGB, aber das befreit Andropow natürlich keinesfalls von seiner Verantwortung dafür. Ich hörte, bald nachdem Andropow zum KGB versetzt worden war, zum ersten Mal von diesem Plan. Eines Tages stellte er mit Stolz fest, daß er die »Arbeit mit der Intelligenzija« von der Gegenaufklärung getrennt habe. Er sagte, es sei nicht zulässig, Schriftsteller, Gelehrte und Wissenschaftler als potentielle Spione zu behandeln und sie den Experten der Gegenaufklärung zu übergeben. Jetzt, sagte er, würden die Dinge anders laufen; die Intelligenzija würde anderen Leuten anvertraut werden, und die Betonung würde nun auf der Verhinderung von »unerwünschten Phänomenen« liegen.

Zu der Zeit war es noch leichter, Andropow zu widersprechen. Er hatte das Zentralkomitee gerade verlassen und fühlte sich noch nicht als einer der höchsten politischen Führer des Landes. Ich nahm meinen Mut zusammen und äußerte Widerspruch. Zuerst einmal, sagte

ich, verstünde ich überhaupt nicht, warum das KGB »mit der Intelligenzija arbeiten« müsse. Schließlich »arbeite« es auch nicht mit der
Arbeiterklasse oder mit der Bauernschaft. Ich gestand zu, daß gewisse
Mitglieder der Intelligenzija genau wie die irgendeiner anderen Klasse
durchaus Verbrechen begehen könnten, sich konterrevolutionären
Verschwörungen und antisowjetischen Aktivitäten anschließen könnten, und daß es dann natürlich eine Aufgabe für das KGB wäre. Aber
alles andere falle meiner Meinung nach in die Sphäre anderer Organisationen – des Zentralkomitees, der kreativen Organisationen usw.,
nicht in die der Strafverfolgungsbehörden, ob sie nun als Abteilung
für Gegenaufklärung klassifiziert würden oder irgendeinen neuen Namen trügen. Zweitens sei ich gegen die Idee, im KGB die Überwachung der Intelligenzija zu »professionalisieren«, sie irgendeiner bestimmten Abteilung in dieser Organisation anzuvertrauen. Würde das
nicht genau so enden wie bei der zaristischen Gendarmerie, die »mit
der Intelligenzija arbeitete« und von Maxim Gorki in seinem Roman
*Das Leben des Klim Samgin* beschrieben wurde? Würde diese Abteilung nicht den Praktiken Benckendorffs folgen? General v. Bencken-
dorff war der Leiter der zaristischen Geheimpolizei gewesen, und
Puschkin und andere Schriftsteller hatten seinetwegen eine Menge
auszustehen. Dieser Vergleich beleidigte Andropow, und er sagte, ich
hätte den Kontakt mit der Realität verloren und verstünde nicht, was
in der Gesellschaft vor sich gehe; sein Plan stelle einen beträchtlichen
Schritt vorwärts dar, er sei eine Abrechnung mit schlechten alten
Praktiken und in keiner Weise eine Rückkehr zu »Gendarmerie«-Ak-
tivitäten.

Nichtsdestoweniger brachte ich einen weiteren Zweifel zur Sprache
– daß nämlich die Schaffung einer besonderen Abteilung nicht zu
einer Reduzierung, sondern zur Erhöhung der Fälle führen würde, die
mit der Intelligenzija zu tun hatten. Meine Überlegung war ganz einfach: Die Intellektuellen waren nicht das Hauptziel der Gegenaufklärung, deren Aufgabe es vor allem war, Spione zu fangen. Wenn wir
erst einmal eine zusätzliche Abteilung geschaffen hätten, würde sie
ihre Existenz rechtfertigen müssen. Wenn es keine wirkliche Arbeit
gab, würde sie sich selbst Arbeit verschaffen, und das hätte dann
ernsthafte Probleme zur Folge.

Andropow stimmte diesen Einwänden nicht zu; er sagte mir, ich sei
auf diesem Gebiet zu unerfahren (dem konnte ich schlecht widerspre-

chen), daß ich aber im Laufe der Zeit die positiven Folgen dieser Neugründung erkennen würde.

Später hatte ich den Eindruck, daß Andropow an der Arbeit dieser neuen Abteilung sehr interessiert war. Das wurde auch von anderen Beobachtern bestätigt. Noch ein Neuling in den KGB-Geschäften, ließ er sich manchmal hinreißen und zeigte zu großes Vertrauen zu seinen Mitarbeitern. Aber die Aktivitäten der Abteilung hatten keineswegs positive Folgen, sie fügten der Geschichte des KGB eine weitere schändliche Seite hinzu. Es gab eine Anzahl von persönlichen Tragödien. Das moralische und politische Klima im Lande verschlechterte sich, und unser Bild in den Augen der Weltgemeinschaft wurde noch stärker geschädigt.

Für viele Ungerechtigkeiten der siebziger und frühen achtziger Jahre trägt Andropow die Verantwortung: für die Verfolgung von Dissidenten, für politische Verhaftungen, für Deportationen, für den Mißbrauch der Psychiatrie, für berüchtigte Fälle wie die Verfolgung Sacharows. Diesen schmerzlichen Fakten kann man sich nicht entziehen. Zur gleichen Zeit half er einzelnen Intellektuellen in schwierigen Situationen und beschützte sie.

Da Andropows politischer Einfluß stieg, wuchs die politische Macht des KGB unter seiner Führung spürbar an; das drückte sich in der Zahl der dort beschäftigten Personen und sogar in der Zahl der Gebäude, die es in Moskau und in der Umgebung nutzte, aus. Sosehr die Organisation sich inzwischen vom Geheimdienstapparat des Jahres 1937 und anderer Perioden der stalinistischen Unterdrückung unterschied, solch ein enormer Zuwachs des Einflusses einer Strafverfolgungsbehörde war anormal, und das hatte eine negative Auswirkung auf die Gesellschaft. Mit der Expansion seines Reiches verfolgte Andropow wahrscheinlich nicht bewußt niedere Ziele und versuchte wohl nicht einmal, einen strengeren Polizeistaat zu schaffen; wahrscheinlicher ist, daß seine Handlungsweise einfach den Versuch ausdrückte, seine Verwaltungshoheit auszuweiten – eine Versuchung, gegen die auch die größten politischen Gestalten nicht immun sind. Objektiv gesehen konnte indessen daraus nichts Konstruktives entstehen. Wachsende bürokratische Strukturen suchen sich immer Aufgaben, um ihre Energien einzusetzen, und wenn sie sie nicht finden, dann werden sie eben erfunden. Im Falle von Straforganen ist dies besonders gefährlich.

Ich bin weit davon entfernt, Andropows Handeln zu rechtfertigen,

aber objektiverweise muß ich feststellen, daß sich Andropow auch bei
der Führung des KGB niemals als unumschränkter Herr fühlte, obwohl
er während Breschnews Krankheit eine recht große Unabhängigkeit genoß. Ich habe bereits beschrieben, daß Breschnew immer darauf hinarbeitete, Leute in hohe Positionen zu bringen, die ihm persönlich nahestanden und ihm direkt berichteten, an Andropow vorbei. Und das
setzte Andropow unter ständigen Druck.

Das Folgende ist eine typische Episode. Eines Tages bat Andropow
mich, ihn wegen einer dringenden Sache aufzusuchen. Er zeigte mir
ein Stück Papier, von dem ich niemand etwas erzählen sollte, über das
er aber mit mir sprechen wollte. Es war die Kopie eines Briefes, geschrieben von einem meiner engsten Freunde und abgefangen von den
Postzensoren. Andropow selbst kannte den Mann nicht nur gut, sondern hatte auch ein gutes Verhältnis zu ihm. Der Brief war in einem
sehr ernsthaften, aufrichtigen Ton geschrieben. Der Mann schilderte in
dem Brief nicht nur seine persönliche, sondern auch seine politische
Qual, die, so schrieb er, aus der Tatsache erwuchs, daß er gezwungen
war, mit »wertlosen« und »dummen« Leuten zusammenzuarbeiten,
und daß er seine Energie und seine Zeit verschwendete.

Da wir es mit einem Mann zu tun hatten, der in der Führung bekannt war, hatte Andropow, so sagte er mir, keine Wahl, er müsse den
Brief Breschnew übergeben, der sicherlich zu dem Schluß käme, daß
auch er zu den erwähnten Leuten gehörte. Aus diesem Grunde erwartete Andropow außerordentlich negative Konsequenzen für den Schrei-
ber des Briefes (was auch tatsächlich eintrat). Was sollte er tun? Ich
versuchte, ihn von seinem Vorhaben abzubringen: Warum sollte er
Breschnew den Brief zeigen, insbesondere da die Namen der Menschen,
die der Autor als »wertlos« betrachtete, nicht erwähnt wurden, und es
möglich sei, daß er da nicht an Breschnew gedacht habe, sondern an
ganz andere Menschen? Wertlose und untalentierte Leute hatten wir
bei Gott reichlich. Andropow winkte dieses Argument als naiv beiseite
und sagte: »Ich bin mir nicht sicher, ob nicht eine Abschrift dieses Briefes bereits an Breschnew weitergegeben worden ist. Schließlich ist der
KGB eine verschachtelte Institution, und auch sein Vorsitzender
kommt nicht ohne Beobachtung davon.« Dann fügte er hinzu: »Dies
um so mehr, als es Menschen gibt, die entzückt wären, mich in den
Augen Breschnews kompromittieren zu können, wenn ich ihm etwas
unterschlüge, was ihn persönlich betrifft.«

Deprimiert verließ ich sein Büro. In was für einer Welt von Spiegeln lebten wir, welche abstoßenden und politisch unmoralischen Verhaltensweisen reichten bis in die höchste Führungsspitze unseres Landes! Sie öffneten persönliche Briefe und schickten sie an den mächtigsten Mann des Staates! Und als ob das nicht genug wäre, überwachten sie auch noch die Person, die der politische Führer mit der Aufgabe betraut hatte, alle anderen zu beobachten! Diese Episode war in jeder Hinsicht entlarvend. Obwohl er Chef des KGB war, wurde Andropow offensichtlich von seiner eigenen Organisation observiert. Es wird für ihn nicht einfach gewesen sein, seinen Prinzipien treu zu bleiben, während ihm ständig die dunkle Seite unserer politischen, bürgerlichen und persönlichen Beziehungen ins Gesicht starrte und er keine Wahl hatte, als im Dreck der Gesellschaft zu wühlen.

Zugleich aber glaube ich, daß mit jeder anderen Person, der man die Position des Vorsitzenden des KGB anvertraut hätte – und ich meine praktisch jeden am politischen Horizont jener Zeit –, die Dinge einen sehr viel schlimmeren Lauf genommen hätten.

Im Laufe der vielen Jahre beim KGB gehörte Andropow zugleich zur politischen Führung des Landes. Er war zunächst Kandidat und später Mitglied des Politbüros, dazu eines der einflußreichsten. In dieser Hinsicht ist es unmöglich zu leugnen, daß er für den Zustand des Landes und die wachsende Geschwindigkeit seines Verfalls Verantwortung trug. Man mußte allerdings einige Einschränkungen gelten lassen. Die Atmosphäre innerhalb der politischen Führung war so, daß man in Geschäfte, die nicht direkt unter der eigenen Kontrolle standen, nicht eingriff; ganz gewiß stritt man nicht mit dem Generalsekretär. Deshalb muß man in Fragen der Verantwortung und der Einschätzung sehr genau sein. Wenn wir von der Regierungspolitik jener Zeit sprechen, war die große Sünde, die Andropows Seele auf sich lud, Afghanistan.

Mehr als einmal hatte ich Gelegenheit, den Krieg in Afghanistan mit ihm zu diskutieren – unglücklicherweise erst, nachdem er begonnen hatte. Ich bemerkte, wie seine Einschätzungen der Situation sich wandelten, aber nicht in dem Sinne, daß er die Entscheidung, in Afghanistan einzumarschieren, als einen Fehler oder gar ein Verbrechen bezeichnet hätte. Es wäre unrealistisch gewesen, diese Art von Umdenken von ihm zu erwarten. Aber Andropows Haltung zum Verlauf des Krieges und zu seinem projizierten Ende wandelte sich.

Ich erinnere mich an unsere erste Diskussion über den Krieg im Jahre 1980; zu der Zeit hatte er bereits begriffen, daß jede Hoffnung auf einen schnellen Erfolg ein schwerer Fehler gewesen war, aber er glaubte immer noch, daß sich das Problem innerhalb eines Jahres lösen ließe. Nachdem anderthalb Jahre vergangen waren, begann er, unser Militär immer öfter deutlich zu kritisieren. Die Hauptgestalten dabei waren Ustinows Protegé Achromejew, der für seine Kriegstaten in Afghanistan den Titel des Marschalls und den Stern eines Helden der Sowjetunion empfangen hatte; der »Held« des Putsches vom August 1991, General Warennikow, und später Sokolow, der 1984 kurz als Verteidigungsminister diente. Andropows Kritik zielte auf ihre Inkompetenz bei der Kriegführung und darauf, daß sie sich zu sehr auf die Politik einließen; er glaubte, daß sie sich aufführten wie selbsternannte Herrscher, auf die Art und Weise die Bevölkerung gegen sich aufbrachten und das politische Klima in Afghanistan noch mehr vergifteten.

Nachdem ein weiteres Jahr vergangen war, begann er über eine politische Lösung zu sprechen und war nun bereit, meine Gedanken zu dieser Frage anzuhören. Mit seiner stillschweigenden Billigung versuchte ich zu tun, was ich konnte, um den Krieg zu stoppen: Ich hatte regelmäßige Kontakte mit dem pakistanischen Botschafter und gelegentlich mit dem Außenminister Pakistans. Desgleichen sprach ich öfter mit Prinz Sadruddin Aga Khan, einem Mitglied der königlichen Familie, die den Iran bis zum Coup von 1925 regiert hatte. Der Prinz kannte die Schlüsselgestalten in Afghanistan sehr gut, darunter einige der Führer der Opposition im Exil.

Die kurze Periode von Andropows Karriere zwischen seiner Rückkehr ins Zentralkomitee im Mai 1982 und Breschnews Tod kann man wahrscheinlich positiver einschätzen als seine Zeit beim KGB. Da er nun die Nummer zwei der Partei geworden war, empfand er offenbar ein größeres Verantwortungsgefühl für die allgemeine Lage im Land. Er ging in seinen Gesprächen und Entscheidungen jetzt öfter über seine eng definierten Pflichten hinaus. Das zumindest war mein Eindruck, obwohl er das natürlich mit mir nie diskutierte. Wahrscheinlich war ein Grund dafür die Tatsache, daß er nun dank all der Informationen, die ihm während seiner Zeit beim KGB zugänglich gewesen waren, die Schwierigkeiten und Herausforderungen, denen unser Land gegenüberstand, besser kannte als die meisten anderen Leute in der politischen Führung.

Sobald er ins Zentralkomitee zurückgekehrt war, versuchte Andropow viele Dinge auf einmal anzustoßen. Eines der Probleme, die für ihn absolute Priorität hatten, waren Korruption und Dekadenz, welche die ganze Gesellschaft durchdrungen hatten. Vor allem war dies die Korruption der Führung auf verschiedenen Ebenen. Ich habe von ihm nie auch nur eine Erwähnung der Verwicklung von Breschnews Familie in diese Korruptionsaffären gehört, obwohl es im Westen sehr viele Artikel über dieses Thema gab. Ich kann die Möglichkeit nicht ausschließen, daß er die Sache mit mir einfach nicht diskutieren wollte. Aber ich weiß von unseren Unterhaltungen, daß ihn insbesondere die Aktivitäten von Medunow und Schtscholokow beschäftigten – Leute, die, wie ich bereits festgestellt habe, die blühende kriminelle Korruption in der politischen Führung am deutlichsten illustrierten. Überdies standen sie Breschnew nahe und kompromittierten ihn.

Auch in den Bereichen der Kultur- und der Sozialwissenschaften versuchte Andropow wieder normale Arbeitsbedingungen herzustellen, und wir hatten über dieses Thema im Verlauf jener Monate mehrere Gespräche. Er plante zu der Zeit keine dramatischen Veränderungen, aber er wollte eindeutig die aktive Offensive der Konservativen und Neostalinisten zum Stillstand bringen.

In den sechs Monaten zwischen dem Zeitpunkt, zu dem Andropow seinen neuen Posten im Zentralkomitee antrat, und Breschnews Tod, bemerkten viele Leute, ich eingeschlossen, daß die Atmosphäre sich veränderte. Diejenigen, die sich dessen bewußt waren, begannen mit mehr Hoffnung in die Zukunft zu blicken. Zum ersten Mal gab es eine reale Alternative zu den Tschernenkos, Grischins und Tichonows.

Bis dahin war Andropow eindeutig der wahrscheinlichste Kandidat für die Nachfolge Breschnews geworden. Sicher konnte er sich seiner Sache allerdings nicht sein. Ich weiß das, weil ich zur Zeit von Breschnews Tod in Österreich war; Andropow rief mich dringend nach Moskau zurück. Im ZK-Plenum wollte er so viele Menschen wie möglich um sich haben, denen er trauen konnte. Ich war damals ZK-Mitglied und konnte, falls es notwendig wurde, dort sprechen.

Heute hat man schon fast vergessen, daß nach dem Ende der sogenannten Periode der Stagnation die Perestroika nicht sofort begann. Es gab einen Hiatus von beinahe zweieinhalb Jahren, und diese kritische Periode schloß auch Andropows Amtszeit als Generalsekretär des Zentralkomitees ein. Sie dauerte nur etwa vierzehn Monate, und wenn man davon die Zeit abzieht, in der er schwer krank war, bleibt wenig mehr als ein halbes Jahr. Aber selbst wenn man zugesteht, daß Andropow nicht viel bewegte, waren dies wichtige Monate. Sie symbolisierten einen Bruch in unserer schleichenden Eintönigkeit, in unserem scheinbar endlosen Abrutschen in die Tiefe.

Zum einen versprach Andropow in seinen ersten Reden bereits Wandel – er wollte die Korruption bekämpfen, den Verfall der Disziplin, die allgemeine Nachlässigkeit; er setzte sich die Wiederbelebung des Landes zum Ziel, die Lösung von vielen Schwierigkeiten und Problemen – wobei er mit einer ungewöhnlichen Offenheit von diesen Problemen sprach, wenn auch nicht mit der Klarheit wie später in der Glasnost-Zeit.

Zum anderen war für die Menschen erkennbar, daß einiges wirklich geleistet wurde, und das wiederum wurde als Anzeichen bedeutenderer Veränderungen in der Zukunft aufgenommen. Verhaßte Individuen, (darunter Medunow und Schtscholokow) wurden gefeuert; der Krieg gegen bestechliche Beamte und solche, die Dinge unterschlugen, wurde intensiviert; man führte eine allgemeine Kampagne gegen die Korruption; Recht und Ordnung begannen wieder Fuß zu fassen; die Disziplin wurde gestärkt (obwohl dies manchmal von lokalen Behörden diskreditiert wurde, die törichte Methoden anwandten, indem sie zum Beispiel die Ausweise von Restaurantbesuchern und Kinogängern während der Arbeitsstunden kontrollieren ließen). Während Andropows ersten Monaten im Amt verschaffte ihm dies alles eine enorme Popularität. Alle Schichten der Gesellschaft – die Arbeiter, die Bauern und die Intelligenzija – erwarteten viel von ihm. Er war besonders populär unter den Intellektuellen, trotz ihrer traditionellen Vorbehalte gegen das KGB. Ist es acht Jahre später möglich, die Berechtigung dieser Hoffnungen einzuschätzen? Hätte Andropow länger gelebt, was wäre sein Programm gewesen, und wohin hätte er das Land geführt?

Ich habe bereits über die Tatsache gesprochen, daß Andropow die Probleme des Landes mit großer Klarheit sah, aber das heißt nicht, daß er sie in ihren wirklichen Dimensionen erkannte. Er hatte vor Breschnews Tod einige Pläne entwickelt. Sie gingen viel weiter, als einfach nur die Ordnung wiederherzustellen oder die korruptesten unter den Offiziellen zu bestrafen.

Nach unseren Unterhaltungen zu urteilen, schien er verstanden zu haben, daß die Gesellschaft sich noch immer nicht vom Stalinismus er-

holt hatte. Nachdem sie unter jeder Art von Frustration und Demütigung gelitten hatte, brauchte sie ernsthafte Reformen und eine neue
politische Atmosphäre. Aber die Erfahrung hatte Andropow gelehrt,
politisch sehr vorsichtig zu operieren, und ich glaube, daß er schnellen, umfassenden Reformen zu zögernd gegenüberstand. Das schloß
die offensichtlichsten Themen ein – die überfällige Frage der Personal-
besetzung und eine Durchforstung der Partei und der Regierungsbü-
rokratie nach inkompetenten, dummen und mittelmäßigen Menschen,
die überdies oft sehr alt und kaum noch arbeitsfähig waren.

An einem von Andropows ersten Tagen als Generalsekretär sprachen wir über diesen Punkt. Ich behauptete kategorisch, daß er nicht
in der Lage sein werde, irgend etwas ohne radikale Reformen zu leisten. Er gab zu, daß viele hohe Offizielle ineffizient und unzuverlässig
seien, aber er sagte, daß er nicht plane, sie auf der Stelle zu ersetzen,
weil er es dann mit einem feindseligen ZK zu tun hätte. Und was Ver-
stöße gegen die Parteiregeln anging, etwa einen Kongreß drei Jahre zu
früh einzuberufen oder Plenumssitzungen zu gebrauchen, um Leute
aus dem Zentralkomitee hinauszuwerfen, wie Breschnew es getan
hatte, so betrachtete er solche Handlungsweisen als inakzeptabel. Ich
glaube sofort, daß Andropow die Parteistatuten nicht brechen wollte,
aber ich bin nicht ganz überzeugt, daß dies bei ihm eine Gewissens-
sache war. Ich habe den Eindruck, daß Andropow einfach nicht wußte,
wer die Regierungsmitglieder, die er mit der Macht geerbt hatte, hätte
ersetzen können. Er hielt viele von ihnen für schwach, aber er verstand sie auch, hatte sogar das Gefühl, daß sie verwandte Seelen waren. Seine Unfähigkeit, sich mit Personalproblemen auseinanderzuset-
zen, war eine seiner Hauptschwächen. Er hatte jahrzehntelang unter
den Größen der Partei gelebt, und ich glaube, er konnte sich einfach
nicht vorstellen, sie *en masse* zu ersetzen. Er neigte mehr dazu, sich
kleine Arbeitskreise zu schaffen, um auf diese Art und Weise die
Schwäche anderer kompensieren zu können. Aber jetzt, da er auf na-
tionaler Ebene agierte, mußte diese Methode in der Frage ernsthafter
Reformen scheitern. Überdies machte er sich einiger klarer Beset-
zungsfehler schuldig, so z. B. die Ernennungen von Romanow und
Alijew auf die Posten eines ZK-Sekretärs und des Ersten Stellvertretenden Ministerpräsidenten.

Aber ich kann die Möglichkeit nicht ausschließen, daß Andropow
im Laufe der Zeit seine Einstellung geändert hätte. Die Umstände hät-

ten ihm wohl kaum eine andere Wahl gelassen. Die zentrale Frage ist, welche Ziele er sich selbst setzte.

Ich bin überzeugt, daß er sich der Tatsache bewußt war, daß der Zustand des Landes nicht nur unter Stalin, sondern auch unter Breschnew nicht normal gewesen war und daß etwas Ernsthaftes geschehen mußte, angefangen bei der Wirtschaft. Aber da war eine definitive Schwäche erkennbar, dazu eine, von der ich glaube, daß sie mit der Zeit noch evidenter geworden wäre. Andropow hatte kein Interesse an ökonomischen Problemen, er verstand sie nicht, und seine Lösungsvorschläge begrenzten sich auf die traditionellen Gedanken einer verstärkten Disziplin und eines erhöhten Gebrauchs von moralischen und materiellen Anreizen. Wiederum, hätte das Leben oder das Schicksal ihm ein wenig mehr Zeit gegeben, hätte seine Haltung zu diesen Fragen sich wandeln können.

Zweifellos hatte der neue Generalsekretär ein eigenes Programm in der Außenpolitik, einem Bereich, auf dem er Experte war. Ich weiß, daß er keine Zweifel an der Notwendigkeit des Friedens, der Entspannung und der Entwicklung guter Beziehungen zu anderen Ländern hatte. Zur gleichen Zeit begriff er nicht immer, wie man diese Ziele erreichen konnte, zum Teil weil er nicht wirklich verstand, in welchem Maße die schwierige internationale Lage unserer eigenen Politik zuzuschreiben war.

Er verstand unsere Beziehungen zu Ländern der »sozialistischen Gemeinschaft« sehr gut. Soweit ich es beurteilen kann, erreichte sein Denken einen bedeutenden Wendepunkt, nachdem die Ereignisse in Polen und unser Scheitern in Afghanistan, für das er selbst sowie Gromyko und Ustinow besondere Verantwortung trugen, offenbar geworden waren. Der Vorschlag, den wir im Januar 1983 initiierten und der vorsah, daß der Warschauer Pakt und die NATO sich verpflichteten, auf die Anwendung militärischer Gewalt zu verzichten, war ein wichtiger Durchbruch. Diese Einigung galt für Länder des eigenen Blocks, aber auch für die Länder des Westens. Mir scheint, daß dieser Vorschlag Andropows »Neues Denken« widerspiegelte; es war ein Bruch mit dem »Ungarn-Syndrom«, das ihn so geplagt hatte. Natürlich war es auch ein Bruch dessen, was in der ganzen Welt als »Breschnew-Doktrin« bekannt war.

Unglücklicherweise nahmen weder die Vereinigten Staaten noch der Westen insgesamt diese Vorschläge ausreichend ernst, wahrscheinlich weil sie sie als reine Propaganda betrachteten, aber was sonst hätte man von einem Amerika erwarten können, in dem die Reagan-Administration herrschte und eine wilde antisowjetische Atmosphäre heraufbeschwor?

Andropow sah auch, daß der Wandel in China den Weg für eine Normalisierung unserer Beziehungen freimachte. In einer seiner ersten Reden als Generalsekretär wies er auf diese Möglichkeit hin. Ich hatte ihm das vorgeschlagen, wie vorher schon Breschnew, weil ich unsere Beziehungen zu China für anachronistisch und irrational hielt.

Soweit es die Vereinigten Staaten und den Westen als Ganzes betraf, war Andropow ein Vertreter der Entspannung und verbesserter Beziehungen. Dennoch hatte er tiefe Zweifel, ob etwas zu erreichen war, solange die Reagan-Administration an der Macht war. Nach der heftigen antisowjetischen Reaktion der amerikanischen Regierung zu dem tragischen Abschuß der südkoreanischen Passagiermaschine wurden diese Zweifel zur Gewißheit.

Ich glaube nicht, daß Andropow bereit gewesen wäre, den Weg des gesunden Menschenverstandes so weit zu gehen wie Gorbatschow. Aber er hatte ein Gespür für die Notwendigkeit ernsthaften Wandels, dafür, daß wir uns aus unserer versteinerten politischen Position (zu der er selber beigetragen hatte) herausbewegen mußten. Trotz seiner engen persönlichen Beziehungen zu Ustinow begann Andropow unser Militärprogramm und die Haltung des Verteidigungsministeriums zur Rüstungskontrolle anzuzweifeln. Hätte er länger gelebt, wäre unsere Position bei den Abrüstungsgesprächen sicher eine andere gewesen, wenn auch nicht so radikal wie später während der Perestroika. Er betrachtete gewisse hohe Militärs, darunter Nikolai Orgarkow, als politisch unzuverlässig. Im Verlauf eines Telefongespräches in meiner Gegenwart nannte Andropow Orgarkow einen »kleinen Napoleon«. Kurz nach Andropows Tod verlor Orgarkow seine Position als Chef des Generalstabs.

Später habe ich überlegt, daß es vielleicht Ustinow war, der Andropow gegen Orgarkow aufgebracht hatte. Ustinow waren Orgarkows Unabhängigkeit und sein Selbstbewußtsein deutlich unangenehm. Deshalb unterstützte er Achromejew so nachdrücklich, wobei er gegen alle Traditionen des militärischen Establishments verstieß. Er verlieh Achromejew, der Stellvertretender Stabschef gewesen war, den Titel eines Marschalls. Vielen Generälen gefiel das überhaupt nicht. Aber

auf die Weise konnte Ustinow Orgarkow 1984 durch Achromejew ersetzen. Orgarkows Rolle muß man im ganzen allerdings als schädlich
ansehen: Er veranlaßte die Ausweitung der Armee und steigerte die
Rüstungskosten.

Was die Innenpolitik anging, so scheint es mir, daß Andropow eine
ganze Reihe ernsthafter Probleme in der gesellschaftspolitischen
Sphäre lösen wollte, wo er sich mehr zu Hause fühlte als in der Ökonomie. Ich glaube, daß er einen gewissen Grad an Demokratisierung für
unverzichtbar hielt. Zu der Zeit waren das mutige Ideen, obwohl sie
heute als sehr bescheiden erscheinen würden. Er war beunruhigt über
die Spannungen zwischen den verschiedenen Nationalitäten der
UdSSR; als ehemaliger Chef des KGB war er sich sehr viel bewußter als
viele andere, welche Gefahren sie aufwarfen. Auch betrachtete Andropow es als notwendig, die Beziehungen zwischen der Führung und der
Intelligenzija zu verbessern; er wollte eine Atmosphäre der Zusammenarbeit und des Vertrauens und gegenseitigen Respekts schaffen.
Dies alles aber kam nur sehr langsam in Gang, da Andropow zunächst
durch die inneren Geschäfte des Apparats abgelenkt wurde, die ihn aus
allen Richtungen unter Druck setzten (insbesondere von seiten der
Rechten). Er war nicht immer in der Lage, sich dagegen zu wehren,
manchmal wollte er es offenbar auch nicht.

Mir wurde das erst deutlich, als mein großer Streit mit Andropow
vorüber war. Der Streit brach Ende Dezember 1982 aus und wurde
wahrscheinlich durch eine Notiz ausgelöst, die ich ihm zugesandt hatte.
Die Notiz wurde noch am selben Tag mit einer zornigen Antwort an
mich zurückgeschickt, zugestellt von einem KGB-Offizier, der mich
ohne Vorwarnung in meiner Wohnung aufsuchte. Der Vorfall setzte
dem kameradschaftlichen Verhältnis, das wir eine Reihe von Jahren genossen hatten, ein Ende. Ich war froh, daß meine Frau nicht zu Hause
war. Sie wäre über das Erscheinen eines Mannes vom KGB sehr er-
schrocken gewesen, insbesondere da sie nichts von unserem Streit
wußte; ich erzählte ihr erst später davon.

Ich hatte Andropow geschrieben, daß viele Intellektuelle über die Ernennungen, die er in dieser Amtsperiode vorgenommen hatte, enttäuscht waren, das betraf insbesondere die Nominierungen innerhalb
der ZK-Abteilung für Kultur und einer Anzahl von Verlagen sowie
Zeitungs- und Zeitschriftenredaktionen. »Damit geht einher«, schrieb
ich, »daß eine Reihe von Theaterstücken verboten wurden, darunter

solche, die früher erlaubt waren.« Davon waren das Theater der Satire
und das Majakowski-Theater betroffen sowie natürlich auch das Theater an der Taganka. Ich appellierte an Andropow, »dem Tun gewisser
Funktionäre Einhalt zu gebieten, bis Sie selbst in der Lage sind, sich mit
diesem Bereich zu beschäftigen«.

Ich erwähnte auch die Anstrengung unserer Bürokraten, die Ökonomie wieder in die Schranken des klassischen stalinistischen Dogmatismus zurückzudrängen. Unter anderem schrieb ich über die Vorlesungen »zur Anleitung«, die Michail I. Wolkow, der Chef des Sektors für
Wirtschaftswissenschaften der ZK-Abteilung für Wirtschaft, an akademischen Institutionen hielt:

Nach Wolkow ist die angebliche Quelle der Schwierigkeiten die Tatsache, daß Leute sich von spezifischen Forschungsprojekten haben
fortreißen lassen, Forschungen über ökonomische Mechanismen und
Verwaltungskonzepte, statt sich auf das Studium der klassischen
Konzepte der Politökonomie zu konzentrieren. So pries zum Beispiel
Wolkow, ein stalinistischer Dogmatiker, die Wirtschaftsdiskussion
von 1951, die nach seiner Meinung ein Modell an Kreativität und gesellschaftlicher Nützlichkeit war, sowie Stalins Artikel »Wirtschaftliche Probleme des Sozialismus« (der nach Meinung wirklicher Ökonomen eines seiner schlechtesten Werke war, eines, das sich am meisten von der Realität entfernte). Wolkow predigte auch eine Menge
anderen Unsinn. Die Wissenschaftler, die seine Vorlesungen hörten,
deuteten sie als einen Versuch, die Ökonomie von der wirtschaftlichen Praxis zu trennen und das Studium der bedeutenderen Probleme zu verhindern. Am Institut für Weltwirtschaft und Internationale Beziehungen hat Oleg Bogomolow Notizen aufgehoben, die
während dieser Vorlesungen gemacht wurden – Ihre Mitarbeiter
können sie anfordern. Es gibt eine Menge aufgeregten Geredes – die
Leute verstehen nicht, was solche Vorträge eines wichtigen ZK-Mit-
glieds bedeuten. Man stellt auch eine Menge Mutmaßungen über die
geplante Wirtschaftskonferenz an. Ist sie als ein Prügel gedacht, der
gegen viele Gelehrte und Wissenschaftler eingesetzt werden soll, um
dogmatische Positionen zu stärken? Mit einem Wort, es besteht der
Eindruck, daß all dies eine schädliche und unehrenhafte Affäre ist.

In seiner Antwort tadelte Andropow mich wegen meines »überraschend undiplomatischen und subjektiven Tons«. Er verbat sich, daß
ich »den Mentor« spiele. Am Schluß schrieb er mir, daß dies »nicht der

Ton ist, in dem Sie und ich miteinander umgehen sollten«. Er schrieb
mir zum ersten Mal seit 1964 wieder unter der formalen russischen
Anrede. Was die Substanz meiner Fragen betraf, so lehnte er alle meine
Argumente ab. Er glaubte nicht an eine Verschärfung auf dem Gebiet
der Kultur, und was meine Bemerkung über die Absetzung der Stücke
an den drei Moskauer Theatern anging, so schrieb er:

> Ich habe mich mit diesen Problemen sorgfältig befaßt, und ich kann
> sagen, daß das Stück, das Valentin Plutschek am Theater der Satire
> inszenieren wollte [Erdmans Selbstmord, das seitdem zum festen Be-
> standteil des Repertoires unserer Theater geworden ist], schon 1932
> als antisowjetisch durchschaut wurde, und sein Inhalt hat sich seit-
> dem nicht geändert. Obwohl ich im Prinzip ein positives Verhältnis
> zu Juri Ljubimow habe [dem Direktor des Theaters an der Taganka],
> so habe ich aber weder ihm noch Ihnen für irgendein Stück carte
> blanche gegeben. Das Stück Seht mal, wer da kommt ist am Maja-
> kowski-Theater nicht verboten worden, sondern wird nur verzögert,
> bis eine Überarbeitung vorgenommen werden kann. Überdies war
> Gontscharow, der Direktor des Theaters, mit der Kritik, die sich ge-
> gen das Stück richtete, vollständig einverstanden. Es ist nicht richtig,
> daß diese Stücke früher erlaubt waren und jetzt verboten worden
> sind. Das Stück Boris Godunow ist am Taganka nicht verboten wor-
> den, sondern wird jetzt für die Aufführung vorbereitet. [Die Pre-
> miere fand 1989 statt.] Das Exekutivkomitee der Stadt Moskau hat
> eine gewisse Kritik daran geübt, aber das liegt im Rahmen der
> Kompetenz dieser Behörde.

Andropow machte sich auch nicht die Mühe, die Fakten zu überprüfen,
die ich ihm über die Wirtschaftslage vermittelt hatte.

»Ich weiß nicht, was der Genosse Wolkow gepredigt hat«, schrieb
Andropow. »Aber selbst, wenn ich alles glaube, was Sie schreiben, sehe
ich keinen Grund zur Panik. Wenn er sich täuscht, sollte er korrigiert
werden, und damit ist die Sache erledigt.« Solch ein Kommentar von
einem erfahrenen Politiker, der die Hierarchie zwischen dem ZK-Apparat und den Wissenschaftlern so genau kannte! Andropow fuhr fort:
»Sie schreiben, daß es eine Menge aufgeregten Geredes gibt – die Leute
verstehen nicht, wohin diese Wende uns führt ... Ist die geplante
Wirtschaftskonferenz als ein Prügel gedacht? Wie kommen Sie zu solchen Schlüssen? Hat das Zentralkomitee in letzter Zeit irgend jemanden ›verprügelt‹? Leute, die sonst mit ihrer Zeit nichts anzufangen

wissen, können sich auf solche Spekulationen einlassen.« Auch das war natürlich ein unfairer Kommentar. Andropow wußte besser als jeder andere, wie führende ZK-Mitglieder die Zukunft einzelner Menschen und sogar ganzer Wissenschaftszweige ruinieren konnten.

Aber den entscheidenden Teil seiner Antwort hatte er sich für den Schluß aufgehoben:»Ich schreibe Ihnen dies, um Sie wissen zu lassen, daß solche Notizen für mich keine Hilfe sind. Sie gründen sich nicht auf Fakten, sie sind irritierend und vor allem, sie erlauben es einem nicht, richtige und nützliche Schlüsse zu ziehen.« Ich verstand diesen Brief nicht als einen Versuch, meine Meinung zu korrigieren (was ich durchaus akzeptiert hätte), sondern als eine Erklärung, daß unser früheres Verhältnis an seinem Endpunkt angelangt war. Vor allem tat er dies nicht in einem persönlichen Gespräch (oder zumindest am Telefon), sondern »dokumentierte« es in schriftlicher Form.

Es war ein großer Streit, und er beunruhigte mich sehr. Zudem kam er für mich als eine Überraschung. Weder der Ton meines Briefes noch die Fragen, die ich in ihm aufgeworfen hatte, unterschieden sich in irgendeiner Weise von anderen Notizen, die ich Andropow von Zeit zu Zeit geschickt hatte. Unser Verhältnis, das mehr als zwanzig Jahre gehalten hatte, war so, daß ich auf formale Dinge nicht achten mußte, sondern schreiben konnte, was ich dachte, ohne mich besonders um Fragen der Form zu kümmern. Meine Kommentare hatten nie zuvor einen solchen Zorn hervorgerufen.

Ich rief Alexander Bowin an, den einzigen Menschen, den ich kannte, welchem ich beide Briefe zeigen konnte, und bat ihn um Rat. Wir trafen uns an einer Bushaltestelle auf der Kropotkin-Straße. Es regnete, und indem ich die Briefe mit der Hand abdeckte, las ich sie ihm unter der Straßenlaterne vor. Bowin, der Andropow ebenfalls sehr gut kannte, stimmte mir zu, daß es nicht mein Brief allein gewesen sein konnte, der eine solche Reaktion provoziert hatte. Andropow hatte ihn als einen Vorwand benutzt, um sich von mir zu distanzieren. Bowin war auch der Meinung, daß ich mich nicht entschuldigen sollte, nicht versuchen sollte, mich zu erklären oder den Vorfall auszubügeln. Damit blieb mir nur eine Option – das Signal zu verstehen und zu akzeptieren und Andropow nicht mehr in die Quere zu kommen. Wenige Tage später gab es einen analogen Zusammenstoß zwischen Bowin und Andropow, der meinen Verdacht bestätigte, daß der Brief nicht die Ursache des Ärgers war.

Was aber war der wahre Grund gewesen? Allmählich kam ich zu
dem Schluß, daß gewisse Mitglieder der Führung große Anstrengungen gemacht hatten, den neuen Parteichef gegen unabhängige Meinungen zu isolieren. Will man Personen benennen, so waren das Simjanin,
Ustinow und vielleicht Tschernenko. Ich hörte, daß irgend jemand das
Gerücht in die Welt gesetzt hatte – es war natürlich hauptsächlich für
Andropow bestimmt –, daß gewisse Personen, die früher mit Andropow gearbeitet hatten, darunter Bowin und ich, sich ihrer alten Freundschaft mit dem Generalsekretär brüsteten und Hoffnungen ausgesprochen hätten, davon politisch zu profitieren, daraus sogar einen Anspruch auf hohe Positionen ableiteten.

Das läßt natürlich immer noch die Frage offen, wie Andropow, der
uns seit vielen Jahren kannte, auf solch einen Unfug hereinfallen
konnte. Eine Erklärung liegt in Andropows Neigung, sich Klatsch anzuhören, die durch sein Mißtrauen und seine Arbeit beim KGB noch
vertieft worden war. Manchmal glaubte er dem Klatsch. Auch war er
nicht entschlossen genug, um seine Beziehungen zu den Quellen dieser
Gerüchte zu gefährden, insbesondere wenn sie von hoher Ebene kamen. Zweitens war Andropow ernsthaft krank, und das beeinflußte oft
seine Urteilsfähigkeit. Die darauf folgenden Ereignisse überzeugten
mich davon, daß die Krankheit eine Rolle gespielt hatte und daß Andropow sich nicht mehr voll im Griff hatte.

Auf einem diplomatischen Empfang im Januar zog mich ein guter
Freund, der bekannte Übersetzer Viktor Suchodrew, der im Außenministerium arbeitete, zur Seite. Er erzählte mir, daß er in einem Büro
mit Simjanins Sohn zusammengesessen habe, der allen, die es hören
wollten, erzählte, daß Andropow »Arbatow zurechtgewiesen« habe,
weil dieser sich in Fragen der Kultur und der Kunst eingemischt habe
und daß Andropow alle Beziehungen mit ihm abgebrochen habe.
Außer Andropows schlechter Gesundheit konnte ich für diese Indiskretion, die auch einen persönlichen Verrat darstellte, keine Erklärung
finden, besonders da Andropow mir mehrmals gesagt hatte, daß er
Simjanin verachtete. Wenig später reagierte Andropow auf irgendeine
Unterstellung, ich hätte einigen Amerikanern, die Moskau besuchten,
etwas Unkorrektes gesagt, und ließ seinen Nachfolger beim KGB, Viktor Tschebrikow, mich zu einem Gespräch rufen, bei dem mir ein offizieller Tadel und eine Warnung erteilt wurden. Angesichts unserer alten Freundschaft konnte ich mir dies nur als ein Symptom seiner

Krankheit erklären. Schließlich hätte er mich einfach selbst fragen können, was da geschehen war, sobald er von dem Vorwurf gehört hatte,
wenn nicht persönlich, dann zumindest durch einen seiner Mitarbeiter
und nicht durch den Vorsitzenden des KGB.

Monate vergingen. Im Mai 1983 rief Andropow mich unerwartet an,
um mir zum 60. Geburtstag und zum Leninorden, den ich kürzlich verliehen bekommen hatte, zu gratulieren. Obwohl die Unterhaltung
kurz, fast offiziell war, hatte ich den Eindruck, daß »Katzen an seiner
Seele kratzten«, wie wir auf russisch sagen; auch ich hatte mich natürlich nicht wohl gefühlt. Ich konnte nicht umhin zu denken, daß gerade
jetzt normale Arbeitsbeziehungen mit diesem Mann besonders wichtig
waren, und nun lagen er und ich im Streit oder hatten zugelassen, daß
andere uns auseinanderbrachten. Bald danach – es war entweder im Juli
oder Anfang August – vertrugen wir uns wieder. Michail Gorbatschow
rief mich eines Tages an (er wußte von unserem Streit) und sagte mit
freudiger Stimme: »Rufen Sie Juri Wladimirowitsch sofort an; er wird
Sie empfangen. Und kommen Sie danach zu mir.« Ich tat das, und wir
hatten ein warmes Gespräch, das mich tief berührte, obwohl einige
offene Worte auf beiden Seiten gesagt wurden. Danach ging ich zu
Gorbatschow, der über unseren Streit nicht glücklich gewesen war und
der offensichtlich einiges dazu beigetragen hatte, ihn zu beenden. Wenig später versöhnten sich auch Andropow und Bowin. Andropows Gesundheit hatte sich verbessert, und er begann ernsthaft über die nächsten Schritte sowohl in der Außen- als auch in der Innenpolitik nachzudenken.

Während einer Konferenz über dieses Thema vertraute er mir die
Vorbereitung eines Memorandums für eine wichtige Rede über die Beziehung zur Intelligenzija an. Zur gleichen Zeit bekam Bowin eine ähnliche Aufgabe zur Nationalitätenfrage. Wir hatten den Eindruck, daß
Andropow sich endlich von den kleineren Dingen abwandte und sich
darauf vorbereitete, an die großen Fragen des Landes heranzugehen.

Bald nachdem ich ihm das Memorandum geschickt hatte, rief er an,
dankte mir und sagte, daß er es interessant gefunden habe. Er fügte
hinzu, er hoffe, daß wir es bald diskutieren und meine Vorschläge umsetzen könnten. Aber bald darauf wurde er erneut krank und kehrte
nicht wieder an die Arbeit zurück.

Ein paar Tage nach Andropows Tod ließ mir einer seiner Mitarbeiter
das Memorandum wieder zukommen. Für mich war interessant, wel-

che Passagen er angestrichen hatte. Unter anderem hatte er sich offenbar besonders mit meinen Überlegungen über die Haltung der Führung
zur Intelligenzija beschäftigt, 66 Jahre nach der Revolution. Sowohl im
gesellschaftspolitischen als auch im moralischen Sinn »bleibt sie, auch
wenn die bourgeoise Intelligenzija nicht mehr existiert, als letzte, am
wenigsten notwendige und unwichtigste der drei gesellschaftlichen
Sphären erhalten«. »Die Schicht der Intelligenzija«, hatte ich geschrieben, »wird gelegentlich in einem positiven Sinne erwähnt – natürlich
nach der Arbeiterschaft und der Bauernschaft. Aber das geschieht immer mit einer gewissen Herablassung, sogar mit Einschränkungen.
Und in Unterhaltungen mit Offiziellen bleibt das Wort ›Intellektueller‹
praktisch ein Schimpfwort.«

Er hatte auch zu einer »Innovation« eine Anmerkung gemacht, die,
glaube ich, ursprünglich auf Jegor Ligatschow zurückging, der zum ZK-
Sekretär für die Organisation der Parteiarbeit und das Personal ernannt
worden war:

Vor kurzem ist beschlossen worden, niemanden mehr im ZK arbeiten zu lassen, der nicht vorher Erfahrung in der Parteiarbeit gesammelt hat. Das schließt automatisch Spezialisten für die internationalen Beziehungen, Gelehrte und Wissenschaftler, Journalisten,
Kulturschaffende, Ärzte, Lehrer und Manager aus. Im Wesen etablieren wir damit eine Art von bürokratischem Sektierertum. Sobald
die Komitees in den Republiken und den Regionen diese Entscheidung übernommen haben, wird die Parteihierarchie ausschließlich
aus Personen bestehen, die von Jugend an eine bürokratische Karriere angestrebt haben, um schließlich an die Parteispitze zu
kommen. Gewöhnlich beginnen sie diese Karriere in den örtlichen
Komitees des Komsomol und steigen dann in dieser Organisation
Schritt für Schritt auf. Es scheint mir, daß es extrem gefährlich ist,
die Arbeit in der Parteibürokratie einer Art von neuem Adel vorzu-
behalten . . . Das ist eine breitere Frage als die des Umgangs mit der
Intelligenzija, aber sie hat mit ihr zu tun. Ich glaube nicht, daß der
Entschluß von 1960, in die außenpolitische und andere Abteilungen
des Zentralkomitees Wissenschaftler und Gelehrte, Journalisten und
Diplomaten hineinzubringen, in irgendeiner Weise schädliche Folgen hatte. Vielleicht sollte man das auf anderen Gebieten auch versuchen – zum Beispiel als Sekretäre der Gebietskomitees für Wirt-
schaftsfragen?

Geht man von den Anmerkungen aus, die Andropow an den Rand schrieb, interessierte ihn auch mein Gedanke über »die Beziehung zwischen der kreativen Intelligenzija und der Führung«. Hier sind ein paar Sätze daraus:

Hierzu gibt es zwei wichtige politische Punkte. Erstens müssen wir verstehen, daß es wichtig ist, die »Führungsrolle der Partei« in der Kultur und in der Kunst auf politische und ideologische Fragen zu begrenzen.

Zweitens gibt es verschiedene Methoden der Führung. Im Umgang mit der Intelligenzija müssen wir vor allem versuchen, die Menschen zu überzeugen, ihnen Respekt zu erweisen, einen professionellen Umgang mit und Wissen über das Thema zu zeigen.

Andropow hatte auch andere Passagen angemerkt, die sich mit der Beziehung zwischen der Führung und der Intelligenzija befaßten. Unter anderem diskutierte ich dabei die Notwendigkeit eines

Dialoges, eines normalen und systematischen Austausches ... Dieser Austausch sollte nicht wie ein Halbleiter funktionieren, sondern in beide Richtungen gehen. Die Führung sollte die Intelligenzija mit Problemen bekannt machen, die ihr bewußt sein sollten, aber zugleich sollte sie aufmerksam zuhören, was die Intelligenzija zu sagen hat. Und noch ein weiteres Argument. Wir haben viele talentierte Menschen, aber wir haben auch ein paar Gestalten von unbezweifelbarer Größe: Tschingis Aitmatow, Swjatoslaw Richter, Georgi Towstonogow, Jewgeni Mrawinski. Sie müssen beschützt und geehrt werden. Selbst Jossif Wissarjonowitsch [Stalin] hielt einen solchen Kreis aufrecht und neigte dazu, ihre Verfehlungen zu ignorieren, ganz zu schweigen von den Denunziationen, die manche von ihnen trafen.

Andropow zeigte auch Interesse an einigen Passagen, die sich mit den beträchtlichen Schwierigkeiten einer breiten Gruppe von Akademikern befaßten, besonders Ärzte und Lehrer. Er hatte die Stelle unterstrichen, wo ich schrieb, daß eine Gehaltserhöhung von zehn bis fünfzehn Prozent nicht viel ausrichten könne und daß etwas Radikaleres geschehen müsse.

Die Zeit ist wahrscheinlich reif für eine tiefe Reform beider Bereiche [Erziehung und Gesundheit]. Unter anderem brauchen wir eine Art von »Industrialisierung« und vielleicht sogar eine wissenschaftlich-technische Revolution; moderne Elektronik und neue Kommunikationsmittel würden zum Beispiel unseren besten Lehrern erlauben, Vorlesungen, die auf dem neuesten Stand sind, zu verbreiten und ihre Kollegen anzuleiten (solche Dinge sind besonders wichtig in der Medizin). Was die Gesundheitsversorgung angeht, sollte man, wenn keine andere Lösung zu greifen scheint, eine private Bezahlung für medizinische Versorgung in Erwägung ziehen (insbesondere im Fall von Menschen, denen ein anständiges Gehalt gezahlt wird), statt mit der schrecklichen Form von Bestechungen und Geschenken fortzufahren, die jetzt vorherrscht.

Andropow unterstrich auch das folgende Argument:

Unser großes Kontingent von Ingenieuren stellt ein ähnliches Problem dar wie unsere Lehrer und Ärzte. Sie haben ihre eigenen besonderen Sorgen, aber in ihrer Arbeit und in ihren Lebensbedingungen gibt es viel, das mit der hohen Einschätzung eines Ingenieurs nicht übereinstimmt. Sie sind offensichtlich unterbezahlt, deshalb arbeiten sie schlecht, und die Lücke zwischen dem, was sie tun könnten, und dem, was sie tun, ist beträchtlich. Vielleicht sollte man das einmal mit unseren Spezialisten diskutieren. *

Hätte Andropow länger gelebt, würde er vielleicht den Versuch gemacht haben, zumindest einige dieser Ideen durchzusetzen; aber ich bin nicht sicher, ob er das mit der Energie und Ausdauer betrieben hätte, die angesichts des zu erwartenden Widerstandes notwendig gewesen wären.

Mir scheint, daß das Schicksal diesen ungewöhnlichen und politisch talentierten Menschen verschwendete, indem es ihn zu lange in zweitrangigen Rollen festhielt. Vielleicht war er bereits ausgebrannt, als er an die Spitze des Landes und der Partei kam, vielleicht war es schon zu spät. Aber andererseits war er natürlich auch von den politischen Traditionen und der Moral geprägt, die das Land bereits lange Zeit dominiert hatten.

Andropow blieb wenig Zeit. Das letzte Mal sah ich ihn Anfang Januar 1984. Einer Gruppe von uns war der Entwurf einer traditionellen Rede für die Februar-Wahlen zum Obersten Sowjet anvertraut wor-

---

* Ich gehe so detailliert auf dieses Memorandum ein, da es, soweit ich weiß, eines der wenigen Dokumente darstellt, die zumindest indirekt über Andropows politische Pläne Auskunft geben – Pläne, die er in der kurzen Periode entwarf, als er der Führer des Landes war.

den. Man nahm an, daß Andropow, wenn seine Gesundheit es erlaubte, sie entweder bei einer Wahlversammlung oder vor den Fernsehkameras verlesen würde. Mitten in der Arbeit rief ein Mitarbeiter Andropows an und bat mich, Andropow im Krankenhaus zu besuchen, um gewisse Fragen der Rede zu besprechen. Ich fand ihn in einem alten Zahnarztstuhl mit Kopflehne sitzend in seinem Krankenzimmer vor. Er sah schrecklich aus; ich begriff, daß ich einen sterbenden Mann vor mit hatte. Er sprach wenig, und ich fühlte mich sehr unbehaglich. Um die schwierigen Pausen zu überbrücken, redete ich fast ununterbrochen auf ihn ein. Kurz bevor ich mich verabschiedete, beugte er sich vor, und wir umarmten einander. Erst als ich gegangen war, begriff ich, daß er mich zu sich geholt hatte, um Abschied zu nehmen. Später hörte ich, daß er eine ganze Reihe von Menschen auf diese Weise zu sich hatte rufen lassen, mit denen er seit langer Zeit zusammengearbeitet hatte.

Ein paar Wochen später starb Andropow.

Soweit ich es sagen kann, trauerten die Leute ehrlich um ihn. Als er an die Macht kam, hatte er viele Hoffnungen geweckt, und sein früher Tod hinterließ ein Gefühl der Ungewißheit und der Enttäuschung. Diese Gefühle vertieften sich, als Konstantin U. Tschernenko seine Nachfolge antrat.

## Todeskampf

Die Periode der Reformen und der Perestroika hätten direkt nach dem Tode Andropows beginnen können. Ich hörte, daß er kurz vor seinem Tode noch ein langes Treffen mit Ustinow gehabt hatte, der zu der Zeit der stärkste und einflußreichste Mann in der Regierung war, sowohl aufgrund seines Wesens als auch aufgrund der Tatsache, daß hinter ihm das Militär stand. Gromyko, der selbst ein arroganter Mann war, buckelte praktisch vor ihm. Noch stärker galt das für die anderen Mitglieder des damaligen Politbüros. Daher fiel wahrscheinlich Ustinow das letzte Wort in der Entscheidung über einen Nachfolger zu. Obwohl ich es nicht mit Sicherheit sagen kann, glaube ich, daß Andropow das Problem der Nachfolge mit ihm diskutierte. Ich bin mir auch sicher, daß Andropow in keinem Fall Tschernenko empfohlen hat; er nannte wahrscheinlich Gorbatschow.

Warum folgte Ustinow dann nicht diesem Rat, warum hörte er nicht einmal auf die Meinung der Ärzte? Zu der Zeit war Jewgeni Tschasow Chef der »Vierten Abteilung« des Gesundheitsministeriums, die verantwortlich war für die ärztliche Versorgung der Mitglieder der Führung. Als er und ich nach Tschernenkos Begräbnis vom Roten Platz zurückkamen, schwor Tschasow, daß er die Politbüro-Mitglieder ein Jahr zuvor davor gewarnt hatte, daß Tschernenko hoffnungslos krank war, zur Arbeit nicht fähig, daß er bald sterben würde und daß es daher unmöglich war, ihn zum Parteichef zu ernennen. Ich glaube, daß rein selbstsüchtige Motive im Spiel waren: Ustinow war selbst bereits ein alter und kranker Mann, er starb sechs Monate später. Wahrscheinlich fürchtete er den jungen und energischen Gorbatschow und zog den schwachen und sterbenden Tschernenko vor. Diese Annahme wurde von Arkadi I. Wolski bestätigt, der damals Andropows Mitarbeiter war. In einem Interview in der *Literaturnaja Gaseta* vom 4. Juli 1990 sagte er: »Ich erinnere mich an den Tag, als das Politbüro nach dem Tod Andropows zusammentrat: Ustinow und Tichonow gingen an uns vorbei in den Saal. Der Verteidigungsminister hatte eine Hand auf die Schulter des Premierministers gelegt und sagte: ›Mit Kostja [Tschernenko] ist leichter auszukommen als mit dem anderen [Gorbatschow] . . .‹« So wurde die Frage der Führung einer Großmacht entschieden.

Andropow sah eindeutig Gorbatschow als seinen Nachfolger. In einem Interview in der Wochenzeitschrift *Nedelja* (Nr. 36, 1990, S. 7) erzählte Wolski, wie Andropow kurz vor seinem Tode in den Text eines Memorandums, das an die ZK-Mitglieder ging, den folgenden Absatz einfügte: »Genossen und Mitglieder des Zentralkomitees der KPdSU, aus Euch wohl bekannten Gründen kann ich zur Zeit nicht aktiv an der Führung des Politbüros und des ZK-Sekretariats teilnehmen . . . Ich betrachte es als notwendig, Euch ehrlich mitzuteilen, daß dieser Zustand längere Zeit andauern könnte. In Verbindung damit möchte ich das ZK-Plenum bitten, diese Frage zu untersuchen und die Führung des Politbüros und des ZK-Sekretariats an den Genossen Michail Sergejewitsch Gorbatschow zu übergeben.« Dies war sein Vorschlag für die Nachfolge. Wolski zufolge wurde dieser Absatz indessen aus dem Text des Memorandums herausgenommen. Und zwar auf Betreiben der Troika – Tschernenkos, Tichonows und Ustinows. Das erregte, wie Wolski sagt, Andropows Zorn.

Was für ein Mann war Tschernenko? Um diese Frage zu beantworten, muß man ihn nicht einmal persönlich gekannt haben. Er war vollkommen transparent. Tschernenko war ein professioneller Amtsvorsteher, ein durchschnittlicher Bürokrat, kein Staatsmann. Er hätte nie weiterkommen dürfen als zum Sektorenleiter der ZK-Abteilung für Agitation und Propaganda oder zum Sekretariatsleiter des Präsidiums des Obersten Sowjet. Es gab nicht den geringsten Grund, von ihm als Führer irgend etwas Wertvolles zu erwarten, obwohl er keine bösartige Person war. Aber er hätte eine Menge Schaden anrichten können, wenn er mehr Zeit und eine bessere Gesundheit gehabt hätte. Der Gesundheitsfaktor war wichtig, nicht nur weil er sonst mehr hätte tun können, sondern weil sonst jene, die ihn umgaben, ihn ernstgenommen, ihn gefürchtet, ihm gehorcht hätten. Sie hätten nicht angesichts der auf sie zukommenden Veränderungen geschwankt.

In Wirklichkeit aber verstand jeder, daß Tschernenko eine Übergangsfigur war. Einige kamen zu dem Schluß, daß es notwendig war, durch diese Zeit mit minimalen Verlusten hindurchzukommen und sich so gut wie möglich auf die ernsthaften Veränderungen vorzubereiten, die lange überfällig waren. Michail Gorbatschow war ohne Zweifel einer dieser Leute. Er wurde praktisch zum Zweiten Sekretär des ZK, da er den Vorsitz bei den ZK-Sitzungen und, in Abwesenheit des Generalsekretärs, auch bei den Sitzungen des Politbüros führte. Und er war nicht nur sehr gewissenhaft, er tat auch alles, was er konnte, um die verfallene Regierungsmaschinerie in Gang zu halten, während er zur gleichen Zeit seine Loyalität gegenüber dem kranken Generalsekretär demonstrierte.

Gorbatschow traf sich kontinuierlich mit Spezialisten, die verschiedene Disziplinen repräsentierten, hörte ihnen zu und diskutierte auch oft mit ihnen, definierte auf diese Weise seine Position in grundlegenden Fragen der Innen- und Außenpolitik. Erst nach dem Tod Breschnews fand Gorbatschow es möglich, glaube ich, ein offenes Interesse an der Außenpolitik zu zeigen. Als ZK-Sekretär war er für landwirtschaftliche Fragen zuständig, und ein Interesse an der Außenpolitik wäre von seinen Kollegen als Führungsanspruch verstanden worden. Unter Andropow hörte er auf, sich darüber Sorgen zu machen, und unter Tschernenko war er gezwungen, an den Überlegungen zur Außenpolitik teilzunehmen. Seine Führung der Parlamentsdelegationen nach Kanada 1983 und insbesondere nach Großbritannien 1984 waren vielleicht die sichtbarsten seiner außenpolitischen Aktionen in jenen Jahren.

In der Tat war es während der Vorbereitungen für die erste dieser
Reisen, daß ich Gorbatschows beginnendes außenpolitisches Interesse
bemerkte. Mein Institut war damit beauftragt, Material für die Reise
der Parlamentsdelegation vorzubereiten; dieses Material wurde dem
Führer der Delegation zugesandt. Einige Tage später bat mich Gorbatschow, ihn zu besuchen. Als ich ihn fragte, ob er mit dem Material
zufrieden sei, antwortete Gorbatschow: »Ja, aber alles dreht sich nur
um Landwirtschaft. Ich habe zwar die Kompetenz für diesen Bereich,
aber es wäre für mich wichtiger, über die Außenpolitik zu sprechen und
die entsprechenden Materialien dafür zu bekommen.« Ich verstand
diese Bitte als ein Signal und vergaß von da an Gorbatschows wachsendes Interesse an dem Thema nie wieder. Ich erledigte auch ein paar
Dinge für ihn während seiner Vorbereitungen auf die Reise nach Großbritannien im Dezember 1984.

Er rief mich ungefähr eine Woche vor seiner Reise an und bat mich,
vorbeizukommen. Als ich bei ihm war, übergab er mir die abgeschrie-
benen Texte der Reden, die er in England halten sollte, und bat mich
um Kommentare dazu. Ich sagte, ich würde das gern tun, müsse aber in
drei Tagen in die Vereinigten Staaten aufbrechen. Er war enttäuscht
und sagte: »Das ist aber dumm«, wahrscheinlich in der Hoffnung, daß
ich in der Lage sein würde, meine Reise zu verschieben. Ich sagte, daß
ich das nicht tun könne, daß ich aber alles bis zum folgenden Tag beendet haben würde. Ich schrieb ihm meine Meinung zu den Papieren, die
er mir gegeben hatte – sie fiel sehr negativ aus. Die Autoren der Rede
wollten, daß Gorbatschow »Rache« für Reagans kürzlichen Besuch in
England nehmen sollte. Reagan hatte bei der Gelegenheit eine antisowjetische Rede im englischen Parlament gehalten. Ich schrieb, daß Reagans Rede nicht sehr umsichtig gewesen sei, aber daß man deshalb
nicht mit demselben Mangel an Takt antworten müßte. Wie würde
Gorbatschow reagieren, wenn ein amerikanischer Politiker eines unserer verbündeten Länder besuchte und dort eine antisowjetische Rede
hielt? Warum sollte man Thatcher in eine so schwierige Position bringen? Ich empfahl ihm daher, jeden antiamerikanischen Ausfall zu vermeiden und einen konstruktiven Ansatz mit Blick auf die Zukunft zu
suchen. Ich schlug ihm Passagen vor, die er vielleicht in der Rede ver-
wenden könnte. Offensichtlich entsprach all dies sehr genau Gorbatschows inneren Überzeugungen, und er verhielt sich genauso, wie ich
es ihm geraten hatte. Als ich nach Moskau zurückgekehrt war, lud er

mich ein, umarmte mich und sagte:»Siehst du, ich habe deine Ratschläge befolgt.« Nach dieser Großbritannien-Reise wurde er zum ersten Mal von der ganzen Welt nicht nur als der wahrscheinlichste Nachfolger Tschernenkos betrachtet, sondern auch als ein Staatsmann, von dem man neue Ansätze in den wichtigsten politischen Fragen erwarten konnte.

Auch andere Probleme zogen Gorbatschows Interesse auf sich. Während der quälenden Monate der Tschernenko-Periode sammelte sich eine Gruppe von Leuten um Gorbatschow, welche die Idee der Erneuerung unterstützten, eine Politik, die später den Namen Perestroika trug. Die Mehrheit der führenden Politiker – die Mitglieder und Kandidaten des Politbüros und die ZK-Sekretäre – wartete während dieser Periode einfach ab. Das Heranrücken von Tschernenkos Ende war eine sichere Sache.

Nach den Gerüchten, die ich hörte, gab es zu dieser Zeit eine Menge Manöver von Leuten, die sich Hoffnungen machten, Nachfolger des schwerkranken Mannes zu werden; sie probierten sozusagen schon »den Hermelinmantel« an. Aber konnte man sie dafür ernsthaft tadeln? Fast jeder von ihnen – Grischin, Romanow, Gromyko – konnte sich selbst fragen: Warum nicht ich? Bin ich schlechter als Tschernenko? Diese Atmosphäre hatte einen extrem negativen Effekt auf die öffentliche Moral.

Die damalige politische Situation war gekennzeichnet von vollständiger Stagnation und vom Niedergang. Angesichts dieser extremen Krise fragte man sich wirklich, was die Führung und was das Zentralkomitee, in dem die wahre Macht konzentriert war, eigentlich taten. Zwei Fernsehauftritte Anfang März 1985 machten den Verfall besonders deutlich; der sterbende Tschernenko, von seinem Sterbebett weggeholt, wurde, unter den Armen gestützt, vor die Kamera geführt. Soweit ich weiß, ging das auf Grischin (vom Moskauer Stadtkomitee) und nicht auf das ZK zurück. Gorbatschow, dem ich meine negative Reaktion deutlich machte, wußte offensichtlich nichts davon; er hatte die Sendung nicht gesehen. Diese Bilder wurden in der ganzen Welt immer wieder ausgestrahlt, offensichtlich als ein Symbol unserer Schwäche – in der Tat als Symbol unseres Todeskampfes.

Die verzweifelte Lage war letztlich jedem offensichtlich. Und es ist sehr schwer zu glauben, daß in dieser Periode trotzdem soviele Leute ihre ganze Zukunft auf Tschernenko setzten und versuchten, ihn zu ge-

brauchen, um ihre eigenen Ambitionen zu fördern. Aber es gab solche
Leute. Zum Beispiel Richard I. Kossolapow, zu der Zeit Chefredakteur
der Zeitschrift *Kommunist*, aber zuvor ein langjähriger Angestellter in
der Propagandaabteilung des ZK und Abgeordneter des Obersten Sowjet. Tschernenko vertraute ihm vollständig. Ich weiß nicht, warum. Er
betrachtete Kossolapow als unseren führenden Ideologen und Theoretiker und hielt ihn ständig in seiner Nähe. Kossolapow war ein dogmatischer Stalinist (obgleich nicht dumm und zumindest in der Literatur der
orthodoxen Zitate belesen), und er nutzte seine Position als Chefredakteur der theoretischen und politischen Zeitschrift des Zentralkomitees,
um seine Ansichten zu verbreiten. Das überraschte mich nicht. Was ich
nicht verstand, war seine Absicht, seine Nähe zu Tschernenko für seine
Karriere zu nutzen, über den alten, kranken Mann der Hauptideologe
der Partei zu werden und sich auf diese Weise einen Weg in die Führung
zu bahnen.

Kossolapow und seine Freunde befanden sich in einem Wettlauf mit
dem Tod. Sie hatten den XXVII. Parteitag ins Visier genommen, der
nach den Statuten im Februar oder März 1986 stattfinden mußte.
Aber gegen Ende 1984 und zu Beginn des Jahres 1985 war klar, daß
Tschernenko es so lange nicht machen würde. Also wurde der Kongreß unter dem Druck der jungen Karrieristen in den Herbst 1985
vorverlegt. Im März 1985 sollte eine Gruppe von ZK-Mitarbeitern,
angeführt von Kossolapow, die Stadt verlassen, um den Kongreß vorzubereiten. Aber Tschernenkos Tod verhinderte ihre Abreise.

In den Jahren der Perestroika wurde Kossolapow zu einem der
Ideologen der ultrakonservativen Opposition – der sogenannten Ein-
heitsfront der Werktätigen (OFT), die vom konservativen Flügel der
Partei, vom Staatsapparat und von der Führung der Gewerkschaft
geschaffen worden war und darauf abzielte, Arbeiter mit den Forderungen nach einer »Diktatur des Proletariats« und mit rechten popu-
listischen Schlagworten zu gewinnen. Diese Slogans waren nicht einfach nur stalinistisch, sondern in ihren Implikationen sogar faschi-
stisch.

Für mich persönlich war die Tschernenko-Periode sehr schwierig.
Ich kannte ihn und hatte nichts gegen ihn. Wer aber definitiv etwas
gegen mich hatte, war einer von Tschernenkos Verwandten, Michail
I. Wolkow, der noch Chef des Sektors für Wirtschaftswissenschaften
der ZK-Abteilung für Wissenschaft war. Ich habe seine Attacke

auf die ökonomischen und politikwissenschaftlichen Institute der
Akademie der Wissenschaften bereits beschrieben.

Ich wurde auch persönlich angegriffen. Eines Tages bat mich Samjatin um einen Besuch. Er ließ mich einen Brief lesen, der dem ZK
von einer Person zugesandt worden war, die ich nicht kannte. Der
Brief klagte mich an, Reagan gepriesen zu haben. Die Anklage basierte auf der Tatsache, daß ich im sowjetischen Fernsehen halb witzelnd gesagt hatte, daß Reagan das amerikanische Volk mit seinem
Säbelrasseln und seinen militärischen Reden eingeschüchtert und daher der Antiatombewegung in seinem Lande enormen Antrieb gegeben habe, deshalb verdiene er vielleicht einen Friedenspreis – wenn
auch nicht gleich den Nobelpreis. Simjanin, der ZK-Sekretär für
Ideologie, und Samjatin waren von der Führung beauftragt worden,
mich zu einer Erklärung aufzufordern.

Ich war empört. Hatten er und die Führung die Ironie wirklich
nicht verstanden? Wie konnten sie einen offensichtlich törichten
Brief so ernst nehmen, der von einem Menschen geschrieben war,
dem jeder Humor fehlte? Samjatin fühlte sich deutlich unbehaglich
und wiederholte immer wieder, daß er nur einen Auftrag ausführe.

Im Frühjahr 1984 wurde eine wirkliche Provokation gegen mich
initiiert. In einem Artikel über Konstantin Tschernenko, der in der
westdeutschen Illustrierten *Stern* erschien, wurde ich folgenderma-
ßen zitiert: Ich hätte gesagt, daß Tschernenko ein ungebildeter Bauer
und in keiner Weise für seine hohe Position geeignet sei. Natürlich
hatte ich nichts dergleichen gesagt; die bloße Idee, jemanden aufgrund seiner »nichtaristokratischen« Herkunft zu kritisieren, ist mir
fremd. Ich kannte die Moskauer Verbindungen, die der *Stern* zu der
Zeit hatte, und ich kam zu dem Schluß, daß es sich um Fehlinformationen handelte, die den Deutschen bewußt von jemandem gegeben
worden waren, der mir schaden wollte. Und diese Fehlinformationen
wurden, wie ich bald herausfand, sofort an die Führung weitergeleitet, was zu lebhaften Diskussionen in den Korridoren der Macht
führte.

Wenig später sprach Gorbatschow mich auf diese Sache an. Er
sagte mir, daß er von dem Zitat gehört habe und daß ich ihn nicht
davon zu überzeugen brauche, daß es erfunden sei: »Es gibt einige
Dinge, deren man Arbatow nicht anklagen kann«, sagte er, »darunter, ein derartiger Idiot zu sein, solche Dinge ausländischen Journali-

sten zu sagen.« Er versprach mir, mit Tschernenko zu reden, und riet
mir zugleich, Tschernenko selbst um eine Unterredung zu bitten. Ich
folgte seinem Rat und hatte bald einen Termin. Ich saß etwa zwanzig
Minuten im Warteraum. Das war auch ganz nützlich: Etwa zehn
Staatsangestellte, die hin- und hereilten, sahen mich und sagten das
schnell anderen weiter. Dann sprach ich etwa zwanzig oder fünfundzwanzig Minuten mit Tschernenko: über die Beziehungen zu den Vereinigten Staaten und über die Notwendigkeit, eine aktivere Außenpolitik in der Pazifik-Region zu führen. Tschernenko hörte zu, hustete die
ganze Zeit und spuckte in eine Flasche (ich erinnere mich an diese Art
Flaschen aus der Tuberkulose-Klinik, in der ich während des Krieges
war). Er war recht freundlich; er sagte, daß er grundsätzlich mit allem,
was ich sagte, übereinstimme, und bat mich, dem Zentralkomitee eine
Notiz dieses Inhalts zu übergeben. Ich tat das, aber solange Tsche-
nenko am Leben war, hatte diese Notiz keinerlei Wirkung. Ich hatte
auch, ehrlich gesagt, keine erwartet. Mein persönliches Problem war in
dem Moment gelöst, und einige Zeit ließ man mich in Frieden, die politische Situation aber blieb so elend wie zuvor.

Zur gleichen Zeit wuchs das Verständnis dafür, daß das Land einen
weiteren Mann von Tschernenkos intellektueller und politischer
Schwäche nicht würde ertragen können. Und obwohl es nicht in unserer Tradition lag, darüber zu diskutieren, welcher Politiker der nächste
Führer werden könnte, war das Land der grauen Anonymität der Führung so müde, daß das Problem der Nachfolge des Generalsekretärs jeden beschäftigte. Und als Tschernenko starb, war die bei weitem· vor-
wiegende Meinung, daß der einzige würdige Kandidat Michail Gorbatschow hieß.

Die Nachricht von Tschernenkos Tod erreichte mich in San Fran-
cisco, wo ich an dem Morgen mit einer parlamentarischen Delegation
angekommen war, die von Wladimir W. Schtscherbizki angeführt
wurde. Noch am gleichen Abend brachen wir die Reise ab und kehrten
nach Hause zurück. Jeder fragte sich, wer der Nachfolger sein würde.
Die Leute in der Delegation hatten ganz unterschiedliche politische Ansichten. Aber während des Fünfeinhalb-Stunden-Fluges nach New
York in jener Nacht hielt niemand von uns die gewöhnliche Zurückhaltung aufrecht, die uns Jahrzehnte der Angst eingeflößt hatten. Alle redeten laut, und alle waren sich in einer Sache einig. Gorbatschow und
nur Gorbatschow konnte der neue Führer werden. Die fünf ZK-Mit-

glieder an Bord drohten sogar, daß sie auf dem nächsten Plenum protestieren würden, wenn das nicht geschah.

In New York, wo wir in ein sowjetisches Flugzeug umsteigen mußten, wurde unsere Delegation von unserem Botschafter in den USA, Anatoli F. Dobrynin, und dem sowjetischen Repräsentanten bei der UNO, Oleg A. Trojanowski, empfangen. Als wir den Gang herunterkamen, flüsterten sie uns zu: »Das Plenum ist bereits zusammengetreten; sie haben Gorbatschow zum Generalsekretär gewählt.« Großer Jubel brach in der Delegation aus. Ich sagte halb im Spaß zu meinen Kollegen: »Haltet euren Jubel zurück, bis ihr im Flugzeug seid; schließlich ist die Nation in Trauer!«

Wie kann man eine solche kurze historische Periode wie die Tschernenkos einschätzen? Zu Anfang hatte ich eine einfache Antwort dafür: Mehr als dreizehn Monate waren in einer schwierigen Zeit für das Land verlorengegangen. Dann begann ich, die Lage sorgfältiger zu durchdenken. Vielleicht waren diese dreizehn Monate doch nicht verschwendet. Vielleicht waren sie nach der Stagnation notwendig, vielleicht mußten wir nach der leichten Erschütterung, die Andropow ausgelöst hatte, erst verstehen, wie sehr das Land radikale Reformen brauchte. In diesem Sinne ebneten gerade die Trübseligkeit und die Verzweiflung des Tschernenko-Regimes womöglich den Weg für die Perestroika.

# Das Institut: Wie wir Amerika »entdeckten«

Im Mai 1967 beschloß die Akademie der Wissenschaften der UdSSR, ein USA-Institut zu etablieren. Alexej Rumjanzew, zu jener Zeit Vizepräsident der Akademie, rief mich an und bot mir den Posten des Direktors dieses Instituts an. Ich war sofort interessiert. Vor allem bot sich mir damit eine Chance, in das Feld zurückzukehren, das ich mir als junger Mann ausgewählt hatte – das Studium Amerikas. Zweitens wollte ich sehr gerne ein eigenes Projekt leiten – ich war vierundvierzig Jahre alt und ein bißchen spät dran für ein solches Unternehmen. Aber zu dem Punkt in meiner Karriere hatte ich mir den Ruf als potentieller Spezialist für die Vereinigten Staaten verdient. Ich las und schrieb über Amerika, und ich hatte zwei Dissertationen über verwandte Themen zu Ende gebracht: in Jura und in amerikanischer Geschichte. Ich begann zu der Zeit auch, zwei Bücher zu schreiben – eines über die Bill of Rights und ein weiteres über Thomas Paine. Ich brachte keines der beiden Projekte zu Ende, da ich danach zuviel andere Dinge zu tun hatte. Und was vielleicht am wichtigsten war: Zu der Zeit hatte Andropow seine Stelle beim Zentralkomitee verlassen. Sein wahrscheinlichster Nachfolger war Konstantin Russakow, und ich war mir absolut sicher, daß ich mit ihm nicht würde arbeiten können.

Ich sagte Rumjanzew auf der Stelle, daß ich den Posten übernehmen würde, und fragte ihn, wie es zu der Idee der Schaffung eines solchen Instituts gekommen sei. Er sagte mir, daß das ein langer Prozeß gewesen sei, getrieben vom Wissen der Regierung, daß Dutzende von Instituten in den USA die UdSSR studierten, während wir nicht ein einziges hatten, das sich mit den Vereinigten Staaten befaßte. Schließlich legten sowohl das Außenministerium als auch die Akademie der Wissenschaften dem Zentralkomitee einen entsprechenden Vorschlag vor. Wie fast alle großen und kleinen Fragen in jenen Tagen wurde diese Sache durch die Parteiführung entschieden; die Antwort war positiv. Ich bin später, vor allem von Amerikanern, oft gefragt worden, was hinter dieser Entscheidung stand. Ich glaube nicht, daß die Schaffung des Instituts irgend etwas mit weiterreichenden politischen Plänen zu tun hatte. Sie war eher eine etwas verspätete Reaktion auf ein wachsendes Interesse, das schon beim XX. Parteitag geweckt worden war, ein Interesse an der Welt draußen und an der Entwicklung gesellschaftspolitischer Forschung.

Wenige Tage später schickte die Akademie der Wissenschaften einen Brief an das Zentralkomitee mit der Bitte, daß ich zu dem neuen Institut versetzt würde. Aber die Entscheidung ließ noch sechs Monate auf sich warten. Breschnews Mitarbeiter sagten mir, daß er schwankte; er konnte sich einfach nicht zu einer Entscheidung durchringen. Schließlich bat ich um einen persönlichen Termin bei ihm. Er erriet sofort, worüber ich reden wollte und murmelte: »Ist das wieder die Frage, ob Sie das ZK verlassen sollen?« Aber er lehnte ein Gespräch nicht ab und lud mich in seine Wohnung ein.

Auf meine Frage, ob er mich gehen lassen würde, sagte Breschnew: »Ich betrachte den Aufbau eines Instituts für Amerikastudien als extrem wichtig. Schließlich haben die Amerikaner viele Institute, die sich mit der UdSSR beschäftigen.« Dieses Argument hatte offensichtlich auch auf ihn Eindruck gemacht. Es war wie der Rüstungswettlauf: Wenn die Amerikaner etwas hatten, dann sollten wir es auch haben. »Aber zugleich«, fuhr er fort, »hat Andropow gerade die Abteilung verlassen, sein früherer Stellvertreter Tolkunow ist kürzlich als Chefredakteur zur *Iswestija* versetzt worden, davor ist bereits Fjodor Burlazki gegangen, und jetzt will Arbatow auch noch weg. Würde das nicht einen wichtigen Sektor des Zentralkomitees schwächen?« Von dieser Haltung konnte ich ihn erst abbringen, als ich auf mein letztes und für ihn offensichtlich überzeugendstes Argument zurückgriff: Ich würde ohnedies gehen müssen, da ich zu dem neuen Chef der Abteilung, Russakow, kein gutes Verhältnis hatte. Jetzt ließ mich Breschnew in nobler Form ziehen. Sonst hätte ich in sehr unangenehmer Form oder sogar unter skandalösen Begleitumständen die Sache durchstehen müssen. Schließlich versprach er, mir nichts mehr in den Weg zu legen, aber erst sollte ich die Arbeit an seinem Bericht für den fünfzigsten Jahrestag der Oktoberrevolution abschließen.

Am 20. Dezember 1967 wurde ich Direktor des Instituts für USA-Studien und blieb für etwa zwei Wochen das einzige Mitglied seines Stabs. Das Studium Amerikas war endlich meine Vollzeitbeschäftigung

geworden. War ich darauf vorbereitet? Bis zu einem gewissen Grade,
ja – aufgrund meiner Ausbildung, meines Interesses an ernsthafter
politischer und ökonomischer Literatur und meiner langen Faszination
für dieses Land und seine Politik. Zur gleichen Zeit kannte ich meine
Schwächen und blinden Flecke genau. Das Studium der Vereinigten
Staaten war bis dahin nicht meine Hauptdisziplin gewesen, und daher
war mein Wissen nicht tief und systematisch genug. Ich war niemals
in den Vereinigten Staaten gewesen. Ich hatte keine amerikanischen
Kontakte oder Bekanntschaften (angesichts der Einschränkungen jener
Zeiten hatte ich als Mitarbeiter des ZK nicht einmal das Recht, solche
Kontakte zu suchen). Ich war meinen amerikanischen Kollegen vollständig unbekannt – ein Umstand, der in den Vereinigten Staaten anfänglich Neugierde, Verwirrung und Klatsch auslöste. Insbesondere
fragte man sich, ob ich mit dem KGB in Verbindung stünde. Ich
mußte den Amerikanern daher während meiner ersten Kontakte ver-
sichern, daß ich kein Mitglied dieser Organisation war.

Das Fehlen von Bekanntschaften und Kontakten war schnell zu korrigieren. Schon bald kam ich regelmäßig mit ausländischen Besuchern
zusammen. Die erste Person, mit der ich zusammenkam, war der
Gouverneur von Michigan, George Romney, der zu der Zeit als einer
der möglichen Kandidaten für den Präsidentschaftswahlkampf von
1968 angesehen wurde. Während der Pugwash-Konferenz vom Dezember 1967 in Moskau traf ich eine Gruppe bedeutender amerikanischer Gelehrter, die Henry Kissinger einschloß, der zu der Zeit noch
Professor an der Harvard-Universität war. Im Januar 1968 gab ich den
Korrespondenten von *Business Week* in Moskau mein erstes Interview, und in meiner sehr bescheidenen Wohnung spielte ich zum ersten Mal Gastgeber für einen Amerikaner. Es war der bekannte Unternehmer und Multimillionär Cyrus Eaton. Meine Frau war völlig
ratlos: Was sollten wir ihm anbieten? Der Gast erwies sich aber als
freundlich und gutmütig. Er aß mit großem Appetit, lobte die Mahl-
zeit und stellte mit sympathischer Neugier Fragen über jeden der
Gänge. Von da an riß die Kette der Besucher nicht mehr ab.

Natürlich lernte ich bald den Botschafter der USA in Moskau
Tommy Thompson und seine Frau kennen. Ich war von ihnen beein-
druckt und bezaubert. Und ich bin Botschafter Thompson nach wie
vor dankbar; ich habe das Gefühl, daß er es war, der einigen seiner
Landsleute erklärte, wer ich war und was mein Institut darstellte. Er

tat dies in solcher Weise, daß sich unsere Verbindungen und Kontakte mit amerikanischen Kollegen sehr günstig entwickelten.

Im Januar 1969 machte ich meine erste Reise in die Vereinigten Staaten. Ich besuchte Harvard, MIT, die Columbia University, Berkeley, Stanford, die Rand Corporation, das Hoover Institute und andere. Unter den Politikern traf ich Kissinger und seine Kollegen, darunter Bill Hyland, und ich lernte Averell Harriman kennen, mit dem ich bis zum Ende seines Lebens eine sehr gute Beziehung hatte. Ihm und seinen Beratern bin ich für ihre Hilfe sehr dankbar. Ich traf Gerard Smith, der damals Chef der Arms Control and Disarmament Agency war; Under Secretary of Defense David Packard; Robert McNamara; John McCloy; Cyrus Vance und auch den berühmten Schriftsteller Arthur Miller. Ich traf auch prominente Senatoren und Kongreßabgeordnete sowie Unternehmer; ich erinnere mich besonders an David Rockefeller, Norton Simon und Tex Thornton.

Was sehr viel schwerer zu bekommen war als Kontakte und Bekanntschaften, war ein *Gefühl* für das Land, einen teilweise rationalen, teilweise intuitiven Sinn, den man nur durch regelmäßige Kontakte mit einer großen Spannbreite von Spezialisten aus den Vereinigten Staaten und mit Repräsentanten der Regierung und des Geschäftslebens sowie mit Journalisten und Intellektuellen bekommen konnte. Solche Gespräche und Begegnungen waren wirklich die einzige Art, wie wir zu einem Verständnis der politischen Mechanismen in Amerika kommen konnten. Und was noch wichtiger war – als wir allmählich verstanden, wie die unterschiedlichen Gruppen von Menschen in Amerika dachten, wandten wir nicht länger unsere eigenen Stereotypen auf eine andere Gesellschaft an.

Im Gegensatz zu den Vereinigten Staaten ist die Grundlagenforschung in unserem Lande nicht an den Universitäten, sondern an der Akademie der Wissenschaften konzentriert. Diese Tradition existiert seit dem Beginn des 18. Jahrhunderts, als Peter der Große die Akademie in St. Petersburg gründete. Alle Felder des Wissens werden gleichberechtigt behandelt – von der Mathematik und Physik zur Philosophie und der Linguistik –, einschließlich der ökonomischen und politischen Forschung über den Fernen Osten, Afrika und Amerika. Die Akademie ist eine Organisation führender Wissenschaftler. Vor noch nicht langer Zeit betrug die Mitgliederzahl nur mehrere Dutzend; als ich Mitglied wurde, gab es 200 Mitglieder, und jetzt sind es 350. Die Akademie

selbst besteht aus mehr als 150 Instituten. Sie beschäftigt sich hauptsächlich mit der Forschung, obwohl sie für Graduierte auch Studien-
gänge anbietet und Doktorgrade und Professuren verleiht. Die Ergebnisse ihrer Arbeit werden in Büchern und akademischen Zeitschriften
veröffentlicht (viele Institute, darunter meines, veröffentlichen ihre
eigenen Zeitschriften) und finden auch in verschiedenen Projekten sowie in politischen und ökonomischen Empfehlungen ihren Nieder-
schlag. Die Anzahl von Angestellten pro Institut ist sehr unterschiedlich – von mehreren tausend bis zu einigen Dutzend Leuten (in meinem
Institut schwankte sie zwischen 350 und 380).

Als ich das Zentralkomitee verließ, verstanden viele Angestellte des
Apparats nicht, was ich tat: Warum, so fragten sie, eine so wichtige
Position für etwas Obskures und Unbekanntes aufgeben? Aber ich
hatte überhaupt keine Zweifel. Zunächst einmal sah ich eine große
Möglichkeit in dieser Arbeit. Man bekommt nur selten die Chance, ein
neues Forschungsinstitut zu initiieren und zu entwickeln. Und das Studium eines Gegenstands von so großer Wichtigkeit wie die Vereinigten
Staaten (1975 fügte ich Kanada hinzu) bedeutete nicht nur Forschung,
sondern auch politischen Einfluß sowie eine Mitsprache bei ökonomischen Entscheidungen.

Im Herbst 1991 fragte mich ein sowjetischer Interviewer: »Sie arbeiten jetzt seit 24 Jahren als erfolgreicher Direktor des Instituts, und
Sie sind sehr bekannt geworden; hat irgend jemand Ihnen während dieser Zeit eine höhere Position angeboten, sagen wir, die Botschaft in den
USA oder sogar das Außenministerium?« Ich antwortete ihm ganz offen, daß man mir anbot, Botschafter in Washington zu werden, als Dobrynin zurückgetreten war, daß ich aber abgelehnt hatte. Diese Offerte
machte mir übrigens Dobrynin selber, dem man die hohe Position eines
ZK-Sekretärs und Leiters seiner internationalen Abteilung angeboten
hatte. In den Vereinigten Staaten ist eine ganze Menge über unsere
Feindschaft oder besser über seine Eifersucht auf mich geschrieben
worden (zum Beispiel von Zbigniew Brzezinski in seinen Memoiren).
Ich war nie an seinem Job interessiert. Ich wollte nie Botschafter werden, auch habe ich nie den Wunsch gehabt, seine Rolle in unseren politischen Entscheidungen herunterzuspielen. Im Prinzip hatten wir die
gleichen Ansichten über die sowjetisch-amerikanischen Beziehungen,
wir waren Verbündete. Aber ab und zu spürte ich eine gewisse Feindseligkeit von seiner Seite, die ich meistens den Versuchen von Offiziellen

zuschrieb, unabhängigen Meinungen den Zutritt zur politischen Führung zu versperren. Zwei- oder dreimal klagte mich Dobrynin in kodierten Telegrammen sogar illoyaler Kommentare an. Einmal führte dies zu einer ernsthaften Unterhaltung mit Breschnew, aber es gelang mir, ihn zu überzeugen, daß Dobrynins Vorwurf ganz unbegründet war. Und mehrere Male schützte mich Gromyko, indem er Dobrynins Telegramm an die Führung einfach nicht weitergab. Er mochte Dobrynin nicht besonders und sah ihn als Rivalen, weshalb Dobrynin fast ein viertel Jahrhundert in Washington blieb. Ich habe mir nie irgendeine Illoyalität Dobrynin gegenüber erlaubt, schon gar nicht in Unterhaltungen mit Ausländern. Aber Gromyko und Andropow gegenüber drückte ich meine skeptische Haltung aus, was den »zweiten Kanal« betraf – das heißt den besonderen Kanal, der die Führer des Landes durch Kissinger und Dobrynin verband.

Auch die Stellung eines stellvertretenden Außenministers oder selbst des Außenministers hätte mich nicht interessiert. Ich hätte abgelehnt, nicht weil ich nicht ehrgeizig wäre; mein Ehrgeiz hat nur eine andere Richtung genommen. Er richtet sich auf das Institut und seine Erfolge, auf *mein* Institut. Ich kam nicht einfach, um für eine Weile der Direktor zu sein und dann fortzugehen und eine bessere oder höhere Position zu finden. Ich wollte eine Art von Institut schaffen, von der ich geträumt hatte. Mir scheint, daß das geleistet worden ist, und deshalb betrachte ich mich als einen glücklichen Mann.

Die Entwicklung des USA-Instituts war eine komplizierte Aufgabe, und das nicht nur, weil es für solche Spezialisten in unserem Land nie eine große Nachfrage gegeben hat, so daß sich nicht viele von ihnen entwickelten. Ich verstand, daß es nicht nur darum ging, den Mangel an gutausgebildeten und kenntnisreichen Leuten zu kompensieren. Die überwältigende Mehrheit unserer Spezialisten (und in gewissem Grade schließe ich mich da ein) sowie unserer Sozialwissenschaftler waren verwöhnt, überwältigt und deformiert durch die immer präsente Ideologie und die Dominanz der Propaganda, durch die Angst, die ein fester Teil unserer nationalen Psyche geworden war, durch die Einschüchterung des Denkens und durch den Konformismus. Zu der Zeit war ich von diesen Aspekten unseres gesellschaftlichen Bewußtseins abgestoßen; ich verstand, daß meine Forschung diese Barrieren überwinden mußte, und ich versuchte dies mit großer Energie. Das klingt vielleicht extrem anspruchsvoll, aber das genau war es, was ich tun wollte – nicht dem System und seiner Politik zu trotzen, ich habe ehrlich nicht einmal eine solche Taktik in Betracht gezogen. Ich war einfach unglücklich über das, was in unserem Land über die Außenpolitik und das Ausland gedacht und geschrieben wurde. Ich wollte demonstrieren, daß die Außenpolitik auch in anderer Weise gemacht werden konnte, aber ich erhielt mir den Glauben, daß das System reformiert werden konnte.

Zu der Zeit mußte ich jede Person einzeln auswählen. Ich mußte versuchen, sie davon zu überzeugen, mit mir zusammenzuarbeiten, und sie in das Institut locken. Es gab lächerlich wenige Kandidaten, also kam der Kern des Mitarbeiterstabs aus dem eigenen Hause, ich suchte sie mir unter den jungen Leuten zusammen, die ich direkt von der Universität in das Institut geholt hatte.

Unsere ersten Projekte bestanden darin, einige analytische Arbeiten und das Buch *Wer ist wer im politischen Leben der USA* zu schreiben. Als Chef mußte ich eine Arbeitsgruppe schaffen und sie zugleich ausbilden und die Forschung leiten. Es gelang mir, die Jungen und die Alten zusammenzuschweißen und eine Atmosphäre für gemeinsame Arbeit, freie Diskussion und intensives Nachdenken zu schaffen, ohne die es keine kreative Arbeit geben kann.

Ich schuftete viele Wochen und sogar Monate, bevor sich die ersten bescheidenen Ergebnisse zeigten. Ich verbrachte viele schlaflose Nächte, fragte mich, ob aus dem Institut jemals etwas werden würde. Und dann wurde mir gesagt, daß Breschnew entweder als Witz oder im Ernst gesagt hatte: »Wenn Arbatow mit dem Institut keinen Erfolg hat, schicken wir ihn ins ZK zurück.« Und ich dachte: Würde ich in Schande dorthin zurückkehren müssen? Viel später, als bereits klar geworden war, daß das Institut für USA- und Kanadastudien auf sicheren Beinen stand (auch wenn nicht jeder es mochte), fragte ich mich oft, wie eine Ansammlung von eigensinnigen Forschern sich mitten in einem Regime hatte entwickeln können, das noch die Narben seiner totalitären Vergangenheit trug. Selbst nach heutigen Maßstäben war das ungewöhnlich. Und wie konnte ein Institut unter solchen eingeschränkten Bedingungen nicht nur funktionieren, sondern sogar aufblühen, während es ständig einen vernünftigen und manchmal sogar progressiven politischen Standpunkt aufrechterhielt.

Ich hatte absolut keine Erfahrung als Verwalter und Chef einer großen Gruppe von Wissenschaftlern und eines unabhängigen Instituts (natürlich nicht unabhängig von gesellschaftlichen Bedingungen und politischen Beschränkungen, aber von direkter administrativer Überwachung). Ich war aber bereits in der Presse tätig gewesen, in der Akademie der Wissenschaften und – zu einer Zeit, als es das politische Hauptquartier des Landes war, der Ort, wo die Politik gemacht wurde – im Zentralkomitee. Auch hatte ich einige internationale Erfahrungen; dieser Hintergrund gab mir die Möglichkeit, meinen Mangel an administrativer Erfahrung bis zu einem gewissen Grade zu kompensieren.

Meine Arbeitserfahrung mit Forschungs- und Autorengruppen, die bei Kuusinen begonnen hatte, lehrte mich, daß man absolut alles tun muß, um Menschen die Verwirklichung ihres Potentials zu erlauben.

Eine der Ursachen unseres Erfolges war die Tatsache, daß ich ehrlich von der Notwendigkeit eines neuen Ansatzes im politischen Denken überzeugt war. Ich wollte das Institut unbedingt zu einem Zentrum befreiten Denkens machen. Weiterhin kannte ich die Regeln unseres politischen Spiels gut genug, um die Arbeit des Instituts in den Formulierungsprozeß der Politik zu integrieren und zu verhindern, daß unsere Arbeit durch die existierenden Machtmechanismen ins Leere lief. Zugleich versuchte ich, kein Gefangener dieser Spielregeln zu sein, was vielleicht dadurch möglich wurde, daß ich nur kurze Zeit im Apparat selbst gearbeitet hatte und mich intuitiv gegen seinen Einfluß wehrte. Man wurde zum Gefangenen, indem man die Grenzlinie überschritt, jenseits derer politische Taktik zu prinzipienloser Politik wird, zu Politik als Zweck ihrer selbst. Das Institut hätte auch unter solchen Bedingungen ein Erfolg werden können, aber dieser Erfolg hätte nicht lange vorgehalten, insbesondere wenn es abrupte Veränderungen der Politik und der politischen Führung gegeben hätte.

Das aber bedeutete, daß ich von den sechziger Jahren an mit den Führern des Landes arbeitete und zugleich meine Meinungsunterschiede nicht vor ihnen verbarg – eine Praxis, die manchmal zu Streit und spürbarer Abkühlung der Beziehungen führte, die mir aber erlaubte, mir selbst treu zu bleiben. In der Institutsarbeit fand diese Politik ihren Ausdruck in einer gleichbleibend hohen Tätigkeit (und wahrscheinlich Nützlichkeit) durch alle politischen Wechselfälle hindurch. Trotzdem wurde das Institut manchmal zum Ziel bösartiger Attacken, obwohl sie glücklicherweise nicht allzuviel Schaden anrichteten.

Meine ersten beiden großen Aufgaben lagen darin, das Geld, die

Räumlichkeiten, die Ausrüstung, das Mobiliar und die Bedingungen für die schnelle Ausbildung qualifizierter Spezialisten heranzuschaffen und ein neues Konzept des Instituts als ständig wachsendes Forschungszentrum zu entwickeln. Um die erste Aufgabe zu erfüllen, machte ich vollen Gebrauch von meinen Verbindungen mit der Führung. Ich ging einfach in die Büros der führenden Politiker und sprach die Probleme an; mal bettelte ich, mal forderte ich. Da ich seit langem mit Mitgliedern der politischen Führung gearbeitet hatte, scheute ich mich nicht, an sie zu appellieren, wenn es um das Institut ging, insbesondere an Gromyko (den ich später besser kennenlernte), an Kossygin und seinen Stellvertreter Kirill T. Masurow, an Suslow und andere.

Da ich hartnäckig war, bekam ich eine Menge: bessere Gehälter als gewöhnlich und nach unseren Maßstäben beträchtliche finanzielle Unterstützung (einschließlich einer bescheidenen, aber adäquaten Zuteilung an harter Währung für Geschäftsreisen, Bücher, Zeitschriften und Zeitungen). Auch wurde ein erster Sekretär in der Botschaft in Washington beauftragt, das Institut zu repräsentieren, und man gestand uns vier Praktikantenstellen in New York und Washington zu. Viele andere Institute richteten sich daran aus und besorgten sich dieselben Privilegien.

Allmählich entwickelte sich ein Plan für die Aktivitäten des Instituts. Ich begann auch ein allgemeines Konzept zu formulieren. Rein akademische Forschung und die Arbeit an Büchern und Artikeln sollten mit dem Entwurf praktischer Empfehlungen politischer und ökonomischer Art (insbesondere für die sowjetisch-amerikanischen Beziehungen) kombiniert werden. Die Arbeit sollte auf einer interdisziplinären Grundlage stehen – wir brauchten also Ökonomen, Politologen, Historiker, Soziologen, Militärspezialisten usw. Diese Aktivitäten entsprachen noch dem ursprünglichen Mandat des Instituts. Ich wollte aber weitergehen.

Meiner Meinung nach sollte das Institut die Fundamente für ernsthafte Forschung auf dem Gebiet der gegenwärtigen außenpolitischen Probleme legen. Und das hieß nicht nur historische Studien oder Propaganda, die darauf zielten, die sowjetische Diplomatie zu unterstützen, wie es in unserem Lande bisher immer der Fall gewesen war, sondern es hieß Forschung zu den entscheidend wichtigen politischen Fragen, ökonomische, militärische und sogar psychologische Fragen miteinbezogen. Ich wollte, daß das Institut am politischen Entscheidungsprozeß teilnahm.

Zweitens wollte ich, daß das Institut ernsthafte Forschungsarbeiten zur Militärpolitik initiierte, um das Monopol des Militärs in solchen Fragen zu erschüttern. Es ging dabei um die politischen Aspekte der Strategie und der Rüstungskontrolle. Wir lagen auf diesem Gebiet so weit hinter den Vereinigten Staaten und dem Westen zurück, während die Kontakte, Diskussionen und der Dialog immer intensiver wurden, daß wir die andere Seite oft einfach nicht verstanden und unsere Position kaum selbst erklären konnten. Nur mit Scham gebe ich zu, daß zu der Zeit selbst Spezialisten auf unserer Seite die wirklichen Positionen zu den wichtigsten Fragen der Militärpolitik jenseits der Propaganda gar nicht kannten. In vielen Bereichen gab es gar keine durchdachte Position. Noch weniger wußten die sowjetischen Spezialisten von dem, was hinter dem Entscheidungsprozeß stand; in unserem System waren solche Details äußerst geheim. Als unsere Institutsexperten damit begannen, diesen Fragen auf den Grund zu gehen und nicht nur die Konzepte und die Terminologie, sondern auch das Wesen der Probleme begriffen, konnten sie sich lange Zeit nur auf amerikanische und westliche Zahlen stützen. Öfter als wir erwartet hätten, erwiesen sich diese Zahlen als zuverlässig – vorausgesetzt natürlich, wir verließen uns nicht auf eine einzige Quelle.

Trotzdem stand man unseren Ergebnissen zunächst mit großem Mißtrauen gegenüber, sowohl innerhalb des Landes als auch im Ausland. Aber die Leute lernten hinzu, und als Glasnost kam und unsere Zahlen zugänglich wurden, besaßen wir bereits eine sehr starke Expertenmannschaft. Als die Perestroika eingeläutet wurde, verminderte die Führung die Geheimhaltungspflicht, und unsere eigenen Auswertungen zu einer wachsenden Zahl von politischen Fragen konnten allmählich in der Öffentlichkeit erscheinen. Das USA-Institut war ein Pionier auf diesem Gebiet, und andere Institute, die sich mit internationalen Fragen auseinandersetzten, folgten seinem Beispiel, insbesondere das IMEMO und später das Europa-Institut. Im Laufe der Zeit begann eine Gruppe von Wissenschaftlern, die auf dem Gebiet der Naturwissenschaften arbeitete und zugleich an Politik und Abrüstungsfragen interessiert war, eine signifikante Rolle in dieser Forschung zu spielen. Insbesondere waren dies die Akademiker Jewgeni P. Welichow, Roald S. Sagdejew, Juri A. Ryschow, Witali I. Goldanski, Boris W. Rauschenbach und verschiedene andere.

Während der Perestroika-Jahre nahmen einige dieser neuen Gruppe

von zivilen Experten an den sowjetisch-amerikanischen Gipfeltreffen
teil, und andere wurden Berater oder Mitglieder unserer Delegation bei
den Abrüstungsverhandlungen. Es ist wahr, die traditionellen Kräfte –
die Generäle, die Repräsentanten der Militärindustrie, die Parteiführung und das KGB – schob sie bald wieder an den Rand des politischen
Entscheidungsprozesses. Aber ein wichtiger Wandel war damit eingeleitet worden: Unabhängige Experten auf verschiedenen Feldern waren
herangewachsen, und ein gewisses Reservoir an Wissen war geschaffen
worden.

Drittens wollte ich, daß das Institut bis zu einem gewissen Ausmaß
ein »Friedensstörer« in der Entwicklung wirtschaftlicher Konzepte und
im Verständnis der Rolle von Wissenschaft und Technologie wurde.
Ich wollte, daß das Institut unsere etablierten Methoden des ökonomischen und öffentlichen Managements herausforderte. Auch sollte es
bei sozialen, politischen und kulturellen Fragen mitreden. Es sollte eine
Quelle des Wissens werden, die zwar auf Amerika-Studien aufbaute,
sich aber nicht darauf beschränkte. Deshalb schien es mir wichtig, Un-
terabteilungen angewandter Forschung zu schaffen, die den Einfluß der
technologischen Revolution auf die Gesellschaft untersuchten, die Probleme der Landwirtschaft und der Lebensmittelindustrie, der öffentlichen Verwaltung und der Sozialpolitik.

Von besonderer Bedeutung war die Tatsache, daß das Institut im
Herbst 1968 einen der ersten umfassenden Berichte über die internationale Bedeutung der neuen wissenschaftlichen und technologischen Revolution verfaßte. Dieser Bericht ging natürlich zuerst an die Führung,
wurde dann aber veröffentlicht. Unsere Experten betonten die Notwendigkeit, auch in der Sowjetunion günstige Bedingungen zu schaffen,
um diese Revolution zu beschleunigen. Unglücklicherweise verhinderte die Lage, die sich in jenen Jahren in unserer Gesellschaft entwik-
kelte, jede Realisierung dieser Vorschläge.

Viertens wollte ich, daß das Institut Wissenschaft von Propaganda
trennte und die Vereinigten Staaten nicht durch das verzerrte Prisma
eines Dogmatismus, sondern in ihrer Realität untersuchte. Innerhalb
der existierenden Begrenzungen gelang uns das auch, obwohl wir oft
Kompromisse eingehen mußten. Trotz dieser Kompromisse konnten
sich die Ergebnisse des Instituts – Dutzende von Büchern, die Monats-
zeitschrift *USA: Ökonomie, Politik, Ideologie* und die Artikel von In-
stitutsmitarbeitern – gegenüber anderen Publikationen sehen lassen;

sie waren sowohl im Inhalt als auch in der Form deutlich unterschieden von den meisten anderen Veröffentlichungen zu der Zeit. Diese neue Haltung provozierte des öfteren unangenehme Reaktionen der ideologischen Abteilungen und der Zensoren. Aus heutiger Sicht erscheinen diese Leistungen mehr als bescheiden. Aber in den Tiefen der Stagnationsperiode machten wir einen Schritt vorwärts und halfen vielleicht in einem gewissen Grade, die Bühne für Glasnost zu bereiten.

Fünftens wollte ich, daß das Institut mit den Amerikanern und der westlichen Gemeinschaft in einer Weise kommunizierte, die sie verstehen konnten. Ich wollte über die Sowjetunion sprechen, über ihre Politik, über die sowjetisch-amerikanischen Beziehungen und auch darüber, was uns an der Politik der Vereinigten Staaten gefiel und was uns nicht gefiel. Zur gleichen Zeit mußten wir auf die heimischen Zerberusse achten, die fanatisch über unsere »ideologische Reinheit« wachten, so daß uns oft einiger Mut und einige Risikobereitschaft abverlangt wurden. Um sich im Westen überhaupt einem größeren Publikum verständlich machen zu können, war es notwendig, von vielen Dogmen, Stereotypen und den gewöhnlichen Klischees abzuweichen. Viele meiner Kollegen und ich nahmen dieses Risiko auf uns. Die Einzigartigkeit des Stils der Institutsmitarbeiter begann bald nicht nur in der Sowjetunion Aufsehen zu erregen, sondern auch in Amerika. Sie wurde natürlich in den beiden Ländern sehr unterschiedlich gedeutet.

Während eines feierlichen Diners in der amerikanischen Botschaft beim ersten Gipfeltreffen 1972 in Moskau witzelte Henry Kissinger, daß ich das »masochistische« Wesen der amerikanischen Seele verstünde und daß ich dieses Verständnis gerissen ausnützte.* Obwohl ich einige Gereiztheit hinter diesem Witz spürte, muß ich gestehen, daß mir solch eine Einschätzung schmeichelte. Im allgemeinen hatten die Amerikaner in der argumentativen Auseinandersetzung mit uns leichtes Spiel. Und je dogmatischer und kruder wir die sowjetische Perspektive im Westen vermittelten, desto leichter fiel den Amerikanern die Widerle-

---

* »Arbatow wußte eine Menge über Amerika, und er schnitt seine Argumente sehr geschickt nach der herrschenden Mode. Er operierte besonders subtil, appellierte an den unerschöpflichen Masochismus amerikanischer Intellektueller, für die ihre Überzeugung, daß alle Schwierigkeiten in den amerikanisch-sowjetischen Beziehungen durch die Stupidität oder die Unnachgiebigkeit der USA verursacht wurden, ein Glaubenssatz war.« Henry Kissinger: *The White House Years* (Boston und New York, 1979), S. 112.

gung. Deshalb war es angenehm zu hören, daß unsere Opponenten mit meinen Kollegen im Institut und mir etwas mehr Schwierigkeiten hatten.

Erst später wurde diese Einschätzung durch einen Versuch der Amerikaner bestätigt, das Institut als eine Propagandaorganisation zu brandmarken, die dafür geschaffen worden war, sie zu betrügen und hereinzulegen. Dies ist eines der absurdesten Mißverständnisse des Instituts, doch es ist von Zeit zu Zeit von recht seriösen Autoren wiederholt worden. Die politische Führung gab uns keine propagandistischen Aufträge. Jedes Auftreten des Instituts in den amerikanischen Medien entsprang unserer eigenen Initiative, es gab keine Regierungsanweisungen; mehr noch, diese Auftritte wurden immer von einem gewissen persönlichen Risiko begleitet. Ich sehe in unseren Bemühungen nichts Zweifelhaftes. Wir nahmen die amerikanischen demokratischen Institutionen ernst und versuchten, die öffentliche Meinung in Amerika richtig einzuschätzen, und wir verstanden, wie ernsthaft der Einfluß der Medien auf die Politik sein konnte.

Sechstens wollte ich schließlich, daß das Institut die *alma mater* eines neuen Typus des zeitgenössischen sowjetisch-amerikanischen Politikwissenschaftlers werden sollte. Es sollte kreative Leute zusammenbringen und ihren Möglichkeiten Spielraum geben. Ich wollte Experten heranziehen, die ihrer Nation helfen konnten. Und – man entschuldige bitte die hochtrabenden Worte – ich wollte, daß das Institut jenen half, die wirklich für den Frieden eintraten. Es ist nicht an mir zu beurteilen, wie erfolgreich all das war; aber ich muß sagen, daß ich auf die Gruppe, die das Institut versammelte, sehr stolz war.

Vier oder fünf meiner Stellvertreter kamen direkt von der Universität an das Institut, und von jenen, die ihre Ausbildung im Institut erhielten, gründete das Akademie-Mitglied Witali Schurkin später das Europa-Institut. Ein anderer früherer Stellvertreter, Andrej Kokoschin, wurde kürzlich zum Ersten Stellvertretenden Verteidigungsminister der Russischen Föderation ernannt. Drei Mitglieder des Stabes wurden Stellvertretende Direktoren von großen und bedeutenden Instituten; einer wurde Stellvertretender Außenminister und Leiter der Abteilung USA im Außenministerium; ein weiterer ist jetzt russischer Botschafter in Washington.

Was habe ich getan, damit das Institut einen hochqualifizierten Stab bekam? Zunächst einmal wählte ich die Mitarbeiter sorgfältig aufgrund ihres Wissens, ihres Intellekts, ihrer persönlichen Qualitäten und politischen Überzeugungen aus. Wir waren darauf vorbereitet, dem Druck gewisser Offizieller zu widerstehen, manchmal auch einflußreicher Organisationen, die ihre Leute im Institut unterbringen wollten. Ich will damit nicht behaupten, daß all dies ohne Kompromisse und Fehler ablief, aber im ganzen, glaube ich, waren wir erfolgreich. Wir schufen die richtigen Bedingungen, um eine kontinuierliche Diskussion zu sichern, die Atmosphäre im Institut war freundlich, demokratisch und voller Wettbewerbsgeist. Wir förderten ein Gefühl der Loyalität, schützten Mitarbeiter, auch wenn sie einen Fehler gemacht hatten. In der Regel zahlten die Angestellten solche Loyalität mit Loyalität gegenüber dem Institut zurück. Schließlich versuchte ich, gerechte Bedingungen für die Entfaltung und die Beförderung unserer Angestellten (insbesondere der jungen) zu schaffen, ich versorgte sie mit verantwortungsvollen Aufgaben, Reisen, Förderungsmaßnahmen.

Es kam auch zu Fehlgriffen. Einige politisch unehrliche, reaktionäre Leute wie Nikolai Jakowlew und Juri Katasonow arbeiteten bei uns, aber das Institut wurde sie wenig später los. Ein Angestellter, Wladimir Potaschow, diente sich freiwillig dem CIA als Agent an, wurde verhaftet und verurteilt; das bedeutete natürlich viel Ärger für uns. Aber das waren Ausnahmen.

Die bedeutendsten Erfolge des Instituts lagen in seinem Einfluß auf die politische Praxis. Unsere Arbeit hat einen Beitrag zur »Entmythologisierung« unserer Außenpolitik erbracht, wir haben sie von Ideologie befreit, haben versucht, gesunden Menschenverstand walten zu lassen. Die sowjetische Politik steckte tief in Mythen und im Sumpf der Ideologie (in beträchtlichem Ausmaß trifft dies auch auf die amerikanische Politik zu). Man darf nicht glauben, daß diese Mythen und Ideologien nur eine Suppe waren, die an die Massen verteilt wurde, während die »Hohen Priester« vollständig andere Dinge verzehrten und die Politik kalt und rational nur auf der Basis eines höheren Interesses gestalteten, das nur ihnen sichtbar war. Vielleicht war Stalin so. Aber nicht die anderen politischen Führer, die ich kennenlernte.

Natürlich waren sie weit davon entfernt, alles zu glauben, was sie sagten, und ebenso weit davon entfernt, alles zu sagen, was sie glaubten und dachten. Sie besaßen einen gesunden und manchmal nicht so gesunden Zynismus. Aber trotz allem war ihr Denken von der Ideologie und den Mythen, welche diese Ideologie schuf, durchtränkt. Ihr älte-

ster Glaube bestand darin, daß der kapitalistische,»imperialistische«
Westen uns mit angeborener und unversöhnlicher Feindseligkeit gegenüberstand und daß diese Feindseligkeit sich als militärische Bedrohung äußerte.

Mehr als einmal hatte ich die Gelegenheit, dieses Thema mit
Breschnew anzusprechen, mit Andropow und anderen politischen
Führern, die in ihrem Denken und ihrer Kenntnis der internationalen
Szene ganz unterschiedlich waren. Auch ihre Gedanken waren unter-
schiedlich. Aber das Mißtrauen gegen den Westen und die Furcht, daß
die Bedrohung eines Krieges aus dem Westen käme, vereinte sie alle.
Es stimmt – wenn es mir gelang, tiefer in das Thema einzudringen
und sie zu fragen, welche rationalen Interessen des Westens auf den
Krieg gerichtet sein könnten oder auch nur auf eine unversöhnliche
Feindseligkeit gegen die UdSSR, antworteten sie zunächst auswei-
chend: Ja, die Zeiten hätten sich verändert, niemand wollte den Krieg
usw. Aber dann folgten bald wieder die Argumente, daß wir vorbereitet sein müßten, daß der Imperialismus des Westens eine Realität sei,
daß er nur durch unsere eigene Stärke gezügelt werden könne usw.
usw.

Die Leute, die meiner Meinung nach am zynischsten waren und zugleich die wenigsten Vorurteile hatten, waren unsere Generäle. Ich
erinnere mich an eine Unterhaltung mit Marschall Kulikow, als er
noch Chef des Generalstabs war. Die Unterhaltung kam auf den
Atomkrieg, und eine ganze Weile schilderte mir Kulikow seine persönlichen Impressionen von der Explosion einer Atombombe. Er
sagte:»Jeder, der so etwas gesehen hat, weiß, und die Amerikaner
wissen das nicht weniger als wir, daß er nicht kämpfen wird. Wenn
die Dinge soweit kommen, daß es nukleare Explosionen gibt, wird alles zerstört werden.« Aber als ich ihn fragte, warum wir uns dann so
ernsthaft mit verschiedenen Szenarien eines Nuklearkrieges beschäftigten, wechselte er auf ein anderes Thema über, wobei er nur sagte,
daß die Amerikaner mit all dem begonnen hätten.

Aber nicht nur die sowjetische Seite war von solchen Mythen fasziniert. Mir scheint, daß auch die amerikanische Gesellschaft sehr ideologisch und ihren Mythen unterworfen ist (obwohl die Amerikaner da
noch weit hinter uns zurückbleiben). Nach vielen Treffen, Unterhaltungen und Reden an ganz unterschiedlichen Orten bin ich zu diesem
Schluß gekommen. Im Laufe der Zeit bin ich oft auf offene, manch-

mal fast fanatische Feindseligkeit gestoßen, aber noch öfter begegnete man mir mit Vorsicht, wenn nicht sogar mit Vorurteilen und Mißtrauen.

Der größte und schädlichste Mythos war der Glaube, daß wir alle Probleme einschließlich unserer Sicherheit durch militärische Stärke lösen könnten (ein Spiegelbild dieses Mythos existierte auch in den Vereinigten Staaten). Die mächtigen Kräfte einer Trägheit, die viele Jahre, sogar viele Jahrhunderte zurückreichte, waren hier am Werk, eine psychologische Bürde, die beide Länder zu tragen hatten. Bei uns war es das bolschewisierte Denken, und bei den Amerikanern war es die Geschichte der Eroberung des »Wilden Westens«, von Kriegen, die immer als messianisch wahrgenommen wurden, geführt im Namen einer noblen Idee oder einer gerechten Sache.

Meine Kollegen und ich am Institut waren weder Dissidenten noch Propheten, die in der Lage gewesen wären, die neuen politischen Realitäten gleich am Anfang zu erkennen. Wenn wir Schwächen und Bedrohungen sahen, versuchten wir, sie zu eliminieren; soweit Reformen innerhalb des Systems möglich waren, versuchten wir, sie auf dieses Ziel hin zu verwirklichen. Manchmal werden wir heute dafür angeklagt, aber ich halte diese Vorwürfe nicht für gerechtfertigt.

Letztlich muß man feststellen, daß alle Reformen und Veränderungen in unserem Lande dem entstammen, was als totalitärer Monolith erschien. Und der wiederum schien nach all seinen Äußerungen kommunistisch zu sein. Aber schon von den ersten Anfängen an gab es innerhalb des Kommunismus die Idee der Gerechtigkeit als einer Alternative zur zaristischen Willkürherrschaft. Sofort nach der Revolution versuchten die sowjetischen Führer diese Idee mit dem Konzept eines starken Staates zu vereinigen (ein Konzept, das allen Vorstellungen der »Gründungsväter« des Marxismus widersprach, die an das Absterben des Staates glaubten). Die Idee des starken Staates überwältigte die ursprünglichen marxistischen Konzepte, und das Regime wurde totalitaristisch.

Aber die Idee der Gerechtigkeit und auch der Demokratie lebte in den Tiefen unseres Bewußtseins weiter. Und es erwies sich, daß die demokratische Alternative zum russischen Kommunismus nur aus dem russischen Kommunismus selbst entspringen konnte, aus seiner zutiefst widersprüchlichen Erbschaft. Diese Quellen vereinten die Vorläufer und die Führer der Perestroika, von Chruschtschow bis zu Gorbatschow und Jelzin, ebenso wie die berühmtesten Dissidenten, angefangen bei Sacharow und Solschenizyn.

Die überwältigende Mehrheit der sowjetischen Reformer und Dissidenten begann mit dem Glauben an die uralten Versprechungen des Kommunismus – Gerechtigkeit, Befreiung von jeder Art der Unterdrückung und die Würde des Individuums. (Nach dem Marxismus ist das höchste Ziel des Kommunismus »die vollständige Freiheit zur Entwicklung des menschlichen Individuums«.) Als sie feststellten, daß das totalitäre Regime statt dessen den Thron bestiegen hatte, lag ihr erstes Ziel darin, das System zu zwingen, seinen Idealen und Versprechungen gerecht zu werden. Ich glaube, daß ich am Institut dieses Ziel mit der überwältigenden Mehrheit unserer Mitbürger teilte.

Zugleich betrachte ich es als äußerst wichtig, daß der Kampf, das System zu zwingen, seinen Idealen zu entsprechen, die Politik auf eine realistische Basis zu stellen und sich den Dingen pragmatisch zuzuwenden, nicht nur von außen, sondern auch vom Inneren des Systems her geführt wurde. Dies traf auf jeden Fall auf den spürbaren, wenn auch nicht langlebigen Fortschritt während der Jahre der Entspannung zu.

Unsere antistalinistische Position und unsere pragmatische Auffassung von Politik erlaubten es dem Institut, in diesen Dingen eine eigenständige Rolle zu spielen. Ein weiterer Faktor war unsere Verbindung zu Experten, Politikern und Gestalten des öffentlichen Lebens in den Vereinigten Staaten und in anderen Ländern und die Bereitschaft, ihnen zuzuhören und sie zu verstehen.

Natürlich stimmten wir nicht mit jedermann überein. Aber wir setzten uns mit unterschiedlichen Perspektiven auseinander, wir tauschten Meinungen aus, und die Diskussionen befreiten unser Denken. Viele unserer ausländischen Kollegen vermittelten uns Ideen und Methoden, die uns sehr nützlich wurden.

Das Institut nahm an drei Foren regelmäßiger Zusammenkünfte teil, die für uns besonders wichtig waren. Das erste war die sogenannte Pugwash-Bewegung. Dieses Forum von Wissenschaftlern aus der Sowjetunion und den Vereinigten Staaten begann vor Jahren und öffnete sich später auch für Wissenschaftler aus anderen Ländern. In den sechziger und siebziger Jahren war es für uns von besonderer Bedeutung, da wir zu der Zeit wenig andere Möglichkeiten hatten, Ausländer zu treffen und mit ihnen zu diskutieren. Für mich und für viele meiner Kollegen war die Pugwash-Bewegung unser erster Kurs im westlichen Denken über Sicherheit und Abrüstung. Unsere Diskussionen führten zu einer ganzen Reihe von interessanten technischen und politischen Ideen. Eine von ihnen war der Gedanke, sich auf eine *defensive* Verteidigungspolitik zuzubewegen. Wir verständigten uns darauf, daß beide Seiten die Verstärkung der Verteidigung nicht als einen Zuwachs an Offensivfähigkeit deuten sollten. Wir bewegten uns von da auf das Konzept einer ausreichenden Verteidigungskraft zu – die unter Gorbatschow zu einem Bestandteil unserer offiziellen Politik wurde.

Das zweite Forum bestand aus der Dartmouth-Konferenz. Präsident Eisenhower hatte vorgeschlagen, daß regelmäßig Treffen zwischen prominenten Persönlichkeiten beider Nationen stattfinden sollten. Die erste dieser Konferenzen fand am Dartmouth-College statt – daher der Name. Einer der ersten Organisatoren dieser Treffen war Norman Cousins, und die Verwaltung und finanzielle Ausstattung wurde von der Kettering-Foundation getragen, deren Präsident, David Matthews, ein großes Verdienst an der Annäherung zwischen den beiden Supermächten hatte. Die Konferenzen fanden sogar während der schwierigsten Perioden der sowjetisch-amerikanischen Beziehungen statt, und sie erwiesen sich als sehr nützlich. Sie halfen meinem Institut und mir persönlich, uns mit verschiedenen amerikanischen Gesichtspunkten zu extrem wichtigen Fragen der Außen-, Militär- und Wirtschaftspolitik vertraut zu machen, und sie wurden für uns zu wertvollen Quellen des Wissens auf diesen Gebieten.

Drittens gab es die Treffen der sowjetischen und amerikanischen UN-Verbände, an dem meine Kollegen und ich ebenfalls aktiv Anteil nahmen. 1986 wurde ich Chef des sowjetischen UN-Verbandes. Diese Treffen ähnelten den Dartmouth-Konferenzen, aber die Existenz zweier solcher Foren erlaubte es uns, öfter zusammenzutreffen und mit einem größeren Kreis von Leuten zu diskutieren.

Ein weiteres Forum spielte eine wichtige Rolle nicht nur bei der Entwicklung meiner eigenen Ansichten, sondern auch in der Wandlung unseres politischen Denkens. Das ist die Palme-Kommission, an deren Arbeit ich durchgängig teilnahm. Ihr offizieller Name lautete Unabhängige Kommission zu Problemen der Sicherheit und Abrüstung. Sie wurde 1980, als der zweite Kalte Krieg begann, nach dem Modell der Brandt-Kommission (die sich mit Fragen in den Entwicklungsländern beschäftigte) geschaffen.

Meine Arbeit für die Palme-Kommission wurde zu einem wichtigen

Aspekt meines Lebens und hatte einen großen Einfluß auf mein Verständnis von Politik und internationalen Beziehungen. Denn ich hatte auf diese Weise regelmäßigen Kontakt mit einer ganzen Reihe von prominenten Politikern, mit Leuten, die ungewöhnlich kluge und originelle Denker waren. Ich mußte mich mit ihnen auseinandersetzen und gemeinsame Grundlagen finden. Die Gruppe schloß Olof Palme, Cyrus Vance, Gro Harlem Brundtland, Egon Bahr, David Owen, Johann Holst und auch Leute, die nicht direkt etwas mit der Kommission zu tun hatten, ein – Rajiv Gandhi, Bruno Kreisky, Pierre Trudeau, Bettino Craxi und der frühere schwedische Premierminister Ingvar Carlsson.

Die Kommission wurde zu so etwas wie einem einzigartigen Forschungsinstitut. Mitten in den sich verschärfenden Ost-West-Spannungen wurden neue Ideen und Gedanken aus einer gemeinsamen Erfahrung heraus entwickelt und in offenen, ehrlichen und manchmal hitzigen Debatten erprobt. Der wichtigste Gedanke, der dabei entstand, war der einer »gemeinsamen Sicherheit«, das hieß im wesentlichen, daß niemand mehr seine eigene Sicherheit alleine garantieren konnte, sondern daß dies nur auf der Basis gegenseitiger Interessen möglich war. Auch entwickelte sich eine neue Haltung zu den Nuklearwaffen. Die Kommission bezweifelte ihren Wert als Abschreckungsfaktor und als Mittel militärischer Stabilität. Die sogenannten taktischen Nuklearwaffen wurden sogar als destabilisierend eingeschätzt. Der Vorschlag, eine atomwaffenfreie Zone von dreihundert Kilometern Breite an der Grenze zwischen den beiden Militärblocks zu schaffen, entstand aus diesen Diskussionen. Vielleicht kam es auf dieser Basis zu dem Vertrag von 1991, der die meisten amerikanischen und sowjetischen taktischen Atomwaffensysteme eliminierte.

Die Veröffentlichung des Berichtes über dieses Thema erlaubte es uns, die Ideen der sowjetischen Öffentlichkeit vorzustellen. Zu der Zeit bereitete uns das eine Menge Ärger und bedeutete ein gewisses politisches Risiko für mich. Hinzu kam, daß unsere Bürger erstmals westliche Einschätzungen zu lesen bekamen, die die Streitkräfte der USA und der Sowjetunion verglichen. Diese Einschätzungen zeigten, daß wir in gewissen Bereichen große Vorsprünge hatten, was bei uns beträchtlichen Eindruck machte. Sie erwiesen sich auch als sehr nützlich im Jahre 1985, als wir begannen, unser politisches Denken einer Überprüfung zu unterziehen.

Im allgemeinen war meine Arbeit mit der Palme-Kommission ein wichtiger Teil meiner Karriere, sowohl als Wissenschaftler auf dem Gebiet der Außenpolitik als auch als Praktiker der Politik. Aber sie brachte mich auch manchmal in sehr schwierige Situationen. Damit meine ich nicht nur, daß diese Arbeit den Zorn verschiedener hoher sowjetischer Offizieller auf mich zog. Es gab unter unseren Leuten auch Mißtrauen gegenüber der einfachen Tatsache, daß ich Mitglied der Kommission geworden war. Ich wurde nämlich zu dieser Kommission nicht, was gewöhnlich der Fall war, von unserem Zentralkomitee entsandt, sondern ging dorthin, weil ausländische Staatsmänner, insbesondere Willy Brandt und Olof Palme, unsere Regierung gebeten hatten, mich für diese Arbeit abzustellen. Zu der Zeit kannte ich sie nicht persönlich; sie beurteilten mich aufgrund meiner Publikationen, meiner öffentlichen Auftritte und meines Rufes. Etwa ein Jahr oder anderthalb Jahre, nachdem die Kommission gegründet worden war, hatte ich ein offenes Gespräch mit Boris Ponomarjow darüber. Zu der Zeit war er ZK-Sekretär und Leiter der Internationalen Abteilung. Er fragte mich mit offensichtlichem Mißvergnügen: »Warum hat man ausgerechnet Sie ausgewählt?« Empört sagte ich, daß ich mich sofort aus der Kommission zurückziehen würde, wenn man mir nicht in meinem eigenen Lande traue. Ich würde Palme noch am selben Tag schreiben. Ponomarjow versuchte, mich daraufhin sofort zu überreden, das nicht zu tun. »Schließlich hat das ZK Ihrer Arbeit dort zugestimmt!«

Ich zog mich nicht aus der Kommission zurück. Aber die Episode war eine Lektion für mich und eine Erinnerung an die politischen Sitten der Zeit. Meine Kollegen in der Kommission hatten nicht die entfernteste Ahnung, daß ich solche Probleme hatte. Aber es war für mich eine große Freude, von vielen von ihnen, darunter Cyrus Vance, später zu hören, daß sie meine Anstrengungen, die grundlegenden Ideen und Erkenntnisse der Palme-Kommission in der sowjetischen Öffentlichkeit zu verbreiten und der neuen sowjetischen Führung zu vermitteln, außerordentlich schätzten. Sie bemerkten auch mit tiefer Befriedigung, daß viele der Ideen der Palme-Kommission und des neuen sowjetischen politischen Denkens miteinander harmonierten.

Die Kontakte des Instituts und die Treffen mit ausländischen Repräsentanten und Kollegen waren für uns eine wichtige Quelle der Information und ermöglichten es uns, die Stimmung in Amerika nachzuvollziehen. Von 1968 an öffnete das Institut seine Türen Besuchern und Gästen. Unter denen, die am Institut Vorträge hielten und an Se-

minaren und detaillierten Diskussionen teilnahmen, waren Dutzende
von US-Senatoren und Kongreßabgeordneten, prominenten Geschäfts-
leuten und natürlich Kollegen aus der akademischen Welt: Richard Nixon, Walter Mondale, Harold Wilson, Pierre Trudeau, Cyrus Vance,
Robert McNamara, Henry Kissinger, Brent Scowcroft, Harold Brown,
Zbigniew Brzezinski, Peter Petersen, Tom Watson, David Matthews,
Edward Kennedy, Howard Baker, Gary Hart, Alan Cranston, Charles
Mathias, John Danforth, John Tower, John Kenneth Galbraith, Seymour Lipset, Paul Kennedy, Robert S. Tucker, Marshall Shulman, Ed
Hewitt, Alan Wolfe, William Maynes, Seweryn Bialer, Robert Leg-
vold, Samuel Huntington, Charles »Tex« Thornton, Ted Turner, Ar-
mand Hammer, Roy Ash, Michael Blumenthal, Felix Rohatyn, Duane
Andreas, Edgar Bronfman und viele, viele andere.

In seinen 24 Jahren hat das Institut Höhen und Tiefen erlebt. Nach
dem ersten Jahr oder den ersten achtzehn Monaten bis zur Mitte der
siebziger Jahre waren unsere Bemühungen recht erfolgreich. Wir lernten es, unsere Ideen zu artikulieren, und die Menschen begannen, uns
zuzuhören. Aber in weit höherem Maße profitierten wir von den günstigen Bedingungen, die sich in den mittleren siebziger Jahren durchzusetzen begannen, wenn wir auch noch immer in einem engen Bereich
zu operieren hatten. Die konservative Gegenbewegung hatte noch
nicht genug Kraft gesammelt, um die Evolution freien Denkens vollkommen zu bremsen. Ab Mitte der siebziger Jahre machte es die Zeit
der Stagnation zunehmend schwierig, unsere Ideen in die Praxis umzusetzen. Immer öfter stieß das Institut auf die Feindseligkeit konservativer Offizieller im Parteiapparat, bei den Militärs und in der Regierung.
Diese Leute wagten es nicht, offene Angriffe zu beginnen, da sie nicht
sicher waren, ob die Spitze der Parteiführung sie unterstützen würde.
Aber durch ihre ständigen Bemühungen zog das Institut den Ruf auf
sich, »pro-amerikanisch«, das heißt ideologisch und politisch unzuverlässig zu sein. Wir spürten den Druck, aber wir zweifelten nie daran,
daß wir das Richtige taten.

Mit der Ausnahme einer kurzen Atempause, als Andropow Parteichef wurde und unsere Hoffnungen stiegen, war die erste Hälfte der
achtziger Jahre eine schwierige Zeit für uns. Wir erwarteten jederzeit
eine Art Säuberung des Instituts und begriffen, daß wir dem nicht
entkommen würden, wenn die allgemeine Situation sich nicht veränderte. Der Angriff auf Inosemzews Institut zeigte, daß sogar gute Be-

ziehungen zur Führung nicht unbedingt eine Hilfe waren, wenn es zu einer wirklichen Krise kam. Als Konstantin Tschernenko Generalsekretär wurde, gab es diese guten Beziehungen nicht mehr.

Der März 1985 bezeichnete den Beginn unserer fruchtbarsten, wenn auch kompliziertesten Periode. Während die Demokratie geboren wurde und eine Polarisierung der politischen Kräfte stattfand, fand sich das Institut in ein bitteres politisches Gefecht verwickelt.

Es wäre wohl kaum übertrieben zu sagen, daß das Institut ein neues Kapitel in der Entwicklung der politischen, militärpolitischen und ökonomischen Forschung schrieb. Es zog einige bedeutende und, in mehreren Fällen, sogar brillante Experten heran. Vor allem in den ersten Jahren genoß das Institut die Aufmerksamkeit der politischen Führung. Unsere Berichte wurden gelesen, herumgereicht, oft in die Entscheidung einbezogen, und wir bekamen eine große Anzahl von wichtigen Aufgaben zugeteilt.

Auch die Öffentlichkeit interessierte sich für die Aktivitäten des Instituts. Ich schließe das aus den Abonnements für unsere Zeitschrift (bis zu 30 000) und der Tatsache, daß die Mehrheit der Bücher, die wir veröffentlichten, in den Buchläden keinen Staub ansammelten, schließlich auch aus der großen Anzahl von Einladungen für Kollegen des Instituts zu Vorlesungen. Natürlich waren die Reaktionen keineswegs immer positiv. Recht oft gerieten wir in Schwierigkeiten. Einmal, im Jahre 1973, versuchten Demitschew und Kirilenko, eine Mine unter das Institut und meine Person zu legen. Der Vorwand war geläufig genug. Zionismus. Zuviele Juden. Überdies war der Direktor kein reinrassiger »Arier«. Aber es kam nie zur Explosion. Ihre Denunziationen blieben ohne Reaktion seitens der Regierungsführung, vor allem vielleicht, weil Denunziationen dieses Typs zu der Zeit nur zu häufig waren. Im allgemeinen kann ich mich nicht beklagen. Andere Institute und Experten erlitten Schlimmeres. Das Institut zog den Verdacht und die Feindschaft der Konservativen nicht wegen seiner Publikationen, sondern aufgrund seines pragmatischen Stils, des Verhaltens seiner Mitarbeiter und der freien Atmosphäre, die sich innerhalb seiner Wände entwickelt hatte, auf sich. Viele von uns, wenn nicht alle, lebten in der Hoffnung, daß die Periode des Konservatismus und der Stagnation nicht mehr lange andauern würde und daß die Prozesse der demokratischen Veränderung an Kraft gewannen. Dies bestimmte die Einstellung der besten Mitarbeiter am Institut; wie alle kreativen Leute suchten sie intellektuelle und spirituelle Freiheit, und das Institut diente ihnen als eine Art Zuflucht.

Die Amerikaner standen unserem Institut zunächst vor allem mit Neugier und natürlich einem gewissen Mißtrauen gegenüber. Es gab Versuche, herauszufinden, wer wir waren und was das Institut tat. Im Januar 1968 bat *Business Week* mich um ein Interview, und andere folgten. *Time* brachte einen Artikel über das Institut. Ich begann, im Fernsehen aufzutreten. Aufgrund fester Traditionen und ungeschriebener Verhaltensregeln konnte ich zum Beispiel nicht über meine Tätigkeit für das ZK sprechen. (Im Mai 1985 drückte Andropow seinen Zorn vor mir und meinen Kollegen im Apparat aus, weil die Zeitschrift *Soviet Life*, die für ein amerikanisches Publikum gedruckt wurde, Kurzinterviews mit uns gebracht und darauf verwiesen hatte, wo wir arbeiteten. Andropows Ausbruch ereignete sich direkt nach einer besonderen Diskussion des Politbüros über diese Interviews!) Wir konnten auch gewisse detailliertere Fragen über die Arbeiten unseres Instituts nicht beantworten – zum Beispiel, ob wir für die Regierung arbeiteten oder von ihr Aufträge bekamen.

Die Amerikaner begannen bald, die Auswirkungen unserer Arbeit einzuschätzen. *Time* bemerkte, daß die sowjetischen Zeitungen es nun notwendig fanden, zwischen »nüchtern denkenden« oder »realistisch denkenden« Imperialisten auf der einen Seite und den häufigeren und feindseliger dargestellten einfachen Imperialisten auf der anderen Seite Unterschiede zu machen; dies führte der Autor auf die Arbeit der »neuen Beobachter« Amerikas zurück.*

Dann folgten spezialisiertere Arbeiten über uns und schließlich ganze Bücher. 1984 veröffentlichte Neil Malcolm sein Buch *Soviet Political Scientists and American Politics*. Im wesentlichen konzentriert sich dieses Buch auf die Arbeit unseres Institutes. Ich erfuhr zum ersten Mal etwas davon durch das britische *Times Literary Supplement*, wo der Sowjetologe Archie Brown die wesentlichen Argumente von Malcolms Studie in den folgenden Worten zusammenfaßte:

Obwohl die Beziehungen zwischen den Supermächten in den letzten zwanzig Jahren ihre Höhen und Tiefen erlebt haben, hat sich das sowjetische Wissen über amerikanische Politik ständig erweitert . . . Wenn die sowjetischen Führer mehr über die amerikanische Politik

---

* *Time*, 7. Februar 1969, S. 23.

und die Gesellschaft der Vereinigten Staaten gelernt haben, dann geht das in hohem Maße auf die Arbeit der sowjetischen Amerikanisten zurück, deren Schriften sowohl im Umfang als auch in der Qualität seit der Gründung des USA-Instituts im Jahre 1967 stark angewachsen sind . . . Wenn die Arbeit auch von unterschiedlicher Qualität ist und in keiner Weise in Perspektive und Deutung einheitlich, so erlaubt sie den sowjetischen Führern und den gebildeten Schichten der sowjetischen Gesellschaft doch, sich entscheidend besser über amerikanische Politik und die amerikanische Gesellschaft zu informieren, als das umgekehrt für die Amerikaner über die Sowjetunion möglich ist . . . Die Arbeit der sowjetischen Amerikanisten . . . leistet einen beträchtlichen Beitrag dazu, ein sehr viel besser informiertes intellektuelles Milieu zu schaffen, als es noch vor einer Generation in der Sowjetunion denkbar war.

Aber wir stießen natürlich auch auf vollständig andere Haltungen zum Institut. Manche Amerikaner betrachteten uns als politische Feinde, was angesichts der Abkühlung in den sowjetisch-amerikanischen Beziehungen verständlich war. Es gab auch einige sehr bösartige Versuche, das Institut und mich zu verleumden und zu diskreditieren. Persönlich hatte ich ähnliches schon lange vorher erlebt – ich habe den Vorfall mit Lyndon LaRouches Organisation bereits erwähnt. Zu Beginn der achtziger Jahre indessen nahmen die Attacken den Charakter einer koordinierten Kampagne an. Zum Teil ließ sich das durch den allgemeinen Verfall der sowjetisch-amerikanischen Beziehungen erklären, aber ich begriff bald, daß es noch weitere Gründe geben mußte. Ich glaube, daß einige einflußreiche Leute, auch solche innerhalb der Reagan-Administration, begonnen hatten, den Eindruck, den das Institut und ich in den amerikanischen Medien machten, mit Sorge zu sehen. Offensichtlich glaubten sie, daß wir einen schädlichen Einfluß auf die öffentliche Meinung in den Vereinigten Staaten und in anderen westlichen Ländern ausübten, und sie beschlossen, etwas dagegen zu unternehmen.

Es gab einen ganzen Strom von »Anti-Arbatow«-Artikeln, und eines Tages beschwerte ich mich bei Norman Cousins darüber. Er antwortete mir: »Nehmen Sie sich das nicht zu Herzen. Das wird wahrscheinlich nicht lange dauern, und es schadet Ihrem Ruf sowieso nicht. Amerikanische Politik wird so gespielt.« Er erinnerte mich an den alten Witz: »Jede Publicity ist nützlich, außer der Todesanzeige.« Er fügte hinzu, daß die Pressedarstellungen mich in Amerika berühmt machen könnten. Das einzige, was noch fehlte, waren ein Comic strip und ein Roman. Ich sagte ihm, daß der erste »Comic strip«, und ein ziemlich bösartiger dazu, bereits erschienen war. Es war eine Illustration, die Jerrold Schechters extrem unfairen und unehrlichen Artikel im *Esquire* beigefügt war. Als ein Exemplar dieses Magazins im Institut ankam, stempelte unser Zensor es als »streng geheim«.

Und es gab auch einen Roman: Donald Freeds *China Card* von 1980. In dem Roman bekam ich die schmeichelhafte, wenn auch ungewöhnliche, Rolle eines Retters der Welt und eines romantischen Liebhabers – beides löste in verschiedenen Kreisen Eifersucht aus.

Aber die meisten Artikel enthielten abgetragene, verleumderische Thesen. Zum Beispiel, daß das Institut ein Instrument des KGB wäre und ich ein »sowjetischer Geheimdienstoffizier«. Die Kampagne versuchte auch, die wissenschaftliche Reputation des Instituts zu untergraben, indem sie uns als »Funktionäre« darstellte, die versuchten, die Amerikaner in die Irre zu führen und zu verwirren. Die Autoren kritisierten die amerikanischen Massenmedien, weil sie uns eine so große Verbreitung gewährten und uns als »führende Kreml-Experten zur amerikanischen Politik« darstellten. Man klagte uns an, die Antikriegs-Bewegung in den Vereinigten Staaten, Kanada und Westeuropa »geschaffen« zu haben (das ist sehr schmeichelhaft, aber leider hatten wir mit der Friedensbewegung nichts zu tun).

Die Feindseligkeit war nicht auf Worte begrenzt. Einige Mitglieder der Reagan-Administration standen uns sehr negativ gegenüber. Diese Regierung war wie besessen von Anzeigenkampagnen, Propaganda und PR, und sie war ideologischer als jede andere vor ihr. Diese Regierungsmitglieder kamen zu dem Schluß, daß die Mitarbeiter des Instituts im Fernsehen und in der Presse zu wirkungsvoll waren – vielleicht weil die amerikanischen Medien mich als einen der inoffiziellen Sprecher und Berater der sowjetischen Führung betrachteten. Viele meiner amerikanischen Bekannten erzählten mir davon. Wie ähnlich das dem »Suslow-Syndrom« war, das ich so gut kannte – die Furcht davor, daß, Gott verhüte, irgendeine »böse Idee« das Denken des Volkes verwirren könnte!

Zu Beginn der achtziger Jahre begannen amerikanische Behörden den Mitarbeitern des Instituts und mir selbst alle möglichen Hindernisse in den Weg zu legen, vor allem, um uns davon abzuhalten, in den amerikanischen Massenmedien zu erscheinen. 1982 zum Beispiel wurde mein Visum bewußt abgekürzt, damit ich nicht in Bill Moyers' Fernsehsendung auftreten konnte. 1983 gab man mir nur unter der Bedingung ein Visum, daß ich keine Kontakte mit den Medien aufnehmen würde. Das führte unfreiwillig zu gewaltiger öffentlicher Aufmerksamkeit für mich. Das amerikanische Außenministerium behandelte die Affäre sehr ungeschickt, und die Geschichte wurde zum Thema einer der »20/20«-Sendungen der ABC. Zur gleichen Zeit wurden die Beziehungen zwischen dem Institut und der US-Botschaft in Moskau sehr schwierig.

Ein wenig später, als die ersten positiven Zeichen eines Wandels in unseren Beziehungen aufzutauchen begannen, bot mir Charles Wick, Chef der United States Information Agency, sogar an, meine Visa-Einschränkungen unter der Bedingung aufzuheben, daß ich etwas Vergleichbares für die Amerikaner tat, das hieß, sie sozusagen im Austausch im sowjetischen Fernsehen auftreten zu lassen. Ich antwortete, daß ich nicht daran interessiert sei, im amerikanischen Fernsehen aufzutreten, daß ich immer dazu eingeladen worden war und nicht versucht hatte, mich irgend jemandem aufzudrängen. Daher gab es keine Basis für einen solchen Austausch. Außerdem hatte ich keine Macht über das sowjetische Fernsehen. Meine Kollegen und ich betrachteten diese Verschlechterung der Beziehung mit der Reagan-Administration als etwas Natürliches, sogar als eine Art Kompliment, wenn man die extrem feindseligen Positionen betrachtet, welche die Reagan-Administration in ihrer ersten Zeit gegen unser Land einnahm.

Meine persönlichen Beziehungen zu Ronald Reagan waren freundlich, wenn auch sehr oberflächlich. Wir trafen uns 1979 zufällig in Washington, als ich vor der sowjetischen Botschaft auf einen Wagen wartete. Er, seine Frau und ein Mann, der sich als Michael Deaver herausstellte, gingen vorbei. Sie blieben neben mir stehen, und Deaver erklärte dem zukünftigen Präsidenten, daß dies die sowjetische Botschaft sei. Ich erkannte Reagan, begrüßte ihn und stellte mich vor. Seltsamerweise erinnerte er sich später an dieses Treffen: Drei oder vier Jahre darauf erwähnte er es in einem Brief an einen unserer gemeinsamen Bekannten und bat ihn witzelnd, »Arbatow zu erklären, daß ich [Reagan] keine Kinder fresse«. Später, wenn ich ihn im Verlaufe von Gipfeltreffen oder bei Empfängen begrüßte, wurde dies zu einem Standardwitz. »Sie fressen also keine Kinder, Mr. President?« pflegte ich

ihn zu fragen. »Nein, nein, Mr. Arbatow«, pflegte er zu antworten.
Manchmal war es anders herum. Es war alles recht freundlich.
Einmal aber reagierte er verärgert. Beim Gipfeltreffen in Genf fragte
mich jemand während der Pressekonferenz, ob Michail Gorbatschow in
Vorbereitung auf den Gipfel Filme gesehen habe, in denen Reagan mit-
spiele. Ich sagte, das wisse ich nicht, und übrigens seien das *B-movies*.
Das drang bis zu Reagan durch, und er war, wie ich bald erfuhr, verärgert darüber. Er sagte Gorbatschow sogar: »Teilen Sie Arbatow bitte
mit, daß ich auch in *A-movies* gespielt habe – zum Beispiel in ›King's
Row‹.« Man muß zu seinen Gunsten sagen, daß er nicht wirklich beleidigt war; es war alles mehr oder weniger ein Witz.

Aber es gab Leute in der Umgebung Reagans, die mich wirklich ver-
abscheuten. Zwei bemerkenswerte Ausnahmen waren Vizepräsident
George Bush, dem ich 1971 erstmals begegnete, als er der Repräsentant
der USA bei der UNO war, und Außenminister George Shultz, den ich
bereits seit langem kannte. Meine »Feinde« in Reagans Lager beschlossen, mich öffentlich zu beleidigen, indem sie mich nicht zum Empfang
in der US-Botschaft einluden, als Reagan seinen Moskau-Besuch absol-
vierte. Mich ärgerte das nicht. In gewissem Maße war es sogar nützlich. Wie die vielen »Anti-Arbatow«-Publikationen in den USA untergrub das die Anklagen meiner konservativen sowjetischen Gegner, daß
ich »proamerikanisch« und »prowestlich« sei.

Eine andere Frage, die mir sowohl in den Vereinigten Staaten als
auch zu Hause oft gestellt wurde, betraf meine Beziehungen zu den
USA vor der Perestroika: Warum kritisierten das Institut und ich die
amerikanische Politik in der Öffentlichkeit manchmal sehr scharf, und
warum versuchten wir, unsere eigene Politik zu rechtfertigen?

Ich will versuchen, in zwei Teilen zu antworten. Ja, ich habe, wo immer möglich, versucht, die sowjetische Politik zu verteidigen. Aber ich
rechtfertigte zum Beispiel nicht unsere Invasionen Afghanistans und
der Tschechoslowakei. Ich stimmte mit vielen der außenpolitischen
Positionen unserer Regierung überein – zum Beispiel ihrer Ablehnung
der Neutronenbombe und des Star Wars-Konzeptes; auch gab es viele
Dinge in unserer Politik, die ich nicht kannte. In vielen Fällen mußten
wir uns auf offizielle Informationen stützen, das betraf insbesondere
unsere Militärpolitik, die Stärke der Bewaffnung, die Verletzung von
Abkommen, das fieberhafte Zivilverteidigungsprogramm. Manchmal
fiel es mir einfach schwer zu glauben, daß wir die stupiden Dinge, die

uns vom Westen vorgeworfen wurden, tatsächlich taten. Unglücklicherweise waren die Leute im Westen, wie ich später entdeckte, oft im Recht. Auch verteidigte ich mein Land und seine Politik gegen ungerechtfertigte Angriffe amerikanischer Konservativer, Angriffe, die sich in den späten Siebzigern und frühen Achtzigern verschärften. Und ein Teil meiner Position war, das gebe ich zu, die Folge eines gewissen Konformismus, aber eine Dosis dieser Eigenschaft war Überlebensbedingung. Das mag meine Schwäche nicht entschuldigen, aber es erklärt sie. Unter den harten Bedingungen des Totalitarismus und der posttotalitären Zeit mußte man zu Kompromissen bereit sein, wenn man etwas Nützliches tun und das bewahren wollte, was man geleistet hatte.

Der zweite Teil der Antwort betrifft meine Kritik der amerikanischen Politik. Ich glaube nicht, daß ich an meinen Angriffen auf die amerikanische Politik der frühen achtziger Jahre etwas zu bereuen habe. Viele Leute akzeptieren einfach den Gedanken, daß es Reagans politische Härte und seine entschiedenen Schritte zur Steigerung der amerikanischen Militärmacht waren, welche die sowjetische Politik gewandelt und ihr die Vergeblichkeit ihres kriegerischen Kurses demonstriert hätten. Das ist absoluter Unfug. Diese Veränderungen reiften nicht nur in unserem Lande, sie entstanden auch hier. Die Feindseligkeit und der Militarismus der amerikanischen Politik schufen nur weitere Hindernisse auf dem Weg zur Reform und bürdeten jenen, die die Reform vorantreiben wollten, nur weitere Schwierigkeiten auf. Die amerikanische Haltung war sogar eine Bedrohung des demokratischen Wandels, da sie das harte Regime im Inneren des Landes und neue Bemühungen, die Größe des militärisch-industriellen Komplexes zu erhöhen, rechtfertigte. Die Reaktion auf Amerikas Aufrüstung brachte bei uns ein wirkliches Frankenstein-Monstrum hervor, das außer Kontrolle geriet und noch die neue Politik in der Zeit der Perestroika untergrub. Im August 1991 unternahm dies Monstrum einen Versuch, mit Gewalt den Lauf der Dinge umzukehren, und wir haben es noch immer nicht vollständig unter Kontrolle.

Die frühe Politik der Reagan-Administration rief Feindseligkeit und echte Empörung bei mir und vielen anderen hervor. Ich habe extrem konservative Haltungen, Militarismus, den Haß auf andere Länder und militärische Erpressung immer verurteilt, und ich habe erlebt, wie negativ sich eine solche Politik auf die Ereignisse innerhalb der Sowjetunion auswirken kann. Da ich die Lage in meinem Lande und Bresch-

news nachlassende Gesundheit kannte, hatte ich keine Zweifel, daß der
Prozeß des Wandels bald beginnen würde, aber ich fürchtete genau wie
viele meiner Freunde, daß die Dinge auch eine Wendung zum Schlimmeren nehmen und in einer schnellen Restauration des Stalinismus
und einer abenteuerlicheren Außenpolitik enden könnten. Eine extrem
feindselige Politik von seiten der Vereinigten Staaten mußte dazu beitragen. In diesem Sinne ließen sich die USA auf ein sehr gefährliches
Spiel ein, und in keiner Weise können die Leute, die daran teilhatten,
behaupten, sie wären Wegbereiter der Perestroika gewesen.

Diese Phase der amerikanischen Beziehungen zur UdSSR und zu
unserem Institut ist vorüber; unsere Kontakte mit den Amerikanern
haben sich normalisiert. Der gute Ruf unseres Instituts in den Augen
unserer amerikanischen Kollegen ist erhalten worden; alle Anstrengungen, uns zu diskreditieren, haben sich als erfolglos erwiesen.

Während der Jahre der Perestroika haben meine Kollegen und ich
ernsthaft versucht, unsere Arbeit der Vergangenheit noch einmal einzuschätzen. Wir haben nach Fehlern in unserer Arbeit gesucht, und wir
haben viele von ihnen gefunden. Welches waren die bedeutendsten
Fehler und Fehleinschätzungen? Ich habe bereits erwähnt, daß ich in
den Siebzigern zu optimistisch an eine Unumkehrbarkeit der Entspannung geglaubt hatte. Auch zögerte ich lange, die wachsende Drohung
eines Rechtsrucks in den Vereinigten Staaten in den späten siebziger
Jahren anzuerkennen, obwohl einige meiner Kollegen im Institut mich
gewarnt hatten. Eine der Ursachen war sicher die Tatsache, daß ich
über unsere militärische Aufrüstung nicht im Bilde war und lange Zeit
nicht an die westliche Darstellung ihrer Dimensionen glaubte; diese
Verstärkung unseres Militärs spielte der extremen Rechten in den USA
in die Hände. Ich unterschätzte auch, welch ungünstigen Einfluß unsere ungewisse politische Lage – die wachsenden ökonomischen
Schwierigkeiten, die kranke und alternde Führung – auf die Politik des
Westens hatte. Nichts daran konnte Amerika und seine Alliierten ver-
anlassen, bessere Beziehungen zu uns zu entwickeln, die Rüstung zu
reduzieren und die Zusammenarbeit zu verstärken.

Unsere Voraussagen über die innenpolitische Entwicklung in den
USA waren nicht immer genau, wobei weder sowjetische noch amerikanische Experten behaupten können, alle Entwicklungen richtig eingeschätzt zu haben. Trotz einiger Fehler lagen wir im Durchschnitt recht
gut. Man darf dabei natürlich nicht das heutige politische und

ideologische Niveau unserer Arbeit zum Maßstab nehmen. Viele Jahre lang hatte man uns (oft mit grausamen Mitteln) dahin gebracht, sehr mechanistisch zu denken. Ein Wesenszug dieses Denkens war es, die Sowjetpolitik und unsere Lebensweise uneingeschränkt und bedingungslos zu verteidigen, wie schlecht sie auch gewesen sein mögen. Aber es gab gewisse Dinge, die ich weder öffentlich noch privat je verteidigt habe: unsere militärischen Interventionen in der Tschechoslowakei und in Afghanistan; die Verhaftung und Verfolgung von Dissidenten; die Unterdrückung von Ideen, Büchern und des freien Denkens; die Versuche, den Stalinismus zu rechtfertigen; den Militarismus und ähnliches. Wir waren auch erzogen worden, eine scharf negative Haltung (sie wurde »Klassenbewußtsein« oder »Parteistandpunkt« genannt) gegenüber der anderen Seite zu entwickeln und insbesondere gegenüber dem »amerikanischen Imperialismus«. Zugleich aber will ich meine kritische Haltung gegenüber gewissen Aspekten der amerikanischen Lebensweise und insbesondere der amerikanischen Außenpolitik nicht leugnen. Ich glaube noch immer, daß damals gefährliche imperialistische Tendenzen und ehrgeizige außenpolitische Ziele existierten und daß sie, in gewisser Form, noch immer in der US-Politik, im amerikanischen politischen Denken und in einigen amerikanischen ökonomischen und politischen Institutionen (einschließlich des militärisch-industriellen Komplexes) existieren. Aber selbst in jenen Tagen habe ich Amerika und seine Politik selten im ganzen imperialistisch genannt. Ich habe, wo immer ich konnte, solchen politischen Slang und den Mißbrauch dieser Begriffe vermieden.

Wir wurden nicht nur auf ein bestimmtes enges Denken hin erzogen, sondern auch zum Gebrauch einer spezifischen Sprache (die deutschen Kommunisten nannten sie im Scherz »Parteichinesisch«). Es war eine Sprache, die jene, die nicht an sie gewöhnt waren, entsetzte. Man spürte das deutlich, wenn man mit Übersetzungen sowjetischer Artikel oder politischer Dokumente in eine andere Sprache konfrontiert wurde.

Neben den Irrtümern, welche das Denken in Stereotypen und eine mechanistische Sprache uns aufzwangen, schwächte der grundlegende Mangel an Informationen selbst unsere scharfsinnigsten Forscher. Deshalb kann ich es nicht akzeptieren, wenn ich Kritik höre, die uns vorwirft, daß wir früher von einer militärischen Parität in Europa ausgingen, heute aber empört gegen die Überlegenheit der russischen Rüstung protestieren. Einer solchen Kritik kann man nur entgegenhalten:

Damals hat man uns nicht die ganze Wahrheit gesagt, und es ist nicht sicher, ob wir inzwischen die ganze Wahrheit hören. Aber das betrifft nur jene Arbeiten des Instituts, die sich mit militärischen Problemen befaßten. In politischen und ökonomischen Fragen waren wir relativ gut informiert und müssen die ganze Verantwortung für das übernehmen, was wir schrieben. Einige meiner schriftlichen Äußerungen, die zur Beratung der politischen Führung dienten, mögen nicht sehr weise gewesen sein, aber ich kann mich nicht an einen Ratschlag erinnern, der unser Land geschädigt hätte. Und obwohl ich in meinen Empfehlungen und Vorschlägen nicht immer die ganze Wahrheit sagte, brachte ich doch nie Lügen vor oder richtete mich nach den Launen meiner Vorgesetzten. Auch redete ich ihnen nicht nach dem Munde.

Selbst wenn wir, wie ich glaube, in der Vergangenheit gute Arbeit geleistet haben, weiß ich, daß es unmöglich ist, nur von diesem alten Kapital zu zehren – insbesondere in diesen Tagen, da unser Land und seine Politik neu bestimmt werden. Es war schwer genug für das Institut, als eine Zuflucht pragmatischen Expertentums und neuen Denkens in der Periode der Stagnation zu überleben. Es wird nicht weniger schwierig sein, angesichts der gegenwärtigen ökonomischen Schwierigkeiten und innenpolitischen Probleme weiterhin produktiv und nützlich zu arbeiten und unsere Identität zu erhalten. Außerdem gibt es wachsende Konkurrenz von anderen Informationszentren und Denkfabriken. Aber wir werden unser Bestes tun, um uns der neuen Realität anzupassen, und ich bin sicher, das Institut wird sich den neuen Herausforderungen, die vor uns liegen, effektiv stellen.

## Schlußfolgerung

Rechneten meine Kollegen und Freunde je mit der Möglichkeit, daß es nach dem politischen Frostwetter der späten siebziger und frühen achtziger Jahre eine hoffnungsvolle neue Ära geben würde? Um ehrlich zu sein – ja und nein. Langfristig gesehen, ja. Ein totalitäres System ist immer zum Scheitern verurteilt, da es den Keim seiner eigenen Zerstörung in sich trägt. Aber kurzfristig sahen die Dinge keineswegs einfach aus. Ich muß zugeben, daß die Breschnew-Ära, selbst an ihrem Ende, uns als die wahrscheinlich letzte aufgeklärte Phase unserer Gesellschaft erschien. Wir fürchteten die Dunkelheit einer neuen und gnadenlosen Diktatur, die uns nicht verschonen würde, denn nach den stalinistischen Kriterien waren wir zu kühn, zu freidenkerisch und zu provokativ gewesen.

Für mich war das ein außergewöhnliches Paradoxon. Während ich in den Vereinigten Staaten als Knecht des sowjetischen Totalitarismus dargestellt wurde, eine Bedrohung alles Amerikanischen und ein »subversives Element«, lebten ich und viele andere in der Furcht und der Vorahnung von Verfolgung und Strafe im eigenen Land. Diese Furcht wurde durch ein traditionelles und bedeutendes Element russischer Politik verschärft: Jene, die mit einem früheren politischen Führer eng zusammengearbeitet hatten oder zu seiner Umgebung gerechnet wurden, legten bei Ankunft eines neuen Führers praktisch ihre Köpfe auf den Henkerblock. Aber wer kann den widersprüchlichen und immer überraschenden Verlauf der Geschichte schon vorausahnen? Suslow starb, und Andropow trat an seine Stelle, wurde plötzlich zum Thronerben. Das allein war Grund genug für Hoffnung. Als Andropow starb, schien diese Hoffnung zu verblassen. Aber die Dinge waren nicht so düster wie zuvor. Irgendwie verstanden die Menschen, daß ein Wandel möglich war – daß er sehr wahrscheinlich kommen würde. Deshalb glaubte man nicht, daß Konstantin Tschernenko einen lang andauernden Sieg für die konservative Seite bedeutete. Als er starb, verschwanden die dunklen Vorahnungen und Prognosen mit ihm.

In den Jahren der Perestroika machten wir große Fortschritte. Aber die Lage bleibt noch immer ungeklärt. Unsere Zukunft hängt davon ab, was wir heute tun – und dafür sind die Lehren der Vergangenheit von entscheidender Bedeutung.

Die erste Lektion, die uns die nachstalinistischen Jahre gelehrt haben, liegt darin, daß ein Mangel an Entschlossenheit ebenso wie übertriebene Vorsicht zu einem schnellen Verfall der Reformen führt. Bevor die öffentlichen Einrichtungen und Institutionen nicht umgebaut sind, ist signifikanter Fortschritt unmöglich. Grundlegende Veränderungen müssen von der obersten Führung des Landes eingeleitet und mit großer Energie gefördert werden, erst dann werden die Reformen Wurzeln schlagen und überleben.

Die Zeit spielt eine enorme Rolle in der Frage, ob und wie schnell die Reformen greifen. Wird die Reform verzögert, fällt sie in sich zusammen wie ein Kreisel, der aufgehört hat, sich zu drehen. Dabei sind wahrscheinlich gewisse soziologische Gesetze am Werk. Wenn eine Gesellschaft längst überfällige Reformen zurückweist, wird die Revolution mit all ihren destruktiven Folgen unausweichlich. Aber die Reform bedeutet auch schnelle Veränderung und nicht eine langsame, sich hinschleppende Evolution; sobald der Schwung verlorengeht, passen sich die alten konservativen Elemente schnell der Situation an und finden neue Methoden, um den Wandel wirkungsvoll zu bekämpfen.

Die zweite Lehre betrifft die Tatsache, daß es unmöglich ist, Fortschritte zu machen und sich erfolgreich zu entwickeln, ohne das Land dem Rest der Welt gegenüber zu öffnen, ohne ein aktiver Mitspieler in der internationalen Arbeitsteilung zu werden, ohne die Möglichkeiten der wirtschaftlichen, wissenschaftlichen und technologischen Zusammenarbeit wahrzunehmen und ohne die Vorteile der ökonomischen, gesellschaftlichen und kulturellen Erfahrung der Welt auszunutzen. Zu Beginn der fünfziger Jahre war der herausragende Wendepunkt in der Geschichte unserer gesellschaftlichen Entwicklung der Tod Stalins. Aber viele Länder, die heute die Welt mit ihren Erfolgen überraschen, lagen 1953 in ihrer sozio-ökonomischen Entwicklung weit hinter der Sowjetunion. Japans Bruttosozialprodukt zum Beispiel hatte gerade erst wieder sein Vorkriegsniveau erreicht, und das Land war dabei, seine Vorkriegsreputation als Produzent zweitrangiger Verbrauchsgüter allmählich wiederherzustellen. Wenige Menschen hätten sich in den frühen fünfziger Jahren vorstellen können, daß Westdeutschland oder Taiwan, von Südkorea ganz zu schweigen, ernsthafte Wirtschaftsmächte werden würden. Ich kann mir einfach nicht vorstellen, wie diese Länder, oder jedes andere, das nach dem Zweiten Weltkrieg ökonomischen Erfolg hatte, das ohne aktive Teilnahme am Weltmarkt hätten erreichen können.

Angst war und ist die große Barriere auf unserem Weg zu dem Entschluß, die harte Welt des ökonomischen Marktes zu betreten. Für einige ist es die Angst, die traditionellen Werte und »Prinzipien«, die in Stalins Zeit Wurzeln schlugen, zu verraten. Bei anderen ist es einfach die Angst vor dem Ungewissen.

Jene, die das Risiko des Ungewissen fürchten, müssen begreifen, daß jedes Vorhaben, jeder Versuch, neue Methoden zu finden, mit einem Risiko verbunden ist. Aber heute liegt in der Weigerung, sich um Neues zu bemühen, ein unvergleichlich größeres Risiko, da die alten Methoden unausweichlich zu weiterem Verfall und schließlich zur Katastrophe führen. Franklin D. Roosevelts Worte sind in diesem Zusammenhang zutreffend: »Das einzige, was wir fürchten müssen, ist die Furcht selbst.«

Die dritte Lehre ist, daß wir niemals in der Lage sein werden, unsere Gesellschaft auf ein normales Gleis zu bringen, ohne den Militarismus in unserer Innen- und Außenpolitik zu überwinden. Wir haben uns an diese anormale Bedingung gewöhnt, und vielleicht hätten wir sie bis zum jüngsten Tag oder bis zu einer universellen Katastrophe geduldet, wären da nicht die ökonomischen Realitäten gewesen. Die Bürde gewaltiger Militärhaushalte ist nicht nur für uns unerträglich geworden, die wir bis zu zwanzig oder dreißig Prozent unseres Bruttosozialprodukts in die Verteidigung gesteckt haben, sondern auch für das reichste Land der Erde, die Vereinigten Staaten von Amerika.

Noch eine vierte Lehre liegt in der historischen Erfahrung der nachstalinistischen Jahre – es ist die Wirkung reziproken Handelns unter den Bedingungen internationaler Konkurrenz. Wann immer man etwas unternimmt, das die Interessen des Gegners entweder in irgendeiner Region der Welt oder in bezug auf ein neues Verteidigungsprogramm oder in der Militärdoktrin oder auf jedem anderen Gebiet berührt, muß man eine Reaktion von ihm erwarten. Wenn man diese Reaktion nicht von vornherein in die Berechnungen einbezieht, kann das eigene Tun auf einen selbst zurückschlagen. In der Welt globaler Politik kann keine große Macht auf ewig der klare Gewinner bleiben, nicht einmal auf sehr lange Zeit. Die Dinge werden noch komplizierter, wenn es einen klaren Verlierer gibt. Die Abrechnung am Ende ist immer unvermeidlich.

Diese Interdependenz hat sich vor allem im Rüstungswettlauf und im Kalten Krieg ausgedrückt. In den letzten Jahren haben wir gesehen, daß es möglich ist, eine friedliche Rivalität, sogar einen Abrüstungswettlauf zu haben. Dieser Prozeß hat mein Land und die Vereinigten Staaten verändert. Zu guter Letzt beginnen wir zu verstehen, daß die wirkliche Aufgabe der Außenpolitik nicht sein kann, andere Länder zu erobern oder Reiche zu erbauen. Sie liegt darin, äußere Bedingungen zu schaffen, die es jedem Land, jeder Nation erlauben, sich nicht nur auf die eigene Macht und die eigenen Ressourcen zu konzentrieren, sondern vor allem auf die Lösung der realen Probleme, auf die ökonomischen und sozialen Fragen, auf die

Weiterentwicklung von Kultur, Wissenschaft, Erziehung, Gesund-
heitswesen, Ökologie, auf die Lebensqualität der Menschen und die Si-
cherung ihres Wohlergehens.

Jetzt, da der kalte Krieg zu Ende gegangen ist, haben wir zum ersten
Mal seit Jahrzehnten die Möglichkeit, unsere Prioritäten neu zu setzen.
Die Geschichte hat uns wieder einmal eine einzigartige Gelegenheit gegeben, unsere wirklichen Probleme zu lösen. Werden wir davon Gebrauch machen?

# Der Zerfall

Ganze Bände werden über den Zusammenbruch eines so beispiellosen, rätselhaften und bedrohlichen Systems wie des Kommunismus im Sowjetreich geschrieben werden. Ich stehe mitten in diesem Prozeß und kann nur einige Beobachtungen über diese historischen Ereignisse beitragen.

In der Auseinandersetzung mit ihrer stalinistischen Vergangenheit gab es für die Sowjetunion zu zwei Gelegenheiten Chancen für eine Rettung. Die erste war der XX. Parteitag und die auf ihm verkündete Entscheidung, sich vom Stalinismus loszusagen. Die zweite war die Perestroika, die vielversprechend begann und in ihren ersten drei oder vier Jahren große Veränderungen initiierte und die Grundlagen für das erste demokratische Experiment in der Geschichte unseres Landes legte. Sie spielte auch international eine Schlüsselrolle, denn das überwältigendste Ergebnis dieser Periode war das Ende des Kalten Krieges, das ohne die neue, sogar revolutionäre Politik in der Sowjetunion und besonders ohne Michail Gorbatschow unmöglich gewesen wäre.

Wie bei vorherigen Perioden revolutionärer Veränderung in unserer Geschichte begann die Perestroika mit einer romantischen Phase. Dieser Phase folgte nach dem üblichen Muster die politische Polarisierung. Im Jahre 1990 entwickelte sich die Schlacht zwischen den Konservativen und den Reformern zu einer Krise, welche die Zukunft der Perestroika selbst in Frage stellte. Und heute quält mich die nagende Furcht, daß wir diese unwiederholbare zweite Chance verspielt haben.

Natürlich gab es frühe Hinweise auf die bevorstehende Krise. Der erste Donnerschlag des heranrückenden Unwetters wurde im März 1988 von Nina Andrejewa in der *Sowjetskaja Rossija* veröffentlicht. Der Artikel trug den Titel: »Ich kann meine Prinzipien nicht preisgeben.« Es handelte sich dabei um ein wirkliches neostalinistisches Manifest, dessen Veröffentlichung von Jegor Ligatschow, dem Führer der Konservativen im Politbüro, autorisiert wurde.

Unterdessen hatten die meisten Beobachter sowohl in der Sowjetunion als auch im Ausland die Bedeutung eines anderen, früheren Ereig-
nisses nicht voll gewürdigt: des dramatischen Rücktritts Boris Jelzins
von seinem einflußreichen Posten als Erster Sekretär der Moskauer Parteiorganisation, auf den sein Ausschluß aus dem Politbüro folgte.

Jelzin trat zurück, um gegen die Verlangsamung der Perestroika und
den konservativen Stil des ZK-Sekretariats, das von Jegor Ligatschow
geführt wurde, zu protestieren. Das Plenum war auch deshalb bedeut-
sam, weil es ein neues und nicht sehr schmeichelhaftes Licht auf Michail Gorbatschow warf, der einen schweren Angriff auf Jelzin organisierte. Dies war der erste Anschauungsunterricht, daß Gorbatschow die
Sorte von Politiker war, der durchaus zu Kompromissen in Prinzipien-
fragen bereit war, wenn es um Macht ging.

Ich war zu der Zeit ZK-Mitglied und nahm an dem Plenum teil. Ein
Parteichef nach dem anderen ergriff das Wort. Sie prügelten auf Jelzin
im Geiste der besten stalinistischen Tradition ein, keine Beleidigung
wurde ausgelassen. Ich konnte es nicht ertragen und meldete mich auch
zu Wort – nicht so sehr aus Sympathie für Jelzin, sondern einfach, weil
ich das Gefühl hatte, ich würde mich später schämen, wenn ich dazu
schwiege. Ich sagte einige schüchterne Worte zur Verteidigung Jelzins,
aber was die führenden Politiker anging, fiel meine Aussage nicht nur
aus dem üblichen Rahmen, sondern war geradezu aufrührerisch. Ich
sagte: »Die bloße Tatsache, daß ein Mitglied der Führung etwas Kritisches über die Arbeit eines anderen sagt, verstößt nicht gegen die Statuten. Ich glaube, daß das bis zu einem gewissen Grade das Resultat der
Perestroika und einer sachlicheren Arbeitsauffassung ist.« An anderer
Stelle sagte ich: »Es wäre ganz falsch, das, was Genosse Jelzin gesagt
oder getan hat, als schlecht hinzustellen. Wir sind an einen solchen Stil
gewöhnt, wir erinnern uns daran, wie er früher praktiziert wurde, und
wir dürfen ihn nicht wiederbeleben. Übrigens muß man Jelzin Zivilcourage zugestehen. Dies war kein einfacher Schritt für ihn.« Diese
Rede, die einzige, die von der Parteilinie abwich und daher recht auffäl-
lig war, wurde sofort von Ryschkow angegriffen. Und nach Meinung
vieler meiner Freunde begannen von dem Zeitpunkt an meine Beziehungen zu Gorbatschow abzukühlen.

Zunächst betrachtete natürlich jeder, auch ich, solch ein Verhalten
Gorbatschows als Taktik, und wir alle glaubten daran, daß er zu seinen
Manövern zwischen den Konservativen und Liberalen gezwungen war,

um die Perestroika zu bewahren und ihren Erfolg zu sichern. Es ist durchaus möglich, daß Gorbatschow anfangs auf weitreichende Veränderungen zielte und jede Art von Taktik anwandte, um sie zu verwirklichen. Ich war durchaus bereit, ihm zu glauben, als er in den späten Achtzigern zu sagen begann, daß die Macht ihm nichts bedeutete, und daß er, ginge es ihm um die Macht, die Perestroika nie begonnen hätte – denn wer in der Sowjetunion hatte mehr Macht als der Generalsekretär der Kommunistischen Partei? Aber je öfter er diese Feststellung wiederholte, desto weniger glaubwürdig klang sie. Gorbatschows Ehrgeiz konnte nicht allein durch Macht befriedigt werden, durch die bloße Tatsache, daß er Generalsekretär geworden war – insbesondere nach Breschnew und Tschernenko. Er wollte als großer Reformer in die Geschichte eingehen. Und da stand er nicht allein – das ganze Land und selbst die Partei wollten Reformen, denn bis zum Jahre 1985 waren alle der politischen Führer, die lediglich ihre persönliche Macht festigten, aber sonst nichts taten, unendlich überdrüssig. Deshalb genoß Gorbatschow eine so breite Unterstützung.

In Laufe der Zeit häuften sich die Anzeichen, daß das Problem nicht nur in einer zweifelhaften Taktik lag. Zunehmend schwankte auch die strategische Linie des neuen sowjetischen Führers, und das führte zu einer bedeutenden Verschiebung hin zu konservativer Haltung und autoritärer Herrschaft. Offen gesagt, ich war von Gorbatschow so fasziniert und verzaubert – praktisch in ihn »verliebt« –, daß es lange dauerte, bis mir diese strategische Ambivalenz und dieser Mangel an politischen Skrupeln auffiel. Aber als ich sie bemerkte, konnte und wollte ich mit meiner Meinung nicht zurückhalten, was beinahe zu einem vollständigen Abbruch unserer Beziehung führte.

Warum wich Gorbatschow von der Politik ab, die er anfangs verkündet hatte? Warum verriet er seine eigenen wichtigsten Prinzipien? Viele sowjetische Intellektuelle, insbesondere jene, die den politischen Entscheidungsträgern nahestanden, haben diese Fragen im Laufe der vergangenen Jahre immer wieder debattiert. Eine Antwort – die, was Gorbatschow angeht, kritischste – ist, daß wir alle betrogen wurden, daß wir ihn für jemanden hielten, der er nicht war. Nach dieser Theorie beabsichtigte er gar keinen tiefgehenden Wandel, sondern suchte vor allem seine Macht zu erhalten, während er ehrgeizig den Ruhm eines kühnen Reformers beanspruchte.

Andere meinen, daß Gorbatschow in der Tat Reformen wollte, aber

nur bis zu einer gewissen Grenze, nämlich nur in dem Maße, daß sie
seine geliebten Institutionen nicht berührten – er wollte den Sozialismus erhalten, wenn auch einen Sozialismus mit menschlichem Antlitz;
er wollte die Sowjetunion erhalten, wenn auch als ein System, das nicht
so despotisch und zentralisiert war wie zuvor; er wollte die Macht der
Kommunistischen Partei als der führenden Kraft in der sowjetischen
Gesellschaft erhalten.

Nach einer dritten Meinung wollte Gorbatschow radikale Veränderungen, mußte sich aber letztlich dem Druck der konservativen Kräfte
in der Partei, der Armee, dem KGB und anderen Staatsstrukturen beu-
gen und seine ursprünglichen Pläne aufgeben. Vor allem hatte er dieser
Ansicht nach nicht den Mut und die Energie, die Macht der Schlüssel-
bürokratien zu brechen. Wenn er auf dieser Ebene Personalverände-
rungen vornahm, ersetzte er ältere Funktionäre oft mit jüngeren, die
lediglich härtere Ausgaben derselben Sorte Mensch waren.

Jede dieser drei Hypothesen ist plausibel, aber die Wahrheit liegt
wahrscheinlich in einer Verbindung aus allen dreien. Was immer die
Gründe für Gorbatschows Schwankungen gewesen sein mögen, seine
Unzuverlässigkeit als politischer Führer wurde zunehmend offenbar.
Und ich fragte mich oft: Was will Gorbatschow letztlich? Was denkt er
wirklich? Was versucht er zu erreichen?

Unter den Dingen, die mich verwirrten, war eine Art »doppelter Moral«, die sich öfter zeigte. Zum Beispiel kritisierte Gorbatschow schon
1986 die Zeitschrift *Ogonjok* und die Wochenblätter *Moscow News*
und *Argumenty i Fakty* aufs schärfste – alle drei radikal demokratische
Veröffentlichungen. Aber ich kann mich nicht erinnern, daß er jemals
irgendwelche Periodika des rechten Flügels kritisierte – zum Beispiel
die Tageszeitung *Sowjetskaja Rossija*, die Magazine *Molodaja Gwar-
dija* und *Nasch Sowremennik* oder selbst entschieden neofaschistische
Revolverblätter trotz der Beleidigungen und Verleumdungen, mit denen sie seine Leute, die Perestroika und oft auch ihn selbst überhäuf-
ten. Ebenso griff er politische Führer des demokratischen Lagers oftmals rüde und ungerechtfertigt an, hatte aber kein entmutigendes
Wort für erzkonservative und sogar extrem rechte Gruppen und Politiker, was manchmal den Eindruck schuf, als flirtete er mit ihnen. Ich
weiß nicht, ob er Angst hatte, die Rechte zu beleidigen, oder ob er tatsächlich die Demokraten noch mehr fürchtete und daher versuchte, sich
die Unterstützung des rechten Flügels zu sichern – oder ob er vielleicht,

wie weitverbreitete Gerüchte wissen wollten, von seiner Frau beeinflußt war. Sein Verhalten stellte mich oft vor Rätsel. Ich sprach ihn darauf ein paarmal an, aber er wich dem Thema aus.

Ernsthaftere Zweifel, was Gorbatschows politische Integrität anging, tauchten im Frühjahr 1990 auf, als ein »Offener Brief des Zentralkomitees an die Kommunisten im Lande« mit seiner Zustimmung veröffentlicht wurde. Dies war die erste Salve in einer Verfolgungskampagne gegen alle Parteidissidenten und Liberalen. Als ZK-Mitglied erhielt ich den Entwurf des Briefes, bevor er veröffentlicht wurde, und schickte sofort einen sehr harten Protestbrief an das Sekretariat des ZK und an Gorbatschow persönlich. Das war indessen vergebliche Liebesmühe. In der Folge ergriffen die konservativen Bürokraten die Aufsicht über die Vorbereitungen des XXVIII. Parteitages, und die Partei fiel unter die Kontrolle des rechten Flügels, was, meiner Meinung nach, die darauffolgende Wendung der politischen Ereignisse gegen die Perestroika unvermeidlich machte. Die Gefahr war offensichtlich. Während des Parteitages schrieb ich Gorbatschow einen weiteren Brief, versuchte ihn dazu zu überreden, vom Posten des Generalsekretärs zurückzutreten. Ich bekam keine Antwort. Es sah so aus, als wäre der radikale Rechtsruck der Parteiführung von langer Hand vorbereitet worden.

Bald darauf, im September 1990, wurde deutlich, daß Gorbatschow selbst ebenfalls nach rechts gerückt war. Seine Ablehnung des »500-Tage-Plans«, der von den Ökonomen Stanislaw Schatalin und Grigori Jawlinski entworfen worden war, war das erste Signal. Truppenbewegungen in der Nähe von Moskau am Vorabend einer Massendemonstration der Demokraten waren besonders unheilverheißend. Dann ernannte Gorbatschow den Konservativen Leonid Krawtschenko zum Chef von Rundfunk und Fernsehen. Krawtschenko, der verkündete, er sei gekommen, »um den Willen des Präsidenten auszuführen«, setzte sofort Beschränkungen der Sende- und Meinungsfreiheit durch, die zu Rücktritten oder Entlassungen der besten Journalisten und der Einstellung einiger der populärsten politischen Sendungen führten. Auf dem Kongreß der Volksdeputierten im Dezember forderte der Präsident Notstandsermächtigungen, die ihm zugestanden wurden und die er sofort anzuwenden begann.

Auf diesem Kongreß erklärte Eduard Schewardnadse seinen Rücktritt als Außenminister und äußerte seine dramatische Warnung vor der Gefahr einer bevorstehenden Diktatur.

Ich erinnere mich an eine weitere typische Episode auf dem Kongreß im Dezember 1990. Während einer Pause ging der Präsident »zum Volk hinunter« – er wanderte in der Halle herum, blieb hier und dort stehen, um mit den Deputierten zu sprechen. Er blieb auch in der Nähe meiner Sitzreihe stehen und war sofort von Deputierten umgeben, die ihn nach den Gründen für die Wende seiner Politik befragten. Er antwortete, da die Gesellschaft sich nach rechts bewegt habe, müsse auch die Regierungspolitik dem folgen. Diese Antwort verursachte eine lebhafte Diskussion. Ich stimmte mit Gorbatschows Meinung in keiner Weise überein und drückte meine Ansicht in einem weiteren Brief an ihn aus. Ich schrieb ihm, daß er die Veränderungen in der öffentlichen Meinung mißverstehe. Ja, die Leute waren des Chaos, der Verwirrung, der Inkompetenz und der steigenden Kriminalität müde, und sie wollten irgendeine Art von Ordnung. Aber sie wollten sicher keine Ordnung auf Kosten der sich entwickelnden Demokratie. Im übrigen solle die Politik keinesfalls immer den Wandlungen der öffentlichen Meinung folgen; sie müsse diesen Veränderungen oft sogar trotzen.

Unterdessen verwandelten sich harte Worte zunehmend in repressive Handlungen. Der Präsident begann Befehle herauszugeben, seine Notstandsermächtigung zu gebrauchen – es gab vereinigte Polizei-Armee-Patrouillen auf den Straßen, die Polizei und das KGB hatten das Recht, Büros ohne Durchsuchungsbefehl zu durchsuchen und willkürlich Dokumente zu beschlagnahmen. Die Stationierung von Truppen in friedlichen Städten wurde zu einer regulären Erscheinung. Im Januar 1991 schickte die Regierung Teile der Sowjetarmee und die Truppen des Innenministeriums in die baltischen Staaten, und Regierungsgebäude, Fernsehsender und andere wichtige Schaltstellen wurden besetzt. Es kam zu gewalttätigen Auseinandersetzungen zwischen der Bevölkerung und dem Militär. Blut wurde vergossen – zuerst in Wilnius, dann in Riga.

Bald wurde klar, daß wir es nicht mit regellosen Ausbrüchen von politischen Leidenschaften zu tun hatten, sondern mit der Durchführung eines gut organisierten Plans. Anonyme »Komitees zur nationalen Rettung« wurden in den Republiken eingerichtet, und wir warteten eigentlich nur noch darauf, daß die Zentralregierung auf ihrer Seite intervenierte, sie an die Macht brachte und die legitimen Parlamente und Regierungen außer Kraft setzte.

Bürgerproteste verhinderten das. Massendemonstrationen begannen. Barrikaden wurden um Parlamente aufgetürmt, und Tausende von Menschen standen auf ihnen Wache. Hunderttausende von Moskauern gingen auf die Straße, um ihre Solidarität mit den Balten auszudrücken. In Leningrad fand eine Massenveranstaltung statt. Boris Jelzin flog nach Tallinn und unterschrieb wichtige politische Verträge mit Estland und Lettland sowie später mit Litauen.

Die große Militäroperation fand nicht statt. Politiker der äußeren Rechten, die den Komitees der nationalen Rettung nahestanden, warfen Gorbatschow Verrat vor. Einer von ihnen, Oberstleutnant Viktor Alksnis, sagte öffentlich aus, daß Gorbatschow zunächst die Pläne der baltischen Putschisten sanktioniert hatte, aber später seine Unterstützung zurückzog.

Gorbatschow schwieg. Nach etwa zehn Tagen gab er eine Verlautbarung heraus, die sein Bedauern ausdrückte, was die blutigen Ereignisse in den baltischen Ländern betraf (einige sahen darin auch eine mögliche Verdammung). Aber eine wirkliche Untersuchung wurde nicht initiiert. Es gab auch keine Folgen, als der Journalist Juri Tschekotschichin im Juli Dokumente veröffentlichte, die bewiesen, daß sich unter den Truppen, die für das Blutvergießen in Wilnius verantwortlich waren, Sondereinheiten des KGB befanden, die sogenannte Alpha-Gruppe, die direkt dem Chef des KGB und über ihn dem Präsidenten verantwortlich war. Tschekotschichins Artikel rief keine offizielle Reaktion hervor, trotz der Tatsache, daß eine Anzahl von Volksdeputierten, darunter auch ich, einen Aufruf für Untersuchungen des Vorfalls unterschrieben, der in Tageszeitungen und im Fernsehen veröffentlicht wurde. Kein Wunder, daß es Gerüchte gab, die Gorbatschow selbst eine Rolle bei den baltischen Vorfällen zuschrieben: Konnte es zum Beispiel sein, daß er jenen, welche die Aufstände in den baltischen Ländern (und vielleicht auch an anderen Orten) planten, Anlaß gegeben hatte zu glauben, daß er sich ihnen anschließen würde, falls sie siegten?[*]

Es gab viele Anzeichen dafür, daß eine Art präsidialer »Militärstaat« geschaffen werden sollte. Und Gorbatschow nahm an diesem Prozeß offensichtlich teil. Warum? Ich habe auf diese Frage keine eindeutige Antwort. Aber ich kann mir durchaus vorstellen, daß Gorbatschow den Zerfall der alten Machtstrukturen und das Wachstum demokratischer

---

[*] Später sahen viele die Ereignisse dieses Januars in den baltischen Staaten als eine Probe für den August-Putsch an.

Tendenzen, die er nicht mehr kontrollieren konnte, mit Sorge sah, und daß dies ihn in seiner Politik nach rechts trieb.

Er behandelte diese politischen Entwicklungen nicht als eine natürliche Erscheinung einer Gesellschaft, die sich im Umbruch der Demokratisierung befand, sondern mehr als Folge von Intrigen seiner politischen Rivalen, der Demokraten. Er konzentrierte sich zunehmend auf die Person Jelzin, betrachtete seine wachsende Popularität als eine Bedrohung seiner eigenen Macht. Vielleicht erklärt diese reduzierte Sichtweise eines komplexen politischen Prozesses, der sich im Lande entwickelte, viele von Gorbatschows Fehlern. Der Kampf des Präsidenten gegen Jelzin wurde zu einer Besessenheit, und er versuchte hartnäckig, den russischen Führer aus dem politischen Leben »zu vertreiben«. Natürlich nutzten die Opponenten der Perestroika diese Besessenheit geschickt aus, sie rechneten damit, daß sich für sie eine Angriffsmöglichkeit ergeben könnte, wenn diese beiden populärsten Politiker einander zerstörten oder sich in ihrer politischen Wirksamkeit gegenseitig untergruben. Eine solche Bedrohung war realistisch, und sie nahm im Winter und Frühjahr 1991 ernsthafte Proportionen an.

All das trieb Jelzin zu einigen unüberlegten Aussagen – er forderte Gorbatschows Rücktritt, eine öffentliche »Kriegserklärung an das Zentrum«, obwohl es zu der Zeit präziser gewesen wäre zu sagen, daß das Zentrum bereits der russischen Führung und den Demokraten im allgemeinen den Krieg erklärt hatte. Gorbatschow und vor allem seine Mitarbeiter gaben uns reichlich Anlaß, zu diesem Schluß zu kommen. Seine Rede in Minsk vom März 1991 war in ihren Anspielungen auf die Demokraten fast verleumderisch und enthielt verschleierte Hinweise darauf, daß sie die Werkzeuge feindlicher ausländischer Intrigen seien.

Die Konservativen nahmen Jelzins Aussagen ohne zu zögern zum Vorwand, eine weitere Attacke gegen ihn auszulösen. Sie sammelten ausreichend Stimmen im russischen Parlament, um einen Sonderkongreß der Volksdeputierten von Rußland einzuberufen, auf dem Jelzin einen Bericht über den Fortschritt seiner Politik zu geben hätte. Der Plan war, ihn als Vorsitzenden des russischen Parlaments abzulösen – schließlich war er nur von einer sehr knappen Mehrheit gewählt worden, und die konservative Fraktion, die sich Kommunisten Rußlands nannte, war sehr stark.

Jelzin und die Demokraten durchschauten den Plan und riefen zu Massendemonstrationen in Moskau, Leningrad und einer Anzahl anderer Städte für den 28. März auf, den ersten Tag des Kongresses. Die Gorbatschow-Regierung verbot Demonstrationen in der Hauptstadt und befahl Truppen nach Moskau hinein (Einschätzungen der Zahl schwankten zwischen 50000 und 70000). Eine riesige Anzahl von Fahrzeugen, darunter Schützenpanzer, riegelten das Stadtzentrum ab. Die Bühne für eine große Auseinandersetzung war vorbereitet. Aber als sie kam, war es Gorbatschow, der verlor.

Später, im Herbst 1991, erfuhr ich einige Details der Abläufe. Es stellte sich heraus, daß der KGB-Chef Krjutschkow berichtet hatte, die Demonstranten planten einen Sturm auf den Kreml, angeblich wollten sie besondere Haken und Seile gebrauchen, um die Mauern zu ersteigen (diese Mauern sind indessen so hoch, daß man nicht einmal einen Stein über sie hinwegwerfen kann). Unglaublicherweise schien Gorbatschow diese absurde Desinformation, die aus den Schilderungen mittelalterlicher Schlachten entlehnt war, zu glauben. Oder tat er nur so, als glaubte er sie, um seine Kollegen in der Führung davon zu überzeugen, daß es gerechtfertigt war, Truppen nach Moskau hereinzuholen?

Die Demonstration fand statt – wenn auch nicht im Zentrum Moskaus, so doch auf anderen großen Plätzen. Jetzt war noch ein Grund für sie hinzugekommen. Ein solch arroganter Gebrauch militärischer Macht in der Politik schockierte und verärgerte selbst jene Menschen, die bis dahin neutral geblieben waren. Der Russische Kongreß, auf den Gorbatschow so hohe Hoffnungen gesetzt hatte, stimmte dafür, das Regierungsverbot der Demonstration aufzuheben, seine Sitzung aus Protest gegen das Verbot zu suspendieren und erst dann wieder aufzunehmen, wenn die Truppen zurückgezogen wurden.

Am nächsten Morgen waren die Truppen verschwunden, und der Russische Kongreß nahm die Arbeit wieder auf. Jelzin hatte jetzt eine ausreichende Mehrheit, um die entscheidende Abstimmung über die Schaffung einer russischen Präsidentschaft zu gewinnen. Das Parlament setzte die Präsidentschaftswahlen für den 12. Juli fest. Zugleich weiteten sich die Streiks der Bergarbeiter im ganzen Land aus, dieses Mal forderten sie den Rücktritt Präsident Gorbatschows. Selbst Weißrußland, das traditionell als ein Bollwerk der Konservativen betrachtet wurde, erlebte massive Streiks. Eine Niederlage Gorbatschows war unausweichlich. Zu seinen Gunsten muß man sagen, daß er die Entwicklung erkannte und seinen politischen Kurs änderte.

Auch in meinen persönlichen Begegnungen mit Gorbatschow spürte ich seine politischen Schwankungen deutlich. Schon im Sommer 1990 lud Jelzin mich ein, seinem obersten konsultativen und koordinierenden Rat beizutreten. Als ich zustimmte, betrachtete ich das keinesfalls als einen Verrat an Gorbatschow, insbesondere, da dies während einer Periode der Zusammenarbeit zwischen den beiden politischen Führern geschah. Aber im Herbst, als Gorbatschow seine Rechtswendung vollzog, wurde meine Verbindung zu Jelzin offensichtlich zur Ursache einer deutlichen Abkühlung in unserer Beziehung.* Im Frühjahr 1991 begann ich, direkte Feindseligkeit zu spüren, was meine persönlichen Feinde anspornte. Die Attacken in der Presse auf mich wurden besonders bösartig, Drohbriefe und beleidigende Telefonanrufe häuften sich.

Am 22. März 1991 bekam ich einen Anruf von Alexander Jakowlew, der zu der Zeit noch Berater Gorbatschows war, aber am Rand des Rücktritts stand. Jakowlew bat mich, ihn zu besuchen, damit wir uns einmal gründlich unterhalten könnten. Als ich bei ihm war, erzählte er

---

* Zufällig hatte ich meine erste Gelegenheit, ein klärendes Gespräch mit Gorbatschow zu führen, als ich im Oktober 1990 eingeladen wurde, bei seiner Begegnung mit Ted Turner und Jane Fonda dabeizusein. Ich hatte Turner Gorbatschow 1988 vorgestellt. Auf dem Weg zu dem Treffen ließ Gorbatschow ein paar gereizte Sätze fallen: »Ich wollte, du würdest dich nicht distanzieren, Georgi«; »Fall nicht ab«; »Du wirst es bereuen.« Er erklärte mir nicht, was er damit meinte. Während der Unterhaltung mit Turner beschwerte sich Gorbatschow, daß einige Leute nur Unheil und Untergang vorhersagten, sah mich an und sagte: »Georgi hier sagt auch solche Sachen.« Ich unterbrach ihn und fragte wieder: »Was meinen Sie, wovon sprechen Sie?«, aber ich bekam noch immer keine Antwort. Jane Fonda spürte die Spannung und versuchte, sie aufzulockern. Als sie sich von Gorbatschow verabschiedete und ihm Erfolg wünschte, sagte sie: »Aber trotz allem bin ich ermutigt. Dr. Arbatow hat mir gesagt, daß die Perestroika zum Erfolg verurteilt ist.« Das hatte ich in meiner vorherigen Unterhaltung mit ihr tatsächlich gesagt. Gorbatschow sah überrascht auf und fragte sie: »Hat er das wirklich gesagt?« Nachdem die Amerikaner gegangen waren, schlug ich Gorbatschow vor, daß wir unsere Differenzen besprechen sollten. Er antwortete, daß er bei einer Sitzung des Obersten Sowjet erwartet werde, versprach aber, mich anzurufen. Das tat er natürlich nicht, und unsere Beziehung fand damit ihr Ende. Aber seit jener Episode bin ich überzeugt, daß einige Leute in Gorbatschows Umgebung ihn ständig falsch informierten und ihn gegen jene hetzten, von denen sie glaubten, sie hätten einen »schlechten Einfluß« auf ihn. Und wie ich später, nach dem Coup, herausfand, war die Hauptquelle dieser Desinformation das KGB mit seinen Wanzen und Überwachern.

mir von einem langen Telefongespräch mit Gorbatschow, bei dem sie
unter anderem über mich geredet hatten. Der Präsident hatte gesagt, er
sei überrascht und besorgt, daß ein alter Freund wie Arbatow allen er-
zähle, er, Gorbatschow, sei »moralisch verrottet« und »herunterge-
kommen«. Jakowlew erzählte, er habe dem Präsidenten geantwortet,
daß er sich vorstellen könne, daß Arbatow mit vielen Aspekten von
Gorbatschows Politik nicht einverstanden sei und darüber auch öffentlich sprechen würde, daß er aber nicht glauben könne, daß Arbatow jemals etwas Beleidigendes oder Herabsetzendes über den Präsidenten
persönlich sagen würde. Dann schlug er vor: »Übrigens, Michail Sergejewitsch, warum diskutieren Sie all das nicht einmal mit Arbatow
persönlich? Schließlich kennen Sie ihn seit langer Zeit.« Gorbatschow
stimmte zu und bat Jakowlew, mir die Möglichkeit anzubieten, meine
Ansichten über die wichtigsten politischen Fragen in einem Brief dar-
zulegen, und auch die Möglichkeit eines darauffolgenden Treffens an-
zudeuten. Jakowlew versprach, mir das auszurichten, was er nun tat.
Am 2. April schickte ich Gorbatschow einen achtzehnseitigen Brief. Ich
wußte nicht, daß er zu der Zeit über weitere Aktionen im Kielwasser
seiner fehlgeschlagenen Ausschaltung Jelzins nachdachte. Ich bezog
mich auf meine Unterhaltung mit Jakowlew, wies die Gerüchte über
meine angeblichen beleidigenden Bemerkungen über den Präsidenten
zurück und drückte die Furcht aus, daß wir wieder einmal einer Situation gegenüberstanden, in der ein politischer Führer allmählich nicht
nur von unabhängig denkenden Menschen, sondern auch von den Realitäten des Lebens isoliert wurde. Ich erwähnte, daß ich meine Memoiren gerade beendet hätte, und schrieb, daß ich »über diese Dinge lange
im Kontext des Schicksals Ihrer Vorgänger nachgedacht habe. Und ich
muß sagen, daß ich eine ganze Menge Analogien zwischen den jüngsten Ereignissen und der Zeit Chruschtschows bemerke. Ich glaube, es
ist durchaus möglich, daß eine Verschwörung gegen Sie im Gange ist
und daß sich unter den Verschwörern Menschen befinden, auf die Sie
sich in letzter Zeit gestützt haben.«
     Ich lenkte Gorbatschows Aufmerksamkeit auf die Gefahren, die
darin lagen, daß der Präsidentschaft, auf seine Forderung hin, wahrhaft
diktatorische Macht gegeben worden war: »Viele, ich selbst eingeschlossen, betrachten Gorbatschow als moralisch unfähig, ein Despot
und Diktator zu werden ... Aber was, wenn ihm etwas passiert oder
wenn er abgesetzt wird? Kann man sich genauso auf Lukjanow, der ein-

deutig nach dem höchsten Amt strebt, oder auf Pawlow* und Janajew verlassen?«

Ich schrieb Gorbatschow, daß es, was immer die Gründe für die Wendung seiner Politik gewesen sein mögen, »extrem gefährlich ist, den Kurs einer engen Allianz mit der Rechten fortzuführen, eine Politik, die einem *poddawki*-Spiel** mit Militaristen und Reaktionären ähnelt. Ich betrachte es als meine Pflicht, dieses Problem offen anzusprechen, da ich tief überzeugt bin, daß eine Fortsetzung der Politik der letzten Monate der Perestroika unserem Land und unserer Gesellschaft großen Schaden zufügen wird.«

Ich schloß meinen Brief: »Heute ist noch Zeit, die Krise hinter sich zu lassen ... Das kann durch eine Rückkehr zur Politik der Perestroika und der Reform geschehen, zu einer ehrlichen Politik der Demokratisierung. Dies würde voraussetzen, daß Gorbatschow sich mit seinen natürlichen Verbündeten – den Demokraten – wieder vereint. Ihre neue Allianz mit dem demokratischen Segment der Öffentlichkeit würde von keiner der beiden Seiten eine Kapitulation erfordern. Sie wäre ein Kompromiß, der sich auf die Anerkennung einiger Prinzipien gründet, die beiden Seiten akzeptabel erscheinen.

Erstens muß der Wirtschaftsreform oberste Priorität gegeben werden. Zweitens müssen wir, um die Sowjetunion zu retten, das Land radikal reformieren und den Forderungen der Republiken weit entgegenkommen, einer ernsthaften Denzentralisierung zustimmen und einen Dialog mit den einzelnen Republiken beginnen, der auf der Basis guten Willens beruht, und nicht auf dem Diktat.

Drittens müssen wir uns von der Gewalt als einem Mittel politischen Kampfes lossagen. Und natürlich muß der gegenwärtige Krieg zwischen dem Präsidenten der UdSSR und dem Vorsitzenden des Obersten Sowjet der RSFSR [d. h. zwischen Gorbatschow und Jelzin] beendet

---

\* Im September 1990 wurde ich zum letzten Mal eingeladen, an einer politischen Diskussion in Gegenwart Gorbatschows teilzunehmen. Anwesend waren etwa dreißig Menschen, darunter Valentin Pawlow, zu der Zeit Finanzminister. Wir besprachen ökonomische Fragen, und Gorbatschow bat mich, das Wort zu ergreifen. Am Ende meiner Bemerkungen sagte ich: »Michail Sergejewitsch, eine besondere Gefahr geht vom Finanzministerium und Minister Pawlow aus. Wenn Sie ihn so weitermachen lassen, werden Sie die Gesellschaft in die Luft jagen.«
\*\* *poddawki* ist ein in Rußland beliebtes Dame-ähnliches Spiel, in dem der Spieler gewinnt, der zuerst all seine Figuren aufgibt.

werden. Wer immer den ersten Schritt auf diesem Weg macht und mehr Toleranz und Flexibilität zeigt, wird politisch gewinnen. Wichtiger noch, es wäre ein Gewinn für die Nation. Und viertens muß der Prozeß der Demokratisierung wieder in Gang gebracht werden.«

Ich schickte den Brief mit einigem inneren Unbehagen ab, aber auch mit dem Gefühl, meine Pflicht erfüllt zu haben. Etwa drei Stunden später klingelte mein besonderes Regierungstelefon, und eine Stimme sagte: »Michail Sergejewitsch wird jetzt mit Ihnen sprechen.« Dann hörte ich Gorbatschow sagen: »Hallo, Georgi. Ich habe deinen Brief bekommen und auch das Buch [die Memoiren]. Ich habe den Brief noch nicht gelesen. Was das Buch betrifft, so habe ich mir das Inhaltsverzeichnis angeguckt, und es scheint interessant, danke, ich werde es bestimmt lesen.« Ich bezweifelte stark, daß Gorbatschow den Brief vor seinem Anruf bei mir nicht gelesen hatte, aber ich bat ihn, es zu tun. »Ja, ja«, sagte Gorbatschow, »natürlich. Aber fall nicht ab, Georgi.« Ich drückte die Hoffnung aus, daß wir uns bald treffen und die Dinge zwischen uns aufklären könnten. Gorbatschow antwortete: »Glaub mir, ich werde mich niemals von meiner Politik der Perestroika zurückziehen; ich habe nichts, wohin ich mich zurückziehen könnte. Was jetzt geschieht, ist ein taktisches Manöver.«

Die Unterhaltung hinterließ bei mir ein sehr ambivalentes Gefühl. Es war eine gute Nachricht, daß er seine Wendung nach rechts nur als ein taktisches Manöver ansah. Aber begriff er andererseits nicht, daß sie sogar als eine Taktik zu weit ging?

Unser Treffen fand nie statt, aber die Beziehungen tauten ein wenig auf. Und ich schrieb dem Präsidenten zwei weitere Briefe. Im ersten, vom 12. April, bat ich ihn dringend, »Ihre Bereitschaft zu erklären, einen ›runden Tisch‹ zu bilden‹ mit den Republiken und ihren Führern, einschließlich Jelzin, zusammenzuarbeiten und Ihre Beziehungen zu den Demokraten wieder herzustellen. Sonst könnte es zu spät sein.«

Gorbatschow rief mich an dem Tag, als er den Brief erhalten hatte, zu Hause an. Er sagte: »Ich habe ihn bekommen, ihn gelesen, und ich verstehe deine Sorge. Auch mich erfüllen die Entwicklungen mit Sorge. Einige dieser Entwicklungen kennst du nicht einmal – du kannst dir nicht vorstellen, was jetzt innerhalb der Kommunistischen Partei geschieht.« Da wir über eine offene Verbindung sprachen, bat ich ihn nicht, sich klarer auszudrücken. Ich wiederholte meine Meinung, daß die Situation sehr besorgniserregend sei und daß er ohne Zögern handeln müsse. Er sagte: »Ja, ich habe den Führern der Republiken geschrieben, auch Jelzin. Wenn ich aus Japan zurückkomme, werden wir uns an einen Tisch setzen und reden.«

Meinen dritten Brief schrieb ich am 22. April. Er war vor allen Dingen von der Sorge motiviert, daß der rechte Flügel auf dem ZK-Plenum, das zwei Tage später eröffnet werden sollte, einen Angriff auf die Perestroika führen würde. Ich zitierte die Fakten, um meine Vorhersage zu stützen, und schrieb, daß er den Rechten zu viele Konzessionen machte. Ich appellierte noch einmal an ihn, zu seinen natürlichen Verbündeten, den Demokraten, zurückzukehren und zumindest irgendeine Art von Zusammenarbeit mit Jelzin zu etablieren.

Der Angriff auf dem ZK-Plenum fand nicht statt. Und Gorbatschow drohte endlich damit, von seinem Posten als Parteichef zurückzutreten. Seine Opponenten verstummten daraufhin sofort. Zu dem Zeitpunkt und sogar während des Putsches blieb Gorbatschow entgegen der Meinung einiger Sowjetologen für seine Gegner auf der Rechten absolut unentbehrlich. Ohne ihn hätten sie ihre Legitimität verloren. Mir scheint, daß Gorbatschow, wenn man voraussetzt, daß seine Konzessionen an die Rechte wirklich nur taktischer Natur waren, nicht begriff, daß er diese Stärke besaß und sie einsetzen konnte. Genauso hatte er es versäumt, seine enorme Macht in den ersten Jahren der Perestroika – die Macht, die historisch in der Stellung des Generalsekretärs der Partei lag – dazu zu nutzen, die Reformpolitik entschlossener voranzutreiben.

Zur gleichen Zeit glaubte ich als Mitglied des Beraterstabs von Boris Jelzin, das Recht und die Pflicht zu haben, ihn ebenfalls anzusprechen, ihm zu empfehlen, Gorbatschow und den Führern der Republiken seine Bereitschaft deutlich zu machen, für die Rettung des Landes mit ihnen zusammenzuarbeiten.

Ich bin sicher, daß auch andere Leute den Führern des Landes ähnliche Ratschläge gaben. Die Führer selbst konnten kaum umhin zu sehen, was die Lage erforderte und was die Nation von ihnen erwartete. Schließlich begannen Ende April in einem Empfangshaus der Regierung in Nowo-Ogarjowo in der Nähe von Moskau, wo Nikita Chruschtschow 1959 den Vizepräsidenten Nixon empfangen hatte, die Führer von neun Republiken und der sowjetische Präsident ihre Gespräche, die unter dem Begriff der »9 + 1-Formel« oder dem Nowo-Ogarjowo-Prozeß bekanntwurden. Das war ein wichtiger Schritt vorwärts. Er ermutigte bei vielen von uns die Hoffnung, daß der Präsident der UdSSR zu seiner Politik der Perestroika zurückgekehrt war und daß man zu einer Einigung mit den Republiken kommen konnte – einer Einigung, die von entscheidender Bedeutung war, um aus der Krise herauszukommen.

Man muß Gorbatschow hoch anrechnen, daß er der erste war, der feststellte, daß wir einen monolithischen Staat hatten und keine Union, und daß wir uns auf eine wirkliche erneuerte föderale Struktur zubewegen mußten. Aber wie bei so vielen anderen Beispielen machte er diese Feststellung, wiederholte sie einige Male, und tat dann lange Zeit gar nichts. Die Ereignisse begannen, den politischen Entscheidungsprozeß zu überholen.

Gorbatschows Suche nach einer Einigung mit den Republiken traf auf mächtigen Widerstand der Kräfte, welche die imperialen Traditionen und Ambitionen des Landes verkörperten – der Parteiführung, des militärisch-industriellen Komplexes und eines großen Teils der führenden Militärs, des KGB und jener UdSSR-Ministerien, welche die Ökonomie kontrollierten. Sie wurden von einer politischen Bewegung eines Teils der ethnisch-russischen und russischsprechenden Bevölkerung in den nichtrussischen Republiken unterstützt, die Angst hatten, in selbständigen Ländern zu ethnischen Minderheiten zu werden, sollte die UdSSR zerbrechen. Diese Ängste wurden recht effektiv von lokalen Partei- und Militärführern sowie von Chauvinisten in Moskau angefacht, die auf eine Massenbasis für eine »russische Partei« hinarbeiteten. Diese Partei sollte aus Russen bestehen, die außerhalb der Republik lebten – ähnlich wie die algerischen *pieds noirs* in den frühen sechziger Jahren eine gefährliche Opposition gegen General de Gaulle bildeten. Dennoch brachte der April 1991 einen politischen Frühling nach Moskau. Der Nowo-Ogarjowo-Prozeß belebte die Hoffnung, daß wir jetzt, auch ohne die baltischen Länder, und auf der Basis eines Staatenbundes statt auf einer bundesstaatlichen Grundlage, das Problem unserer zukünftigen Staatsverfassung lösen könnten.

Auch auf dem entscheidenden Gebiet der Wirtschaftspolitik gab es Lichtblicke. Unser Ökonomiker Grigori Jawlinski hatte zusammen mit einer Gruppe von Harvard-Professoren (der Graham-Allison-Gruppe), einen neuen ökonomischen Plan erarbeitet, der darauf zielte, Wirtschaftsreformen innerhalb der UdSSR mit westlicher Hilfe in großem Maßstab zu verbinden. Aber Gorbatschow, offenbar beeinflußt von der »Ryschkow-Pawlow-Mafia«, die er aus unklaren Gründen be-

günstigte, lehnte diesen Plan bald darauf ab. Infolgedessen blieb das
G-7-Treffen von London im Juni fast ohne Resultat.

Genauso unentschlossen – oder war es wieder seine unglückliche
Taktik? – blieb der Präsident auf der politischen Ebene. Im Juni fand bei
einer Sitzung des Obersten Sowjet die dritte Probe für einen Coup
statt. Premierminister Pawlow forderte in seiner Rede Notstandsermächtigungen, darunter einige präsidiale Vorrechte. Die rechte Sojus-
Fraktion, die das Imperium erhalten wollte, unterstützte ihn. Die Sitzung wurde dann unter Ausschluß der Öffentlichkeit fortgesetzt, und
die Abgeordneten hörten sich den Vortrag des KGB-Chefs Krjutschkow, des Verteidigungsministers Jasow und des Innenministers Pugo
an. Irgend jemand nahm die Rede Krjutschkows auf Band auf und veröffentlichte sie. Sie war praktisch ein Aufruf zum Staatsstreich. Die
ganze Geschichte machte einen schrecklichen Eindruck. Aber am nächsten Tag erschien Gorbatschow vor dem Obersten Sowjet und erklärte,
daß es keinen Grund zur Sorge gebe, daß alles unter Kontrolle sei und
daß er und Pawlow voll übereinstimmten. Als nächster sprach Pawlow,
der vorgab, über die Aufregung angesichts seiner Rede überrascht zu
sein, offensichtlich habe man ihn völlig mißverstanden.

Ich kann noch immer nicht begreifen, was da eigentlich geschah und
warum Gorbatschow sich entschloß, den Skandal herunterzuspielen
und nicht mit jenen zu brechen, die bald darauf an der Spitze der Verschwörung stehen sollten. Die einzige Erklärung, die ich gehört habe –
nämlich daß er keinen Skandal wollte, der die Gerüchte innenpolitischer Instabilität in der UdSSR am Vorabend seines Besuchs des Londo-
ner G-7-Treffens bestätigen würde –, erscheint mir nicht sehr überzeugend. Zunächst einmal konnte man kaum erwarten, daß die Sorgen der
großen Sieben dadurch beschwichtigt worden wären, daß man einen
bereits publizierten Skandal unter den Teppich kehrte. Zweitens erklärt
diese Version nicht, warum Gorbatschow den Status quo nach seiner
Rückkehr aus London aufrechterhielt.

Gorbatschow weigerte sich, eine klare Position zu beziehen und zahlreiche Warnungen ernstzunehmen – darunter auch die, wie kürzlich
berichtet wurde, von Präsident Bush und Außenminister Baker. In der
Sowjetunion waren die Medien voll von Artikeln, die von einem möglichen Staatsstreich sprachen, und von Berichten über die Unzuverlässigkeit vieler hoher Funktionäre, darunter Pawlow, Krjutschkow und
die Führung des Verteidigungsministeriums. Ich selbst habe Gorba-

tschow persönlich mehr als einmal gewarnt. Präsident Bush besuchte
Moskau weniger als drei Wochen vor dem Putsch. An seinem zweiten
Arbeitstag in Moskau gab George Bush einen Empfang in der US-Botschaft. Premierminister Pawlow wurde an den entferntesten Tisch gesetzt. Der zurückgetretene Jakowlew, die Schriftstellerin Tatjana Tol-
staja, die als eine der wichtigsten »Dissidentinnen« in Moskau galt, und
ich fanden uns am selben Tisch mit Gorbatschow und Barbara Bush
wieder. Im Verlauf der Unterhaltung sagte Gorbatschow, er habe
meine Erinnerungen gelesen, die ihm sehr gefallen hätten. Dann sah er
mir direkt in die Augen und fügte hinzu: »Ich habe Ihren Brief gelesen,
und im ganzen haben Sie recht.« Da jeder an dem Tisch dieser Bemerkung zuhörte, fühlte ich mich nicht frei, ihm weitere Fragen zu stellen.
Aber sein Kommentar mußte bedeuten, daß er sich der Gefahr bewußt
war. Dennoch verließ er ein paar Tage später Moskau, um seine Ferien
anzutreten.* Am Tag des Putsches, dem 19. August 1991, war ich in
Helsinki, um einen Vortrag zu halten und im Auftrag Jelzins Fragen
der finnisch-russischen Handelsbeziehungen zu besprechen. Ich will
diese drei nervenzerreißenden, dramatischen Tage nicht im Detail wie-
dergeben. Meine erste Reaktion war natürlich, sofort mit Moskau in
Verbindung zu treten, was sich aber als recht schwierig erwies. Mit
meinem ersten Anruf kam ich am Morgen des 19. über den Außenminister Estlands, Lenart Meri, durch, der nach Finnland gekommen war,
um eine Exilregierung anzuführen, falls Estland besetzt wurde: Die
Esten hatten in weiser Voraussicht Schritte unternommen, um unabhängige Kommunikationswege aufzubauen. Danach war ich in der
Lage, regelmäßig mit dem Institut und meiner Familie zu sprechen. Ich
erreichte auch Ruslan Chasbulatow, den Vorsitzenden des russischen

---

* Im Dezember 1991 sah ich die BBC-Dokumentation »Die Zweite Russische Revolution« und erfuhr, daß Jelzin und der Präsident Kasachstans Nursultan Nasarbajew Gorbatschew ebenfalls gewarnt hatten, daß Lukjanow, Pawlow, Janajew,
Krjutschkow und Jasow unzuverlässig seien. Gorbatschow versprach, einige von ihnen nach der Unterzeichnung des Unionsvertrags, die am 20. August stattfinden
sollte, zu ersetzen. In dem Film erzählte Nasarbajew, daß Jelzin während dieses
Treffens mit Gorbatschow sehr besorgt darüber war, daß sie abgehört werden könnten. Wie sich später herausstellte, hatte er allen Grund, besorgt zu sein:
Krjutschkow hatte in dem Raum »Wanzen« anbringen lassen und das Gespräch aufgenommen. Es ist durchaus möglich, daß diese Episode die Entschlossenheit der
Verschwörer verstärkt haben könnte, den Putsch vorzuziehen und ihn in Gang zu
setzen, bevor der Vertrag unterzeichnet wurde.

Parlaments. Man warnte mich kategorisch, nach Moskau zurückzukehren (was mein erster Impuls am Morgen des Putsches gewesen war), sondern lieber »von dort draußen zu helfen«. Ich sollte versuchen, den westlichen Führern ein besseres Verständnis der Ereignisse in Moskau nahezubringen (zunächst sah es nämlich so aus, als ob einige von ihnen dazu neigten, die Verschwörer politisch anzuerkennen, da sie ihren Erfolg als unvermeidlich betrachteten). Auch sollte ich versuchen, westliche Unterstützung für die Widerstandsbewegung zu mobilisieren. Ich arbeitete, so gut ich konnte.

Unterdessen war in Moskau das USA- und Kanada-Institut das erste und fast das einzige Institut der Akademie, das eine formelle Resolution verabschiedete, die den Putsch verurteilte und seine Unterstützung für Gorbatschow und Jelzin dadurch ausdrückte, daß es in den politischen Streik ging. Die Resolution (eigentlich ein Manifest) nannte den Coup »einen kriminellen Versuch, die rechtmäßige Regierung des Landes zu stürzen und die Nation in die Zeit der Diktatur und der Gesetzlosigkeit zurückzuführen«. Sie rief alle Sowjetbürger auf, »die rechtmäßige Staatsgewalt zu stützen und die Errichtung einer Diktatur durch eine kriminelle Clique zu verhindern«. Am 23. August bekam ich einen Brief, der von Ruslan Chasbulatow unterzeichnet war. In ihm hieß es: »Im Namen des Obersten Sowjet der RSFSR spreche ich Ihnen und der Leitung Ihres Instituts unsere Dankbarkeit für Ihre Aktivitäten während des versuchten Staatsstreiches vom 19. bis 21. August aus. Diese Aktivitäten waren eine logische Fortsetzung der großartigen Arbeit, die das Institut geleistet hat, um die demokratischen Prozesse im Lande zu entwickeln und Rußlands radikale Wirtschaftsreformen zu realisieren ... Ich gratuliere der Leitung des Instituts zum großen Sieg der Demokratie und wünsche Ihnen weiterhin Erfolg bei Ihrer Arbeit.« Der Brief erwähnte auch besonders jene Mitglieder des Instituts, die an der Verteidigung des Weißen Hauses am 20. August teilgenommen hatten.

Für mich waren es natürlich Tage großer persönlicher Sorge. Als ich die Zusammensetzung des Komitees erfuhr, das an der Spitze des Coups stand (die Armee, das KGB, das Innenministerium usw.), war ich fast sicher, daß sie den Machtkampf gewonnen hatten. Welche Kräfte wären schon in der Lage, diese Gruppe zu besiegen, die den monströsen Apparat bewaffneter Gewalt in unserem Land befehligte? Ich war mir sicher, daß die Verschwörer nicht auf Dauer an der Macht bleiben würden. Aber welches Leiden und welches Blutvergießen würden wir für die Zeit zu zahlen haben, die sie sich an der Macht hielten! Ich würde nicht in der Lage sein, in mein Land zurückzukehren; die Generäle, der Chef des KGB und der Premierminister sahen mich als einen Erzfeind. Der Coup würde tragische Konsequenzen für meine Familie, meinen Sohn und insbesondere meinen Bruder haben sowie für viele Leute in meinem Institut und für viele meiner Freunde. Dasselbe Schicksal würde Hunderttausende, wenn nicht Millionen von Bürgern treffen, und Militär- und Polizeiaktionen gegen die rebellierenden Republiken waren zu erwarten. Das Land versank in Dunkelheit. Als aber ein paar Stunden später CNN berichtete, daß Jelzin sich im Weißen Haus aufhielt, dem Hauptquartier der Russischen Regierung, und daß er die Führer des Putsches öffentlich als eine »Bande von Kriminellen« bezeichnet hatte, empfand ich einige Erleichterung. Noch erleichterter war ich, als ich auf dem Bildschirm bei der Pressekonferenz im Fernsehen die zitternden Hände der Putschisten sah und ihr bedeutungsloses Gerede hörte.

Warum scheiterte der Putsch? Im allgemeinen ist gesagt worden, daß die Putschisten unfähig und dumm waren und daß die Perestroika einen großen Wandel in der Haltung des Volkes bewirkt hatte. Das ist beides sicher richtig, aber ich möchte zwei weitere Gründe hinzufügen.

Zunächst einmal war es reines Glück. Nur mit knapper Not entgingen meine Mitbürger einem schrecklichen Desaster. Sie hatten Glück, einen furchtlosen Boris Jelzin zum russischen Präsidenten zu haben. Er wurde der Sammelpunkt des Widerstands. Es war ein sehr glücklicher Umstand, daß es den Putschisten entweder nicht gelang, ihn zu einem frühen Zeitpunkt zu verhaften, oder daß sie es nicht wagten. Und es war großes Glück, daß kein Provokateur oder ein in Panik reagierender Bürger auf der Straße das Feuer auf die Soldaten eröffnete, die selber am Rande eines Nervenzusammenbruches standen. Diese Liste könnte man endlos fortsetzen. Ich betone diese Aspekte, damit es weder in Rußland noch im Ausland eine zu euphorische Haltung zu dem Putsch gibt. Glück zu haben, ist wunderbar, aber man kann damit nicht rechnen.

Zweitens fehlte den Verschwörern die Legitimation. Die aber brauchten sie, um von ihrem eigenen Land und der Welt draußen akzeptiert zu werden. Das erklärt, warum sie am Vorabend des Putsches ihre Repräsentanten zu Gorbatschow schickten, um ihn zu überreden,

ihnen entweder die Macht zu übergeben oder sich ihnen in irgendeiner
Rolle anzuschließen. Selbst nachdem er sie zurückgewiesen hatte, hofften sie noch immer, Gorbatschow später »zu erobern«, nachdem sie die
Macht ergriffen hatten. Möglicherweise war das der Grund, warum sie
nicht befahlen, das Feuer zu eröffnen.

Der Putsch war sicherlich eine Prüfung für Gorbatschow. Und man
muß zu seinen Gunsten sagen, daß er die Forderungen der Verschwörer am Vorabend des Putsches zurückwies und ihnen damit die Legitimation verweigerte. Aber er hat auch großen Anteil an der Verantwortung für die Tatsache, daß das Land sich am Rand einer Katastrophe
befand. Er war es, der trotz zahlreicher Warnungen politische Karrieristen, Gegner der Perestroika, Reaktionäre und amoralische Leute in die
höchsten Positionen hob und sie dort hielt. Durch präsidiale Anord-
nungen oder legislative Entscheidungen etablierte er ein ganzes Paket
von Notstandsmaßnahmen, die er selbst gebrauchen wollte, wenn es
zum Schlimmsten kam – die aber dann in Wirklichkeit von den Putschisten angewandt wurden. Er führte sogar ein paar »Generalproben«
für den Einsatz dieser Maßnahmen durch, wie die Januar-Ereignisse in
den baltischen Ländern und den Truppeneinsatz vom 28. März in Moskau. Allerdings hatten wir infolgedessen auch die Gelegenheit, den Widerstand zu erproben, und das Volk war zumindest nicht durch Panzer
und Soldaten einzuschüchtern. Schließlich hörte er unbegreiflicher-
weise nicht auf viele Warnungen und ging trotz der offensichtlichen
Gefahr eines rechten Putsches in die Ferien. Er mußte einen sehr hohen
Preis für seinen langen Flirt mit der Rechten bezahlen, den er als taktische Notwendigkeit zu rechtfertigen versuchte.

Das Scheitern des Putsches war eine dramatische Wasserscheide für
das Land. Es markierte das Ende eines mehr oder weniger evolutionären Verlaufs der Ereignisse und brachte eine Revolution hervor, die das
Land auf eine Richtung festlegte, welche dem, was die Putschisten versucht hatten, genau entgegengesetzt war. Diese hatten verkündet, sie
hätten schnell handeln müssen, um die UdSSR zu erhalten und der Unterzeichnung des Unionsvertrags in Nowo-Ogorjowo zuvorzukom-
men. Aber in Wirklichkeit beschleunigte der Putsch das Ende der Sowjetunion.

Die Organisatoren des Coups achteten sehr darauf, nicht offen über
den Sozialismus, den Marxismus und die Erhaltung der Kommunistischen Partei zu sprechen. (Ihre Verlautbarungen waren in dieser Hin-

sicht das Äußerste an Heuchelei.) Natürlich war es ihre Hauptabsicht, die Kommunistische Partei als ein Instrument totaler politischer Kontrolle wiederherzustellen. Der Putsch indessen bewirkte das Gegenteil – der *coup d'état* wurde der *coup de grâce* der Partei. Und ihre Auflösung war nicht der letzte Schritt ihrer Entmythologisierung. Viele Episoden aus der Geschichte der Partei warten noch auf ihre wissenschaftliche Betrachtung. Zum Beispiel laufen Untersuchungen über die Verwendung von Parteigeldern. Und ohne Zweifel gibt es viele andere Leichen im Keller dieser Organisation.

Das System ist auseinandergefallen. Eine zweifellos positive Auswirkung dieser Tatsache ist, daß viele totalitäre Strukturen zu existieren aufgehört haben. Aber in der Heckwelle dieses Zusammenbruchs wurden alle Ereignisse im Lande chaotisch und unvorhersehbar. Der Westen konzentrierte sich vor allem auf ein Element dieser historischen Lage – das Schicksal der nuklearen Waffen. Aber es gibt andere: Das immer noch existierende Monstrum der gewaltigen Streitkräfte und der Waffenindustrie; die schnellen und tiefen Veränderungen in der ganzen eurasischen geopolitischen Lage; das Auftauchen vieler souveräner und halbsouveräner Staaten und staatenähnlicher Gebilde, in denen die nationale Unabhängigkeit die demokratische Entwicklung weit hinter sich gelassen hat; und die Drohung einer wirtschaftlichen Katastrophe.

Diese Lage stellt die Nachfolgestaaten der Sowjetunion vielen komplizierten Problemen gegenüber – das gilt vor allem für die größten Staaten wie Rußland und die Ukraine. Es liegt im Interesse des Westens, ihnen zu helfen, und das nicht nur wirtschaftlich. Es ist sehr wichtig, daß die Staaten auf dem früheren sowjetischen Territorium schnell als volle und respektierte Mitglieder der Weltgemeinschaft integriert werden. Aber sie müssen auch klar verstehen, was sie tun müssen, um dies zu erreichen.

Zusammen mit der UdSSR verlor auch Präsident Gorbatschow seine Macht, da der Staat, dessen Präsident er war, aufhörte zu existieren. Sein Abgang war auch ein Beweis, daß er mit seinen so hocheingeschätzten taktischen Begabungen gescheitert war. Als er seine Wendung nach rechts vollzogen hatte und dann versuchte, zum Zentrum und zu den Demokraten zurückzukehren, mußte er nach dem Coup feststellen, daß die Demokraten ihm nicht mehr trauten.

Lassen Sie mich mit ein paar persönlichen Bemerkungen schließen. Im Frühjahr 1985 war ich Kommunist – ein zweifelnder und enttäuschter, aber immer noch ein aufrichtiger Kommunist. Warum? Wie konnte ich noch an den Sozialismus, den Marxismus und selbst die Partei glauben? Ich hatte vieles gesehen, was dem öffentlichen Auge verborgen blieb, ich war erfahren. Ich hatte die Welt gesehen, und ich konnte unsere Propaganda nicht ernst nehmen.

Lassen Sie mich erklären, was ich meine, wenn ich von der Partei spreche. Ich meine nicht ihre Machtstruktur, den Apparat und die Führung – mein Glaube an diese Dinge war längst geschwunden –, sondern eine allgemeine politische Auffassung von etwas Gerechtem und Moralischem. Ein religiöser Mensch mag der Kirche treu bleiben, auch wenn er von den Geistlichen enttäuscht ist. Dasselbe gilt für den Marxismus – nicht für die kruden Klischees oder Zitate, aber für einige der theoretischen Prinzipien. Ich habe mir meinen Glauben an den Sozialismus erhalten, verbinde ihn allerdings nicht mit der gegenwärtigen Realität meines Landes oder mit seiner Propaganda, sondern mit den Idealen gesellschaftlicher Gerechtigkeit, die seit Jahrhunderten, seit dem frühen Christentum existiert haben.

Mein Glaube war nicht blind. Noch in den Jahren 1987 bis 1988 glaubte ich an die Möglichkeit einer Erneuerung der Partei, die helfen würde, das System zu reformieren. 1990 war fast nichts von diesen Hoffnungen geblieben. Und 1991 war ich überzeugt, daß die KPdSU zu einer Kraft geworden war, die dem öffentlichen Interesse unwiderruflich feindlich gegenüberstand.

Ich hatte endlich begriffen, und meine politischen Ansichten und mein Verhalten hatten sich verändert. Vor Stalins Tod glaubte ich an vieles, was wir gelehrt wurden, obwohl ich weder ein Fanatiker noch ein Zyniker war. Nach Stalins Tod und besonders nach dem XX. Parteitag begann ich die Verwandlung eines Untertanen in einen Bürger; ich versuchte, eigenständig zu denken. Und angesichts einiger politischer Entscheidungen der Führung fand ich mich selbst in einer gemäßigten Opposition wieder, ich war für Reformen, nicht für die Zerstörung des Systems.

Während meiner Arbeit mit der politischen Führung hatte ich Gelegenheit, wie bescheiden auch immer, die Regierungspolitik zu beeinflussen. Oftmals waren diese Chancen illusorisch; aber ich nahm alle Möglichkeiten, die sich boten, ernst. Jetzt glaube ich, daß ich eine überzogene Vorstellung von dem hatte, was eigentlich möglich war; aber ich versuchte, das Beste aus dem zu machen, was sich mir bot. Die kleinen Siege, die meine Mitarbeiter und ich manchmal erfochten, stellten eine gewisse Befriedigung dar. Und in den ersten Jahren der Perestroika, als plötzlich alles möglich erschien, waren wir zunehmend davon überzeugt, daß wir das Richtige taten.

Es war nur natürlich, daß ich unter solchen Bedingungen alle Anstrengungen unternahm, um für die Führung zu arbeiten und zu versuchen, Gorbatschow zu helfen, so gut ich konnte. Solange die Dinge gut gingen, war mir die Rolle des Beraters, sogar eines inoffiziellen, sehr recht. Insbesondere, da ich so sehr an Gorbatschow und seine absolute Verpflichtung auf radikale demokratische Reformen glaubte.

Aber gerade die Logik dieser Reformen sowie die politischen Kämpfe, die sich mehr und mehr verschärften, zwangen jeden, eine politische Position, wie bescheiden auch immer, zu beziehen. Ich begann mit der Teilnahme an Debatten in der Presse, im ZK-Plenum und auf der Parteikonferenz, bei den Diskussionen zu ökonomischen und politischen Fragen, die Gorbatschow veranstaltete.

Schließlich entschied ich mich, in den ersten freien (in Wirklichkeit halbfreien) Wahlen des Landes im Frühjahr 1988 für das russische Parlament zu kandidieren. Mein erster Anlauf schlug fehl, da ich von antisemitischen reaktionären Gruppen, die in enger Verbindung mit der berüchtigten Pamjat-Gesellschaft standen, bekämpft wurde. Gegen den Rat vieler meiner Freunde, die sich um meine Gesundheit sorgten und mir die Anstrengung einer neuen Kampagne ersparen wollten, machte ich einen weiteren Versuch. Dieses Mal bewarb ich mich um einen der Sitze, die der Akademie der Wissenschaften zugeteilt worden waren. Es war ein hartes, anstrengendes Rennen. Ich bin stolz darauf, daß ich gewann und ein Volksdeputierter der UdSSR aus der Akademie der Wissenschaften wurde – zusammen mit Andrej Sacharow und einer ganzen Reihe anderer bekannter sowjetischer Wissenschaftler.

Im Parlament versuchte ich, eine Menge zu bewegen. Als Mitglied der Kommission, die gebildet wurde, um den Molotow-Ribbentrop-Pakt von 1939 zu untersuchen, war ich daran beteiligt, die Wahrheit über das geheime Zusatzprotokoll zu dem Abkommen herauszuarbeiten, deren bloße Existenz lange Zeit von sowjetischen Funktionären geleugnet worden war. Dies war ein bedeutender Schritt in dem Prozeß,

Stalins kriminelle Politik am Vorabend des Zweiten Weltkrieges ans Tageslicht zu bringen. Ich nahm auch an der Arbeit einer weiteren Kommission teil, die die Aufgabe hatte, die Entscheidung über die Invasion Afghanistans zu untersuchen.

Im Dezember 1989 unternahm ich den nächsten Schritt, der mich unter die Radikalen einreihte. Auf dem Zweiten Kongreß der Volksdeputierten hielt ich eine Rede, in der ich eine deutliche Minderung der Militärausgaben und substantielle Veränderungen in unserer allgemeinen Sicherheitspolitik vertrat. Diese beiden Bereiche erwiesen sich als fast unberührt von der Perestroika.

Dieses Thema lag mir besonders am Herzen. Ich wuchs in Kriegszeiten heran, und ich habe das entsetzliche Blutvergießen des Krieges und die schreckliche Auswirkung des Militarismus auf die Gesellschaft nie vergessen. Einer meiner ersten Artikel, der 1955 veröffentlicht wurde, zielte darauf ab zu beweisen, daß der Militarismus historisch dem Untergang geweiht war, und das war auch eines der Hauptthemen meiner Dissertation und meines ersten Buches. *

Die Veränderungen in der Sowjetpolitik nach 1985 gaben mir die Gelegenheit, mein Wissen und meine Erfahrung in die politischen Entscheidungsprozesse einzubringen. Insbesondere argumentierte ich für eine möglichst frühe Beendigung des Krieges in Afghanistan und für ein einseitiges Moratorium der Atombombentests. Ich riet den politischen Führern unseres Landes, die Stationierung von SS-20-Raketen in Europa und anderswo einzustellen und eine schnelle Lösung für das Problem der festgefahrenen Verhandlungen über konventionelle Waffen und Streitkräfte in Europa zu suchen. Diese Verhandlungen konnten ohne größere einseitige Reduktionen nicht fortschreiten, da wir auf diesen Gebieten eine deutliche Überlegenheit hatten. Ich wandte mich dagegen, daß wir in das ABM-Wettrüsten gezogen wurden, insbesondere was SDI und die Flottenaufrüstung anging. **

Viele dieser Gedanken fanden ihren Weg in die offizielle Politik, ob-

---

* Dieses Thema zieht sich durch mein gesamtes wissenschaftliches und politisches Werk. Vielleicht war das der Grund, warum man mich einlud, in der Palme-Kommission mitzuarbeiten. Die Arbeit dort bewirkte, daß sich meine antimilitaristischen Überzeugungen verstärkten.
** ABM heißt Anti-Ballistic Missiles, also Raketenabwehr. SDI ist die auch als »Star Wars« bekannte Raketenabwehr im Weltraum.

wohl ich weit davon entfernt bin, diesen Erfolg meinen eigenen Bemühungen zuzuschreiben – sie wurden von vielen geteilt, und sie lagen in der Luft, einige seit langer Zeit. Aber im Herbst 1988 und besonders 1989 spürte ich deutlich, daß unsere Politik ihren Schwung verlor. Trotz der sich verschlechternden wirtschaftlichen Lage in unserem Lande nutzten wir die Gelegenheiten nicht aus, die sich für die Konzentration der Mittel und Ressourcen auf die inneren Probleme ergeben hatten. Es wurde immer deutlicher, daß die Hauptgefahr für das Land seine innere Krise war, nicht etwa eine Bedrohung von außen.

Zu der Zeit deutete ich Gorbatschows Position so: Er verstand, daß wir auf unserem Weg der Demilitarisierung fortschreiten mußten, aber er sah sich einem starken Widerstand der Generäle und des militärisch-industriellen Komplexes gegenüber. Er brauchte Hilfe und Unterstützung, und wir versuchten, ihm das zu geben.

Im November 1989 schickte ich Briefe an das Präsidium des Obersten Sowjet, das damals von Gorbatschow geführt wurde, und an das Zentralkomitee – dessen Generalsekretär Gorbatschow war –, in denen ich eine radikale Reduktion der Militärausgaben vorschlug. Der unmittelbare Grund für das Verfassen dieser Briefe war die Nachricht, daß die Marine gerade zwei neue Flugzeugträger bekommen und die Arbeit an einem dritten begonnen hatte. Aber die Briefe enthielten auch weitergehende Fragen über eine Neuorientierung in unserer Haltung zum Militär.

Beim Gipfeltreffen auf Malta im Dezember 1989 hatte ich einen recht groben Wortwechsel mit Admiral Tschernawin in Gegenwart von Gorbatschow, Jakowlew, Schewardnadse, Achromejew und anderen. Tschernawin versprach, auf all die Fragen, die ich in meinem Brief an den Obersten Sowjet gestellt hatte, zu antworten. Diese Antwort kam nie.

Damals entschied ich mich, unsere Verteidigungspolitik und die exorbitanten Militärausgaben auf dem Kongreß der Volksdeputierten zu kritisieren. Ich sagte in meiner Rede, daß eine der Gelegenheiten, die sich infolge des internationalen Wandels ergeben hatten, »die substantielle Reduktion unserer Militärausgaben ist. Diese Maßnahme muß unbedingt ergriffen werden. Eine der schlimmsten Erscheinungen der Stagnation war, daß das Militär und die Verteidigungsindustrie praktisch außer Kontrolle gerieten. Sie initiierten eine Reihe von teuren

und oft ungerechtfertigten Militärprogrammen, von denen einige sogar
bestehende Verträge verletzten (die Radarstation von Krasnojarsk ist
ein Beispiel). Jetzt sind sie eine schwere Last für die Wirtschaft des
Landes. Unsere Ökonomie ist durch die Militärausgaben praktisch aus-
geblutet worden.«

Meinen Bemerkungen wurde applaudiert, aber der Gegenangriff begann sofort. Einige der Aussagen gegen mich enthielten Lügen und
Verleumdungen. Ich antwortete mit einer kurzen Entgegnung. Gorbatschow rief mich noch am selben Tag an, um mir zu sagen, daß er meiner Rede zustimmte, aber glaubte, daß ich auf meine Kritiker nicht
hätte antworten sollen.

Das war der Beginn meiner Debatte mit den Generälen und dem militärisch-industriellen Komplex, die bis zum Putsch vom August 1991
anhielt. Ich bin glücklich darüber, daß ich diesen Streit anfing. Es ging
schließlich um die zentrale Frage der Reform – die Abwendung vom
Stalinismus. Aus ökonomischer Sicht werden wir niemals in der Lage
sein, irgendeine Art von Wohlstand in diesem Lande herzustellen,
wenn wir es nicht radikal demilitarisieren. Nur auf diese Weise werden
wir eine zivile Gesellschaft aufbauen können sowie die Herrschaft des
Gesetzes etablieren und einen Staat schaffen, der auf demokratischen
Prinzipien beruht; in außenpolitischen Begriffen ist dies die einzige
Art, einen dauerhaften Frieden herzustellen.

Diese Debatte mit den Generälen löste die erste öffentliche Diskussion sowjetischer Verteidigungspolitik und militärischer Ausgaben aus,
die in unserem Lande je geführt wurde. Wichtiger noch: Es gelang mir,
meine Opponenten in eine offene Diskussion zu ziehen, in der sie ihren
traditionellen Vorteil verloren – das geheimnisvolle Schweigen, das angeblich aus Gründen der nationalen Sicherheit erforderlich war. Die offene Diskussion machte es leichter, unseren Generälen einige sehr un-
bequeme Fragen zu stellen, die sie in der Vergangenheit sehr bewußt
vermieden hatten. Ich betrachte das als einen Sieg, obwohl die Kräfte
sehr ungleich verteilt waren. Im Laufe dieser Debatten veröffentlichte ich drei Artikel in *Ogonjok* und zwei in der *Iswestija*, und
zweimal trat ich im Fernsehen auf. Meine Gegner veröffentlichten
mehrere Dutzend Artikel. Der gewichtigste von ihnen wurde von
Marschall Sergej Achromejew geschrieben, der nach dem Putsch
Selbstmord beging. Viele dieser Artikel gingen über die Grenzen
einer zivilisierten Diskussion hinaus und ähnelten eher dem Bericht

eines stalinistischen Denunzianten, sie waren voller Beleidigungen und
Verleumdungen.*
Aber der Kampf gegen unsere Militaristen brachte mir nicht nur De-
nunziationen ein. In meiner radikalen Opposition gewann ich auch die
Unterstützung vieler Leute, darunter sogar von Offizieren der Armee.
Wie bereits erwähnt, bedeutete der gescheiterte Coup das Ende einer
evolutionären Entwicklung, das Ende des kommunistischen politischen
Regimes und das Ende der Sowjetunion als einer Föderation, als Staat.
Ich bin mir sicher, daß kein einziger unter jenen, die die Perestroika
begannen und sie unterstützten, solche Konsequenzen erwartete. Dieses Ergebnis mag von einigen im Ausland und auch von Menschen hier
im Lande begrüßt werden, aber im Denken meiner Landsleute wirft es
auch viele Fragen auf, weil der Zusammenbruch der politischen Struktur, einhergehend mit der Zerstörung vieler Überbleibsel des Totalitarismus, auch ernsthafte Ungewißheiten und Probleme mit sich brachte.
Wiederholt habe ich mich gefragt: War all das – insbesondere die negativen Ereignisse – unvermeidlich? Natürlich muß man das, was geschehen ist, nun akzeptieren, es ist ein Teil unseres Lebens; aber ich
glaube trotzdem, daß der Ablauf auch anders hätte sein können. Das
System mußte verschwinden. Es mußte sterben, obgleich vielleicht
nicht durch Selbstmord. Ich meine damit nicht den Zerfall des Totalitarismus – das war natürlich eine willkommene Zwangsläufigkeit. Ich
meine unnötige und ziemlich teure »Nebeneffekte« dieser Entwicklung. Das offensichtlichste Opfer des Chaos nach dem Putschversuch
war die Ökonomie. Die wirtschaftliche Krise verschärfte sich. Ein anderer, komplizierterer Nebeneffekt war der Zusammenbruch der Partei.
Natürlich war die Kommunistische Partei eines der Hauptinstrumente
der totalitären Herrschaft. Aber ihr plötzlicher Zusammenbruch hinterließ ein Machtvakuum und einen vollständig desorganisierten politischen Prozeß. Hätte all das anders ablaufen können? Ich glaube, ja.
Wenn die Politik unserer Führer weitsichtiger gewesen wäre, hätte sich

---

* Insbesondere warf man mir Versuche vor, »die Militärdoktrin und Abwehrfähig-
keit des Landes zu untergraben«, die Absicht, »das Verteidigungsbewußtsein« zu
zerstören und den »Tod des russischen Staates« zu bewirken. Die Autoren äußerten
Vermutungen, daß »Agenten des amerikanischen CIA oder des israelischen Mossad
sich in dem Institut aufhielten, das seit einem Vierteljahrhundert vom Akademie-
mitglied G. A. Arbatow geleitet wurde«, sie nannten mich einen »US-Gauleiter«
usw.

die Partei in zwei oder drei Teile aufgespalten, darunter eine starke so-
zialdemokratische Fraktion. Und das hätte die Grundlage eines Vielpar-
teiensystems abgeben können, ein absolut entscheidendes Element in
einer wahrhaft demokratischen Gesellschaft.

Ich weiß, daß vor einigen Jahren ein solches Szenarium in einem engen Kreis sowjetischer Führer diskutiert wurde. Aber Gorbatschow
lehnte es ab und kapitulierte bald darauf vor der reaktionären Mehrheit
der Parteiführung, was einem Verrat am Reformflügel gleichkam. Im
Prinzip wäre eine Erneuerung der Partei möglich gewesen, aber nur,
wenn eine entschlossenere Führung bereit gewesen wäre, unorthodoxe
Maßnahmen zu ergreifen.

Der sogenannte reale Sozialismus, unter dem wir angeblich vor der
Perestroika lebten, war von den ursprünglichen Ideen des Marxismus
weit entfernt. Und unsere erste und wichtigste Aufgabe war es, die
dringendsten Probleme zu lösen – Ernährung, Wohnungsbau, Sozial-
fürsorge, Schutz der Menschenrechte usw. –, kurz, eine normale Gesellschaft zu werden. Ich glaube, daß das durchaus erreichbar gewesen
wäre. Wir mußten nicht die Ökonomie zerstören, um einen Markt auf
ihren Ruinen zu errichten. Schließlich funktionierte die alte Wirtschaft
– wenn auch zugegebenermaßen schlecht –, aber die Leute hatten zu
essen, und die Wirtschaftsleistung war sicherlich besser als in den fünf
oder sechs Jahren der Perestroika. Was uns daran hinderte, mit Reformen voranzuschreiten, waren die katastrophale Verwaltung der Wirtschaft und die ideologische Ängstlichkeit der Führung, Gorbatschow
eingeschlossen. Bis zu seinem letzten Tag im Amt wagte er es nicht, die
Worte »Privateigentum an Grund und Boden« auszusprechen. Infolgedessen ist die Aufgabe, ein anständiges Leben für unser Volk zu schaffen – selbst in einem Land, das so reich an natürlichen und intellektuellen Ressourcen ist wie unseres –, noch schwieriger als zuvor.

Trotz des gegenwärtigen Zustands unseres Landes kann ich der Meinung nicht zustimmen, daß unser Scheitern die sozialistische Idee
selbst für immer erledigt hat. Sie wurde in der Morgendämmerung der
Zivilisation geboren und hat noch immer viele Anhänger und eine
wirkliche Daseinsberechtigung. In einem gewissen Maße ist sie bereits
verwirklicht worden. Sie umfaßt soziale Gerechtigkeit, Liebe zum
Volk, Frieden, das Recht, am politischen Entscheidungsprozeß teilzunehmen.

Es ist ein großes Paradoxon der Geschichte, daß das sowjetische

Volk, das so viele Opfer auf dem Altar des Sozialismus gebracht hat, so wenige sozialistische Ziele erreichte. Was noch schlimmer ist, wir haben die Idee des Sozialismus gründlich kompromittiert. Aber unsere Opfer haben anderen Ländern geholfen, ihre Gesellschaften anständiger und in vielen Fällen wohlhabender zu machen. Das prominenteste Beispiel war Franklin D. Roosevelts New Deal. Es entlieh einiges vom sozialistischen Ideal und sogar etwas aus der sowjetischen Erfahrung, denn wir waren die Pioniere auf dem Gebiet großer Sozialprogramme und der Wirtschaftsplanung.

Müssen wir diese Seiten der Geschichte heute ignorieren, da wir unsere Fehler und Irrtümer anerkennen? Müssen wir nun versuchen, wie einige der Anhänger von Friedrich von Hayek, von Milton Friedman und Jeffrey Sachs sagen, einen Kapitalismus des 19. Jahrhunderts an der Schwelle zum 21. Jahrhundert aufzubauen? Ich bin tief überzeugt, daß ein solcher Kapitalismus heute von den Vereinigten Staaten und anderen fortschrittlichen westlichen Ländern abgelehnt würde, aber viele in meinem Lande, die von ihrem eigenen Scheitern so niedergedrückt sind, haben die dunklere Seite und die unrühmliche Vorgeschichte des Kapitalismus vergessen.

Wir brauchen diesen Weg nicht einzuschlagen. Aber ich bin mir nicht sicher, daß wir weise genug sein werden, aus unseren und den Erfahrungen der Welt zu lernen und davon absehen, auf unsere unglückliche Vergangenheit übertrieben zu reagieren. Darin liegt eine wirkliche Gefahr, die durch die Tatsache verstärkt wird, daß wir zu Beginn der Perestroika nicht nur zu langsam und unentschlossen waren, sondern auch gewaltige Fehler in unserer Wirtschaftspolitik gemacht haben.

Ich zumindest habe den Glauben an den Kern des sozialistischen Ideals nicht verloren, welcher der sozialdemokratischen Version viel näher steht als der bolschewistischen. Auch kann ich mich nicht ganz vom Marxismus lossagen, trotz all der neuen Erfahrungen meines Landes. Ich bin nie ein marxistischer Fanatiker gewesen; auch habe ich die Werke der Gründerväter nie sehr fleißig gelesen, nicht einmal als Student. Einige Elemente des Marxismus erschienen mir immer als obsolet, langweilig oder irrelevant für das wirkliche Leben, aber ich respektiere eine Reihe von marxistischen Arbeiten und Ideen. Damit meine ich nicht nur die »Gründerväter« des Marxismus, sondern auch hervorragende Politiker der Sozialistischen Internationale und Leute wie Antonio Gramsci, Georg Lukács, Ernst Bloch und Herbert Marcuse.

Natürlich kann man den Marxismus nicht für die politischen Torhei-
ten, die in seinem Namen begangen wurden, verantwortlich machen
und auch nicht für die Tatsache, daß er in eine offizielle Staatsideologie
und sogar eine Staatsreligion verwandelt wurde.

Die Vertreter von Gesetz und Ordnung sehen die Perestroika als die
Quelle des Leidens, welches die Todesagonie der alten Gesellschaft und
die Geburt einer neuen begleitet. Sie behaupten, daß die Reformen
überhaupt nie hätten beginnen dürfen. Aber was immer sie sagen, das
totalitäre System trug den Keim seines eigenen Untergangs in sich. Es
war kein funktionstüchtiges System, zumindest nicht auf lange Sicht.
Es war weder ökonomisch noch politisch durchzuhalten, weil es keine
wirklichen ökonomischen Anreize bot und fähige Leute entweder zerstörte oder sie von führenden Positionen fernhielt, was zu einer Ero-
sion des intellektuellen Potentials des Landes führte, insbesondere auf
höherer Ebene. Es war gesellschaftlich nicht durchzuhalten, weil die
Unterdrückung der Nationalitäten und die Verachtung der Menschenrechte innere Spannungen schufen, die eines Tages ausbrechen mußten. Aber es lag – und bis zu einem gewissen Grade liegt es noch immer
– innerhalb der Macht der politischen Führung, den Prozeß der Desin-
tegration des Systems entweder weniger schmerzlich und destruktiv zu
machen, oder sein chaotisches und zerstörerisches Potential zu ver-
schärfen.

Wir haben, vielleicht unvermeidlicherweise, unsere erste Chance,
diesen Prozeß konstruktiv und human zu beeinflussen, in den späten
fünfziger und frühen sechziger Jahren verpaßt. Die Perestroika gab uns
eine weitere Chance, das destruktive Potential unseres systemischen
Verfalls zu reduzieren: stetig auf eine Demokratie und die Befriedigung der nationalen Hoffnungen der Republiken, auf die Verwirklichung einer allmählichen ökonomischen und politischen Reform hin-
zuarbeiten. Unglücklicherweise wurde diese Gelegenheit verspielt, und
Gorbatschow trägt trotz all seiner Verdienste der Vergangenheit ein
großes Maß an Verantwortung dafür. Natürlich mußten wir manövrie-
ren, mußten uns auf komplizierte taktische Spiele einlassen, da die Reformen einer sehr starken Opposition gegenüberstanden. Aber es ist
Gorbatschows Fehler, daß er, nachdem er die gewaltige Macht des Generalsekretärs geerbt hatte, die auf der Angst beruhte, welche die
Schrecken des Stalinismus in uns eingegraben hatten, diese Macht
nicht zum Guten einsetzte. Aber um fair zu sein, muß man hier nicht

nur Gorbatschows Verantwortlichkeit nennen, sondern auch die sei-
ner demokratischen Verbündeten, d. h. von Leuten wie Alexander
Jakowlew, Eduard Schewardnadse – wie auch derer auf niedrigerer
Ebene, Leute wie ich.

Trotz aller sporadischen und manchmal mutigen Widerstandshand-
lungen sind wir in unserer praktischen Arbeit, eine starke demokratische Bewegung zu gründen, nicht effektiv genug gewesen. Wir haben
zuviel Zeit und Energie darauf verschwendet, untereinander zu streiten, statt gemeinsam gegen unsere Feinde zu kämpfen.

Lassen Sie mich zum Schluß auf die Frage zurückkommen, die ich
am Anfang dieses letzten Kapitels gestellt habe: Werden wir dennoch
in der Lage sein zu retten, was immer von dieser zweiten Chance geblieben ist, einer Chance, nicht nur die Reste der totalitären Vergangenheit zu zerstören, sondern auch eine Gesellschaft aufzubauen, die
das Wohlergehen ihres Volkes sichern und dazu beitragen kann, die
wissenschaftlichen, technologischen, kulturellen Probleme der Welt zu
lösen?

Im Moment scheint die Antwort auf diese Frage in unserer Fähigkeit
zu liegen, die gegenwärtige ökonomische Krise zu lösen. Wir können
das leisten, wenn wir nicht hartnäckig eine falsche Politik verfolgen
und es schaffen, die richtigen Lehren aus unserer jüngsten Erfahrung
zu ziehen. Noch immer ist unsere Wirtschaftspolitik außerordentlich
enttäuschend. Sie ist zu einer wirklichen Achillesferse in den ersten
Phasen unserer nachkommunistischen Entwicklung geworden. Der
Fehlschlag ökonomischer Reformen mag sogar zur Restauration autoritärer oder sogar totalitärer Herrschaft führen.

Die ehemalige Sowjetunion ist heute noch ein sehr komplexes und
unberechenbares Gebilde. Das totalitäre Reich ist verschwunden – sehr
wahrscheinlich für immer. Es ist nicht klar, wie die Transformation ihrer Nachfolgestaaten verlaufen wird – glatt oder unter Krämpfen, zu
welchen Kosten und unter welchen Schmerzen. Aber Rußland und all
die anderen unabhängigen Staaten, aus denen die Sowjetunion bestand,
können von der Landkarte und aus der Weltgeschichte nicht verschwinden. Ihre Renaissance ist nur eine Frage der Zeit und der
menschlichen Anstrengung. Es liegt im Interesse meines Landes und
der ganzen Weltgemeinschaft, daß sowohl die Zeit als auch die Kosten
minimal sein mögen.

Die Ereignisse in Rußland entwickeln sich in einem enormen Tempo, das sogar für Journalisten unerträglich wird, von Buchautoren ganz zu schweigen. Man befindet sich im ständigen Wettlauf mit der Zeit – ein Wettlauf, den man nicht gewinnen kann. Seit ich die letzten Korrekturen an der amerikanischen Ausgabe vornahm, sind noch einmal zehn Monate vergangen. In der Zwischenzeit sind wiederum gravierende Ereignisse geschehen, die nicht unerwähnt bleiben dürfen.

Im ersten Teil dieses Kapitels habe ich postuliert, daß die Geschichte meinem Land zwei Chancen gegeben hat, sich von seiner stalinistischen Vergangenheit zu lösen, und zwar den XX. Parteitag der KPdSU und die Perestroika. Als ich diesen Gedanken vor einem Jahr formulierte, war mir klar, daß die erste Chance nicht genutzt wurde (beziehungsweise unter Umständen nicht nutzbar war) und daß die zweite weitgehend, wenn auch noch nicht ganz, verschenkt worden ist. Heute aber gehe ich so weit, zu sagen: Sie ist leider ganz verschenkt worden (wobei dies nicht besagen soll, daß die Perestroika ihre historische Rolle nicht gespielt hätte, wie im übrigen auch der XX. Parteitag).

Inzwischen hat uns die Geschichte eine dritte Chance gegeben, und eben dies möchte ich genauer erläutern. Ich spreche vom Sieg über den Putsch im August 1991, der einen bedeutenden Teil der Bevölkerung geeint, politisch aktiviert und mit Elan erfüllt hat, eine Gestimmtheit und Dynamik, mit deren Hilfe sich tatsächlich Berge versetzen ließen, denn zugleich hat die Niederschlagung des Putsches im Lager der Gegner, die die Rückkehr zum Totalitarismus wünschen, Demoralisierung, Verstörung und teilweise sogar Panik ausgelöst.

Vom heutigen Standpunkt aus wäre es zu früh zu sagen, daß wir diese Chance verpaßt haben. Fest steht jedoch, daß die Demokraten und die Führung der UdSSR (der allerdings nur noch drei Monate bis zu ihrem Ende blieben) bzw. die Führung Rußlands beileibe nicht optimal mit der einzigartigen Möglichkeit, die sie so plötzlich in der Hand hatten, umgegangen sind. Gleich zu Anfang unterliefen ihnen gravierende Fehler. Meistens wurde dies damit entschuldigt, daß die ersten Schritte aus der Euphorie heraus geschahen und ein klarer Aktionsplan fehlte. Die Opposition sei ungenügend darauf vorbereitet gewesen, so plötzlich Regierungsaufgaben in effektiver Weise zu übernehmen. Das mag richtig sein, wenn damit auch nicht alles zu erklären ist. Nun, irgendwann einmal wird diese Zeitspanne – ein kritischer Angelpunkt für mein Land, für Europa und vielleicht auch für die ganze Welt – sicher näher erforscht werden.

Bei mir schlich sich jedenfalls schon damals die Vermutung ein, daß möglicherweise gar nicht die Fehlentscheidungen das Hauptproblem sind, sondern die Schwierigkeit darin besteht, daß sich die gesellschaftlichen Veränderungen in immer stärkerem Maße der Steuerung entziehen – dies unter Umständen allerdings als Folge von Fehlern der Vergangenheit.

Und ist dies verwunderlich? Haben sich doch die Ideale und ethischen Werte vieler Millionen Menschen gewandelt. Überall im Bereich der ehemaligen UdSSR geriet der Staatsaufbau in Umbruch, und der Welt bot sich ein haarsträubendes Bild, für das es keinen Präzedenzfall gibt: ein abenteuerliches Sammelsurium totalitärer, demokratischer und anarchistischer Grundgedanken und Institutionen, wie zur Krönung auch noch von Mafia-Strukturen durchsetzt.

Auch die herrschende Elite wandelte sich. Reihenweise kamen Menschen ohne Erfahrung und gefestigte Ansichten an die Macht, kluge und manchmal weniger kluge Köpfe – und ebenso unterschiedlich in bezug auf ihre Integrität. Nur ein verschwindend geringer Teil der alten Führungselite ging offen in die Opposition. Das Gros hielt sich und existiert neben den neuen Strukturen im verborgenen weiter. In meinen Augen wäre indessen diese Entwicklung vermeidbar gewesen, und der Übergang von der totalitären zu einer normalen Gesellschaft hätte geregelter verlaufen können. Nach wie vor glaube ich, daß es möglich war – vor allem, wenn Gorbatschows Fehler und der August-Putsch nicht gewesen wären. Durch diese Faktoren nämlich kam es zu einem Bruch in der evolutionären Entwicklung, denn sie bedeuteten vom Kern her eine Revolution, die zwar einerseits zu radikaleren und schnelleren Veränderungen führte, diese andererseits aber unvorhersagbar, widersprüchlich und unbeherrschbar machte.

Wie ich es auch drehe und wende – ich erkenne kein geschlossenes Bild in den Vorgängen des vergangenen Jahres. Ich sehe nur vereinzelte, möglicherweise wichtige Fragmente, über die ich in der Hauptsache sprechen möchte.

Am besten sollte man beim russischen Staatschef Boris Jelzin beginnen, über den sich nicht nur ich und andere Personen aus seiner Umgebung kein eindeutiges Urteil zutrauen. Ich schätze, nicht einmal Präsident Jelzin selbst ist sich über seine Person ganz im klaren, da er sich derzeit in einem intensiven Entwicklungs- und Reifeprozeß befindet.

Ich möchte meinen Überlegungen keine allgemeinen Schlüsse, son-
dern unmittelbare Eindrücke vorausschicken, Details, die allen, die mit
Jelzin mehr oder weniger regelmäßig zu tun haben, ins Auge stechen.
Nach den August-Ereignissen hatte ich ziemlich häufig Kontakt mit
Jelzin, wenn auch nicht mit der Regelmäßigkeit, die meine Rolle als
Mitglied des Beraterstabs des Präsidenten erfordert hätte.

Bestechend an Jelzin ist seine Unkompliziertheit und Direktheit und
die Bereitwilligkeit, auch auseinandergehenden Meinungen Gehör zu
schenken, ohne sie als Angriff auf seine Person zu empfinden und ins-
geheim übelzunehmen. Gleichzeitig aber fällt unweigerlich seine Dick-
köpfigkeit auf, vor allem, wenn er von der Richtigkeit seiner Vorstellungen – und dies, wie sich herausstellen sollte, bisweilen zu Unrecht –
überzeugt ist. Auch die Geschwindigkeit, mit der er Entscheidungen
trifft, denen manchmal die nötige Überlegung fehlt, ist typisch für ihn,
ebenso die Art und Weise, wie er seine nächste Umgebung auswählt
beziehungsweise ihr Zustandekommen zuläßt und sich von dieser Umgebung ohne Mühe überzeugen oder umstimmen läßt.

Ist dieser Politiker reif für die große Funktion, die ihm die Geschichte
auferlegt hat: das Land durch eine Zeit schwieriger Reformen zu führen und es gleichzeitig vor Katastrophen und Erschütterungen zu bewahren? Anstelle der früheren UdSSR eine Gemeinschaft von Staaten
zu schaffen, die zumindest darauf verzichten würden, ihre Konflikte offen auszutragen, und die miteinander kooperieren? Und vor allem –
den zivilen Frieden in einer von Konflikten, Mißtrauen und Intoleranz
durchsetzten Gesellschaft zu erhalten?

Auf diese Frage kann meiner Ansicht nach heute noch niemand eine
Antwort geben, nur die Geschichte selbst wird es mit der Zeit tun. Zumindest hat ihm das Land (und insgesamt gesehen die ganze Welt) bereits zu verdanken, daß er den Rückfall in den Totalitarismus und
schließlich auch den direkten Umsturz im August 1991 verhindert hat.
Auch hat er wiederholt aufgrund seiner erstaunlichen politischen Intuition den Ausweg aus sehr schwierigen Situationen gefunden. Gleichzeitig jedoch bleibt die Frage offen, ob er fähig sein wird, eine kompe-
tente Regierung zu schaffen, die imstande ist, den Staat professionell
und reibungslos zu leiten und ob es ihm gelingen wird, eine demokratische, von der Macht des Gesetzes und nicht den Gesetzen der Macht
und Gewalt bestimmte Gesellschaft aufzubauen und eine Schicht hoch-
qualifizierter politischer Kräfte heranzuziehen und auf sich einzu-

schwören, die eine demokratische Führung dieser Gesellschaft gewährleisten können.

Natürlich sind Jelzins Routine in der Staatsführung und sein Wissen in wirtschaftlichen, politischen und sozialen Fragen begrenzt, genau wie bei Gorbatschow – von den übrigen ehemaligen sowjetischen Staatschefs zu Beginn ihrer Regierung ganz zu schweigen. Menschen aber können besonders in kritischen Momenten der Geschichte über sich hinauswachsen. Ebenso schnell aber auch versagen.

Was bringt uns die Zukunft? Im Moment fühle ich mich damit überfragt, obwohl ich mir häufig Gedanken darüber gemacht habe. Ich bin zu dem Schluß gekommen, daß zum heutigen Zeitpunkt Jelzins Hauptschwäche darin liegt, daß er nicht gelernt hat, der Spontaneität der Ereignisse in allen Fällen eine durchdachte und wohlkalkulierte Politik entgegenzusetzen. Für mich bleibt das größte Rätsel, warum Boris Jelzin – konfrontiert mit einem Wust an Problemen und Ereignissen – nicht auf das große intellektuelle Potential zurückgreift, über das er als Führer einer wissenschaftlich und kulturell bedeutenden Großmacht mit einer Vielzahl erfahrener Menschen verfügt. Ich denke dabei nicht nur an seinen direkten Beraterstab, dem anzugehören ich die Ehre habe: Es gibt die Akademie der Wissenschaften, und es gibt eine Vielzahl von Experten, die sich freuen würden, Jelzin nach Kräften zu unterstützen. Was ihn hindert, diese Möglichkeit zu nutzen, ist mir schleierhaft.

Ich kann zum Beispiel nicht verstehen, warum er sich beim Beschluß über die Wirtschaftsreform (Oktober 1991) nicht wenigstens die Mühe gemacht hat, Gaidars »Schocktherapie« mit unseren führenden Wirtschaftswissenschaftlern wie Petrakow, Jawlinski und Bogomolow durchzudiskutieren, und warum er sich bei allem Wissen um die Notwendigkeit einer Militärreform Rußlands und Ausarbeitung einer neuen Militärdoktrin mit dieser Frage an die Generäle wendet. Und warum Fragen von solcher außenpolitischer Priorität wie die Zukunft der GUS und unser Verhältnis zu den anderen GUS-Ländern bereits seit über einem Jahr undiskutiert bleiben. Noch habe ich nicht jede Hoffnung aufgegeben, obwohl mein Optimismus von Monat zu Monat schwindet. Wenn es einen Grund gibt, die Hoffnung zu bewahren, so der, daß Jelzin länger als die anderen führenden Politiker, mit denen ich zusammengearbeitet habe, für Kritik offenbleibt, ohne beleidigt zu reagieren. Kurz nach Jelzins USA-Reise im Winter 1992 gab ich der Zeitung *Iswestija* ein kritisches Interview. Einige Tage nach seiner Rückkunft bat mich Jelzin zu einem privaten Gespräch – dem ersten seit zwei Monaten. Er begann nach der Begrüßung ohne Umschweife: »Ich habe Ihr Interview gelesen und wollte Ihnen einiges verständlich machen.« Ich unterbrach den Präsidenten: »Boris Nikolajewitsch, ich fasse unser Verhältnis so auf, daß mir die Angehörigkeit im Konsultativrat nicht die Freiheit nimmt, meine eigene Meinung zu jeder beliebigen Frage zu haben und sie auch öffentlich auszusprechen – natürlich in angemessener Form.«

»Natürlich«, antwortete mir Jelzin, »wir haben die ewige Einmütigkeit bis obenhin [er machte eine vielsagende Geste mit der flachen Hand] satt.« Und er ließ sich Kritik tatsächlich gefallen, unter anderem auch meine heftige und hartnäckige Kritik an den Gaidar-Reformen, die Jelzin mit einer mir unverständlichen Beharrlichkeit unterstützte.

Dies sollte kein Versuch sein, Jelzins Porträt zu zeichnen. Es sind eher einige Eindrücke, einschließlich solcher, die Beunruhigung auslösen. Die bange Wachsamkeit, mit der politische Führer beobachtet und ihre Charaktereigenschaften und Persönlichkeitsmerkmale, ihr Wissen und ihre anderen Qualitäten registriert werden, ist im übrigen ein Relikt aus unserer totalitären Vergangenheit. In einer normalen demokratischen Gesellschaft ruft die Persönlichkeit des Staatsführers bei aller großen Bedeutung, die er hat, nicht diese unruhige Sorge hervor. Die anderen Glieder der Machtkette balancieren das Verhältnis in zumindest akzeptablem Maß aus. Irgendwann einmal wird es auch in unserem Staat so sein, die Entwicklung verläuft deutlich in diese Richtung. Doch vorläufig spielen die führenden Politiker und die Personen in ihrem Dunstkreis weiterhin eine zu große Rolle...

Ich möchte an dieser Stelle zu den Ereignissen des vergangenen Jahres übergehen und einige Überlegungen anstellen, was wir erreicht haben und was nicht.

Am 3. 1. 1993 begann ich nach nochmaliger Lektüre meines Buchs dieses Abschlußkapitel zu schreiben. Am selben Tag unterschrieben die Präsidenten Bush und Jelzin in Moskau einen Vertrag, der die Verminderung der atomaren Potentiale beider Länder um zwei Drittel vorsieht. Bush und Jelzin sparten wie der größte Teil der Presse nicht mit Lobeshymnen auf den Vertrag. Auch ich schließe mich dieser Bewertung von ganzem Herzen an und beglückwünsche die beiden Präsidenten und meine Mitbürger und ebenso alle Menschen der Erde und mich selbst zu dieser Leistung, mit der gleichsam unterstrichen wurde, daß in den letzten Jahren ernsthafte und konstruktive Veränderungen in der Außenpolitik stattgefunden haben.

Nur eines hat mich unangenehm berührt, und zwar, daß von diesem Vertrag gesprochen wurde, als wäre er vom Himmel gefallen. Verschwiegen wurde die große und lange Jahre erfordernde Arbeit, die ihm vorausging, und daß die Beendigung des Kalten Kriegs ja schon vorher erreicht worden war und die zwei Großmächte erst in die Lage versetzt hatte, ihre Waffenarsenale und die Frage, wieviel atomare und konventionelle Waffen tatsächlich nötig sind, einer realistischen Prüfung zu unterziehen. Geradeso, als wäre das Ende des Kalten Kriegs nicht das Ergebnis des aufopferungsvollen Kampfes vieler Millionen Männer und Frauen – angefangen bei den großen Wissenschaftlern Albert Einstein und Bertrand Russell, die als erste vor der atomaren Gefahr warnten, bis hin zu all jenen Bescheidenen und Namenlosen, die über die Jahre hinweg unbeirrt an Anti-Atom-Märschen und Protestdemonstrationen in London, New York, Bonn und Hunderten von weiteren Städten teilnahmen. Zu ihnen gesellen sich die Wissenschaftler und Politiker, die in den Zeiten des Kalten Krieges die unmittelbare und kompromißlose Konfrontation mit den Generälen und den Mächtigen der Militärindustrie wagten, und jene Gruppen von Fachleuten in Art der Palme-Kommission oder der Bewegung »Ärzte gegen den Atomkrieg«, die den Mut hatten, mitten in einer neuen Spirale des Rüstungswettlaufs die Öffentlichkeit und die Politiker über die atomare Gefahr aufzuklären. Und – last but not least – all jene, denen es gelungen ist, bei den Gipfeltreffen in Genf, Rejkjavik, Washington, auf Malta und in einer Reihe weiterer Orte schnell und radikal die psychologische Lage in der Welt zu verändern.

Nicht nur im Interesse einer fairen Sicht auf die Vergangenheit muß die Vorgeschichte des wichtigen, im Januar 1993 errungenen Sieges berücksichtigt werden. Für politische Erfolge in der Zukunft ist es von entscheidender Bedeutung, den Menschen klarzumachen, auf welche Weise und durch welchen Einsatz große Veränderungen herbeigeführt werden. Den Anspruch der Bush-Administration, die UdSSR im Kalten Krieg besiegt zu haben, dürfen wir nicht als bedeutungslose und politisch unschuldige Floskel ansehen. Weit über die Funktion als Instrument im Wahlkampf hinaus legte diese Behauptung den Einsatz gewisser »Druckmittel« in internationalen Konfliktsituationen auf globaler Ebene nahe. Ein ebenso wichtiges Problem ist die Auseinandersetzung mit den Gründen für das Scheitern des Kommunismus. Man hat uns weiszumachen versucht, daß die Hauptverantwortung dafür bei den Amerikanern liege, die uns in den Rüstungswettlauf und damit die sowjetische Wirtschaft in den Ruin getrieben hätten. In Wirklichkeit wurde damit nur die Position der sowjetischen Militärführung und Militärindustrie gestärkt und der Einfluß der orthodoxen Kommunisten und Militaristen vermehrt. Dies verhinderte, daß die inneren Widersprüche des Systems ausbrachen, beeinträchtigte aber auch die Aktionsmöglichkeiten jener Menschen, die sich vom Joch des Totalitarismus befreien wollten und unerschrocken auf dieses Ziel hinarbeiteten.

Ich wollte hier lediglich einige Detailfragen ansprechen. Natürlich schmälern sie nicht die Bedeutung dieses großen Fortschritts in der nuklearen Abrüstung. Ebensowenig sollen damit die Erfolge in der Außenpolitik heruntergespielt werden. Sie waren allerdings im vergangenen Jahr fast unsere einzigen Erfolge, während es in anderen Bereichen schlecht bis sehr schlecht lief.

In diesem Zusammenhang wurde besonders viel von der Wirtschaft gesprochen. Im Herbst 1991 hatten viele – darunter auch ich – den Eindruck, daß unser Land, wenn es die einzigartige Chance eines neuen Auflebens nützen wollte, vor allem erst einmal mit seinen wirtschaftlichen Schwierigkeiten fertigwerden mußte. Diese Überzeugung war so stark, daß das Wirtschaftsprogramm Gaidars ungeachtet aller Zweifel an der »Schocktherapie« fast diskussionslos akzeptiert wurde, meiner Ansicht nach die überhaupt schlechteste Wahl.

Sie setzte einen Mechanismus einschneidender und häufig irreversibler Veränderungen in Gang, die nicht nur den wirtschaftlichen, sondern auch den sozialen und politischen Bereich (ich denke, daß die Reform die Faschismusgefahr in Rußland verstärkt hat) und das Geistesleben erfaßten. Meist sind ja Kultur, Wissenschaft und Bildungswesen die ersten Opfer dieser Art von Reformen. In letzter Zeit aber gewinne ich immer stärker den Eindruck, daß sogar diese Entwicklungen und die Verarmung des russischen Volks, die unaufhaltbare Inflation und der Produktionsrückgang noch nicht der ganze Preis für die »Schocktherapie« waren.

Als die amerikanische Ausgabe meiner Memoiren vorbereitet wurde, tobten in Rußland die Diskussionen um die Gaidar-Reform. Vor allem von zwei Seiten wurde die Reform unter Beschuß genommen: von Anhängern des alten Wirtschaftssystems und zweitens von Leuten, die wie ich der Ansicht waren, daß die Reform nicht zur Marktwirtschaft führen und unsere Wirtschaft nur noch weiter schwächen würde. Wir sahen in ihr ein Instrument des Internationalen Währungsfonds, ein Modell »struktureller Anpassungen«, das vorrangig zum Eintreiben von Schulden in Entwicklungsländern entwickelt worden war und sich praktisch überall negativ auf die Wirtschaft dieser Staaten ausgewirkt hatte.

Zehn Monate später, kurz vor dem Erscheinen der deutschen Ausgabe, ist Gaidar zurückgetreten, und ich hätte, mehr als viele andere, die die Gaidar-Reform kritisiert haben, Anlaß zur Genugtuung gehabt. Tatsächlich aber überkamen mich ernsthafte Zweifel. Nicht, weil ich auf einmal an die Reform zu glauben begonnen hätte, sondern weil mich der Verdacht beschleicht, daß ich unrecht hatte, mich in die Polemik mit Gaidar und seinen Gesinnungsgenossen einzulassen. Viel zu spät habe ich erkannt, daß uns die »Schocktherapie« und die mit ihr verbundenen Diskussionen vom Kern der Sache weggeführt haben: daß nämlich unmittelbar nach der Niederschlagung des Putsches an erster Stelle ganz andere als wirtschaftliche Entscheidungen hätten fallen müssen.

Daß es keine schnellen, »schockartigen« Lösungen für unsere Wirtschaftsprobleme gibt und daß es unnötig war, das Land und das Volk in den Ruin zu treiben, um eine funktionierende Wirtschaft aufzubauen, hat inzwischen wohl auch der letzte naiv Reformgläubige erfaßt. Hätte man den Weg einer auf viele Jahre angelegten Reform mit dem Ziel einer langfristigen Konsolidierung der Wirtschaft gewählt, so hätte man das ganze Drama der »Schocktherapie« vermeiden können. Die Lösung unserer Wirtschaftsprobleme hätte vom ersten Tag an betrieben werden sollen. Daß die russische Führung ihr aber die *politische Priorität* einräumte, war ein Fehler.

Ich sehe jetzt, was das Wichtigste gewesen wäre: die Schaffung eines festen und stabilen, auf einer demokratischen Verfassung aufbauenden politischen Systems mit normalen Parteien, Wahlen und Parlamenten, mit Präsident und Regierung sowie einem zuverlässigen Behörden- und Beamtenwesen, mit einer reformierten Armee, reformierten Polizei- und Sicherheitsdiensten und einer modernen Justiz, ein System, das die Menschenrechte und die Pressefreiheit gewährleistet. Mit anderen Worten – der Übergang zu rechtsstaatlichen Verhältnissen. Damit kämen wir der Überwindung des Totalitarismus effektiv näher.

Wir aber haben die Wirtschaftsreform zum Grundpfeiler unserer Politik gemacht und damit möglicherweise die große Chance zur Erneuerung fast vertan. Ich sage »fast«, weil ich trotzdem hoffe, daß sich Rußland in baldiger Zukunft, vielleicht noch in diesem Jahr, zu ernsthaften demokratischen Veränderungen durchringt. Ich vermute, daß es danach auf allen Gebieten besser laufen wird, auch in der Wirtschaft. Aber wir haben ein Jahr ungenutzt verstreichen lassen – und dabei war es ein so vielversprechendes Jahr gewesen, in dem viel zu erreichen gewesen wäre.

Zum Abschluß noch einige Worte an den Westen. Es ist sehr gut, daß man dort begriffen hat, welch große Bedeutung für Europa, Amerika und die ganze Welt erfolgreiche Veränderungen in Rußland und den anderen GUS-Staaten haben. In meinen Augen spielte im Jahr 1992 dieser Umstand jedoch eine negative Rolle.

Ich habe mir wiederholt die Frage gestellt, wie es dazu kommen konnte, daß Gaidars Reformkonzept sich so ungehindert und fast ohne Diskussion durchsetzen konnte, und warum die führenden Politiker unseres Landes, die im allgemeinen für ihre Vorsicht bekannt sind, einer Gruppe von Menschen vertraut haben, die für kaum jemanden ein Begriff war, keine namhaften theoretischen Erkenntnisse vorweisen konnte und deren praktische Erfahrung nicht vorhanden war.

Für mich gibt es nur eine plausible Erklärung: Die russische Regierung hat sich einreden lassen, daß die Konzeption dieser Gruppe auf den letzten Erkenntnissen der internationalen Wirtschaftslehre beruht und eine Quintessenz der Erfahrungen der führenden Wirtschaftsnationen darstellt.

Für einen solchen Glauben gibt es Gründe. Nicht, daß das Vertrauen in den IWF und seine Experten so groß wäre. Eine ebenso bedeutende Rolle spielte vielmehr die Haltung, die eine Reihe westlicher Politiker und Regierungen einnahm. In Moskau wurde sie offensichtlich als eindeutige Befürwortung der Ideen des Gaidar-Kabinetts aufgefaßt. Der Westen leistete mit seinen Stellungnahmen diesem Prozeß Vorschub, vielleicht, weil ihm hauptsächlich an einer »Reform« gelegen war, die den Kapitalismus in Rußland möglichst schnell wiederherstellen

würde. Ein solches »ideologisches Denken« ist besonders unter amerikanischen und englischen Konservativen verbreitet. Auch Gaidar selbst
ist bei objektiver Betrachtung kein Demokrat, sondern ein Konservativer, jedenfalls in bezug auf die Wirtschaftspolitik. Ein weiterer Grund
mag auch die zu hohe Meinung einiger westlicher Politiker und Experten von sich selbst sein. In Wirklichkeit aber kennen und verstehen sie
uns durchaus nicht immer gut.

Von einem aber bin ich überzeugt: Der Westen wollte mit seinen
Ratschlägen unsere Wirtschaft nicht willentlich in den Niedergang treiben. Die Mehrzahl der westlichen Politiker begreift, welche Bedrohung
für die internationale Stabilität sich daraus entwickeln könnte. Die
Meinung aber, daß für Rußland eine »Wirtschaftsreform« vor einer demokratischen Reform kommen müßte, ist absolut unrichtig. Und in
dieser Hinsicht muß der Westen radikal umdenken. Um so mehr, als
eine falsche Wirtschaftspolitik bereits die Stellung der Demokraten ge-
schwächt und die Gefahr des Faschismus in Rußland verschärft hat.

Vieles hängt davon ab, wie sich die Lage in Rußland jetzt weiterentwickelt. Mißerfolge können nicht nur die Gesellschaft destabilisieren,
sondern auch die Demokratie, die Marktwirtschaft und die Reform an
sich in Mißkredit bringen. Wenn dann noch die Meinung entsteht, daß
die Ratschläge des Westens zu diesem Mißerfolg geführt haben, so
wird es zu einer Wiederbelebung von Feindbildern kommen, die wir
schon für überwunden hielten.

# Nachbemerkung zur deutschen Ausgabe

Dieses Buch erschien im Frühjahr 1991 in der Sowjetunion unter dem Titel *Die lange Genesung*. Seitdem ereignete sich in Moskau ein – erfolgreich zurückgeschlagener – Putschversuch; nicht einmal ein halbes Jahr später löste sich die Sowjetunion als Staatsgebilde selbst auf; und nun bezeugen wir auf ihrem ehemaligen Staatsgebiet eine Vielzahl von positiven, aber auch tragischen Ereignissen. Dennoch hat mein Buch, wie ich meine, an Aktualität nicht verloren. Dies bestätigte auch die Reaktion auf die im August 1992 erschienene amerikanische Ausgabe, die weder von den Rezensenten noch von den Lesern gleichgültig aufgenommen wurde. Bereits in der amerikanischen Ausgabe wurden die Ereignisse von 1991 und Anfang 1992 berücksichtigt: Ich habe ein neues Kapitel, »Der Zusammenbruch«, geschrieben sowie das Buch an einigen Stellen ergänzt. In der deutschen Übersetzung wurden diese Veränderungen und Zusätze übernommen. Bei ihrer Durchsicht nun, im Dezember 1992, möchte ich lediglich ein paar Gedanken hinzufügen.

So, wie sich die Ereignisse entwickeln, fühlt man sich immer mehr in der Meinung bestätigt, daß jede Regierung, jede Führung zwangsläufig ihr Maß an Fehlern macht. Die Unterschiede liegen in der Schwere dieser Fehler und darin, wie schnell und mutig man sie zugibt und wie entschlossen man sie zu korrigieren sucht. Auch die Führung Rußlands bildet, nach ihrem großen Triumph, der Niederschlagung des Putsches im August 1991, hierin keine Ausnahme. Für ihre größten Fehler bisher halte ich folgende: Erstens, daß sie es versäumte, unmittelbar nach dem August 1991 politische und wirtschaftliche Reformen durchzuführen. Der Sieg über die Putschisten hatte die positiven Kräfte in der Gesellschaft belebt und gefestigt und einen allgemeinen Enthusiasmus erzeugt. In dieser Situation hätte man radikale Maßnahmen ergreifen, deren Gegner politisch zurückdrängen und den Fortgang der konstruktiven Veränderungen beschleunigen müssen. Aus unterschiedlichen

Gründen, darunter, wie mir scheint, auch dem, daß man nicht begriff, wie einmalig die Situation war, und daß durch Zögern seltene Möglichkeiten verschenkt wurden, hat man diese Monate nicht hinreichend genutzt. Der zweite große Fehler der russischen Führung war das von J. T. Gaidar vorgeschlagene Aktionsprogramm (falls man es überhaupt als ein solches bezeichnen kann) für eine wirtschaftliche »Schocktherapie«, die nicht nur ökonomisch, sondern auch politisch höchst gefährlich ist. Als Mitglied des Konsultativrats des russischen Präsidenten habe ich Jelzin meine Ansichten dazu ab Oktober 1991 dargelegt und diese Politik einige Monate später in der Presse zu kritisieren begonnen.

Doch das Thema ist zu umfassend und zugleich zu speziell, um es in dieser kurzen Nachbemerkung abzuhandeln. Ich möchte nur anmerken, daß die seit Januar 1992 begangenen ökonomischen Fehler und ihre sozialen und politischen Folgen die Genesung unserer Gesellschaft noch komplizierter und langwieriger machen. All das bestätigt noch einmal den Grundgedanken meines Buches – die Schwierigkeit und die schmerzlichen Folgen der allmählichen Umbildung einer totalitären Gesellschaft.

Ich hoffe, den Leser wird es interessieren, das System, das politische Establishment, die herausragenden Ereignisse und auch den politischen Alltag meines Landes von innen zu sehen, das heißt nicht mit den Augen eines Ausländers, auch nicht mit denen eines Dissidenten oder Gegners der herrschenden Ordnung, sondern eines Mannes, der in diesem System gelebt, gearbeitet und, trotz einer kritischen Einstellung zu vielem, um Erfolge gekämpft hat.

Es war mir sehr wichtig, daß mein Buch auf deutsch erscheint und in Deutschland gelesen wird. Ich sage das nicht aus Höflichkeit. Obwohl ich mich beruflich vor allem mit den USA und Kanada beschäftige, habe ich eine besondere Beziehung zu Deutschland. Sie reicht weit zurück, bis ins Jahr 1930, als ich als Siebenjähriger mit meinen Eltern (mein Vater arbeitete im sowjetischen Außenhandel) nach Deutschland kam. Ich lebte fünf Jahre in Berlin und Hamburg und ging auf eine deutsche Schule. Aus dieser Zeit stammen meine Deutschkenntnisse sowie ein Interesse, sogar eine Liebe zur deutschen Literatur und Kunst jener Jahre, die ich natürlich erst später, nach dem Krieg, wirklich schätzen konnte. Zu meinen Lieblingsschriftstellern zählen noch heute Erich Maria Remarque und Alfred Döblin, Lion Feuchtwanger und Hans

Fallada; ich verehre Bertolt Brecht und Kurt Weill, Käthe Kollwitz und Heinrich Zille. Und natürlich blieb mir aus diesen Jahren eine sehr konkrete, auch von persönlichen Eindrücken geprägte Beziehung zum Faschismus, in welchen Formen er auch auftreten, welches nationale Gewand er auch tragen mag. In den Jahren des Krieges begegnete ich Deutschland und den Deutschen auf besondere Weise – im Schützengraben oder durch den Schlitz eines Visiers spähend. Ich bin sehr froh, daß die Chancen für eine Wiederholung einer solchen »Begegnung« heute schlechter stehen als jemals zuvor in meiner Erinnerung.

Auch meine erste Auslandsreise nach dem Krieg im Januar 1969 führte mich nach Deutschland, in den Osten, in die DDR. Später war ich viele Male dort, zuletzt im Herbst 1988 anläßlich der Verleihung des Dr. h. c. durch die Akademie für Gesellschaftswissenschaften in Babelsberg. (Das war übrigens eine sehr sonderbare Zeremonie. Sie vollzog sich fast geheim, im engen Kreis von zwölf bis fünfzehn Personen, so daß die von mir zu solchen Anlässen gewohnheitsmäßig vorbereitete Rede unverlesen blieb. Kurz vor dem Zusammenbruch des Systems fürchtete man in der DDR die Ideen der Perestroika wohl noch mehr als die aus dem Westen.)

Auch in der BRD war ich oft, beim vorletzten Mal in der Delegation Michail Gorbatschows zum Gipfeltreffen im Sommer 1989. Seitdem haben sich Deutschland wie auch mein Land, wie auch Europa und die ganze Welt sehr verändert.

Ich habe nicht sehr oft etwas gesagt, was anschließend viel zitiert und einige Jahre lang nicht vergessen wurde. Darum erinnere ich mich sehr gut daran, wie ich im Spätherbst 1987 am Vorabend des sowjetisch-amerikanischen Gipfeltreffens in Washington in einer Rede vor Journalisten den Amerikanern ironisch versprach, wir würden ihnen »das Schlimmste antun, was man jemandem antun kann«, nämlich ihnen den Feind nehmen. Und so kam es. Wir machten nicht nur das Feindbild der USA zunichte, sondern im Umkehrschluß auch unser eigenes.

Das Leben ohne Feind erwies sich für die Gesellschaften und Staaten, die sich einige Jahrzehnte im Kalten Krieg gegenübergestanden hatten, als etwas vollkommen Neues und unerwartet Schwieriges.

Mein Buch umfaßt recht weit Zurückliegendes wie meine Kindheit und Jugend, aber auch die jüngeren Ereignisse unserer Geschichte, die zum Augustputsch von 1991 hinführten bzw. darauf folgten. Es erhebt nicht den Anspruch auf sehr weitgehende Verallgemeinerungen. In ihm ist vor allem von meinem Land und seiner Politik die Rede, davon, was ich selbst miterlebt habe. Allerdings hat es sich so gefügt, daß dies nicht eben wenig war. So habe ich mit sechs sowjetischen Führern gearbeitet – sehr eng mit Breschnew und Andropow, Gorbatschow und Jelzin, aus einiger Entfernung mit Chruschtschow und Tschernenko. Kurz vor dem Augustputsch, auf dem Höhepunkt meiner Polemik mit unseren Militaristen, warfen mir meine Gegner diese Tatsache vor. Auf diese Beschuldigung – »Er war der Berater von sechs Führern« lautete sogar die Schlagzeile eines Artikels – kann ich nur antworten: Nicht ich habe sie mir ausgesucht, sondern sie mich. Und natürlich habe ich versucht, durch politische Beratung zu helfen, soweit es in meinen Kräften und Möglichkeiten stand. Ich habe es getan, weil es – der Mensch ist schwach – eine große Ehre war. Doch ich habe es auch getan, weil ich meinem Land, das so viel durchlitten hat, helfen wollte. Und andere Politiker hatten wir ja schließlich nicht.

Den Ergebnissen nach zu urteilen – heute geht mein Land nun durch eine Periode großer Schwierigkeiten –, waren meine Kollegen und ich in unserem Bemühen, der Politik zur Seite zu stehen, längst nicht überall erfolgreich. Obwohl ich mich immer damit getröstet habe, daß ein Berater Verantwortung für seine Ratschläge an die Führung, nicht aber für deren Politik trägt. Dennoch übernehme ich für mein politisches Wirken natürlich die Verantwortung. Gleichzeitig ist es mir wichtig, daß meine Leser, auch in Deutschland, dieses Buch nicht nur als den Versuch eines politischen Selbstbildnisses lesen, sondern auch als den Versuch, mein Land, seine Entwicklung und seine Politik vermittelnd darzustellen. Damit wir einander besser kennenlernen und es uns leichter wird, zum gegenseitigen Nutzen oder zumindest in Sicherheit auf diesem sehr kleinen, zerbrechlichen Planeten zu leben, der unser gemeinsames Haus ist. Das einzige Haus, das uns Gott oder das Schicksal, je nachdem woran man glaubt, gegeben hat.

# Register

Kursive Seitenzahlen verweisen auf die Fußnoten

408

Jasow, Dmitri Timofejewitsch  46, 175, 374, 375
Jawlinski, Grigori Alexejewitsch  363, 373
Jelzin, Boris Nikolajewitsch  8, 14 ff., 21, 126, 340, 360, 365–370, 372, 375 ff., 375, 391, 401, 403
Jeschow, Nikolai Iwanowitsch  255, 255, 294
Jewtuschenko, Jewgeni Alexandrowitsch  63, 65
Johnson, Lyndon B.  190, 198

Kádár, János  150, 160, 222, 293
Kaganowitsch, Lasar Moissejewitsch  69, 72, 80, 85
Kalinin, Michail Iwanowitsch  85
Kalugin, Oleg Danilowitsch  220 f.
Kamari, Michail Davidowitsch  66
Kantorowitsch, Leonid Witalijewitsch  178
Kapiza, Pjotr Leonidowitsch  165
Karjakin, Juri Fjodorowitsch  66
Karmal, Babrak  222
Katasonow, Juri Wjatscheslawowitsch  337
Keldysch, Mstislaw Wsewolodowitsch  156
Kennan, George  61 ff., 62 f.
Kennedy, Edward  344
Kennedy, John F.  194
Kennedy, Paul  344
Kirilenko, Andrej Pawlowitsch  145, 179 ff., 201, 213, 269, 272, 345
Kiritschenko, Alexej Illarionowitsch  87, 269, 272
Kirow, Sergej Mironowitsch  39
Kislow, Alexander  14
Kissinger, Henry  195–200, 203 f., 207, 209, 214, 326 f., 329, 335, 344
  The White House Years  335
Kohler, Foy  132
Kokorew, Igor Jewgenjewitsch  14
Kokoschin, Andrej  336
Kolessnikow, Sergej Iwanowitsch  159

Kollwitz, Käthe  402
Kommunist  97, 97, 105, 320
Komolow, Wadim Gerassimowitsch  170 f.
Komsomolskaja Prawda  129, 259
Konstantinow, Fjodor Wassiljewitsch  66, 97
Kornijenko, Georgi Markowitsch  156, 230
Koslow, Frol Romanowitsch  87, 268, 272
Kossolapow, Richard Iwanowitsch  320
Kossygin, Alexej Nikolajewitsch  123, 133, 135, 138 ff., 160, 179, 235, 238, 269, 332
Kotschetow, Wjatscheslaw Anissimowitsch  65
Krawtschenko, Leonid Petrowitsch  363
Kreisky, Bruno  342
Krjutschkow, Wladimir Alexandrowitsch  157, 367, 374, 375
Kudjukin, Pawel Michailowitsch  262
Kulakow, Fjodor Davidowitsch  285 f.
Kulikow, Pjotr Grigorjewitsch  31, 229, 338
Kusminow, Iwan Iwanowitsch  90
Kusnezowa, Klawdia Iwanowna  90
Kuusinen, Otto Wilhelmowitsch  8, 80–88, 83, 85, 99, 120, 125, 153, 281

LaRouche, Lyndon  282, 347
Legvold, Robert  344
Lenin, Wladimir Iljitsch  26, 59, 86, 100, 128, 136, 174, 184 f., 251
Lianders, Semjon Alexandrowitsch  54
Liberman, Jewsej Grigorjewitsch  153
Ligatschow, Jegor Kusmitsch  286, 288, 312, 359 f.
Ligski, Wadim Konstantinowitsch  56, 62
Lipset, Seymour  344
Literaturnaja Gaseta  166, 316
Ljubimow, Juri Petrowitsch  308
Lown, Bernard  234

# Gerd Ruge

## Michail Gorbatschow

### Biographie

382 Seiten, gebunden

Wer ist dieser Mann, von dem noch Andrej Sacharow sagte, er sei ihm ein Rätsel? Gerd Ruge hörte Anfang der 80er Jahre zum ersten Mal von ihm: »Als ich um 1980 als Korrespondent in Moskau arbeitete, war mir aufgefallen, daß einige meiner Bekannten aus wissenschaftlichen Instituten Hoffnungen auf den jüngsten Mann im Politbüro setzten.« Ihre kritischen Berichte über den Zustand der sowjetischen Ökonomie lese sowieso nur Gorbatschow. »Es war das erste Mal, daß ich Gorbatschows Namen in einem interessanten Zusammenhang hörte.« Nach vielen Anläufen wurde Gerd Ruge schließlich erlaubt, Lehrer, Freunde und Studienkollegen Michail und Raissa Gorbatschows zu interviewen, sein Heimatdorf zu besuchen. Aus jahrelangen Recherchen entstand dieses Buch – es ist das Buch eines nachdenklichen Reporters, »ein Buch über Michail Gorbatschow, den ganz normalen und ganz ungewöhnlichen Menschen, der ein außerordentlicher Führer in einer Zeit weltpolitischen Umbruchs wurde.«

## S. Fischer

# Paul Kennedy
# In Vorbereitung auf das 21. Jahrhundert

Aus dem Amerikanischen
von Gerd Hörmann
527 Seiten, Leinen

Wo werden Staaten wie die USA, Japan und Deutschland im
Jahre 2025 stehen?
Welches sind die großen geschichtlichen Trends in den näch-
sten Jahrzehnten?

*In Vorbereitung auf das 21. Jahrhundert* analysiert die Tendenzen globalen Wandels, welche unser Leben in den nächsten Jahrzehnten formen werden. Es schätzt die Chancen
einzelner Staaten und Regionen ein, ihre Stellung in der
Auseinandersetzung mit diesen Trends, die alle beeinflussen
werden, zu verteidigen oder zu verbessern. Es benennt die
wahrscheinlichen »Gewinner« und »Verlierer« der Geschichte bis zum Jahr 2025.

# S. Fischer